教育生态研究丛书

通古今教育之变

——推进社会进步的教育制度述评

朱成良　编著

苏州大学出版社
Soochow University Press

图书在版编目(CIP)数据

通古今教育之变:推进社会进步的教育制度述评/朱成良编著. —苏州:苏州大学出版社,2012.8
(教育生态研究丛书)
ISBN 978-7-5672-0112-5

Ⅰ.①通…　Ⅱ.①朱…　Ⅲ.①教育制度-研究-世界
Ⅳ.①G512

中国版本图书馆 CIP 数据核字(2012)第177564号

通古今教育之变
——推进社会进步的教育制度述评
朱成良　编著
责任编辑　许周鹈

苏州大学出版社出版发行
(地址:苏州市十梓街1号　邮编:215006)
扬中市印刷有限公司印装
(地址:江苏扬中科技园区东进大道6号　邮编:212212)

开本 787×960　1/16　印张 25.75　字数 420 千
2012年8月第1版　2012年8月第1次印刷
ISBN 978-7-5672-0112-5　定价:45.00元

苏州大学版图书若有印装错误,本社负责调换
苏州大学出版社营销部　电话:0512-65225020
苏州大学出版社网址 http://www.sudapress.com

前言

研究教育生态，必须研究教育制度。研究教育历史，必须研究教育制度。研究教育的科学发展，必须研究教育制度。因为教育制度是一个国家各类教育机构有机构成的总体及其正常运行所需的种种规范或规定的总和。

对制度一词有着众多的定义，广义地讲，制度就是人类交往的规则。《现代汉语词典》对制度有两种解释：一是要求大家共同遵守的办事规程或行动准则；二是在一定历史条件下形成的政治、经济、文化等方面的体系。

美国著名经济学家道格拉斯·C. 诺思认为："制度是一个社会中的一些游戏规则；或者，更规范地说，他们是为决定人们的相互关系而人为设定的一些制约。""制度由正式约束（规则、法律等）、非正式约束（行为规范、习俗和自我施加的行为准则等）及其实施特性构成。"

对于教育制度，教育学给出的定义是：教育制度是指一个国家各级各类教育机构与组织的体系及其管理规则。它包括相互联系的两个基本方面：一是各级各类教育机构与组织体系；二是教育机构与组织体系赖以存在和运行的一整套规则，如各种各样的教育法律、规则、条例等。教育制度自身的特点被概括为：客观性、取向性、历史性、强制性。

教育制度设立的主体是国家，它是国家教育方针制度化的体现。它可分为三个层次：一个是教育根本制度，主要是指国家的教育方针；二是教育基本制度，包括教育体制、学制和各种教育政策；三是教育具体制度，是指各种具体的教育行为规范、办事程序和运作机制，如考试制度、评价制度、管理制度。

教育制度是一个社会赖以传授知识和文化遗产以及影响个人社会活动和智力增长的正式机构与组织的总格局，是社会制度中的一种，与政治、经济、文化、宗教、家庭制度并存于社会之中。其任务是确保包括行为模式和价值标准在内的知识代代相传，为社会提供符合生产力发展要求的各类人才。

教育制度的形成与发展，是生产的发生和发展、科学技术进步的产物。随着人类社会的发展，教育制度对其他社会制度的影响日益增大，并成为社会制度结构中不可缺少的重要组成部分。

任何一种教育制度都是社会发展到一定阶段的产物，都有鲜明的时代性、进步性、局限性，都发挥过积极的作用，又都有明显的不足，所以制度创新永无止境。

当今知识经济时代，世界各国更加重视对教育制度的改革，以适应社会发展的需要。我国也正在不断建立、完善教育制度，但地方政府对教育的重视程度还有待提高，增加教育投资、完善教育制度仍是当前教育改革的前提和重点。

中国的政治文明、社会进步、可持续发展都有赖于先进的、真正能够兴国的教育。面向21世纪的中国教育需要新的教育哲学和教育理想，需要清晰的目标，按照科学发展观的要求，教育与建设市场经济体制和发展民主政治的社会主义现代化方向必须保持一致，教育的模式和方式要改革、创新，教育制度也必须改革、创新。

我们只有明确了教育在社会进步中的基本功能和基本价值，才能出台正确的、公正的、公平的，经得起历史考验和实践考验的教育制度。

在历史的长河中，传承和创新是永恒的主题。我们研究教育制度就是为了搞好教育制度的传承和创新，从而更好地建设我国的教育生态，为我们国家、为我们民族、为人类的进步培养更多更好的人才。

现在，教育在育人模式、教育布局和结构、质量和水平等方面与社会的期盼还有很大距离，存在许多问题。有些深层次矛盾是体制、机制的问题，仅靠发展、管理无法得到解决，必须依靠制度改革。应该看到，过去教育的成功靠的是教育改革，改革只有逗号没有句号。在现有的教育体制和教育模式上，不改革，许多教育问题不可能得到解决。不改革育人模式，就很难培养出国家需要的高质量的各类人才；不改革评价制度，就走不出应试教育的怪圈；不改革管理体制，学校就办不出活力。不断深化教育改革，是我们必然的选择。

教育本身是一个系统工程，这个体系必须在整体上是协调的、和谐的。要做到这点，既依赖于教育制度的改革和完善，也依赖于整个社会的诚信和道德建设，更仰赖科学发展观在整个中国教育发展中具体有效地贯彻落实。

目前,我们对教育规律、教育思想、教育学、心理学、课程论、教学内容、教学模式等方面研究得很多,而对古今中外教育制度的研究还不够。本书试图做一尝试,抛砖引玉,以引起人们对教育制度学习、研究、建设、执行的重视。如果我的研究和建议能为我们的教育事业作一点点贡献,我也就满足了。

编　者

2012年3月

目录

第一章

古代教育制度与科举制度

第一节　中国古代教育制度与科举制度概述

研究我国古代的教育制度必须了解我国古代学校的沿革。人类建立学校的初衷，是要把孩子们集中起来学习。人类教育下一代，最早是让孩子一个人在家单独学习，但是随着信息量的不断增加，人们发现如果不把孩子集中起来，有些问题没办法得到解决，有些内容没有办法进行学习，孩子的很多愿望得不到实现，所以逐渐有了学校。

原始社会的教育大多由长者通过实际活动身教与口耳相传。在公元前3 000年左右已有“图书文字”和“象形文字”了。有了文字自然会有专门传授和学习的机构，当时称为“成均”，这就是学校最初的萌芽。

一、中国古代学校的沿革

到了夏代，有了正式的以教为主的学校，称为“校”。孟子说：“夏曰校，教也。”至商朝，学校被称为“庠”，及至周代，学校被称为“序”。

周代的“序”又分“东序”、“西序”，前者为大学，在国都王宫之东，是贵族及其子弟入学之地；后者为小学，在国都西郊，是平民学习之所。商代生产力日益发展，文化日趋进步，科学日渐发达，因之学校又有增加，称为“学”与“瞽宗”。“学”又有“左学”、“右学”之别，前者专为“国老”而创，后者专为“庶老”而设。国庶之界在于贵族与平民。“学”以明人伦为主，“瞽宗”则以习乐为主。

西周至春秋只有官学，而战国主要是私学，官学只有齐国稷下学宫。

西周是奴隶社会的鼎盛时期，学校组织比较完善。当时分为国学与乡学两种。国学是专为贵族子弟而设的，按学生入学年龄与教育程度分为大学、小学两级。乡学主要按照当时地方行政区域而定。因地方区域大小不同，亦有塾、庠、序、校之别。一般情况下，塾中优秀者，可升入乡学而学于庠、序、校；庠、序、校中的优秀者或升入国学而学于大学。国学为中央直属学校，乡学是地方学校。

春秋战国时代，官学逐渐为私学替代，出现了新兴阶层"士"。

秦始皇统一了六国文字，提倡"以吏为师，以法为学"。但秦代实行文化专制，所以没有学校。

西汉私学重新恢复与发展，西汉武帝时始设学校，称太学，隶属太常寺。太学生称"博士弟子"，是官费正式生；保送生或特别生称"授业弟子"，是自费的。童子科生则相当于今天的预科生。

东汉时，太学生人数最多时达3万人。教材用儒家经典。教学方式一是大班上课，二是高年级学生辅导低年级学生。考试一是口试，二是射策。太学生常常研讨学术问题，也议论社会政治。西汉末年哀帝时发生了中国历史上第一次学生运动，那就是太学生王咸为救谏大夫鲍宣而引发的。东汉后期，宦官专权，朝政腐败。太学生极力反对宦官专权，曾两次遭到镇压，被诬蔑为"党人"，史称"党锢之祸"。东汉灵帝时立鸿都门学，这是中国历史上第一所国立文学艺术专科大学。汉代，民间私学也很发达，有的私学学生多达1 000余人。

董仲舒就是一位著名的私学教育家，马融、郑玄亦在其列。私学中"精舍"和"精庐"相当于大学，"蒙馆"和"书馆"相当于小学。汉武帝采纳董仲舒的主张，"罢黜百家，独尊儒术"。在长安兴建太学，置《诗》《书》《礼》《易》《春秋》五经博士为教官，招收博士弟子，年龄在18岁以上。汉平帝时，规定郡、国设学，县邑设校，乡设庠、序。校、学设经师一人，庠、序置《孝经》师一人。

乱世裂变中的魏晋南北朝，文教事业几近荒废，是中国教育史上的低潮。

魏晋南北朝，西晋武帝在太学外另设国子学，算是最高学府。南朝宋文帝时设儒、玄、史、文四学，相当于大学下属四个系，开专科教育之先河。北魏则禁止私学。

隋文帝设国子寺，这是中央政府设立专门教育行政机构之始。下辖国子寺、国子学、太学、四门学、书学、算学，另有律学，属大理寺。

唐时，京师设国子监，长官称国子监祭酒，学校六所，国子学、太学、四门学（以上专收贵族官僚子弟）、律学、书学、算学。教师称博士。入学者年龄在 14 岁以上、19 岁以下（律学的入学者为 18 岁以上、25 岁以下），地方有府学、州学、县学，设博士、文学、助教与教官。

盛唐是中国教育史上的黄金时代，特点是分科办学。（1）国子监所属的有国子学、太学、四门学、书学、算学、律学。（2）中央直属的有广文馆、京师学和崇玄学。（3）门下省所属的有弘文馆和东宫所属的崇文观。（4）太医署所属医学校有医科、按摩科、针科、药科。（5）司天台所属的天文学、历数学、漏刻学和太仆寺所属的兽医学。

考试分旬试、月试、岁试和升补试。一考背诵记忆（帖经），二考理解。地方官学则有经学和医学。各类学校教师分为博士、助教、直讲。学生入学时都要送束修。唐朝还鼓励私人办学，学生都可以参加科举考试。

宋代除了太学外，还有律、算、书、画、医诸学，书院制度开始兴起。宋初有四大书院——白鹿洞书院、岳麓书院、石鼓书院、嵩阳书院。南宋书院有“三舍”制度。

我国古代教育较为发达的是宋代，其发达的标志有以下几点：

首先是教育开始普及，有了学校体系，国子监为最高管理机构，也是最高学府。下设律学、书学、算学、医学、武学、军监学、画学和皇族的宗学。地方有州学、县学和书院。广州和泉州有“蕃学”。武学、画学、宗学、蕃学的设立，都是宋朝文化丰富多彩的表现。在这基础上，教育开始普及。两宋 300 年间，贡举登科者达 11 万人之多。南宋时福建建宁府（今建瓯）每次参加“解试”的人数达 1 万多人。统治者对科举制的重视，一是网罗了大量的人才，二是扩大了统治的基础，三是推动了文化教育的发展。加上印刷术的普遍使用，宋朝教育的发达远远超过前代。教育普及的最直接表现就是大批文人士子参加科举考试。

其次是“兴学”高潮不断，“三舍法”的实施与州学、县学的发达。北宋有四次兴学高潮：第一次是宝元兴学（1038—1039），第二次是庆历兴学（1041—1063，范仲淹主持），第三次是元丰兴学（1078—1085，王安石主持），第四次是崇宁兴学（1102—1106，蔡京主持）。四次兴学，两大成绩：一是“三舍法”的实施。所谓“三舍法”，就是一种严格的考试制度。初入太学为外舍生（初级班），定额 2 000 人；经岁试后优秀者升入内舍（中级班），定额 200

人;两年后经考试再升入上舍,定额 100 人。学习两年后再视考试成绩予以任职。“三舍法”曾大力推广到州、县,学校考选一度替代科举考试成为取士的主要途径。二是各州、县普遍设立了学校,使宋代州学、县学空前繁荣。州学、县学的发达为两宋选拔优秀人才奠定了广泛而坚实的基础。

再次是书院的勃兴。私学繁盛,书院勃兴,是宋代教育发达的另一重要表现。宋代提倡私学,书院应运而生,并成为此后中国重要的教育机构。书院之名,始于盛唐。北宋著名书院共有六处:①白鹿洞书院:位于江西庐山五老峰。清朝末年废弃。但白鹿洞书院今完整保存。②石鼓书院:位于湖南衡山石鼓山。抗日战争时毁于战火。现为石鼓公园。③岳麓书院:位于湖南长沙岳麓山,岳麓书院现在是全国重点文物保护单位。④嵩阳书院:位于河南登封太室山。嵩阳书院今仍保存完整。以上为宋初四大书院。⑤应天府书院:在河南商丘。⑥茅山书院:位于今江苏南京三茅山。不过到了北宋中期以后书院逐渐衰落。

南宋为求取大量人才以求自保,书院又发展起来。有朱熹兴复的白鹿洞书院,他亲自制定的《白鹿洞书院教条》,成为后世学规的范本。朱熹复建的岳麓书院,当时学生达千余人。还有陆九渊的象山书院、吕祖谦的丽泽书院。

两宋书院特点:名师主讲、主持,有教无类;教学内容大多是理学的传播和研究;重修养轻科举;以自学为主,百科兼纳;辩论自由。别具一格的宋学正是在书院私学中形成和繁衍的。

元朝承袭宋朝,在全国遍设书院。元代有小学,教授蒙文、阿拉伯和波斯文学。元代书院始设“山长”。

明朝书院不发达。东林党人反对宦官专权斗争失败后,以东林书院为代表的天下书院全部被毁。

明清时期的教育制度相近,中央有国子监,学生称贡生、监生。明代国子监分南北两监(北京和南京),有日、朝等国学生。清代正式形成五贡——副贡、拔贡、优贡、岁贡、恩贡。明清时期的府和州、县设孔庙和学官(学校),府学教官称教授,县学称教谕。学生院试进学后的生员(秀才),按成绩优劣依次分为廪生、增生、附生。还有启蒙教育,明清有三类:私塾、义学、专馆。

清光绪三十一年(1905),废除科举,建立新式学校京师大学堂。

二、中国古代书院制度的沿革与特色

(一) 中国古代书院的沿革

书院是我国封建社会独具特色的文化教育模式。作为中国教育史上与官学平行发展的一种教育制度,它萌芽于唐末,鼎盛于宋元,普及于明清,改制于清末,是集教育、学术、藏书为一体的文化教育机构。

书院在系统地综合和改造传统的官学和私学的基础上,建构了一种不是官学但有官学成分,不是私学但又吸收私学长处的新的教育制度,它是官学和私学相结合的产物。

自书院出现以后,我国古代教育便发生了很大的变化,即形成了官学、私学和书院平行发展的格局,三者成鼎立之势,直到清朝末年,它们之间虽有排斥,但更多的是互相渗透与融合,促进了我国古代文化教育的发展和繁荣。书院在中国大地上存在了近千年,成为中国文化史和教育史上引人注目的一大奇观。

中国古代书院的发展轨迹:

书院之名始于唐代,分官、私两类,但都不是聚徒讲学的教育组织,前者如集贤殿书院为藏书、修书之所,后者为文人士子治学之地。唐朝"安史之乱"以后,国家由强盛走向衰落,政治腐败,民生凋敝,文教事业也受到严重冲击,官学废弛,礼义衰亡。于是一些宿学鸿儒受佛教禅林的启发,纷纷到一些清静、优美的名胜之地读书治学。此后,归隐山林、论道修身、聚徒讲学之风逐渐兴起。真正具有聚徒讲学性质的书院至五代末期基本形成,北宋初年才发展成为较完备的书院制度,成为中国传统教育制度的重要组成部分。

到了宋代,国家重归统一,社会生产得到了恢复和发展,人民生活相对安定,士心开始向学。由于统治者忙于拓疆守土,无暇顾及兴学建校之事,只重视科举对现有人才的选拔和吸收,以满足立国之初的一时之需。因此,在建国近百年的时间里,官学一直未得到应有的重视。正是在此背景下,书院才以其强大的生命力获得较大的发展,并确立了作为一种重要的教育组织形式的地位。宋代书院的发展大致可分为三大阶段。

宋初的勃兴:北宋立国后,暂时无力顾及振兴官学,因而对著名私学采取"赎买"政策,始为官私联营的学校模式出现。宋初的四大著名书院即为代表。

中期的消沉:北宋三次兴学期间,官学空前兴盛;且重在改革的实践理性成为主流,纯学术的研究日渐消沉,因而书院不彰,连著名的六大书院均破败停办或改为官学。

南宋的大盛:少数民族的骚扰、内部的倾轧和科举的腐败,致使南宋初年的官学形同虚设。但由于朱熹等人对书院卓有成效的复办和理学的流行,书院又日渐昌炽。宋代书院普遍订立了比较完备的条规,这是书院制度化的重要标志,其中朱熹亲自拟定的《白鹿洞书院教条》,成为书院学规的典范。

到了元代,书院制度开始官学化。

元初,统治者为了缓和蒙汉民族矛盾,笼络汉族士心,对书院采取保护提倡的政策,同时也逐渐加以控制,使元代书院日益呈官学化趋势。

首先,控制书院办学的领导权,元代书院的中后期,其山长或洞主由朝廷或地方政府委任,或派员出任,他们是朝廷命官,纳入官制系统。

其次,控制书院的师资延聘权。元代书院的直学、教授等须经礼部、行省或宣慰司延聘、审批或在朝廷备案。

再次,控制书院经费的使用权。元政府通过给书院调拨钱物,遣员到书院监督使用,对经费进行控制。

此外,元政府还对书院的招生、考试、毕业后的出路等方面进行严格控制。元政府采取这些措施,逐渐使书院失去了其自由讲学的特质,最后与官学无异。书院赖以生存、饮誉于世的学术特色逐渐由淡化到消失,最后沦为科举的附庸。不过,元政府对书院改造所持的极为审慎的理性克制态度,值得注意。

明代书院的发展经历了沉寂—勃兴—禁毁的曲折道路。

明初的沉寂。明初因政府重视发展官学,提倡科举取士,使官学兴极一时,书院备受冷落,近百年不兴。

中期的复兴。明中叶以后,因官学空疏,科举腐化,书院教育由此复苏,嘉靖以后,发展到极盛。

后期的沉沦。由于书院研究学术特质的复归,书院讲学的政治色彩愈来愈浓,讽议朝政、裁量人物,统治者深感摇撼朝廷。明代后期,当权者先后四次禁毁书院,严重地戕害了学术思想的发展。尤其是,“洞学科举”的创设,使书院、官学、科举逐渐融为一体。

清初,清政府对书院进行了改制,书院特质开始消失。

清初，统治者为压制舆论，消除南明的复国情绪，对书院严加限制，但禁而不绝。不过这时的书院已经同官学没有什么区别，从元代开始的书院官学化倾向，到清代达到极致。清代书院学习的主要内容是八股文制艺，目的是参加科举考试，获取功名，丧失了书院原有的教学风格与学术研究的性质，其独立性和自主性已所剩无几。

鸦片战争之后，闭关锁国百余年的"天朝大国"的大门被西方列强的坚船利炮打开。在"师夷制夷"的洋务运动中，洋务学堂如雨后春笋般兴起，改革旧式书院就成为大势所趋。在此情形下，清政府终于采纳了张之洞、刘坤一的建议，于光绪二十七年(1901)下诏将各省城书院改为大学堂，各府书院改为中学堂，各州、县书院改为小学堂，并多设蒙养学堂。至此，书院制度走完了近千年的曲折历程，最终汇入了近代学校教育的洪流之中。

(二) 中国古代书院的特色

中国古代书院制度有自己形成的机制，也有自己办学的特质。

书院是介于私学与官学之间的一种特殊的教学组织形式，它具有"非官非私"、"即官即私"的特征。具体而论，其办学特质可以归纳如下。

官方的认可、扶持。从历代书院的确立来看，往往与皇帝赐匾额、经书或拨赐经费有关。宋初的四大书院皆是如此。

注重藏书、读书。宋代书院之所以称名者，实为藏书之所，而藏书的目的自然是为了读书。

自由讲学，研讨学术。宋明书院更多地承袭了私学讲学自由、各有所本之风，以传播学术思想为职志，宋代理学的流行与书院自由讲学、研讨学术的追求密不可分。

坚守儒理，与佛、道争胜。书院是"三教"鼎立、争斗和兼容的产物之一，可为印证的是书院的确立正是佛、道式微的开始。书院大多选址于名山大川、风景优美之地，这与佛、道的抗争和影响不无联系。

书院的教学方式也很特别，主要有以下几种：

讲演辩论。中国书院十分重视学术讲演，其形式有"升堂讲说"、"学术会讲"等。书院大师除了阐发自己的学术见解外，还十分重视不同学术观点的论辩交流。明代后期的顾宪成、高攀龙就特别制定了书院会讲制度，规定："每年一大会"、"每月一小会"，并订有"会约"、"会规"，以道义相磋磨，学术相珍重。

自修问难。除学术讲演外，书院教学的另一个重要特点就是注重学生自修研究和质疑问难。书院藏书丰富,这为学生自由读书和独立钻研提供了条件。朱熹认为,除集体讲演外,书院老师的职责就是指导学生自修读书,强调读书须有疑,有疑而又深思未得者即当请教大师,这就叫做"质疑问难"。朱熹创造的读书六条(循序渐进,熟读精思,虚心涵泳,切己体察,著紧用力,居敬持志)对后世产生了深远的影响。

研究探讨。书院以学术探究和理智训练为根本。无论是大师讲演,还是学生自修,都十分明显地体现了注重学术探讨的研究精神。书院作为知识分子求知问学的精神家园,努力将学术研究与教育活动结合起来,他们一方面通过学术研究深化学理探讨,促进教学活动;另一方面又通过教学和学术研究培养人才,扩大学派影响。正是这样交互递进,极大地推动了中国封建社会思想和学术的发展。

在组织管理上,书院也与官学有所不同:

管理机构精简化。与私学一样,书院只有一位明确的主持人。其名称有洞主、山长、堂长、院长等,主持人往往是学派宗师,讲学释难为其主要职责,而管理实为兼领。有些规模较大的书院,虽增设副讲、管干、典谒等职,但专职人员极为有限,往往由书院学生轮流分任,相较于官学,书院冗员极少,且有吸收学生参与管理的特点,或称"高足弟子代管制"。

管理原则民主化。与普通私学一样,书院师生均可来去自由,较少专制性的处罚。书院主持人的产生,多为公推,而非官委。有些书院曾明文规定,主持者"不称职则更易",还有"按季更易"的条例,不搞终身制。

管理方式学规化。由于书院的管理人员少,而师生又朝夕相处,所以制定一套共同遵守的学规来进行自我约束、自我教育,实属必要。书院的学规大体包括三方面内容:一是指出为学的方向;二是为学、修养和待人处世的准则、方法;三是规定犯过的惩治。最负盛名的学规有:朱熹所订《白鹿洞书院教条》和吕祖谦所订《丽泽书院学规》。

由于书院具有非官非私和即官即私的特点,因而书院与官学相比,多有不同;与私学相较,也有所别。

(1) 书院与官学比较,有以下不同之处。

从教师来看,官学的教师都是由朝廷任命的,属封建王朝的官吏;书院的教师则由地方推荐聘请,多为德才兼备的学者、士大夫,有的虽是朝廷命官,但作为书院教师仅为兼职。

从学生来看,官学学生来源多为官宦子弟,等级性强,且需严格考试方能入学；书院的学生则来去自由，没有等级尊卑之别，入学也无需考试。

从教育内容来看，官学教授的内容多为朝廷核定的教材，内容较为固定、单一；书院教学的内容取决于该书院的特点及山长、主讲教师之所长，一般山长或主讲教师的讲授内容，取决于书院传授知识及学术的主流，因而教学内容较为灵活、宽泛。

从教学组织形式来看，官学的教学比较呆板、单调；书院的教学比较灵活、多种多样。特别是书院的会讲制度，成为书院重要的教学形式，这也是书院区别于官学的重要标志。

（2）书院与私学比较，书院自产生之日起，便与私学有天然的联系，其共通点表现在以下四个方面：其一，它与私学一样，是由民间集资创办的，不属官方之列，具有很强的独立自主性；其二，与私学一样，书院向下层社会开放，面向乡间；其三，与私学一样，书院是以平民子弟为培养和教育对象；其四，与私学一样，书院主要是一种素质教育，不以科举仕进为办学目的。

在这些带根本性的问题上，书院与私学有着不可分离的内在联系，从一定意义上说，书院是从私学脱胎而来，但书院又不是一般的私学，它不是对私学经验的直接搬用，而是对私学进行了深刻的变革，是一种独立于官学和私学两大教育系统之外的另一种新的教育系统。

作为一般的私学，基本上处于自发状态，尚未形成一套长期稳定的教育规则，具体表现为：其一，没有固定的校舍和教育设施；其二，没有固定的经济来源；其三，没有专门的图书藏所，更不具备印刷图书、讲义的条件；其四，没有相应的教学计划和规章制度；其五，是一种初级办学方式，因此不可能像官学那样进行分班教学；其六，没有任何形式的考核体系，缺乏强有力的教育管理制度，学校处于一种无组织的松散状态；等等。而书院则不同，它站在当时历史的高度上，对官学和私学进行了全面的审视，并进而对这两种教育制度进行了综合与改造，从而形成了一种既非私学又非官学的独具特色的教育组织形式。

书院与一般私学的不同之处：

书院既有固定的校舍和教学设施，又有专门的图书藏所，不仅校舍宽敞，而且藏书极为丰富，这是一般私学难以达到的。

书院有固定的教育经费作保障，建立了类似于官学的以学田为中心的教育经费体系。书院获取学田的渠道有二：一是民间捐献，二是政府拨赐。这是书院生存和发展的重要前提，也是一般私学所不具备的。

书院有一套完整的管理体系，建立了类似于官学人员的编制和岗位。每人根据自己的岗位职责，分别负责学生的授课、考核、生活和书院的经费、祭祀、安全等。特别值得一提的是书院的学生也参与管理，如直接管理学生学习和生活的堂长、管干、学长、斋长等，都由学生担任。

除此之外，书院还制定了一系列颇具特色的教条、学规、学训等，把得之于管理实践的经验上升到一定的理论高度，这是书院走上制度化的重要标志。

我们可以看出，书院虽与私学有着天然的联系，但又与私学有别；它既与官学有质的区别，但又吸取了官学中的许多积极成分，与官学有一定的联系。书院正是在广泛吸取了私学和官学的经验基础上进行成功的改造之后，才形成的一种具有相对独立性的教育制度，它是中国近千年来一种重要而特殊的教育组织形式，它在教育中所起的重要作用，始终是官学和一般私学所不能达到的。

（三）中国古代书院与欧洲中世纪大学的不同之处

就在古代东方中国书院制度日趋成熟、空前兴盛之时，在遥远的西方世界也出现了一种新的教育机构——近代大学，就其产生的特点来说，欧洲中世纪大学与中国古代书院不无相同之处，但与书院有着明显有别的历史命运，为此，特从文化层面对两者进行比较分析。就文化与书院和大学的关系而言，两者主要受制度文化和观念文化的影响与制约。

1. 制度文化

从制度文化层面来说，中国古代与欧洲中世纪相比，在政治体制和宗教势力方面差异甚大。

在政治体制方面，中国古代自秦以来建立的中央统治政权，其政治体制始终是高度集权。与中央封建集权保持一致就成为书院延续的必要条件，当书院的自由研究、论辩讲学没有触犯统治阶级的利益和动摇其政治秩序时，或者中央政权无力顾及书院的越轨行为时，书院方显自己本色；一旦书院的自由化程度超越了封建王朝容忍的限度，等待书院的只能是或被禁毁或屈从权势而走上官学化的道路。中世纪的欧洲与中国同一时期的政治状况不同，当时的欧洲可能更近似于我国春秋战国诸侯分立的时代，许多民族国家和世俗政权并立，这才使大学的学术自由和办学的自主成为可能；从历史上看，欧洲中世纪大学较少受到世俗政权的干涉和干扰，而中国书院却没有那么幸运。

在宗教方面，中国文化素以非宗教化为荣，由中国传统文化中的道家演化而来的道教充其量仅是一种准宗教，外来的佛教也没能发展到与王权抗衡的程度，世俗权威始终居于至高无上的地位。这对书院的存在和发展既有利又有弊。前者表现为书院教学和研究与社会政治的联系，对于消除社会弊端、促进社会进步有益。后者主要表现在由于缺乏宗教文化的天职观念，使书院难以抗拒世俗的功利诱惑，从而走上学而优则仕的老路，这必然影响到书院学术研究的范围、质量和深度。中世纪的欧洲宗教势力强大，宗教对大学的影响远远大于世俗政权。这种影响也是利弊兼有，使中世纪欧洲大学的教学内容带有浓厚的蒙昧色彩，但宗教为论证教义的合理性而主张广涉各个学科的知识，尤其是自然科学的知识，同时也陶冶了人们的敬业精神，锻炼了人们思维的严密性，从而为科学文化的发展积累了深厚的智力资源。

2. 观念文化

从观念文化的角度看，中西文化差异更为巨大。我们从文化取向和学术自主两个方面对书院和大学进行比较分析。

在文化取向方面，文化取向问题在中西教学思想上表现得极为明显，存在着两种不同的文化价值观。在西方，主智主义是贯穿西方教学价值观的一条主线，源远流长，长期居于主导地位。在中国，伦理本位和极端实用主义备受尊崇，教育单纯为政治服务，视学问为晋身之阶，求仕成为求学的唯一目的，自然科学知识长期被正统教育所排斥。综观中国书院制度近千年的历史，作为封建教育制度的重要组成部分，它注重人伦纲常之道的教育，把伦理道德当做人类生活决定性因素的价值取向，从而限制了实证科学的发展。儒家主张自省，而不主张向外探索宇宙的奥秘，反映在教育内容上就是教育与自然科学知识分离，教育内容排斥科学知识。中国书院虽然注重争鸣的学术研究，但书院大师在维护宗法封建社会这个根本问题上则是一致的。虽然它存在了近千年，但只有形式上、数量上的变化，而无实质性的变革。中国近代的落后与重德轻智的文化传统不无关系。

中世纪大学的兴起，是西欧社会开始走向繁荣昌盛在文化上的初步表现，中世纪大学不仅为当时各领域的学者提供了活动的舞台，而且成为培育新一代学者的园地，学者们不仅担负起保存文化、传递文化的责任，而且担负起发展文化、创造文化的天职，虽然他们没有冲破封建教会的控制，但在时代需要的推动下，他们注重理性思维能力的培养、科技文化知识的传递，这是对传统基督教神学教育独霸讲坛的一大突破，客观上为西方近代科技革命的兴起打下了良好的基础。

在学术自主方面，学术自主意味着学术要与政治保持一定的距离，服从真理的标准，而不受外界的压力。

中国封建社会的教育必须服从于政治的需要，中国古代书院也如此，始终未形成独立的教育体制，学术无自主性，虽然早期书院淡泊名利，专志于学术研究，志在治学修身而不事科举，但最后逐渐官学化，成为科举的附庸。当近代革命在欧洲发生时，各国都从科技成果中获得巨大的利益时，而中国的童生士子却长年累月在黄土路上应试赶考，在考场上比试如何写好八股文，如何代圣人立言。正因为书院缺乏学术自主性，在近千年的历史进程中，对科技知识的研讨才徘徊不前。

中世纪大学享有较高程度的自治，大学可以拒绝来自外部的各种干预，并为独立生存和自由研究争取了一定的“特权”，这对科学研究和学术繁荣创造了极为有利的客观条件。学术自主，使中世纪大学为社会培养了一大批杰出的学者，对西方文化进程起到了十分重要的促进作用，大学不仅成为民族的灵魂，而且也是人类文明进步的一个文化渊源。从一定意义上说，正是由于大学的产生和发展，才使西方文化在历史的进程中不断地积累、冶炼、更新和升华，构筑起西方现代文明的大厦和开放性的知识系统。也正是在这个进程中，西方的大学制度不断完善，因而能够从容自由地应对新的文化挑战，历久而不衰。

由此可见，相同的时间，相同的机构，却由于不同的文化背景而遭遇了不同的历史命运。

三、中国古代科举制探究

科举制是一种官吏选拔制度，始创于隋朝，因分科取士而名。官吏的选拔与培养既是政治制度问题，也是教育制度问题。殷周时为世袭制，战国时用贤唯能。秦朝把军功爵制、客卿制和征士、荐举结合起来。汉朝实行察举制。魏晋间实行九品中正制，形成了“上品无寒门，下品无世族”的局面。隋朝以国家考试的方式分科取士，将“选贤与能”的古老理想付诸了现实。

科举制作为中国古代一种重要的兼有教育和选官双重性质的制度，既刺激了教育的发展，也为封建王朝的统治奠定了人才基础，从隋朝到清朝都发挥了重要的社会功能，还影响到了古代朝鲜和越南等周边国家。

科举制度是中国封建社会中后期的制度支柱和文化主脉，是一个核心的制度。

科举制度存续的1 300年间，对中国的社会历史进程、官僚政治、文化教育，包括对文学乃至社会心理都产生了非常重要而深远的影响。

就是这个制度选拔了1 300年间中国的大部分官员，大部分文学家和学者也在科举制度中脱颖而出。宋代《册府元龟》等大部头的类书，明代《永乐大典》，清代《四库全书》《古今图书集成》等都是进士们完成的。这些重大的文化工程对中国古代文化的传承、文明的延续都是非常重要的。这些人是中国古代文明的主干力量，或者说是当时的精英阶层。

1905年废科举制度以后相当长的时期，对科举制度基本上是负面的评价占主导地位。一直到20世纪80年代以后，中国学者开始对此进行反思，到现在对科举制度的评价就比较全面和客观了。我们对世界文明的贡献，物质文明领域主要是四大发明；在精神文明领域，中国对西方最大的贡献是科举制。这个观点首先是由西方人在19世纪提出来的。1835年，一个叫英格尔斯的英国人说：我们现在在东印度公司已经采用中国人的考试办法来选拔人才了。如果哪一天，我们全英国也能够采用这种办法来选拔、考选我们的官员，那么对英国甚至对整个欧洲社会产生的正面作用和影响，将要大于火药和指南针。

近代以来，西学东渐是文化交流的基本走向，只有科举是个特别的例外。所以西方人认为，科举是中国人赐给西方最重要的礼物。

15、16世纪以后，一些西方人士就开始介绍中国的科举制度。

到17、18世纪，就有人谈到要学中国。孙中山在20世纪20年代曾多次指出：现在欧美各国的考试制度，差不多都是学英国的。穷流溯源，英国的考试制度原来还是从中国学过去的。所以，中国的考试制度就是世界上用以拔取真才的最古最好的制度。

美国传教士丁韪良当了多年的京师同文馆总教习，后来还当了一阵京师大学堂的总教习。他在自己的书中直接说：科举是中国文明的最好方面，当今在英国、法国和美国正在取得进展的文官考试制度，是从中国的经验中借鉴而来的。

在一定意义上，科举制对西方文官考试制度产生影响进而影响世界人才选拔制度，可以称为中国的第五大发明。当然以往也有中国人说珠算、中医经络理论，或者汉字等是中国的“第五大发明”，但这基本上都是中国人自己的评论。而科举对世界文明的影响,是西方人首先将其与四大发明相类比的。

科举制从隋代开始实行,到清光绪二十七年(1901)举行最后一科进士考试为止,经历了1 300多年。和任何古老的传统一样,科举制也是长短互见、优劣并存的。它作为一种选官制度,其价值主要是正面的。西方社会的文官制度、我国当代的统一高考,都是对它的借鉴和继承。

科举制度是统一考试的制度,是学而优则仕的精英选拔机制,由此确立了根据人的教育程度分配社会地位的知识优先的准则。与此同时,教育制度与政治制度合一,赋予教育极强的国家功利主义价值;求学与功名利禄直接挂钩,助长了读书做官的价值观念和实用态度。以儒家经典为内容的考试,形成手脑分离、劳心与劳力脱离、读死书、死读书的学风,以及在教学过程中,死记硬背、考试至上之类的弊端。

作为一种政治制度、选官制度,汉代的察举制、魏晋时期的九品中正制以及科举制度在创立之初,都具有选拔社会下层有才能人士的功能;但在实行一段时间后,无一例外地成为既得利益者把持仕途晋升的工具。在这个意义上,科举只具有工具性的功能,不能把封建制度的属性和弊端都归因于科举制度。只有变革社会政治博弈的规则,才有可能重建新的社会秩序与结构。

(一)隋朝:中国古代科举制度的起源

隋朝统一全国后,为了适应封建经济和政治关系的发展与变化,为了扩大封建统治阶级参与政权的要求,加强中央集权,于是把选拔官吏的权力收归中央,用科举制代替九品中正制。

隋炀帝大业三年(607)开设进士科,用考试来选取进士。“进士”一词初见于《礼记·王制》篇,其本义为可以进受爵禄之义。当时主要考时务策,就是有关当时国家政治方面的论文,叫试策。这种分科取士采用以试策取士的办法,在当时虽是草创,没有形成制度,但把读书、应考和做官三者紧密结合起来,揭开了中国官员选拔史上新的一页。

(二)唐朝:中国古代科举制度的完备

中国古代选官制度,从两汉的辟除征召,到魏晋南北朝的九品中正制,实行的都是察举制。隋朝开始实行科举制,但隋朝时间不长,因此科举制作为完备的选官制度,是在唐朝确立的。

我国古代的科举是以考试为主的人才选拔制度,其中唐宋时期是科举制度完备的时期,对后世以及近代中国的科技进步都产生了重大的影响。

唐代，科举考试的科目分常科和制科两类。每年分期举行的考试称常科，由皇帝下诏临时举行的考试称制科。

常科的科目有秀才、明经、进士、俊士、明法、明字、明算等50多种。其中明法、明算、明字等科，不为人重视。俊士等科不经常举行，秀才一科，在唐初要求很高，后来渐废。所以，明经、进士两科便成为唐代常科的主要科目。

唐高宗以后，进士科尤为时人所重。唐朝许多宰相大多是进士出身。

常科的考生有两个来源，一个是生徒，一个是乡贡。

由京师及州县学馆出身，而送往尚书省受试者叫生徒；不由学馆而先经州县考试，及第后再送尚书省应试者叫乡贡。由乡贡入京应试者通称举人。

州县考试称为解试，尚书省的考试通称省试，或礼部试。礼部试都在春季举行，故又称春闱，闱就是考场的意思。

明经、进士两科考试，最初只是试策，考试的内容为经义或时务。后来两种考试的科目虽有变化，但基本精神是进士重诗赋，明经重帖经、墨义。所谓帖经，就是将经书任揭一页，将左右两边蒙上，中间只开一行，再用纸帖盖三字，令试者填充。墨义是对经文的字句作简单的笔试。帖经与墨义只要熟读经传和注释就可中式，诗赋则需要具有文学才能。进士科得第很难，所以当时流传有“三十老明经，五十少进士”的说法。

常科考试最初由吏部考功员外郎主持，后改由礼部侍郎主持，称“权知贡举”。进士及第称“登龙门”，第一名曰状元或状头。同榜人要凑钱举行庆贺活动，以同榜少年二人在名园探采名花，称探花使。要集体到杏园参加宴会，叫探花宴。宴会以后，同到慈恩寺的雁塔下题名以显其荣耀，所以又把中进士称为“雁塔题名”。唐代孟郊在著名的《登科后》诗中讲：“春风得意马蹄疾，一日看尽长安花。”所以，“春风得意”后来又成为进士及第的代称。

常科登第后，还要经吏部考试，叫选试。合格者，才能授予官职。

唐代文学大家柳宗元进士及第后，以博学宏词，被即刻授予“集贤殿正字”。如果吏部考试落选，只能到节度使那儿去当幕僚，再争取得到国家正式委任的官职。韩愈在考中进士后，三次选试都未通过，不得不去担任节度使的幕僚，才踏进官场。

唐代取士，不仅看考试成绩，还要有名人的推荐。因此，考生纷纷奔走于公卿门下，向他们投献自己的代表作，叫投卷。向礼部投的叫公卷，向达官贵人投的叫行卷。投卷确实使有才能的人显露头角，如诗人白居易向顾况投诗《赋得原上草》，受到老诗人的极力称赞。但是弄虚作假、欺世盗名的也不乏其人。

武则天载初元年(690)二月，女皇亲自策问贡人于洛成殿，这是我国科举制度中殿试的开始，但在唐代并没有形成制度。

唐代还产生了武举。武举开始于武则天长安二年(702)。应武举的考生来源于乡贡，由兵部主考。考试科目有马射、步射、平射、马枪、负重等。高第者授以官，其次以类升。

唐代设科取士，途径有生徒、乡贡、制举三种，科目繁多。

高宗时，本为临时举行的"制举"成为"常科"，与"常举选试"中的"进士"、"明经"成为唐代读书士子跻身仕宦，特别是取得高位的主要途径，对当时的社会影响也最大。三科中，制举在某种程度上可视为进士、明经考试的延续，或仕途的中转站，名宦多有明经、进士中式后又中制举的经历，在这种情况下，进士、明经更被视为科考的必由之路。当时即使中了制举，但不由进士、明经出身，甚至会遭到时人的讥讽。在"常举"各科中，明经虽往往与进士并称，但因所考内容比较容易，且录取的人数较多，特别是高宗、武后时，进士科受到特别推崇，明经就很难与进士争衡了。明经出身的人要想取得高位，只能再通过制举。因此在中唐以后的记载中，明经往往大逊于进士。有唐一代科举，以进士科最负盛名，也可以说是当时全部科举的重心，所以，欧阳修在编修《新唐书·选举志》时说："众科之目，进士尤为贵，其得人亦最盛焉。"

当然，唐人入仕当官的途径，并不全在科举。据《旧唐书·职官志》载，除科考外，尚有"流外入流"和"门荫入仕"等。以其他途径入仕者在数量上甚至远远大于科举。但所谓"流外入流"，当时被称为"杂色"，在官场受到轻视，很少有人能做到中高级官员；以"门荫入仕"，所授官最初往往高于科举中式者，但因被看做是袭父祖余绪，反倒因各种原因很难一路升迁——这种情况在中唐以后尤其明显。因此，对唐代的读书人来说，要争取高官令名，科举，特别是中进士，是最重要的途径。这种情况从高宗、武后时开始，并越来越明显。至德宗贞元时，进士大量进入高级官员的行列，宪宗以后，进士开始在宰相和高级官僚中占据绝对优势，以至其他途径入仕者，"虽有化俗之方，安边之画，不由是而稍进，万不有一得焉"(《韩昌黎集》卷四《上宰相书》)。到了唐末，90%的宰相都是进士出身。

唐代把登进士第比喻为"登龙门"，称一个读书人一旦登科后，"十数年间”,就能“拟迹庙堂”,“台阁清选,莫不由兹”。这无疑激发了许多读书人的梦想。同时科举制在当时,对社会各阶层来说,具有很大的开放性。汉魏以后采用的察选制,其对象不外世家贵族,以致形成“上品无寒族、下品无高门”的现象。在唐代,读书人几乎不分门第高下,不问世族寒门,都可以按照一定条件参加科举。也就是说,科举考试为全社会的读书人提供了竞争机会,似乎每个人都可以通过自己的努力使美梦成真。实际情况当然不可能如想象的那样美好。每年千余名举子集于长安,所谓“麻衣如雪,满于九衢”(牛希济《荐士论》),但考取进士者不过二三十人,绝大多数人只有承受落第的痛苦。故唐代诗文、笔记、小说中多有反映落第举子的悲惨命运。

不过,唐代确实有不少出身寒门的读书人通过科举考试改变了自己的命运,故五代王定保说:“三百年来,科第之设,草泽望之起家,簪缨望之继世。孤寒失之,其族馁矣;世禄失之,其族绝矣。”(《唐摭言》卷九)

唐代实行的科举取士制度,特别是高宗、武后以后的进士考试,使不少出身较低的读书人得以改变自己的地位,进入统治阶层,也使不少世族大家门庭衰落,从而造成社会各阶层力量对比的变化和统治集团内部新的结构格局。与此相联系的是,科举考试制度作为新的价值取向,刺激了唐代社会各阶层读书作文的热情,不仅较之以往读书人大大增加,而且造就了一个人数众多的、以科举为轴心的新型读书士子人群——或可称为“科举士子人群”。他们来自社会的各个阶层,却共同生活于科举制度所形成的引力场中,有着大致相同的价值取向,并围绕科举演绎着他们各自的人生。

唐代科举制形成的科举士子人群,是一个迥异于前代的知识人群。他们不同于以往主要出身于世族家庭的经生儒士——这类经生儒士是以汉魏六朝以来的世族政治、世族经济、世族文化为基础的。科举士子是科举制度的产物,在一定程度上是世族政治、世族经济、世族文化的对立面。武则天执政以后,唐代的政治、经济、文化都发生了重大变化,世族门阀的力量逐渐削弱。科举制度,特别是进士考试的重要性,使进士在社会政治生活中的地位越来越高,从而调整了原有的政治权力格局。因科举制度形成的科举士子人群冲破了魏晋以来世族门阀的坚壁,他们通过科举取得了政治、经济利益以后,必然会在社会精神领域表现自己。唐代文学的兴盛与演进,与此有很大的关系。

唐代实行的科举选官制度,不仅造就了一个不同于以往的读书士子人群,而且也形成了新的士风——科举士子共同体现出来的行为方式、价值观念、精神心理、文学风习等，而这正是中国散文体短篇小说在以往叙事艺术积累的基础上得以成熟的“精神气候”，或者说是中国古代短篇小说得以成熟的历史必要条件。

首先，从唐代科举士子的狎妓行为说起。前人所谓唐人“好文尚狎”，无非说的是一种读书士子的风习。这种时代风习不仅是当时科举士子的一种行为方式，而且在很大程度上也是当时社会关系的反映。所以陈寅恪说：“唐代新兴之进士词科阶级异于山东之礼法旧门者，尤在其放浪不羁之风习。故唐之进士一科与娼妓文学有密切关系。”行为放浪，不为礼法所羁，实为唐代科举士子有别于汉晋以来世族文化背景下经生儒士的重要标志。

唐代娼妓业十分发达。娼妓的繁荣，本是古代都市经济繁荣的一个标志，但对唐代科举士子来说，狎妓冶游不单是个人的行为，实际上已经成为与科考联系在一起的科举士子的一种风习。唐代进士放榜后有许多次宴集，其中尤以曲江宴最为著名。这类宴集无不邀请妓女参加，其相聚追欢的场景萦绕进士的后半生，使之永难忘怀，这在唐人诗歌与笔记中多有记载。特别是挟妓宴游已经形成唐代进士登第后固定的活动，成为新进士体现自身价值和显示荣耀的一种形式，也对科举士子生活方式起到某种示范作用。而科举士子对这类放浪不羁活动的张扬，自觉不自觉地表现了他们在精神上对“礼法旧门”的挑战。唐代文言小说中描写科举士子冶游生活和婚外恋的名篇《游仙窟》《李章武传》《非烟传》等，所表现出来的对名门望族礼法的不以为然，也是这样一种精神活动自觉不自觉的体现。这种文学的新内容曲折地反映了当时社会关系的变化，表现了创作主体的精神追求。

唐代文言小说出现了大量描写科举士子与妓女性爱关系或感情纠葛的作品，无疑与作者冶游生活的经历有关。其中不少小说都在逶迤曲折的情节中，铺陈生活的细节，渲染情感的微妙，将男女主角的行为心理刻画得真切自然，正是这种现实生活为作者提供了创作素材。其中的名篇如《任氏传》《李娃传》《霍小玉传》等都直接以长安妓女为主角，其现实基础无疑是作者所熟悉的长安狎妓生活。作者对长安环境的描写甚至扩展到当时长安城市的布局和街巷的分布。

其次，唐代科举士子的交游活动和征奇记异的普遍爱好。因为科考，各地举子得以聚会长安，于是或以兴趣爱好，或以家庭门第，或以籍里乡亲，或三三两两，或四五成群，冶游与共，形成非常亲密的交往关系。而为了科考的目的，举子们又广为交游，特别是要设法拜会名公贵人，以求举荐。进士放榜后，还须共同参加一系列礼仪活动，拜谢座主和参谒宰相，之后又有宴集。同年进士则交游的机会更多，有时就会形成与座主相区别的文人小团体。

唐代的科举士子因为科考不得不远离家乡，长途跋涉，不少举子为了增加声誉取得地方长官的推荐或为了取得经济上的资助，还免不了要奔波于各地，这其实是科举士子诗文中常常美言为“壮游”、“浪游”的底里。即使科举中式，或在朝，或外放，也免不了要异地为官，此即所谓“游宦”。至于升迁贬谪，奔走颠簸，更是科举士子的常态生活。在这样一种特殊的生活方式中，科举士子获得了广泛交游的机会，而诗酒唱和与宴集聚谈在相当意义上就成为他们生活中的重要内容。

贞元末元和初，唐代文言小说创作出现了一个高潮，就与元稹、白居易、白行简、陈鸿、李绅等后来文名籍籍的科举士子的交游和诗文唱和活动有很大的关系。元稹作小说《莺莺传》，白行简作小说《李娃传》，陈鸿作小说《长恨歌传》，相应地，李绅、元稹、白居易则分别作长歌《莺莺歌》《李娃行》《长恨歌》。陈鸿《长恨歌传》末还有一段文字记其小说的创作始末。

同时，唐代也出现了反科举的思潮。

唐代确立了科举考试制度，取代了汉晋以来的察举制和九品中正制，这是历史的进步。但由于它打破了阀阅世族对政治资源的垄断，触犯了其既得利益，新制度遭到抵制和反对势所必然。唐朝出现了三次影响较大的反科举思潮。

第一次在唐代宗宝应二年(763)，礼部侍郎杨绾首先发难，他上书皇帝说：进士者皆育当代之学而不通经史，明经者但记帖括，又投牒自举，非古先哲王侧席待贤之道。要求明经、进士及制举并停，恢复古代察举孝廉的方法。唐代宗李豫让朝臣讨论，杨绾的观点得到给事中李栖筠和李廙、尚书左丞贾至、京兆尹兼御史大夫严武等人的支持，他们表示：今绾所请实为正论。乘机发了一通“先王之道”的宏论，严厉抨击科举考试是“小人之道”。杨绾、李栖筠等人如此合拍，不是偶然的。除李廙身世不详外，这些人都有着显赫的家庭背景。据史传记载，杨绾祖上温玉，在武则天时就为显官。李栖筠出身于没落的世家，其祖李怀远曾做过武则天的宰相。贾至出自河南望族，其父历任中书舍人、掌制诰、礼部侍郎等显官。严武的父亲严挺之曾官至尚书左丞，严武少时读书不甚究其义，以荫调太原府参军事。房琯以其名臣子，荐为给事中。这样一批重要的朝臣左右了朝廷的舆论，植根尚不深固的科举考试制度岌岌可危。主政大臣也随风附议,革科举、改察举大有付诸实行之势。

这时,唐代宗又去征询翰林学士的意见,他们回答的语气婉转而观点鲜明:举进士久矣,废之恐失其业。翰林学士大多出身寒微,是科举制度的受益者,他们在新制度下凭自己的才能和努力跻身上层,与门阀世家分庭抗礼,岂能同意否定自己的晋身之路。此时,营垒分明,观点对立。最高统治者面临两难选择:一方面,由于唐王朝初兴时励精图治的锐进之气已消靡殆尽,经安史之乱后的中央政权元气大伤,对豪门世族的依赖有所加深;另一方面,唐王朝起衰重振的中兴大业又不能失去代表中下阶层利益的士子的支持和参与,而科举考试制度正是广揽人才、增强政权活力的利器。在重重压力下,唐代宗只好采取折中的办法:下诏让明经、进士和孝廉兼行。不难看出,这次关于科举兴革的激烈交锋,实质上是高居社会上层的贵族官僚和处于社会中下层的寒门庶族的利益冲突。其结果是反对科举者虽未完全达到目的,却也获得了一定的胜利。

值得注意的是,杨绾看似并未完全否定科举考试,但其主张的要害是取消科举考试的平等性、全民性和自主性(这些正是科举考试的精华所在)。他要求实行的方法是层层推荐到县,县推荐到州,州考试后送省,"自县至省,皆勿自投牒"。"自投牒",或谓"投牒自举",是科举考试的特点,士子自己报名参加考试,个人不能自主决定,要取决于乡、县的推荐与否。而层层推荐的方式,为豪门世家上下其手敞开大门,考试往往是遮人耳目的形式。这是历史事实反复证明过的。

第二次发生在唐文宗时。唐文宗李昂好学嗜古,重视科举考试,很想革除科举考试中的弊病。太和八年(834),唐文宗亲自为科举考试命题,并对身边的人说:"吾患文格浮薄,昨自出题,所试差胜。"其时的宰相是郑覃。他出身世代卿相的名门望族,据《新唐书·宰相世系表》载:郑氏家族在唐代当上宰相的有9人,其父郑珣瑜做过唐德宗宰相,郑覃未经科举考试,"以父荫补弘文校理,历拾遗补阙、考功员外郎、刑部郎中"。"覃虽精经义,不能为文,嫉进士浮华。"此时,他顺着唐文宗"患文格浮薄"的话加以发挥,以"进士浮薄"为理由多次请求废止科举。唐文宗虽然嗜古,却并不食古不化,头脑还算清楚,回答说:"进士科取人200年矣,不可遽废。"唐文宗冷冷一句话就将郑覃驳回,从而化解了对科举考试的又一轮攻势。从上一次较量到此时,相隔不过70年,双方力量已发生了很大变化,彼消此长,反对者颇有一触即溃之势。

第三次发生在唐武宗时。李德裕任宰相,他是前文提到的李栖筠之孙,在反对科举这一点上,他与乃祖可谓心心相印。李德裕"尤恶进士",他先是对进士及第后举行的一套礼仪百般挑剔,借题非难,要求废止新科进士进行的宴集、参谒、曲江题名等庆贺活动。其时,唐武宗看到一些大臣"朋比贵势,妨平进之路",就贬黜了这些勾结权要在科举中排斥寒士的人。这样一来,达官贵人的子弟丧失了依恃,进士高科不再是他们的囊中物,出现了李德裕所谓的"公卿子弟艰于科举"的现象。李德裕对此非常不满,在与唐武宗议政时,他一面抱怨"郑肃、封敖子弟皆有才,不敢应举",一面又以不屑的口气批评进士之业"不根艺实",公然主张"选官须公卿子弟为之",理由是公卿子弟"少习其业,目熟朝廷事,台阁之仪不教而自成,寒士纵有出人之才,固不能闲习也",赤裸裸地要求回到贵族门阀政治的时代去。李德裕的言行绝不仅仅出于个人的好恶,而是有其深刻的社会根源。从其出身方面说,他父祖皆为名臣显宦,其父李吉甫当过唐文宗的宰相。他本人是世荫制度的受惠者,未经过科举考试就当了官,"以荫补校书郎"。连他自己也不得不遮遮掩掩地承认:"臣无名第,不当非进士。"从其政治生涯方面说,他长期处于朝廷权力斗争漩涡的中心,是历史上著名的"牛李党争"中李党的首领,他为之鸣不平的郑肃、封敖就是其重要的政治盟友。他的政敌牛僧孺出身寒微,"祖绍,父幼简,官卑",是通过自己奋斗考中进士而显达的,"幼孤……工属文,第进士"。牛党的骨干多是科举进身的寒士。此处不论牛李党争的是非曲直,仅就上述历史事实,不难看出,李德裕诋毁进士、反对科举既是秉其根深蒂固的贵族立场,又有倾轧政敌、进行权力斗争之目的。然而,以李德裕为代表的世家贵族只是在作最后的抗争,他们已是强弩之末,开这样的历史倒车显然是不可能得逞的。

上述历史事实表明,科举考试制度反对者的声势和影响一次不如一次,最终波澜不兴,归于消歇。从唐末到清末,科举考试制度再也没有遇到真正的挑战。回顾这一段历史,其中不乏值得我们深思之处。

其一,隋唐实行的科举考试制度是魏晋南北朝长期分裂局面结束的历史产物。它削弱、限制了土豪巨族的势力,吸收了更广泛的社会阶层参与国家管理,提高了中央政府的权威,有利于国家统一局面的巩固。科举考试面向全社会公开考试,门第高下、出身贵贱不再是评判人才优劣的标准,寒门百姓获得与官宦世族平等的机会。科举考试选拔人才时"一切以程文为去留”,公平竞争,自身的能力成了决定命运的最主要因素,从而结束了世家豪门入仕参政的特权。如果说察举制和九品中正制带有浓厚的贵族性和特权性,那么科举考试则显示出平民性、公正性的特征。更为重要的是,科举考试能够广泛地、大量地选拔优秀人才,对提高官吏素质、改善吏治起了重要作用。科举考试在扩大统治基础的同时,还促进了教育的发展与普及,有利于提高全社会的文化水平和民族素质。这一切无疑对社会进步起到相当有力的推动作用。

一种制度建立之初,存在不完善之处是必然的。反对者指责科举考试存在的某些问题,也是其他考试同样存在的,选拔考试受客观条件的限制,考试内容不可能包罗万象,也不可能全方位考察一个人的能力,难以检测实践能力和潜在的能力等,当然也不可能通过考试来了解一个人的操行品德。但是世界上没有一种制度是完美无缺的,评价其优劣不能脱离时代背景,要看它在实践中的社会效果。科举考试制度经过历史实践,证明它比以前的各种选拔制度更具有优越性,因而获得更强的生命力。《新唐书·选举志》中一段话说得很清楚:“大抵众科之目,进士尤为贵,其得人亦最为盛焉。方其取以辞章,类若浮文而少实,及其临事设施,奋其事业,隐然为国名臣者,不可胜数,遂使时君笃意,以谓莫此之尚。……按其声病可以为有司之责,舍之则汗漫而无所守,遂不复能易。”实践的结果是最好的辩护士,它证明科举考试是有效、成功的制度,“得人最盛”,由科举考试而“为国名臣者不可胜数”。它的优越性得到皇帝的认可:“时君笃意,以谓莫此之尚。”唐代的科举考试较好地发挥了选拔人才的功能,近300年间,英才辈出,无论盛衰,代不乏人,除了政治较开明、思想较开放等大环境因素外,科举考试所起的催化作用无疑是巨大的。所以,尽管存在“浮文少实”的弊病,用“辞章声病”来作为选拔人才的依据也确乎不甚合理等,但比起其巨大的成效来,这些问题就显得不像反对者所说的那么严重,那么不可容忍。更何况人们清楚地认识到,科举衡文取士,毕竟有文章可评,存在客观依据,强于察举等制度往往靠权势和金钱说了算,以致出现“举秀才,不知书;举孝廉,父别居”的现象。可见,科举考试“不复能易”,是时代使然,实践使然,是历史的必然选择。

要言之,科举考试制度为寒门庶族提供了进入统治核心的阶梯,使他们能够登上为门阀世家所把持的庙堂。在阀阅世族看来,寒士伧夫居然侵入其领地,染指其禁脔,于是他们不遗余力地对科举考试责难、攻讦,必欲废之而后快。然而,历史的大趋势已不可逆转,科举考试制度符合历史发展的潮流，顺应民心，也适合封建君主的需要，反对者开历史倒车注定是徒劳的。科举考试制度在唐代屡起风波，仍能岿然不动，坚持推行，个中原因盖在于此。

其二，一方面，科举考试网罗英雄豪杰，有利于封建皇权的巩固。长期以来，说到科举，人们总要提起唐太宗李世民的“天下英雄尽入吾彀中”的话。其实，李世民的话未必尽为消极意义。从统治者的角度来看，科举考试能够网罗天下许多英雄豪杰，为帝王所用，的确有利于封建皇权的巩固。另一方面，人才脱颖而出，得到重用，对国家大政方针的制定产生影响；这些人掌握了施政的权力，对推动政权合理运作，对社会稳定、经济发展、文化建设等方面都会产生积极作用。退一步说，人才俊彦受到礼遇、重用，总比庸劣者在上、贤能者在下强，总比人才埋没、无人问津强。

清代乾隆年间大学士鄂尔泰在有人批评八股取士时也说过：“非不知八股为无用，而牢笼志士，驱策英才，其术莫善于此。”与唐太宗李世民这句名言很相似，一“入彀”，一“牢笼”、“驱策”，都是利用科举考试为君主服务。深究则大不然，唐太宗是奋发进取、生气勃勃的新王朝的缔造者，他踌躇满志的话中流露的是自信和雄心，意在招揽天下英才人杰，助其成就空前的宏图伟业，而事实上唐太宗也做到了。至于处于停滞状态的清王朝统治者抱残守缺，自我封闭，妄自尊大，“牢笼志士，驱策英才”则是一种阴暗、可悲的统治权术，其出发点是束缚自由思想，扼杀独立精神，后果是斫伤民族元气，使社会丧失进取图新之心。可见两人的话貌合神离，而内涵和实际效果则相去甚远。我们从唐太宗治理的时代到鄂尔泰所处的时代就可以看出，这里凸显了一条科举考试制度从勃兴到颓败的历史轨迹。

其三，我们必须承认，科举考试制度确实存在不少问题。早在上文述及的三次反对科举事件发生前，唐太宗贞观年间，洋州刺史赵匡在《选举议》中指陈科举的 11 种弊病。只是赵匡位卑言轻，影响不大，未能在朝廷兴起波澜。赵匡批评科举存在“务为巧利”、“所习非所用，所用非所习”等弊病，颇能言中肯綮。唐中、后期不断兴起反对科举的思潮，与科举考试制度滋生的流弊密切相关。虽然历代统治者也采取种种措施，以图消弭隙罅，完善考试制度，充实考试内容，改进考试方法，在某种程度上起到补缺救弊的作用，但未能从根本上解决问题。相反，由于封建社会逐渐走向停滞与僵化，特别是明清统治者变本加厉推行封建专制主义，竭力强化科举考试的思想控制功能，导致科举考试的弊病愈加恶性发展，选拔人才的功能被严重削弱。一个重要的政治制度对社会具有极强的导向作用,科举考试制度当然也不例外。北宋苏轼说过:"夫科场之文,风俗所系。所收者天下莫不以为法,所弃者天下莫不以为戒。"可见,我们今天所说的高考指挥棒古已有之。在封建社会中,抱负的施展,个人价值的实现,全赖科举一途,于是"士之潦倒不第者,皆觊觎一官,老列不止。……英雄豪杰皆汩没消磨其中"。这样的现象或可称为科举效应。它使科举考试自身的问题衍化、扩大,从而对整个社会产生很大的消极影响。

一种制度建立之后,必须与时俱进,不断在实践中发展、完善乃至改造,以适应新的形势,否则就会落后于时代,走向反面,成为历史前进的障碍。从唐代到清代的千余年间,虽然科举考试有选拔政府官员的功能,但考试内容愈趋空洞,脱离实际,教条化,形式化,这与近代化进程大相扞格。明清时期,生产力的提高带来经济繁荣,社会分工越来越细,科学技术发展亟须专门人才,社会对人才的需求多样化。在这样的形势下,科举考试不能适应新的社会需要,丧失了它的先进性。

其四,对于科举考试制度存在的各种弊病,有清醒认识者历代不乏其人。与唐代的反科举思潮相比,明清的思想家、文学家出于公心,他们对科举制度的抨击更有力。但总的来看批判意识多于创新思维,长于发现问题而短于解决问题。有的往往以复古作为医治痼疾的药方,拿不出切实可行的办法,找不到更新之路。当然,这是不能苛求古人的,因为任何现有的制度要发生根本变革,没有产生这个制度的社会内部驱动力,没有组成这个社会的各个阶层的合力,是不可想象的。科举时代的中国,上有"宸衷独断"的皇权政治,下有以自耕农为基础的农业社会。上层统治者注重的是王朝的安危,一切举措以巩固政权为指归。在他们看来,科举考试是"御天下之要术",绝对不能触动。下层社会广大民众在自然灾害频仍、生产水平较低的条件下,生存堪虞,温饱难求。读书受教育者只是少数,对这些人来说,科举考试是摆脱困厄、出人头地的不二法门,他们最关注的是其操作层面的公平与否,而对理性层面的问题,诸如改革现有制度,使之更有利、更有效、更合理等,则很难进入其视野。由于社会上下两方面都缺乏变革的内动力,科举考试制度一如整个停滞的帝国一样凝固了。直到 19 世纪中叶,西方列强的炮声震撼了清王朝的统治基础,国家民族蒙受的失败和耻辱唤醒了朝野上下。国人奋起维新图强,追赶世界潮流。到 20 世纪初,僵化的科举制度与垂死的帝国终于一同寿终正寝。

然而,科举考试制度的终结并不意味着其中合理的因素与之俱亡。它所体现的许多有价值的观念具有永久的生命力,特别是公平竞争、广泛参与、唯才是举的思想不但在封建社会是进步的,而且超越时空,超越社会发展阶段,成为人类共同的基本理念。

(三) 宋朝:中国古代科举制度的改革时期

宋代的科举大体同唐代一样,有常科、制科和武举。相比之下,宋代常科的科目比唐代大为减少,其中进士科仍然最受重视,进士一等多数可官至宰相,所以宋人以进士科为宰相科。

宋朝是科举承前启后的朝代,也是臻于成熟的朝代。宋朝以后直到清末光绪年间,科举制基本上没有什么本质的改变。

宋朝初期虽然还处在南征北战的半战争状态,但宋太祖赵匡胤对开科取士没有丝毫懈怠,建国当年(960)便举行了第一次科举考试,录取了19人。为什么要录取19人呢?唐、五代以来,每科进士都在二三十人上下,而且宁缺毋滥。宋朝的首科,当然要为今后做出表率,所以挑来挑去,选了19名佼佼者。第二年再次举行考试,只录取了11人。此后数年,每榜进士都在10人左右,最少的乾德四年(966)仅录取了6个人,可谓凤毛麟角。

赵匡胤实行的是文人治国,靠这么几个人哪能填补全国众多的职位。

为了笼络士子,开宝三年(970),赵匡胤给主持科举的礼部下了道圣旨,命他们整理近十年以及后周乃至后汉的举子档案,统计一下,看历经15次考试全部终场还没考中的究竟有多少人。礼部经过仔细核查,列出了以司马浦为首的共计106人的名字。赵匡胤大笔一挥:这些人实属不易,统统赐本科进士出身。在宋朝,这种进士有个专门的名称,叫做"恩科进士",即皇帝开恩特赐的进士。赵匡胤这次"恩科"动作是大了些,但也不是没有道理,起码能看出这位政治家治国是何等灵活,笼络人才是何等大手笔。此后的"恩科"一般只涉及极少数人,这种情况在整个宋朝并不罕见。

总体上说,宋朝前期的科举基本上承袭唐和五代旧制,仍是常科和制科两大系统。

"常科"就是常设之科,类似今天高考等公开考试,国家规定大纲、内容、时间和具体程式。

除进士科之外,还有诸科,包括九经、五经、开元礼、三史、三礼、三传、明经、明法、明字等科。

所有举子都在每年秋季参加乡试,中乡举者冬末会集到京城,次年开春，由礼部主持国家级统一会试。

所谓“九经”，即唐朝定下的九部儒家经典。对于“九经”历史上有不同的划分标准：隋炀帝以明经科取士，唐承隋制，规定《三礼》（《周礼》《仪礼》《礼记》）、《三传》（《左传》《公羊传》《穀梁传》），连同《易》《书》《诗》，称为“九经”。宋刻巾箱本九经白文，则以《易》《书》《诗》《左传》《礼记》《周礼》《孝经》《论语》《孟子》为九经。明代的郝敬作《九经解》一书，以《易》《书》《诗》《左传》《礼记》《仪礼》《周礼》《论语》《孟子》为九经。清代纳兰性德所作《通志堂经解》，以《易》《书》《诗》《左传》《三礼》《孝经》《论语》《孟子》《四书》为九经。清代学者惠栋所作《九经古义》，解释《易》《书》《诗》《左传》《礼记》《仪礼》《周礼》《公羊传》《穀梁传》《论语》十经，其中《左传补注》别本单行，故称九经。

所谓“五经”，则是西汉时确定的五部儒家经典。五经是指儒家的五圣经，即《周易》《尚书》《诗经》《礼记》《左传》。汉武帝立五经博士，儒家教育国家化以此为开端。

东汉在五经的基础上加上《论语》《孝经》，共七经；唐时加上《周礼》《礼记》《春秋公羊传》《春秋穀梁传》《尔雅》，共十二经。

所谓“开元礼”，是唐朝修纂的一部大型礼书，也可以看成是实用“礼学”的专科考试。所谓“三史”，是指《史记》、两《汉书》和《三国志》，可以理解为史科的专科考试。所谓“三礼”，是指《周礼》《仪礼》和《礼记》，可以看成是礼学理论的专科考试。所谓“三传”，是指《左传》《公羊传》和《穀梁传》，可以看成是经部史书的专门考试。所谓“明经”，是指全部经书的统考，可以看成是传统经学训诂类的考试。所谓“明法”，是法学考试。所谓“明字”，是字学考试。

关于“进士”和“明经”，则需要多说几句。从唐代以来，举子们最看重的就是这两大科，两大科中，又以进士科为最。原因很简单：中进士者日后仕途前景看好，往往能达宰辅高位，及第明经的前途要坎坷得多，最终能做到高官的人寥若晨星。其他各小科一看就知道，即使考中，也不过终生是个小业务官，很难掌握到朝中大权。

“制科”是由皇帝亲自主持的小范围考试，这种考试形式源于汉朝的射策，唐代已经非常普遍，到宋朝，逐渐形成了一些“常科”性质的制科，也就是经常重复考试的制科题目。例如，宋太祖时设的贤良方正能直言极谏、经学优深可为师法、详闲吏理达于教化三科；宋仁宗时设的贤良方正能直言极谏、博通坟典明于教化、才识兼茂明于体用、详明吏理可使从政、识洞韬略运筹帷幄、军谋宏远材任边寄六科，都是从唐朝承袭来的。制科考试的范围虽然不大，应试者的资格却放得很宽，不论是在任官员，还是山野小民，都可由宰相重臣举荐参加考试。已经中过进士的人也可以参加制科考试。北宋名臣富弼，原本是想参加进士科考试的，偏巧那年他老丈人晏殊当大主考，需要回避，只得参加当年的制科考试；再如苏轼、苏辙兄弟，嘉祐二年(1057)已经中了进士，还不甘心，又双双参加了嘉祐六年(1061)的制科考试，入了个第三等。据宋人郎晔考证，苏轼应的是“贤良方正能直言极谏科”，这和苏轼后来的自嘲甚相吻合。在经历了多重磨难后，苏轼不无感慨地叹道：“当年应制科考试，成绩甚优，于是飘飘然自以为真的可以‘直言极谏’了。殊不知谏一回灭一回，如今灭到黄州凉快来了。”

宋朝科考的题量相当大，不像我们想象的那样答一张卷子就能获取功名。以进士考试为例，需要“试诗、赋、论各一首，策五道，帖《论语》十帖，对《春秋》或《礼记》墨义十条”。这其中以诗、赋、论三项为最重。所谓“帖”，全称为“帖经”，即默写经典中的段落；所谓“墨义”，即笔答经义，规定为十条。默写经书为什么叫“帖”呢，因为这类考试是将经典原文的前、后句子裁去，只露出中间的某一两句或某一两行，让举子们把前、后补齐。除“帖经”“墨义”外，还有回答“时务策”三条。这三项在进士考试中属于捎带脚儿的，不很重要，而在明经科则很重要，几乎是该科考试的全部内容，要不然为啥进士历来看不起明经及第的呢，就因为考明经大多靠死记硬背，不像考进士那样在答题时谈古论今、驰骋思维、激扬文字。因为考题量大，不论是乡试还是会试，举子们都要在考场里待上三四天，才能把所有内容答完。

相较于唐朝，宋朝科举有新的变革。宋朝革除了此前的很多弊端，增加了较为合理的考试内容。

有几个方面是应该肯定的，其一是糊名制度的确立，就是把考生所填写的姓名、籍贯等一切可能作弊的资料信息全部密封，使主考官和阅卷官无法得知答卷人是谁。

宋朝初年，请托、投献风气依旧。直到宋真宗时，才采用了糊名制度。相当于我们今天的试卷密封。当时很多人对糊名是持反对态度的，如范仲淹、苏颂等人，都曾提到糊名过于冒险：平时声名狼藉，考试成绩上佳，你录取他不录取他？随着时间的推移，证明糊名是最合理最公允的一种手段。苏轼参加礼部会试那年，主考官是欧阳修。当时欧阳修最看好的是曾巩，拿到考卷后一看,眉飞色舞,认定必是曾巩的答卷,定为状头。等到拆开糊名一看,原来是苏轼的答卷。不论欧阳修是为公还是出于私心,总之他当主考官时,想给得意门生打个高分儿也是很难做到的。

其二是考试时间的最终确立。唐朝每年一考,国家要动用大量的财力、物力、人力。宋朝自英宗治平二年(1065)始,定为三年一大比。这个时间直到光绪年间最后一次科举都没有改变。我们在古代小说中提到的"大比之年",就是指这一年有礼部会试,要出状元了。

其三是文风的转变。嘉祐二年(1057),欧阳修知贡举。他一向厌恶无病呻吟的程式化文章,当他取得了话语权时,将延续了百年的程文考卷全部废黜,所取文章都是言之有物、论之成理的"古文",所以苏轼、苏辙就占了大便宜,因为这两兄弟最善于议论古今成败之理。人称欧阳修是宋朝古文运动的"旗手",就是从这时确立的。

其四是考试内容和科目的转变。宋朝前期应试的拿手绝活儿还是诗、赋、论,前两项更是绝活儿中的绝活儿,那是要按照韵书去作的,一旦出韵,再好的答卷也是零分。考试内容的改变是王安石变法的结果之一。他给宋神宗上书说:"古之取士俱本于学,请兴建学校以复古。其明经诸科欲行废黜,取明经人数增进士额。"意思是不要开设那么多科,什么明经、明法,统统取消,只留下进士一科。还有,今后的考试只考经义,不必再考诗、赋。理由是:一个人从小写诗作赋,熟知音韵,对圣人之言却知之甚少,一旦当了官,怎么懂得治国理民?王安石变法施行后,科举不再考诗、赋而专考经义了。

什么叫"甲科"、"乙科"呢?

我们读古书时,经常能见到"进士甲科"、"进士乙科"之类的词语,总有似懂非懂的感觉。唐朝的科举,最初并没有甲科、乙科的区别,从高祖李渊到唐玄宗前期,所有进士都称为"乙科"。唐玄宗为彰显文德,下了道诏旨说:"近世没有甲科,从朕开始,就要打开甲科大门,让最优秀的人才成为天下人的表率。"终唐一代,"甲科"成为进士科中前三名的代称。

宋朝发生了很大变化,前期的进士考试,甲科、乙科仍指进士,且甲科一定优于乙科。例如,名臣张咏,本传就明确记载他是太宗太平兴国五年(980)"进士乙科"。欧阳修的儿子欧阳棐、大文豪苏轼中的都是乙科。直到北宋后期,甲科、乙科还是进士分档的概念,即甲科为一档,乙科为二档,甚至出现了第三档。

到了南宋,明确规定进士考试共分五甲。例如,理宗宝祐四年(1256),

文天祥榜共录取了601人,其中一甲21人,二甲40人,谢枋得为二甲第一;其余为三甲、四甲、五甲。《宋史·谢枋得传》则说他宝祐中参加进士考试,“意擢高第矣,及奏名,中乙科。除抚州司户参军,即弃去”。意思是谢氏本想登一甲高第,结果仅仅“中乙科”,内心不服,干脆不要了。这两则材料相互对照可以看出,南宋的“二甲”和“乙科”是等同的概念,所以南宋以后已经没有官方的“乙科”,只是民间还把二档进士叫做“乙科”。

到了明、清,又出现甲科、乙科之称,就比较容易区别了:凡经过殿试的正规进士都叫甲科,未经殿试的进士都叫乙科。

宋代吕祖谦说:“进士之科,往往皆为将相,皆极通显。”当时有“焚香礼进士”之语。进士科之外,其他科目总称诸科。

宋代科举在形式上进行了重大的改革。

首先,宋代科举放宽了录取的范围。宋代进士分为三等:一等称进士及第;二等称进士出身;三等赐同进士出身。由于扩大了录取范围,名额也成倍增加。唐代录取进士,每次不过二三十人,少则几人、十几人。宋代每次录取多达两三百人,甚至五六百人。对于屡考不第的考生,允许他们在遇到皇帝策试时,报名参加附试,叫特奏名,也可奏请皇帝开恩,赏赐出身资格,委派官吏,开后世恩科的先例。

其次,宋代确立了三年一次的三级考试制度。宋初科举仅有两级考试制度。一级是由各州举行的取解试,一级是礼部举行的省试。

宋太祖为了选拔真正忠于封建统治而又有才干的人担任官职,为之服务,于开宝六年(973)实行殿试。自此以后,殿试成为科举制度最高一级的考试,并正式确立了州试、省试和殿试三级科举考试制度。殿试以后,不须再经吏部考试,直接授官。宋太祖还下令,考试及第后,不准对考官称师门,或自称门生。这样,所有及第的人都成了天子门生。殿试后分三甲放榜。

南宋以后,还要举行皇帝宣布登科进士名次的典礼,并赐宴于琼苑,故称琼林宴,以后各代仿效,遂成定制。

宋代科举最初每年举行一次,有时一两年不定。

宋英宗治平三年(1066),才正式定为三年一次。每年秋天,各州进行考试,第二年春天,由礼部进行考试。省试当年进行殿试。

从宋代开始,科举实行糊名和誊录,并建立防止徇私的新制度。

从隋唐开科取士之后,徇私舞弊现象越来越严重。对此,宋代统治者采取了一些措施,主要是糊名和誊录制度的建立。糊名,就是把考生考卷上的姓名、籍贯等密封起来,又称"弥封"或"封弥"。

宋太宗时,根据陈靖的建议,对殿试实行糊名制。后来,宋仁宗下诏省试、州试均实行糊名制。但是,糊名之后,还可以认识各人的字迹。根据袁州人李夷宾的建议,将考生的试卷另行誊录。这样考官评阅试卷时,不仅不知道考生的姓名,连考生的字迹也无从辨认。这种制度,对于防止主考官徇情取舍的确发挥了很大的效力。但是,到了北宋末年,由于政治日趋腐败,此项制度也就流于形式了。

唐、宋两代科举制度的区别主要表现在以下几个方面:

参与科举考试的人员不同。唐代门第势力强大,由于印刷术还未问世,购书、藏书、读书需要巨大的财富,所以应试的大多是门第子弟。门第子弟自幼有家教熏染,并很早就懂得许多政治掌故,一旦从政,比较有从政的经验。而到了宋代,除吕家和宋家等少数几个家庭之外,门第传统有减弱之势。由于印刷术的出现,读书费用大大降低,有所谓的农家子弟、布衣书生、偏远的考童骤然中式,步入仕途,他们对政治生活有一个熟悉过程。

考试制度的不同。唐代考试,有公卷、通榜之制。所谓公卷,是由考生把不限题材的平日诗文成绩呈送上去,送给有大学问、德高望重者阅读。老一辈看了考生平日的作品,先为之评价,所以在未考之前,早已有许多知名之士居有优先条件。通榜是考后出榜,即根据社会和资深先辈的评论,来选拔知名之士,却不专凭考试之一日短长。但有些人便借此制度之宽作弊,于是政府不免要防弊而把制度严密化。但制度逐步严密化,有时反而失却其本义,而专在防弊上做文章,比如宋朝的考试制度,比唐代严格多了,那时就有糊名制度问世,以保考试成绩的真实性。考试制度在宋代日趋严密,但并非更有效率,以致后来对于科举考试,朝廷也不能因为广大考生应圣贤之试而信其贤,把科场防避之制设计得如同防范狱中之囚:诸生席舍,谓之号房,人一军守之,谓之号军。更有巡绰监门,搜捡怀挟,试官入院,辄封钥门户。

及第者历练过程不同。唐代考试在礼部,分发任用在吏部。礼部及第未必即获任用,因而仍多经各衙实习,在幕府作幕吏,而借此对政事先有一番了解。宋代则因为经历五代长期黑暗,人人不喜欢读书,又因为宋太祖赵匡胤尊重知识分子,朝廷刻意奖励文学、重视科举,只要及第即得入仕,因此反而不如唐代还能保留两汉以来切实历练之遗风。

考试内容不同。自晚唐以来,知识分子人人学诗赋,如杜牧的《赠别》:"娉娉袅袅十三余,豆蔻梢头二月初。春风十里扬州路,卷上珠帘总不如。"

柳永的《离别难》:“花谢水流倏忽,嗟年少光阴。有天然、蕙质兰心。美韶容、何啻值千金。”如果政府物色的人才都钻研这样的风花雪月知识,显然不适合担任官员。因此必须规范知识分子的学习方向,进行改革。但改革后却得不偿失,考经义反而不如考诗赋的效果。改革家王安石因此叹息,说“本欲变学究为秀才,不料转秀才为学究”。

录取标准不同。因为应考的人太多,录取的标准成了问题。唐代考试,一定要考律诗,因为古诗不容易定标准、判优劣,律诗限定字句,讲究平仄、粘对的工整,一字不合法度就不录取,标准具体而客观,容易评判。宋代不考诗赋改考经义,仁义道德大家都会说,谁好谁坏,很难辨别。所以到明代,又在经义中渐渐演变出一定格式来,这就是八股格式,违反了这个格式就不录取。

(四)明朝:中国古代科举制度的鼎盛时期

元代,蒙古人统治中原,科举考试进入中落时期,但以四书试士,却是元代所开的先例。

元朝灭亡后,明王朝建立,科举制进入了鼎盛时期。明代统治者对科举高度重视,科举方法之严密也超过了以往历代。明代以前,学校只是为科举输送考生的途径之一。到了明代,进学校就成了科举的必由之路。

明代初年,由于重新建构起来的官僚机构对吏员的需要,采取了多途选士,科举考试、察举荐才和学校育人齐头并进。朱元璋很有创建性地提出了老少参用的唯才是举的政策。但为了防止负责荐举的各级官员利用职权营私舞弊,朱元璋明令“严选举之法,有滥举者逮治之”。

洪武三年(1370),朱元璋下诏实行科举取士,连续举行三年,但由于科举所得之士皆为年少的青年后生,缺乏实际的任事能力,使朱元璋颇感不满,所以自洪武六年(1373)起便暂停科举。之后,明王朝十分注重荐举取士和兴学育才。然而荐举的情况并不比科举好多少,甚至不如科举,经过反复比较权衡,明王朝又决定恢复科举制。

明代科举考试最重视进士科。其考试程序大体有四:

第一步是童试。童试是预备性质的考试,即预考。考生不论长幼皆称童生或儒童。童生先参加地方的州、县级考试,由州、县长官主考,童试预考通过以后称为生员,也叫庠生,通称秀才。

第二步是乡试。乡试是省一级的考试,凡本省科举生员与监生均可应考。乡试是由南、北直隶和各布政使司举行的地方考试。地点在南、北京府、布政使司驻地。每三年一次，逢子、卯、午、酉年举行，又叫乡闱，亦称三年一大比。由于考期定在农历八月，所以又称秋闱。乡试第一名叫解元。所谓解是发送的意思，即由地方考取了将送往京城参加会试。所谓元，是第一的意思。乡试第二名叫亚元。第三、四、五名叫经魁。第六名叫亚魁。其他称文魁。主持乡试的有主考二人，同考四人，提调一人，其他官员若干人。

考试分三场，分别于八月初九、十二日和十五日进行。

乡试考中的称举人，俗称孝廉。唐伯虎乡试第一，故称唐解元。乡试中举叫乙榜，又叫乙科。放榜之时，正值桂花飘香，故又称桂榜。放榜后，由巡抚主持鹿鸣宴。席间唱《鹿鸣》诗，跳魁星舞。

明代还出现了洞学科举的现象。所谓洞学科举，就是分配给书院若干名额参加科举考试。

第三步是会试。会试是由礼部主持的全国性考试，考试时间是在乡试后第二年春天的二月份举行，所以又叫礼闱或春闱。参加会试的必须是乡试中式的举人。会试于乡试的第二年即逢丑、辰、未、戌年举行。全国举人在京师会试。会试也分三场，分别在二月初九、十二日、十五日举行。由于会试是较高一级的考试，同考官的人数比乡试多一倍。主考、同考以及提调等官都由较高级的官员担任。主考官称总裁，又称座主或座师。考中的称贡士，俗称出贡，别称明经，第一名称会元。

第四步是廷试或殿试。参加殿试的必须是会试的及第者。举行殿试之际，皇帝要亲策于廷，直接主持，以表示取士用人的大权掌握在皇帝手里，是恩出皇门。但一般而言，殿试只是一种形式，表示朝廷对人才的重视，这级考试没有去留，只有名次的升降。殿试考中分一、二、三甲，统称为进士。进士放榜时，要在殿前举行唱名典礼，由皇帝亲自宣布进士名次，称传胪。放榜后，皇帝亲自赐恩荣宴。殿试一甲三人，曰状元、榜眼和探花，统称赐进士及第，放榜后即刻授予官职。二甲若干人，赐进士出身。三甲若干人，赐同进士出身。二甲、三甲第一名叫传胪，在乡试、会试和殿试中皆得第一名，称为连中三元，是人生的最高荣誉。解元、会元加上殿试一甲第一名的状元，合称三元。连中三元，是科举场中的佳话。明代连中三元者仅洪武年间的许观和正统年间的商辂两人。

殿试在会试后当年举行，时间最初是三月初一。明宪宗成化八年(1472)起，改为三月十五。应试者为贡士。进士榜用黄纸书写，故叫黄甲，也称金榜，中进士称金榜题名。

殿试之后，状元授翰林院修撰，榜眼、探花授翰林院编修。其余进士经过考试合格者，叫翰林院庶吉士。三年后考试合格者，分别授予翰林院编修、检讨等官，其余分发各部任主事等职，或以知县优先委用，称为散馆。庶吉士出身的人升迁很快，明英宗以后，朝廷形成非进士不入翰林，非翰林不入内阁的局面。

明代以《四书五经大全》为科举考试的主要教材。考试所用文是“八股文”。八股文由宋代的经义演变而成。

所谓八股文，也叫制义文，或叫制艺、时艺、时文、八比文、四书文。八股文是科举考试所用的特殊文体，八股是指文章必须分八个部分：

一曰破题。以首句破题，需说明题意和主要内容，文字叙述必须简练含蓄。

二曰承题。两句承题，承题就是承接破题的意义而引申发展的意思。

三曰起讲，又谓之起源。起讲就是议论开始，阐述为什么。由于八股文要代圣贤立言，也就是令考生像古圣先贤那样阐发观点与主张。

四曰入手，在起讲之后用1~2个或3~4个句子引入本题。

五曰起股，六曰中股，七曰后股，八曰束股，篇末用大结，称复收大结。起股、中股、后股、束股四个段落是文章的主干，每部分都有两股两相比偶的文字，共计八股，因此又叫八股文。这部分的文字繁简、声调缓急，皆要相对成文，正反、虚实、深浅都极严格。

八股文以四书五经中的文句做题目，只能依照题义阐述其中的义理。措词要用古人语气，即代圣贤立言。格式也很死。结构有一定程式，字数有一定限制，句法要求对偶。八股文的危害极大，严重束缚人们的思想，同时也把科举考试制度引向了绝路。

明末清初著名学者顾炎武愤慨地说：“八股盛而《六经》微，十八房兴而二十一史废。”又说：“愚以为八股之害，甚于焚书。”

八股文形式刻板，只从四书五经中出题，又使其内容褊狭固定，只代圣贤立言严格地限制了考生的思想自由。由于从内容到形式都十分固定僵化，这就为考试押题提供了机会，因此许多考生干脆连四书五经都不读，八股文章都不做，请人代笔，自己只死记硬背成文即可应试，这样渐使编撰八股文成为一种时髦的行业，不仅私人写作编撰，连官方也作八股文章，八股文选遂泛滥成灾。

明代的贡院是科举考试的场所。贡院之设始于唐、宋，唐、宋两代把省试(礼部考试)的场所称为贡院。元代以后,乡试、会试的场所也叫贡院,又叫闱。贡院制度的形成历经千年,至明清两代形成定制。

明代入国子监学习的,通称监生。监生大体有四类:生员入监读书的称贡监,官僚子弟入监的称荫监,举人入监的称举监,捐资入监的称例监。

监生可以直接做官。特别是明初,以监生而出任中央和地方大员的多不胜举。明成祖以后,监生直接做官的机会越来越少,却可以直接参加乡试,通过科举做官。

参加乡试的,除监生外,还有科举生员。只有进入学校,成为生员,才有可能入监学习或成为科举生员。

明代的府学、州学、县学,称为郡学或儒学。凡经过本省各级考试进入府、州、县学的,通称生员,俗称秀才。

取得生员资格的入学考试叫童试,也叫小考、小试。童生试包括县试、府试和院试三个阶段。

院试由各省学政主持,学政又名提督学院,故称这级考试为院试。院试合格者称生员,然后分别分往府、州、县学学习。生员分三等,有廪生、增生、附生。由官府供给膳食的称廪膳生员,简称廪生;定员以外增加的称增广生员,简称增生;于廪生、增生外再增名额,附于诸生之末,称为附学生员,简称附生。

考取生员,是功名的起点。一方面、各府、州、县学中的生员选拔出来为贡生,可以直接进入国子监成为监生。另一方面,由各省提学官举行岁考、科考两级考试,按成绩分为六等。科考列一二等者,取得参加乡试的资格,称科举生员。因此,进入学校是科举阶梯的第一级。

明代乡试、会试头场考八股文。而能否考中,主要取决于八股文的优劣。所以,一般读书人往往把毕生精力用在八股文上。

但随着经济文化中心的南移,南方学子对八股文驾轻就熟。明初在科举考试中发生了一个重大的事件,又称“春夏榜案”。

明太祖洪武三十年(1397)春,京城南京举行了明朝开国以来的第九次科举考试。以翰林学士刘三吾、纪善白信蹈为考试官,取录宋琮等51人,经三月廷试后,陈䢿为第一名,尹昌隆为第二名,刘谔为第三名,是为春榜。因所录51人全系南方人,故又称南榜。这个结果虽然在一定程度上反映了当时南方经济文化比北方发达的实际情况,但是北方人1名未取,则为历科所不见。

考试之后，在贡院街放榜。熙熙攘攘的举子都在看榜，落选举子中忽然有人高声质疑：“录取的贡生全为南方人，北方人一个也没有上榜。”大家仔细一看，果然如此。有人叫道：“正副主考都是南方人，是南方人压制北方人！”于是，群情激愤到礼部衙门讨个说法。礼部官员急忙将此事奏报朱元璋。

朱元璋知道此事后大怒，但经过思考后在奏折上批道：“南人尽占黄榜，举子群情激动，着礼部官员将试卷再阅来报。”这批示暗示的意思很明显，那就是：也得录取一些北方考生，以平息北方举子的不满。

朱元璋把主考官刘三吾召进宫中问话。这位年已85岁的翰林学士是个正直但脾气倔强的人。他回答朱元璋说：“会试榜发，北方举子大哗，臣已尽知。然臣在阅卷之时只以文章优劣定名次，并不知所录取的到底是谁，哪里人氏……”他把阅卷的认真和公正说了一遍，并告知朱元璋，受元朝统治之影响，北方举子文学根基远不如南方。朱元璋说：“先生既如此情，为什么不特拔几名北方士子，以鼓励北人之心呢？”刘三吾答曰：“臣为国取才，只能以试卷文字优劣为标准，不以南人、北人为依据。”朱元璋说：“依朕之见，不妨在北人中择优选上几名，以安定人心，平息众怒。”刘三吾抱住“死理”不放，说道：“会试榜次已定，当选人名副其实，不能更换了。”朱元璋十分恼火，说道：“先生执意不换，朕以为其中必有私弊。”刘三吾不服，赌气请另委大员重新审阅试卷。朱元璋大怒，立即撤了刘三吾的职，另委翰林院侍读张信主持，侍讲戴彝、右赞善王俊华、司直郎张谦、司经局校书严叔载、正字董贯、王府长史黄章、纪善周衡和萧揖，以及已经廷试取录的陈郊、尹昌隆、刘谔等人参加，于落第试卷中每人再各阅十卷，增录北方人入仕。

张信领旨复卷之后，朱元璋亲临奉天殿，召集文武百官及被罢黜的刘三吾等一起来听取复卷的结果。朱元璋先宣布说：“本科会试尽取南人……但应试举子只能以文章定优劣，这又是朕取士的标准……务要求得公道，以服天下。”张信先把几份经过评点的北方举子的试卷呈给朱元璋时奏道：“遵照万岁旨意，已仔细复审，特别留意北方举子的试卷，这几份试卷文章通顺，韬略可行，实为北方举子中之佼佼者，不能不算是国家的人才，若论才华，臣等以为均可入选。”说毕，又呈上一叠南方入选举子的试卷，补充道：“臣将方才几份试卷与前榜中式试卷相对照，才发现南北考生成绩相差实很悬殊。前榜最末一名其才学文章远远高出北方学子中的佼佼者。万岁方才言道，开科取士当以文章定优劣，臣等深体万岁之意，中选人员实应皆依前榜，北方举子不得不落榜了。”

文武百官谁也没有想到经张信复阅后的结果也是这样，朱元璋也没有估计到张信竟敢不理会自己的意图，还敢在文武百官面前替被罢黜的大臣说话，气得半天没有说出话来。缓了一会他冷笑着说：“张爱卿真会演戏！就在你复阅试卷时，朕已得到密报，刘三吾跟你串通一气蒙哄孤家。”张信辩解说：“自奉旨审卷以来，臣及所有阅卷官均未与外有任何接触，且贡院内外防护森严，家丁密议当找隐蔽地方，何以光天化日之下在臣的家门前密议呢？”满朝文武及众阅卷官对张信处事的周密和辩解有力均甚佩服。

朱元璋恼羞成怒，拍案怒吼道：“翰林院官官相护，不以公正为怀，反而互相包庇。着刑部将张信、刘三吾等缉拿下狱严加追问。张信复阅结果无效，待朕亲自批阅以定取舍，退朝！”

刑部严审刘三吾、张信等人，未得可资定罪口供，于是抓了一大批与刘三吾、张信有过来往的人和家丁严刑逼供，一些人受不了酷刑，屈打成招。最终，张信等阅卷官被扣上“欲为逆臣胡惟庸鸣冤叫屈、反叛朝廷”的罪名，被凌迟处死。其实当时胡惟庸被杀已过 17 年，这罪名谁也不会信。刘三吾发往边塞充军，原榜作废，原中榜举人以行贿罪全部问斩，全案共杀有关人员达 200 余人，为明代一大冤案。

最后经朱元璋亲自阅卷，选出 61 名举人，全为北方人士。因前榜高中举人全为南方人士，后榜全为北方人士，故史称“南北榜糊涂案”。

朱元璋考虑的是北方的安定，要安抚北方人士，这是从国家安全的角度出发；而刘三吾、张信等人从公平公正的角度考虑考试的社会公信。当这两方出现冲突时，孰重孰轻就成了大是大非问题。

刘三吾、张信这些读书人不懂得政治利益高于一切的原理，坚持公平公正，最终招来杀身之祸。

南北榜案发生于洪武朝，长达 10 余年的文字狱结束之后，是朱元璋文化专制的开始。同时在一定程度上体现了全国大一统形势发展中南北政治平衡的要求，也体现了朱元璋打击和限制江南地主的一贯政策，此事件开明朝分南北取士之先例，至明仁宗以后遂成定制。

（五）清代——中国古代科举制度的灭亡

1. 清代的学校制度

明代科举制度基本为清代所沿袭。清科举必由学校，即只有各类学校的生徒才有资格参加乡试。所以，要了解清代的科举制度，首先要了解它的学校制度。

清代文献中的“学校”，是指各类国立教育机构。清代设有各类官学，京师设有国子监、宗学、觉罗学、八旗官学等。各省设有府学、州学、县学。除这些官学外，还有私人和地方社会创办的私塾、社学、义学和学院等教育机构。

(1) 私塾、社学、义学。

清代童子启蒙教育，除富人延聘家庭教师教授子弟外，公共教育机构为私塾。私塾为私人、宗族或地方社会所办，延聘儒生（一般为秀才或老童生）担任教师。私塾讲授百家姓、千字文、三字经等识字和启蒙教材，程度高的也选讲四书五经。社学和义学也属于启蒙教育机构，均起源于宋、元，一般为地方社会所创办。明初曾下令民间50家设立一所社学，延聘教师以教育民间子弟，后废弛。清初复令每乡设置社学一所，择聘文行优秀者充当社师，官府免除其差徭，并酌给薪水。后来，这一制度也逐渐废弛。义学一般为地方社会或急公好义的人士集资创办，以补社学之不足，专收孤儿和家境贫寒的生童入学。上述各学的学生可以参加科举考试，称童生。

(2) 府学、州学、县学。

府学、州学、县学属于官学，由国家出资设立。童生经过考试合格入县学、州学、府学学习者，称生员，又称庠生、茂才、博士弟子，俗称秀才。换句话说，清代的生员（秀才），就是国立府学、州学、县学的学生。府学、州学、县学皆由朝廷设置正副学官。其正学官，府学为教授，州学为学正，县学为教谕；其副学官，不论府学、州学、县学，皆称训导。学官既是学校的管理者，又是教师。他们既负责教授在校生员的学业，又负责管理本府、州、县的所有（在校和不在校的）生员。生员有品行不端或违反法纪的，首先交学官处理；情节严重须按刑律处罚的，首先革去生员功名。府、州、县学的入学考试是科举制中的初级考试，每三年录取两次。各学录取生员皆有定额，按各地的文风高下、钱粮丁口多寡以为差别，自七八名至三四十名不等。如果某地士民能够在战争期间坚守本城、收复城池或捐输军饷，经奏准可以永久性增加其学额；遇有皇帝登基、万寿、巡幸、谒陵等典礼，可以一次性增加全国各地或部分有关地区的学额。生员分廪生、增生（增广生员）和附生（附学生员）三种。廪生每年由国家发给廪饩银（即助学金）四两，有为应试童生具保的责任。遇有廪生因各种原因出缺，由岁试中名列一等的增生和附生递补。新入学的生员须在学学习三年，至下期新生入学为止。学习期间，必须参加月课和季考,无故不参加者给予处分,直至黜革。学习期满离校的生员,要参加每三年举行一次的岁考,以检验其是否坚持学业,视考试成绩给以奖惩。

(3) 国子监。

清代在京师设立的国学称国子监,亦称太学,其监内肄业的学生统称国子监生,但实际上分为贡生与(狭义的)监生两类。北京国子监琉璃牌坊"贡"者,贡于王廷之义;贡生即地方贡生贡于朝廷。

清代贡生有五种:①岁贡:岁贡生由各府、州、县学食饩十年后的廪生按资历深浅挨次升贡,其名额视各府学、州学、县学之大小而不等,或一年、二年1名,或三年、四年、五年乃至十年1名。②恩贡:遇有国家庆典或登基颁布恩诏之年,以本年当出岁贡廪生出贡,称恩贡;次年再以各学廪生排在最前列者充当岁贡。③拔贡:拔贡由各省学政(学政一职详下文)对各学生员进行专门考试,选其优者充之;选拔最初无定期,乾隆七年(1742)后定为每12年进行一次。每届考试之年,由生员向自己所在的府学、州学、县学报名,经各学学官审查后申送本省学政参加考试。录取名额一般为每府学2名,每州学、县学各1名。④优贡:优贡亦由各省学政考取,每三年一次,每省不过数人。⑤副贡:清代乡试各省按正式录取举人名额的五分之一录取副榜,称副贡。以上五贡人员为正途出身,可以经礼部铨选做官,也可经考试入国子监读书(副贡不须考选)。除以上五贡之外还有所谓例贡,由生员和监生捐资产取得。

监生有四种:①恩监:由各官学生考取和以孔子及先贤之后裔的身份入监者称恩监。②荫监:荫监分为恩荫和难荫,清代文官京官四品以上、外官三品以上、武官二品以上,俱准送一子入国子监读书,这些人以及遇恩典特准入国子监者,称恩荫监生。此外,京官外官三品以上不论满汉,三年任满后勤于王事死难者,准其一子入国子监读书;各省布政使、按察使、盐运使以及各州县正印官、佐贰官死于王事者,亦准荫其一子嗣入国子监学习,俱称难荫监生。③优监:优监是指以附生身份入国子监学习者。④例监:例监是指以俊秀,即没有任何功名的平民捐资产取得监生资格者。

国子监置祭酒、司业等官员,掌监生的教学和考试:设率性、修道、诚心、正义、崇志、广业等六堂,作为讲习之所。各类取得入监学习资格的人员,入监前须经考试,贡生取在一、二等,监生取在一等者,方能入学。国子监学生分内班、外班,均有定额;不论内、外班生,每月皆给膏火银。按照有关制度规定,内班住校,外班上课时到监。但实际上,这种教学制度年久日渐废弛,内班学生一般课考时方到监,外班更是形同虚设。国子监的学习内容以四书五经为主,兼习书法,此外还可选修诸子和十三经、二十一史。国子监生学习期间有大课、季考、月考等考试,以检验其成绩。在国子监肄业的人员,优者可按有关制度参加廷试,任用为低级官员。由于国子监教学制度的废弛,监生并不务学,其名多为捐纳以及参加乡试的资格,为人们所轻视。

(4) 其他官学。

清代以太祖努尔哈赤之父塔克什的本支子孙为宗室,俗称黄带子;以塔克什叔伯兄弟之子为觉罗,俗称红带子。清代在京师设有宗学,专收宗室子弟;设有觉罗学,专收觉罗子弟,两者皆隶属于宗人府。此外又设景山官学,选内务府三旗(镶黄旗、正黄旗、正白旗)佐领、管领下的幼童入学;设咸安宫官学,选内务府三旗佐领、管领下的幼童以及八旗俊秀入学。

(5) 书院。

书院本为私人讲学的场所,而清初士人鉴于明末东林党之祸,讲学多有顾虑,统治者更是有意限制私人讲学。当时清廷曾下令各省的提学官督率各府学、州学、县学教官讲求教育,此外不允许另外再创立书院,以免群聚结党。这一禁令后来虽然被废止,但清政府仍通过各种措施对书院加以控制,如由官方酌拨经费,由地方官员延聘、考核山长等,并且规定书院每月之课仍以八股文为主。这样,清代的书院也就同官办的府学、州学、县学一样,成为了科举制度的附庸。书院的生徒有生、童之分,前者为贡、廪、增、附、监生,后者为未曾入学的童生。

2. 清代科举考试的程序

清代士人要经过考取生员、考取举人和考取进士三个步骤,以求取功名。在这一过程中,要经过多次考试。确切地说,清代各种科举考试可以归入生员考试、举人考试和进士考试等三个系列。在这三个系列中,秀才系列和举人系列的考试均与“学政”这一官职有关。

清代的学政是中央派往各省管理教育和科举事务的官员,其制源于宋代。宋代曾置提举学事司,掌一路州县之学政,并巡察所部儒师之优劣、士子之勤惰。明代除在各省设置布政使司和按察使司之外,还分设各种道员,其中有一种以按察司佥事提督学校的道员,称提学道,一般由京朝官兼任。这种制度在清代继续沿用,雍正后统称“钦命提督某省学政”,一般称“学政”。学政多由朝廷在翰林院、詹事府官员中选任,由其他京官选任者也带翰林院编修或检讨衔；由于学政还兼有在派往省份考试武生的职责，因而又加提督衔。清代的学政三年一任，逢子、卯、午、酉乡试之年的八月简放，其基本任务有三个：第一是主持“院试”，录取各府学、州学、县学的生员；第二是主持各地检验生员学业的“岁考”；第三是主持作为乡试预备考试的“科考”。学政是朝廷的使节，不受督抚节制，地位很高。

科举制度中生员、举人和进士三个系列的考试程序大致如下：

(1) 生员(秀才)系列的考试。

童生考取生员须经本县、本府(或本直隶州、厅)和学政的三级考试：

1) 县试。县试由州县官主持，日期多在二月。其程序，童生向本县衙署的礼房报名，填写父母、祖父母、曾祖父母三代存、殁、已仕、未仕之履历；或出具同考五人互相保结，或出具本县廪生的保结，保其身家清白，不属于优倡隶皂之子孙，以及没有冒籍、匿丧、顶替、假捏姓名等情，然后方准应考。县试一般共考五场，每日一场，黎明前点名入场，即日交卷。第一场为正场，试四书文两篇，五言六韵试帖诗一首；题目、诗、文的写法皆有一定格式和字数限制。第一场录取者准应府试，其余各场是否参考听考生自便。县试第一者称县案首，院试时惯例录取入学。

2) 府试。府试由知府、直隶州知州、直隶厅同知主持，日期多在四月。因故未参加县试者，可于府试前补试一场，亦可参加府试。其他报名、具保、场次、考试内容等与县试相同。第一场录取者即准应院试，其余各场是否参考听考生自便。府试第一名称府案首，院试时惯例录取入学。

3) 院试由学政主持。各省学政在三年任期内两次巡回各地，称按临，主持生员的岁考和科考；与此同时，进行童生的院试。因故未参加府试以及县试、府试均未参加者，可经补考后参加院试。院试报名、保结、考试内容等与县试、府试同，唯正场之前加试经古一场，考试解经、史论、诗赋等。院试场规较严。入场由学政亲自点名，认保、派保的廪生排立学政座旁，如有冒考、顶替者，查出究办；此外互保的五名童生还须互相觉察，如有容隐包庇，五人连坐。考生入场携带考篮，内装笔墨、食物。为防止夹带，要进行严格的搜检，甚至要解发、袒衣，连鞋袜、文具也要检查，不许携带片纸只字进入考场。点名入场后，考场即封门，禁止出入。为防止考官徇情，试卷弥封糊名。院试录取的新生须填写亲供，书年龄、籍贯、三代以及身高相貌特点，由各州县学官出具印结，汇报给学政。学政于大堂召集新生行簪花礼，然后把新生分拨到县学、州学、府学学习。留县者称县学生员，拨府者称府学生员。各府、州、县奉到学政发下的新生名单后，即通知新生定期要穿戴雀顶蓝袍，齐集官署大堂设宴簪花；然后在府、州、县官的带领下，前往孔庙谒圣，再至学宫拜谒本学学官。此后开始正式入学学习。

学政亲临各地，除主持童生入学考试外，还负有整顿学风、检察生员品行和考察生员学业等职责。为此，学政还必须主持以下活动：

① 观风、谒庙和放告。学政到达一个地方以后，往往首先拟出经解、策论、诗赋等题目，令生员和童生选作，有时也就近到书院考试童生。这些活动旨在考察各地的文化风俗，称观风。院试进行之前一日，学政着朝服谒文庙，在大成殿阶下行三跪九叩礼；礼毕升明伦堂，由学官宣读朝廷颁布的旨在规范士子品行的《卧碑文》和《圣谕广训》，诸生肃立环听；此后，由生员掣签讲书，各讲四书一章。讲书结束后，根据察访结果对品行学业优劣生员当众予以奖罚；然后查看文庙围墙，倘有破损，即令修理。谒文庙后，学政回府州县官署放告，即准人民申诉冤屈，控告不法文武生员、贡生、监生。控状无关学校者不予受理，交当地知府处理。贡生、监生和文武生员犯法，其情节轻者惩戒，重者斥革。

② 岁考。学政到任后第一年按临各地，在主持院试之前对生员进行考试，旨在检查其学习情况，府学、州学、县学的附生、增生、廪生均须参加，称岁考。岁考实行“六等黜陟法”，即将考试成绩评定为六等，根据成绩对生员的身份进行黜陟，如增生、附生补为廪生，廪生降为增生、附生等。此外，对成绩考列五六等者，还有青衣和发社两种惩黜。着蓝衫本为生员身份的象征，“青衣”处分即使被惩生员改着青衫，叫“青衣”，“发社”即由县学降入乡社学，相当于今天从重点中学到一般中学。最严重的处分是革黜为民。

③ 科考。科考是乡试的预选考试，学政到任后第二年进行。成绩分三等，其一二等及三等大省前十名、中小省前五名准应乡试。除科考外，旨在选送参加乡试人员的考试还有生员、贡生、监生的“录科”和“录遗”。所谓录科，即科考成绩三等未获得参加乡试资格者、因故未参加科考者以及在籍监生、荫生、官生、贡生因名不列于本地学官而不参加科试者，皆须于乡试之年七月由学政考试录科，方能送考；录科各省有定额。所谓录遗，即经录科考试仍未能取得参加乡试资格者以及未参加录科考试者，可以再参加一次考试，录取者也准其乡试。有些人员可以不经科考、录科、录遗而直接取得参加乡试的资格。在这些人中，现任学官准由学政直接送考；在国子监肄业的贡生和监生，由本监官直接送考；正印官胞兄、弟、子、侄中随官员在任读书

的贡生、监生,准许本官申送参考;学官、州县佐贰由本任地方官申送参考。

(2) 举人系列的考试,即乡试。

清代通过乡试选拔举人,是取古代"乡举"之义。"乡举"一语见于《周礼》,言乡大夫向朝廷推举贤能。汉代察举制度举孝廉、举文学、举明经有道等,就是乡举,无需经过考试。科举制度建立后,乡举须通过考试,因而发展成为乡试制度。明清士子通过乡试后,即取得一种永久性功名——举人,可按科无限期参加礼部会试。

1) 乡试的时间和考试内容。清代乡试三年一科,逢子、卯、午、酉举行,称正科;遇皇帝万寿、登基等庆典,增加一次,称恩科。如庆典之年适逢正科之年,则改这一年正科为恩科,原正科改在此前或此后一年举行。《周礼》有三年大比之制,故乡试之年亦称大比之年。乡试分三场进行。以八月初九、十二日、十五日为正场,考生于每场正场前一日入场,后一日出场。考试内容,顺治初年规定第一场考四书五经,用八股文,谓之制义,亦称制艺、时艺、时文,八股文有明确的字数限制:清顺治时规定每篇文章为550字,康熙时为650字,乾隆时为700字,违者不录,以后遂为定制。第二场考论一篇,判五道,诏、诰、表择作一道;第三场考经、史、时务策五道。乾隆五十二年(1787)后,改第一场考四书文三篇,五言八韵诗一首;第二场考经文五篇;第三场考策问五道,内容为经史、时务、政治。清朝科举考试中,除八股文以外,还有一种重要的文体,那就是试帖诗,又叫五言八韵诗,这也是一种形式古板、要求严格、不能随意抒发情感而只能歌功颂德、粉饰太平的诗题。试帖诗为五言,共16句,首尾各两句可以不用对偶,其余各联必须对偶,限定以某字为韵,在题目旁须注明得某字韵。诗的结构与八股文类似,首联曰破题,二联曰承题,三联曰起股,四五联为中股,六七联为后股,结尾称束股,首联和二联必须把题目字眼全部点出,倘若题目的文字太多不能全部点出,也要把关键字点出。试帖诗的结尾必须颂圣,即为封建帝王、封建政体歌功颂德。

试帖诗也与八股文一样是应制之作,要求内容严肃,格式严谨,整个诗文必须典雅庄重。考生在作文时,若用了不雅不洁不吉利的字句,将被取消录取资格。顺天乡试的四书题和试帖诗题由皇帝钦命,其余考试内容由主考、同考官员命题;各省乡试均由主考命题。

2) 乡试的参考人员。清代乡试考场设于顺天府和各省。顺天乡试亦称北闱,参考者有两部分人:一为直隶、奉天、热河等省区以及满蒙汉军的生员和贡生、监生;二为各省的贡生、监生。各省乡试地点在省城,参考者为本省的生员。

3）乡试的考场。清代乡试考场称贡院。对于贡院的建筑结构，清末甲辰（1904）科进士出身的商衍鎏先生在《清代科举考试述录》中有过记述：顺天贡院建在京师崇文门内东南角，大门前有一座“天开文运”的牌坊，其他与各省贡院基本相同。各省贡院均建于省城东南，贡院大门上正中悬“贡院”墨字匾额，大门东、西建立两坊，分别书“明经取士”和“为国求贤”。贡院大门外为东、西两座辕门，大门分中、左、右三门。进大门后为龙门，门内又平开四门，取《尚书·虞书》“辟四门”以招贤俊之义。龙门直进为至公堂，是监临和外帘官的办公处所。在龙门和至公堂中间，有一楼高耸，名曰明远楼。居高临下，全闱内外形势一览无余。监临等官员可登楼眺望，稽查士子有无私相往来、执役人员有无代为传递之弊。至公堂再往后有一座飞虹桥，过桥即为内帘门。内帘的后部是正副主考和房官办公阅卷的场所。龙门、明远楼两侧是士子考试的号舍，号舍自南而北若干排，每排数十间乃至近百间，顺天和某些大省贡院的号舍总数可达万余间，中小省也有数千间。贡院四面围墙遍插荆棘，四角各有一楼。考试期间，贡院四周派军队分段驻守巡逻。

4）乡试的场规。清代乡试场规极严，对试前、试后、场内、场外皆严立禁令。对士子夹带防范尤严，进场时进行严格搜检。为防止夹带，规定士子必须穿拆缝衣服，单层鞋袜，皮衣不得有面，毡毯不得有里；禁止携带木柜木盒、双层板凳、装棉被褥；砚台不许过厚，笔管须镂空，蜡台须空心通底，糕饼饽饽都要切开。严禁考官交通嘱托，贿卖关节，严禁士子与员役协同作弊，违禁者严处。咸丰八年（1858），顺天乡试发生舞弊案，主考官、协办大学士柏葰被问斩，数十名官员、士子受到包括死刑在内的严重处罚。

5）乡试的考官和阅卷、录取。清代乡试的考官为正副主考，每省各一人（道光后顺天乡试的副主考为三人），负责命题、阅卷、录取。正副主考均由皇帝钦命简放，专用翰林进士出身的官员。其中顺天乡试用一二品大员，其他省用侍郎、内阁学士及翰林院、詹事府和都察院的官员。除正副主考外，各省乡试还任用同考官帮助阅卷，同考官也称“房官”，各省 8～18 人不等。顺天乡试的同考官由礼部会同吏部选用科甲出身的官员担任，各省乡试的同考官由担任乡试“监临”的督抚考选，专用邻省接界三百里以外的在籍进士、举人。“监临”负责监察、总摄考场事务。顺天乡试以顺天府尹为汉监临，任用二三品满官为满监临；各省乡试以巡抚、总督为监临。此外，乡试还设监试、提调、帘官等人员负责管理考场。士子用墨笔作答的原卷称墨卷，出场交卷后由弥封人员将卷上姓名、籍贯弥封。为防考官辨认考生笔迹之弊，将弥封后的墨卷编号交誊录人员用朱砂誊录，称朱卷。朱卷誊毕后，经对读人员与墨卷校对无误，分别套封，墨卷存于外帘，将朱卷交内帘阅卷。正副主考批阅各房荐卷，以头场为主，阅后结合第二、第三场的情况，互阅商酌，取定中额。放榜之日，按中式朱卷红号调取墨卷，当众开封，填写榜名，放榜公布。乡试放榜后，各省试卷调礼部复查，称磨勘。房官未荐之卷和主考未取之卷，皆曰落卷，也须略加批语，试后发给考生。乾隆年间，有时令督抚、学政对中式举人进行复试，嘉庆后成为定制，道光后定赴京复试。

6）乡试的中额。清代乡试中额各省多寡不一，依文风之高下、人口之多寡、丁赋之轻重而定。如乾隆年间共取 1 200 余名。乡试正榜取中者称举人，此外每正榜五名取副榜一名，亦称副贡。放榜之期在九月，第一名称解元，顺天乡试的解元例为直隶人。

7）乡试的放榜。清代乡试于九月放榜，多选寅、辰日支，以寅属虎，辰属龙，取龙虎榜之意；又因时值秋季，桂花盛开，所以也称桂花榜。放榜时，正副主考、监临、房官、提调、监试等齐集公堂，拆墨卷弥封核实中式者姓名、籍贯；核实后交书吏唱名，唱毕填写正榜。榜由第六名写起，末名写完后再提写前五名，由第五名倒写至第一名，谓之“五经魁”。填榜至此，时已入夜，公堂上下燃起巨红花烛，经魁出于哪一房官即将红烛一对置于该房官案前，以表荣誉。经魁唱名声音特高，曰闹五魁。五经魁填写完毕后填写副榜。全榜填写完毕，将榜文加盖顺天府尹或本省督抚关防，载以黄绸彩亭，在鼓乐仪仗兵丁的护卫下，送到顺天府尹署或各省布政使司署、巡抚署前张挂。发榜第二天，在各省巡抚衙门举行“鹿鸣宴”，由主考、监临、学政、内外帘官和新科举人参加。新科举人谒见主考、监临、学政、房官，然后依次入座开宴，演奏《诗经》中的《鹿鸣》之章，作魁星舞。新科举人第一名称解元，第二名称亚元，第三、四、五名称经魁，第六名称亚魁，其余称文魁，均由国家颁给 20 两牌坊银和顶戴衣帽匾额。匾额悬挂在住宅大门之上，门前可以竖立牌坊。新科举人第二年即可赴京参加礼部会试；会试一科或三科不中，也可以经过吏部的“拣选”或“大挑”就任低级官员。

（3）进士系列的考试，包括会试、复试和殿试。

清代举人中式后即取得参加会试的资格，经会试、复试和殿试取中者，称进士。

1）会试。清代会试于春季在京师贡院举行，试期多在三月，所以也称春试（春闱）；因由礼部主持，也称礼闱。会试每三年一科，逢丑、辰、未、戌年举行；遇乡试恩科，翌年之会试即为会试恩科，这一年正科或提前或延后一年举行。会试考试、阅卷、场规和考试内容等基本同于乡试，唯第一场四书三题由皇帝钦命。会试考官于三月简放，初用内阁六部大员4～7人；咸丰后定制4人，一正总裁，三副总裁，以大学士及翰林进士出身的一二品官员充任；同考官18人，与主考官同时简放，用翰林进士出身的实缺京官。清代会试中额各科多寡不同，一般为百余名或二三百名，最多一科为406名，最少一科为96名。会试四月放榜，中式者称贡士，其第一名称会元。

2）复试。经会试取中的贡士，接着要参加复试。清初贡士本不进行复试，康熙五十一年（1712）因发生科场案，会试后进行了复试。雍正、乾隆两朝，复试间行之，至嘉庆初始成为定制，地点在皇宫保和殿。复试考四书文一篇，五言八韵诗一首，当日交卷。第二天派阅卷大臣评定成绩，分一、二、三等，列等者即准参加殿试。

3）殿试。殿试于会试放榜一月后举行，乾隆二十六年（1761）定四月廿一日举行，廿五日传胪（公布名次），著为定制。殿试最初在天安门外，顺治十四年（1657）改在皇宫太和殿东西阁阶下，遇风雨时，在太和殿东西两庑。乾隆五十四年（1788），又改太和殿为保和殿。殿试的内容为时务策一道，由读卷大臣拟出若干题，送皇帝钦定圈出，作为试题。殿试试卷的评阅，由皇帝任命读卷大臣进行（由于殿试在名义上是皇帝作主考，所以称读卷而不称阅卷）。读卷大臣共8名，首先由礼部开列大学士及进士出身的尚书、侍郎、左都御史、左副都御史、内阁学士的名单，奏请皇帝从中简派。殿试翌日，读卷大臣集于文华殿阅卷。其阅卷的程序，将全部试卷平均分给8名读卷大臣，各自先阅自己所分之卷，然后互相轮看，称转桌。最终成绩的核定一般推首席读卷大臣进行，其他人参加意见。成绩评定后，于廿四日向皇帝进呈前十本，钦定名次并公布引见，称小传胪。廿五日在太和殿公布全部名次，称传胪。殿试名次的排列分为三甲，一甲共三名，第一名称状元，第二名称榜眼，第三名称探花，赐进士及第；二甲若干名，赐进士出身；三甲若干名，赐同进士出身。殿试传胪后颁发上谕，一甲第一名授翰林院修撰，第二名、第三名授翰林院编修。

状元服殿试传胪典礼十分隆重。清晨，由銮仪卫在太和殿前设卤簿法驾，在檐下设中和韶乐，在太和门内设丹陛大乐；由礼部和鸿胪寺在太和殿内东楹和丹陛之上正中设黄案，丹陛之下设云盘，在午门外设彩亭御仗鼓乐。王公大臣文武百官各着朝服在丹陛之下左右序立，新科进士身着朝服，头戴三枝九叶顶冠，按名次奇偶序立东西丹墀之末。典礼时到，礼部堂官诣乾清门奏请皇帝礼服乘舆，引入太和殿升座。此时，中和韶乐奏隆平乐章；阶下鸣鞭三响。鞭用皮制，长一丈余，司礼者执鞭柄由下飞舞，回旋而上，鞭声清脆悦耳，响彻云霄。鸣鞭毕，丹陛大乐奏庆平乐章，读卷大臣等官员向皇帝行三跪九叩礼。大学士进殿从东楹的黄案上取出黄榜，授给礼部尚书，陈于丹陛正中的黄案之上。这时，丹陛大乐又起奏，鸿胪寺官员引新进士就位，宣读制诰：某年某月某日策试天下贡士，第一甲赐进士及第，第二甲赐进士出身，第三甲赐同进士出身。传胪官唱第一甲第一名某人，引出班跪于御道左侧；唱第一甲第二名某人，引出班跪于御道右侧稍后；唱第一甲第三名某人，引出班跪于御道左侧再稍后处。然后唱第二甲某人等若干名，第三甲某人等若干名，不引出班。唱名毕，鼓乐大作，大学士至三品以上各官及新进士均行三跪九叩礼，中和韶乐奏显平乐章。典礼完毕，皇帝乘舆还宫。礼部尚书用云盘奉黄榜，置于彩亭之中，在礼乐仪仗下出太和中门至东长安门外，在长安街张挂三日。新进士左出昭德门，右出贞度门，一甲三人随榜亭由午门正中出。由于丹陛中石只有皇帝才可以踩践，所以午门的中路除非皇帝出行从不开启，殿试传胪后准许文武一甲进士由此门出，这是连亲王、宰相也不能享有的隆遇。

4）朝考。殿试传胪后五日，在保和殿举行进士朝考，以选拔翰林院庶吉士，称馆选。朝考内容为诏、论、疏、诗、赋等形式，前后不一；成绩分为一二三等。庶吉士的录取要综合复试、殿试和朝考三次考试的成绩等第，而以朝考成绩为主。一般来说，考四数者（即殿试二甲、复试、朝考一等）肯定可以录取；朝考成绩同时也是进士授官的依据。复试、殿试、朝考均重视楷法，书法不好者难取优等。

（4）武科考试。

清代科举考试除文科外，还有武科，在紫禁城箭楼前广场举行。武科中童生考取生员的童试，其县试、府试略同于文科；其院试每三年举行一次，于岁试文童考试时举行武童考试，科试之年不考试武童。武科的童试分内外场，第一、第二场为外场，考试马射、步射、硬弓刀石；第三场为内场，考默写《武经》，如《孙子》《吴子》《司马法》《尉缭子》《李靖问对》《黄石公三略》和《姜太公六韬》等。其中额，府学20名，小州县7～8名，中等州县12名，大州县15名。武科的乡试和会试俱分为三场。头场考试马箭，第二场考试步箭，再考试开硬弓、舞刀、掇石等，此为外场；第三场考试策、论，嘉庆后改为默写《武经》，此为内场。武科乡试的试期为十月，各省中额较文科为少。武举人会试落第者，可赴兵部拣选，任用为绿营兵的千总等低级武官。武科会试的试期在九月，中额100名至200名不等。会试后经复试、殿试，一甲一名授一等侍卫，二名、三名授二等侍卫；二甲选10名授三等侍卫，三甲选16名授蓝翎侍卫，其余以守备（绿营官职）在兵部注册选用。

（5）制科。

上述生员、举人、进士系列的考试，均为科举制度中的常科考试。除常科外，清代科举也有制科，或称制举，举行的次数很少。制科由皇帝在殿廷亲自进行。康熙十七年（1678）、乾隆元年（1736）两次开博学鸿词科，令中央和地方的官员举荐学行兼优、文词卓越之人，不论已仕未仕，均可应考。其试题为诗、赋、判等，成绩列在一二等者俱授翰林官。除此之外，每逢皇帝登基之年令各地举孝廉方正、皇帝巡幸召试，也属于制科。

3. 清代科举制度的废除

明清两代，不断有人抨击八股取士不能选拔人才。鸦片战争后，西方资本主义列强东来，中国面临着数千年来未有之变局；另一方面，太平天国等国内人民的反抗斗争此起彼伏，清王朝处于内忧外患之中，迫切需要经世应变之才以维持其统治。然而，八股取士的科举制度却不能适应时代的要求，当时西方的科学技术以及内政外交所需的其他许多知识，均出于科举士人的旧学视野之外。在这种情况下，科举制度的改革就被提上了议事日程。科举制度的改革最初始于注重时务。同治元年（1862），清政府认识到国子监“专课文艺，无裨实学”，下令“兼课论、策”，“奖励留心时务者”。

同治十年（1871），清政府下令考取生员的童试加试算学。

光绪二十一年（1895），清政府又下令加试时务，与算学任选一门。

在戊戌维新运动中，废除八股是维新派的一项基本主张。百日维新中光绪帝发布上谕，指出八股文不能励实学而拔真才，下令自下科为始，乡试、会试及生童岁科各试，向用四书文者，一律改试策论。不久，又根据张之洞、陈宝箴的建议发布上谕，详细规定了考试改革的具体内容：乡试、会试仍定为三场。第一场试中国史事、国朝政治论五道；第二场试时务策五道，专问五洲各国之政、专门之艺；第三场试四书义两篇，五经义一篇。又规定：嗣后一切考试，均以讲求实学实政为主，不得凭楷法之优劣为高下，以励硕学而黜浮华。然而不久戊戌政变发生，慈禧太后下令废除各项新政，上述有关科举考试内容的改革也被废除。八国联军之役后，清政府开始实行新政，最初计划对科举制度进行所谓的“变通”，但很快就决定彻底废除。

其大致过程是：1901年，宣布废除武科科举考试；同年，下诏举行经济特科考试。

1903年，经中央和地方官员保举，选拔“志虑忠纯，规模宏远，学问淹通，洞达中外时务者”186人，在皇宫保和殿举行了经济特科考试。这次考试主试、复试各一场，考试内容为论一篇、策一道；现任官员取中者略予升叙，举人、贡生取中者任用为知县、州佐等官。对于文科常科考试，清政府于1901年8月颁布上谕，命自第二年起在乡试、会试中废止八股文，首场改试中国政治史事论五篇，第二场改试各国政治艺学策五道，第三场改试四书义二篇，五经义一篇；其他考试均依此例。

1903年3月，袁世凯、张之洞两人联衔上奏，说科举阻碍新教育制度的实行，请求将科举中额按年递减。据此，清政府下令自丙午(1906)科起，每科递减乡试、会试中名额的三分之一，三科减尽。

1905年9月，袁世凯、张之洞又上奏说：“科举一日不废，士人皆有侥幸得第之心……学堂决无大兴之望。”请求从次年丙午科开始，将所有乡试、会试、各省岁考、科考一律停止。这一建议得到清政府的批准，实行了1 300余年的科举制度至此被彻底废除。原来作为科举制度一部分的各种官学和书院，也先后被废除。

1901年9月，清政府令“各省所有书院，于省城均改设大学堂，各府及直隶州均改设中学堂，各州县均改设小学堂”。1905年又下令裁撤国子监，设立学部，主管全国教育行政；原来隶属于国子监的算学改隶钦天监，称钦天监算学；八旗官学也被并入新学堂。

有清一代，不断有人对当时实行的科举制度提出批评，至清末维新变法，人们对于它的抨击更是尖锐。清代科举制度存在以下弊病：

其一，考试内容陈旧，引导知识分子穷毕生精力从事无用之学。清代科举考试的内容以四书为主，即使在当时也存在空疏无用的弊端。清末维新派曾批评说，有人甚至中了进士都不知道汉武帝、范仲淹是谁。在这种考试制度下，士子往往以毕生精力读经，而对各种有裨实用的知识无心关注，无暇学习。顾炎武曾说，明代士子平日只读八股文稿，其他书籍一概不读，“有一好学者欲通旁经而涉古书，则父师交相谯呵”，认为没有出息。许多士子皓首穷经,最终老死科场。19 世纪末 20 世纪初,近代自然科学和社会科学日新月异,科举制度下的学习内容就更加显得陈旧,更加不能适应时代的要求。

其二,士人受到严酷的精神摧残,人格破损猥琐。在清代科举制度下,读书、参试、做官是士人谋求社会地位、经济收入的唯一途径,因此,在各级考试中中式几乎成为他们的第二生命。为此,科举士人往往数十年寒窗,皓首穷经,付出毕生的心血和精力以求取功名,但最终金榜题名者少,名落孙山者多,许多人老死科场。在年复一年的各级考试中,士子须忍受各种凌辱、辛苦和精神折磨。参考士子入场须经搜身,考场中要忍饥受冻;出场后提心吊胆,坐卧不安;及到榜发,中式者甚至如《儒林外史》中的范进,欣喜而至于痴迷癫狂,名落孙山者则沮丧颓废,失魂落魄,痛不欲生。

其三,使得士人成为一个寄生阶层、特权阶层和封建政权的附属物。近代维新派思想家严复曾批评科举制度"滋游手"。他说,由于"士"这个阶层是不能直接创造物质财富的,所以选士必务精而最忌广,广则无所事事而为游手之民。然而在科举制度下,却养了一大群科举士人,致使朝廷无法安置,他们自己也"无以自存",必然导致国家"为乱、为贫、为弱"。严复还说,在西方国家读书识字是国民所必具的基本素质,而且"四民并重,从未尝以士为独尊"。然而在中国,"以文字一门专属之士",使得士成为凌驾于农工商之上的特权阶层。事实正是如此,科举士人在清代免纳差徭,有特殊的司法地位。他们见官不下拜,举人、进士甚至可以拿自己的名片到官府要求拘押他人。生员穿戴象征自己身份的衣冠,荣耀乡里,包揽词讼,欺压良善的事情时有发生。封建统治者有意识地用科举功名笼络士人,钳制其思想,用一条无形的绳索将他们同封建王朝的命运连在一起,使得他们只能在为皇帝卖命的过程中谋求个人的荣华富贵或实现自己的政治抱负,而不致成为封建王朝政治上的异己力量。

科举制度建立之初,唐太宗李世民看到进士从考场缀行而出时,掩饰不住内心的喜悦,说"天下英雄入吾彀中矣"!

清代国家选官进士、举贡、吏员三途并用,此外还有军功、捐纳等途径,但唯有进士、举贡为正途,科举制度对于士人的笼络、束缚作用也就更加严重。在清代近 270 年的历史上,举人、进士反叛朝廷者几乎没有。成为统治者附庸的科举士人,很难正常履行知识分子批评政治、维护社会公正的职能。通过科举考试,士人还结成盘根错节的宗法关系网。清代乡试、会试的中式者，对主考、房官称座师、房师，自称门生；之后，对本科的监临复试、朝考、殿试的阅卷官员，也无不认为师生。童生县试、府试的案首对于府县官、入学生员、岁考取列优等因而补廪补增的生员，以及拔贡优贡，对于本省学政也无不认为师生。此外，乡试、会试同科录取的士人互称同年；对于同年的父亲、祖父，称年伯、年太伯，自称年侄、年再侄。通过这种关系网，士人互相攀援，结党营私，党同伐异，是导致当时政治腐败的一个重要原因。

不过，今天回首来看科举制度，也有某些积极意义。

首先，它为社会树立了尊重文化知识的价值取向。在科举制度下，“万般皆下品，唯有读书高”，其轻视体力劳动和社会实践的倾向固然不可取，但它反对“读书无用”的痞子哲学，引导人们学习书本知识，是值得肯定的。

其次，在科举制度下，稍具经济能力的农工商子弟都可以通过参加考试进入官场。“朝为田舍郎，暮登天子堂”，成为底层社会人士因此可以通过自己的努力而进入中上层社会的真实写照。这种社会纵向流动渠道的畅通是吸收民间人才参与国家管理和维护社会稳定的重要条件，清代科举制度在这方面的经验可供借鉴。

再次，作为官员资格的考试制度，科举制度是现代公务员制度的前身，近代西方的文官考试制度正是在吸收借鉴明清科举制度的基础上建立的。今天，我们要建立法制化的公务员制度，清代科举制度所体现的平等精神和某些具体做法，仍有借鉴意义。

清代的科举制度与明代基本相同，但它贯彻的是民族歧视政策。满人享有种种特权，做官不必经过科举途径。清代科举在雍正前分满汉两榜取士，旗人在乡试、会试中享有特殊的优待，只考翻译一篇，称翻译科。以后，虽然改为满人、汉人同试，但参加考试的仍以汉人居多。

科举制发展到清代，日趋没落，弊端也越来越多。清代统治者对科场舞弊的处分虽然特别严厉，但由于科举制本身的弊病，舞弊越演越烈，科举制终于消亡。

1905 年 9 月 2 日，在维新派的请奏之下，慈禧太后亲书“恩准”两字，废止了延续了 1 300 多年的科举制度。

与此同时戛然而止的是，成百上千万饱读诗书的秀才们“学而优则仕”的人生美梦，庞大的中国政治机器赖以支撑运行了 1 300 余年的官员选拔制度和一段因为科举强势而裹足不前的新学碰壁史。

中国历代帝王对科举制度的贡献：

汉高祖：首次下诏令地方官举贤。

汉武帝：首次令各郡国每年举孝廉一人。

隋文帝：废除九品中正制，开科取士。

隋炀帝：新设考试文辞的"进士科"取士，科举制正式诞生。

武则天：首创由皇帝主持的殿试和武科举。

宋太祖：正式确立殿试。

宋太宗：用糊名法防范作弊。

宋真宗：用誊录法防止考官认出考生笔迹。

宋英宗：确立定期开考、三年一科的制度。

宋神宗：王安石改革科举，罢明经诸科，进士科罢诗赋而试经义、策论。

明太祖：诏令非经科举者不得授官；以八股文为考试文体。

明成祖：始命工部建进士题名碑于国子监。

明仁宗：确定南北考生分卷录取，规定南北名额。

明宪宗：制定科场事宜，改革科场程式。

清乾隆帝：推行"商民分卷"制度，商籍生员设立"卤"字号。

清光绪帝：在百日维新中下诏科举改试策论，停八股文。

慈禧太后：1905 年应袁世凯、张之洞等人的要求，以光绪帝名义发布上谕废止科举。

第二节 外国古代教育制度概述

在世界教育发展史上，古代东方国家的教育是人类社会发展史上最早的教育。公元前 3 000 年左右，苏美尔、巴比伦、古埃及、古印度和古希伯来等国家相继进入了奴隶社会，人类教育开始萌芽。这些国家和地区是人类文化的发祥地、人类文明的摇篮，他们对教育问题的探索皆对东西方教育的发展产生了重要的影响。

一、苏美尔和巴比伦的教育

大约在公元前 3 500 年，苏美尔人就从原始社会向奴隶社会过渡，在两河流域南部建立了一些奴隶制城邦国家。这一时期，苏美尔人创造了自己的语言即苏美尔语。同时苏美尔人还发明了"泥板书"和文字。

随着社会的进一步发展，在苏美尔出现了最早的学校，当时的学校多设于寺庙和宫廷附近。这时的寺庙学校有两级。一级是初级教育，主要教授读写；另一级是高级教育，除学习读写外，还要学习文法、苏美尔文学、祈祷文。训练书吏仅有读写能力是不够的，为了培养管理人才，必须使未来的书吏学习数学、天文学，有的还接受占星术、医学教育，甚至接受炼金术的训练。教学方法是师徒传授式。无论教数学、医学还是训练冶金术和纺织术，其方式是一样的：学生首先观察教师的操作，然后在教师的指点下，自己动手，教师随时纠正错误。他们用削成三角形尖头的芒苇秆（或木棒、骨棒）做笔，把字刻在半干的泥板上，即“泥板书”，其上面的文字称为楔形文字。学校以泥板书做教材，以泥板作为主要的学习工具，因而学校又称“泥板书舍”。学校十分重视语言和书写能力的教学。教学管理非常严格，体罚盛行，教师用木棒责打学生是经常的事。这就为两河流域教育的发展奠定了基础。

在巴比伦时期，苏美尔人在几何、水利、建筑、机械等方面积累了比较丰富的知识，尤其是天文学、数学有了很大发展。如数学已采用了十进位和六十进位的计数法，会运用四则运算，知道怎样求平方根、立方根，怎样解三个未知数的方程式。在天文学方面已经能预测日食、月食，并能区别五大行星和恒星。

古代巴比伦的教育为少数人所垄断，奴隶不能享受学校教育；只有职业官吏、僧侣、文艺家等少数人掌握了复杂的楔形文字知识。

公元前 3 世纪后，巴比伦作为古文明的中心，在历经两千年风雨沧桑后逐渐衰落，沦为荒原莽野，湮没于枯草昏鸦之中。直到 19 世纪中叶，经过考古工作者的百年考古发掘及研究，人们才得以了解其在早期人类文明史上的卓越地位。学术界认为，两河流域的文化教育发展极早，甚至早于埃及，至少与埃及几乎同时有了学校。这是人类最初学校教育的摇篮，也是人类正式教育的起点。

二、古代埃及的教育

古代埃及位于非洲东北部尼罗河的下游，公元前 3 000 年左右，建立了统一的王朝，形成奴隶主专政的国家。经过古王国、中王国和新王国三个时期，于 525 年为波斯所灭。

古代埃及在文化科技领域取得了杰出成就。公元前 3 000 年以前就有了图形文字，后来又有了表音文字。在自然科学方面，古埃及进行了卓有成效的探索，他们在天文、历史、建筑、数学、医学等方面都取得了相当大的成就，对后世产生了重大影响。

古代埃及的学校教育较为发达，形成了不同种类的学校，主要有宫廷学校、僧侣学校（或寺庙学校）、职官学校和文士学校。

宫廷学校是设在法老的宫廷中教育皇子皇孙和朝臣子弟的学校，其教学内容已无可查考。僧侣学校（或寺庙学校）是设在寺庙内，专门培养僧侣的学校，其教学内容主要有天文、数学、建筑学、水利学、医学及科学等。职官学校是由政府机关设立用来培养官员的，其教学内容与机关业务紧密联系，主要包括普通文化课程和专门职业教育。文士教育是文士在家中招收学生，进行讲学的私立性质的学校，教学内容主要有数学、天文和地理等科目，此外还有书写、计算和有关律令的知识。在教学方法上，这些学校都惯用灌输和惩戒。教师教学时不重解释说明而是布置大量作业，叫学生反复进行机械性的练习。教师虽也利用问答方法，但并不注意引导学生思考。由于在教学过程中教学内容过于艰深，教师又忽视采用启发理解的教学方法，儿童厌学的心理很普遍，体罚遂成为常用的手段。古代埃及的学校主要为统治阶级服务，一般平民和奴隶都没有受教育的权利。

古代埃及的文化教育对古希腊有一定影响，古希腊哲学家和教育家，如泰勒斯、毕达哥拉斯、柏拉图等都曾到此游学。另外，古代埃及的文化教育通过希腊化传播到广大地区，对西方的教育也产生了重要的影响。在西方教育家的著作中，有许多关于埃及教育的追忆和记载。

三、古代印度的教育

古代印度是世界文明古国，地处印度河和恒河流域。由于自然条件比较好，约公元前 2 000 年就有了比较发达的文化，史称哈拉巴文化。公元前 1 400 年，中亚游牧民族部落雅利安人入侵印度，吸收了哈拉巴文化，于公元前 1 000 年左右建立了一些奴隶制小国。此后，形成了一套严格的等级制度，即种姓制度。这种制度将人从高级到低级分为四个等级：婆罗门（僧侣）、刹帝利（武士）、吠舍（平民）、首陀罗（奴隶）。除此之外，还有不同种姓通婚所生的子女即“贱民”，处于社会的最低阶层。在这些等级中只有婆罗门（僧侣）、刹帝利（武士）、吠舍（平民）三个种姓享有受教育的权利。约公元前 7 世纪婆罗门教产生，被奴隶主贵族阶级用以巩固其统治。公元前 6 世纪至公元前5世纪,婆罗门教势力削弱,佛教兴起,教育权掌握在婆罗门教和佛教手中。

(一) 婆罗门教教育

公元前6世纪的印度教育,一般称为“婆罗门教教育”。在婆罗门教的学校中最有特色的是“古儒学校”。“古儒”即对婆罗门教经典有一定研究而又热心于教育的文人,他们在家中设立的经义学校即“古儒学校”。学生主要是婆罗门等高级种姓的子女,儿童入学后即迁入古儒家与其共同生活起居,学习年限为12年。这种教育以婆罗门教的教义为指导思想,以用梵语写成的婆罗门教的经典《吠陀》经为主要内容,教学方法以背诵为主,同时也有一些讨论。

(二) 佛教教育

公元前5世纪左右的印度教育,一般称为“佛教教育”。佛教的创立者是释迦牟尼,释迦牟尼反对种姓制度,主张“四姓平等”。佛教教育的场所最重要的是寺院,与婆罗门教以家庭和学校为场地不同。佛教寺院的儿童男女平等。年满8岁以上的儿童准许入寺修行,在学满12年以后通过一个隆重的仪式进行考核,合格者方可成为正式僧侣,男的称为比丘,女的称为比丘尼。这种学校以佛教经典为主要的学习内容,僧侣讲授各种学科知识时不用繁难的梵文梵语而采用通用方言。教学时经常采用争辩和讨论的方法,形式灵活而富有生气。

水平较高、规模较大的寺院相当于高级教育,除进行教育活动外,还从事学术研究。当时最负盛名的是纳兰陀寺,寺中师生众多,经常举行学术讨论和演讲,多时一天可达100多次,讨论内容包括婆罗门教义、佛教教义、哲学、科学、艺术等各个方面,吸引了中国、朝鲜、蒙古等国的大批外国青年和学者,对中国以及东南亚许多国家的教育产生了重要的影响。

古代印度的教育操于宗教之手,成为神学的附庸,而且享受教育成为高级种姓的特权,它给奴隶主阶级和封建地主阶级提供了从精神上奴役广大人民的工具。婆罗门教教育最为保守,佛教教育本质上也与之相同,只在若干措施上稍加变异罢了。两种教育都以出世思想欺骗人们走上消极厌世的道路,从心理上忽视现实斗争。这一方面反映了印度社会进步的迟滞,另一方面又阻碍了印度社会的变革。

四、古代希伯来的教育

希伯来人原是在西亚和美索不达米亚一带的游牧民族,由以色列和犹太两个部落组成,公元前 14 世纪左右转徙北非的埃及。后因不堪埃及人的虐待而在首领摩西的带领下迁往西亚的巴勒斯坦地区,并于公元前 11 世纪由奴隶主大卫建成统一的希伯来王国。希伯来王国在所罗门时期得到了很大的发展,但由于阶级矛盾深刻,更由于居于统治地位的犹太人和以色列人彼此内讧,国家不久分裂,北部由以色列人占领,犹太人则居于南部。公元前 722 年,亚述消灭了以色列,犹太也于公元前 586 年为巴比伦所灭,其国民沦为“巴比伦之囚”。直到公元前 538 年,波斯王居鲁士消灭了巴比伦,希伯来人才得以重返家园,并在波斯征服者的羽翼之下,建立了宗教公社,以犹太教为立国施政之本,以耶路撒冷为都城,继续存在若干年。

希伯来的教育分为两个时期:第一个时期是从希伯来人离开埃及到沦为“巴比伦之囚”以前,以家庭教育为主;其后则为第二个时期,以学校教育为主。

（一）第一个时期的家庭教育

在希伯来人的家庭中,父亲是一家之长,父训就是法律。父亲既是家庭的祭师又是子女的教师。除去在宫廷中聘请教师教育王子王孙外,一般即以家庭作为子女受教育的场所。希伯来人的信念是:不信上帝即属罪恶,而没有知识的愚人是不能真正信奉上帝的。因此,希伯来人家庭教育以《圣经·旧约》和一些简单的文化知识为主要内容,其目的就是培养子女的宗教信仰。另外,为了使子女能够生存,家庭也对年龄大一些的孩子进行职业技能教育。

希伯来人特别重视利用节日对子女进行宗教教育。比如,在纪念希伯来先人逃出埃及的胜利而举行的四月逾越节中,为纪念先人制定“十诫”盛典而在 6 月举行的五旬斋节中,纪念归国途中的艰辛岁月而举行的 9 月结第节中,家庭都举行隆重的祭神仪式。激励儿童发问并予以详细答复,从而激发子女敬崇神灵。这是希伯来家庭教育的一大特色。

（二）第二个时期的学校教育

在希伯来人沦为“巴比伦之囚”时,主要通过宗教会堂进行宗教教育。过去,希伯来人以家庭为主要的教育场所,但在巴比伦他们看到了规模宏伟的图书馆和水平较高的学术成就,受其影响,在返回家园以后,他们将犹太会堂的形式移迁回国,并在原有家庭教育之外,另行设置学校作为主要的教育场所。

希伯来的学校是由犹太会堂发展而来的,大约出现于公元前 2 世纪。到公元前1世纪,形成了比较完备的教学制度。犹太会堂实施强迫教学,希伯来人强调只有人人受教育,才能使每个人都成为上帝的信仰者,才能保证民族不受衰亡的威胁,因此,在每个城市都设有学校,对不接受教育者剥夺一切权利。儿童一般6岁入学,接受初级教育,学习《圣经》和简单的读、写、算知识。教师以口授的方式指导学生高声朗读学习内容,有时为了帮助记忆,教师也给学生一些实物,另外还会组织一些竞赛等。儿童在15岁以后如欲继续求学,则以学习《基马拉》为中心,相当于中等教育。此外,还有相当于高等教育的僧侣学校,教授宗教理论和法律理论,并训练主持宗教活动的能力,同时僧侣学校也教授数学、天文学、外国语和地理等科学知识。

希伯来的教育是神学的附庸,各级学校的教学都充斥着神学意味,宗教教育胜于科学知识的传授。希伯来人把教育视为神圣事业,因此对教育工作者十分尊重。

希伯来的教育以宗教教育为核心,对西方基督教和基督教教育的产生具有重要影响。由于基督教教育在世界教育史上占有重要地位,所以希伯来教育在历史上具有重要意义。

五、古代希腊的教育

古代希腊是西方教育的重要发祥地。古代希腊的教育可以分为相对独立的三个阶段:一是荷马时代的教育,二是希腊城邦时代的教育,三是希腊化时代的教育。公元前10世纪至公元前8世纪,希腊氏族制度瓦解,出现了数目众多的小规模的城邦,进入希腊城邦时代。斯巴达和雅典就是这一时代的产物,且是当时最强大而有代表性的两大城邦,其教育对后代乃至现代欧美教育产生了重要影响。

(一)斯巴达的教育概况

斯巴达位于伯罗奔尼撒半岛南部的拉哥亚平原,土地肥沃,便于农业耕作,但北有高山,南有礁石海岸,对外交往甚为不便。所以斯巴达的商业贸易很不发达,却是当时最大的农业城邦国家。其居民由三部分构成:斯巴达人作为奴隶主居于统治地位,不过人数很少,约3万人。再就是处于奴隶地位的希洛人,近30万人,无任何政治地位和人身自由。此外是居住于边境地区的皮里阿西人,是名义上的自由民,但不具有斯巴达公民权。正是由于斯巴达人口少,而奴隶众多,所以为了对付奴隶的反抗,斯巴达人都被编入军队接受训练,其教育具有浓厚的军事体育色彩。

斯巴达重视教育，把教育作为治国的最主要的工具。斯巴达教育的唯一目的是通过军事体育训练将氏族贵族子弟培养成为体格强壮的武士。因此，儿童一出生就要接受严格的体格检查，凡身体孱弱畸形的即被舍弃。检视合格的儿童则由父母代替国家抚养至7岁。7～18岁，男童被送往国家教育机构，过半军营式生活。在这期间，他们要接受单调的军事体育训练，强制的政治道德灌输和严酷的身心磨炼，以形成勇敢、坚韧、顺从和爱国的品格。其训练的基本项目为“五项竞技”，即赛跑、跳跃、角力、掷铁饼、投标枪。此外，骑马、游泳、作战游戏、击剑和唱战歌也是必须学习的。斯巴达的军事体育训练非常严格，各个项目都必须达到一定要求才能终止。从18岁起，公民子弟要转到高一级的青年军事训练团，接受正规的军事训练。年满20岁的青年，要开往国家边境沿线驻扎，开始实战训练。这样直到年满30岁，通过一定仪式，才能获得完全的公民身份，成为一名正式的合格的军人，结束其全部教育历程。

由于斯巴达人数较少，男子外出征战时，防守城池的责任就落在妇女身上，而且他们还认为，只有身体强壮的妇女才能生育健壮的子女，所以斯巴达对女子教育也相当重视。

斯巴达只重军事体育训练，而轻视科学文化知识的学习，使其教育越来越脱离世界的文明，但作为一种古典的教育方式，斯巴达教育对以后西方教育中的某些方面却有明显影响。

（二）雅典的教育概况

雅典地处阿提卡半岛，全境多山，不宜耕种，但手工业发达，又因其三面临海，因此航海业和商业贸易较为发达。公元前6世纪，雅典先后经过梭伦和克利斯提尼两次政治改革，逐步形成了奴隶主民主政治制度。

雅典非常重视教育，雅典的教育是其繁荣的文化、科学、艺术中的一个重要环节，也是雅典实施奴隶主民主政治的一个不可缺少的组成部分。雅典人认为，理想的教育是心灵和身体的和谐发展。因此，雅典的教育，不仅要把统治阶级的子弟训练成为身强力壮的军人，而且要把他们培养成为具有多种才能、能言善辩、善于通商交往的政治家和商人。

雅典的教育制度，大致可分为以下几个阶段：婴儿出生后，就要受到严格的挑选。7岁以前在家庭中接受父母的教育，主要是唱歌、讲故事、掷骰子、玩球以及各种礼貌行为的培养等。7岁以后，女孩在家中跟母亲学习纺织、缝纫、刺绣等方面的技能，而男孩则进入文法学校，学习儿童文学及简单知识，或进入弦琴学校学习弹唱，但弦琴学校的教育在于陶冶学生的性格和道德品质而不是成为一个演唱者。12～13岁的少年，一方面继续在文法学校或弦琴学校学习，同时又开始进入体操学校（或称角力学校）进行学习，以体操训练为主，其主要内容是五项竞技（赛跑、跳跃、角力、掷铁饼、投标枪）、游泳、舞蹈等。15～16岁，大多数青年不再继续上学，要从事其他职业。只有少数显贵者的子弟，才可以进入国家主办的体育馆学习。学生在那里接受体育、智育和审美教育等全面教育。其教师大多是在文法学、修辞学、哲学和体育等方面有较高造诣的人。18～20岁的青年，属于预备公民阶段，可以进入青年军事训练团接受军事训练，主要学习航海、政治、法律等方面的知识。20岁以后，通过一定的仪式，接受正式公民称号，获得完全的政治权利。

综上所述，雅典教育与斯巴达教育有共同点，也有不同点。其共同点是都比较重视教育，并且教育都为奴隶主阶级服务。但雅典的教育注重和谐发展，是比较全面的教育，而斯巴达只关注军事体育训练，不注重文化知识教育，是比较片面的教育。斯巴达和雅典的教育不仅对西方的教育制度，而且对西方教育思想的发展也产生了重大影响。

（三）希腊化时期的教育

从公元前334年马其顿亚历山大大帝开始东征，到公元前30年最后一个希腊化城市被罗马人吞并，这个历史时期被称为希腊化时期。

这时期来自北方的马其顿人先后征服了地中海东岸地区、西亚和南亚的大部分地区，以及北部非洲埃及等地区，建立了横跨亚非欧的庞大的亚历山大帝国。帝国的创始人及其后继者把当时高度发达的希腊文化教育乃至希腊生活方式带入被征服地区，从而使希腊文化和教育得到了一定的传播。希腊原有的学校教育发生了很大的变化，多为公立学校，且组织形式更加完善，教师的地位和待遇都有所提高。西方的文化教育以希腊文化教育为载体，通过与东方文化教育的碰撞交融，使东西方文化和教育都有了很大的发展。

在希腊化时期，希腊的学校教育有了很大的变化，初等、中等、高等教育的概念这时已略见端倪。

(1) 初等教育。在古典时期，希腊的小学通常都注重实施以德育、智育、美育和体育为基本内容的多方面的教育，以促进学生多方面能力的全面和谐发展。而在希腊化时期，文法学校在学校教育中居于主导地位，文法教师地位也较高,音乐教师和体育教师的地位低下。教学的主要内容是读、写、算,音乐和体育不受重视,教育水平十分低下。

(2) 中等教育。希腊化时期,文法学校取代了雅典时期国家体育馆的地位。教学的科目主要是文法和修辞两类,文法包括文学、诗歌,修辞包括作文、朗诵、演讲等。原有的军事训练团或者改为修辞学校,或者改为哲学学校。

(3) 高等教育。希腊化时期高等教育逐步成熟。这一时期,除柏拉图在公元前 386 年创办的"阿加德米"学园,亚里士多德在公元前 335 年设立的"吕克昂"哲学学校外,公元前 308 年芝诺又建立了"斯多葛派"学校,伊壁鸠鲁也于公元前 306 年设立了"伊壁鸠鲁派"学园。这些学校的建立和发展,对于进一步传播和推广古希腊的文化、科学、艺术的成就,起了很大的作用。公元前 200 年左右,以上 4 所学校合并为雅典大学。经过长期的发展,到公元 2 世纪,这所大学成为非常著名的学术研究中心和高等教育中心。

另外,公元前 332 年,亚历山大大帝征服埃及后在地中海南岸建立了名叫亚历山大利亚的城市。这个城市在文化、科学、教育等方面都很繁荣,吸引了许多著名学者和青年在这里从事研究和学习,这里有图书馆、博物馆、动物园、植物园、观天象台等。这里成了当时文化、科学、艺术人才荟萃之地。各地有名的学者几乎都到过这里进行研究活动。如著名的"欧氏几何原理"的创始人欧几里得,杠杆原理和阿基米德原理的创始人阿基米德都到这里进行过研究工作,并取得丰硕的成果。

东西方文化教育开始融合。

希腊化时期是东西方文化教育相互影响和融合的重要时期。希腊,特别是雅典的学校教育制度,广泛地传播到小亚细亚、美索不达米亚、波斯、埃及等广大地区,有力地推动了这些地区教育事业的发展。文化和教育中心由雅典转移到亚历山大利亚城,新的文化和教育中心的出现,促进了东西方文化教育的融合。东西方文化的接触,使得东方的宗教与西方的唯心主义哲学相互影响,助长了宗教神秘主义的流行,为基督教的产生提供了思想基础。

古希腊的教育在西欧教育发展史上占有重要地位。希腊教育与希腊文化领域的其他部门一样,曾经达到相当高的水平,这是人类重要的文化遗产。

第三节 中外古代教育制度比较

与中国的商代几乎同时的古巴比伦和古希腊，也有分类分级的学校制度，培养文士、祭司、官吏。

希腊化时期出现了以年龄阶段为区分的三级学校体系：

7～14岁的儿童、青少年在音乐学校和体操学校学习；14～18岁的富家子弟进入体育馆学习；18岁成为士官生。

具有西方学制特点的中等学校——文法学校产生于公元4世纪，“七艺”成为中等教育的主要课程；而更高层次的“学园”则以研究为主，与现代的高等教育相似。在古代罗马，教育具有精英政治的意味，要求通过教育培养“爱智”、“正直节制”的人，担任国家领袖人物，如柏拉图的《理想国》中就有培养优秀者充当国家领导人的思想。但实际上希腊和罗马帝国统治人才的筛选任务不是由学校而是通过民众选举产生的。

中世纪延续了希腊—罗马传统的三级学校制度。日耳曼人入侵古罗马后，希腊罗马文化的发展一度受阻，其人文教育被奥古斯丁和其他教父转而为基督教服务，构成基督教教徒的基础教育。在神面前人人平等的思想和希伯来人普及教育、形成民族统一文化的做法被查理曼大帝和阿尔弗烈德在法兰西、英格兰推广，要求所有的儿童都入学。一些古代流传下来的文法学校和商业人士举办的文法学校成为中世纪中等教育的基础。12世纪开始，因十字军东征而接触到希腊罗马古代文化，一些基督教的座堂学校开始发展成为大学，如巴黎大学（1150年创办）、牛津大学（1165年创办）、剑桥大学（1209年创办）、那不勒斯大学（1224年创办）、里斯本大学（1290年创办）等，一般是由教士组成的学术团体发展而来的。

可见，由于西方国家的形成较晚，没有国家官吏补给的需要，因而除了罗马帝国时期外，教育一般不属于国家行为，也没有国家统一的学校制度；更因为基督教文化不主张世俗教育的发展，因而中世纪除了宗教教育之外，世俗学校很少。

一、中西方教育考试、选拔制度不同

从以上历代教育制度可以看出，中国不仅很早就有了系统的中央和地

方学校制度,并且将教育制度与政治制度相结合、学校制度与选拔制度相结合而成为国家制度的重要方面;中央和地方长官不仅有行政管辖权,而且有选士和任用人才的职权,使整个国家的物力、人力资源完全掌握在统治阶级手中。例如,《周礼· 地官司徒》明确规定,地方长官负责教化,以一定的标准选拔人才:“一曰六德:知、仁、圣、义、忠、和;二曰六行:孝、友、睦、姻、任、恤;三曰六艺:礼、乐、射、御、书、数”,“三年大比”,考其德行才艺,向上推荐。《礼记·王制》更是制定了逐级选拔的程序:“命乡论秀士,升之司徒,曰选士;司徒论选士之秀而升之于学,曰俊士;升于司徒者不征于乡,升于学者不征于司徒,曰造士。”即乡举里选与学校选拔相结合。入学后的成绩由大乐正考核后呈报王,“大乐正论造士之秀者,而升诸司马,曰进士。司马辩论官材,论进士之贤者,以告于王,而定其论,论定然后官之;任官,然后爵之;位定,然后禄之”。表明中国很早就形成了政治与教育相结合的国家制度,并且达到了相当完善的地步。汉代为了维持庞大的官僚机构,在考察地方官员的基础上经中央考试后授予官职,称为察举,既选拔了人才,又限制了多数人参与政治。魏晋南北朝时期,为杜绝朋党,采用陈群建议,派官员到地方任大、小中正官,负责考核当地人士,按德行分为九品,以备政府随时录用,造成士族官僚集团把持政治,形成“上品无寒门,下品无士族”的情形。因此隋唐开始采用中央直接通过考试选拔人才的科举制,后来逐渐完善,分为童试、乡试、会试、殿试等多次选拔考试,为中小地主阶级进入仕途开辟了道路,成为世界上第一个以考试实行精英政治的国家。

而在古希腊柏拉图时代就提出以天赋、能力和受教育程度为精英政治基础的西方国家,很长时间里仍然是以血缘、门第为选拔依据,无论在罗马贵族元老院还是中世纪的欧洲,平民虽然能受到一般的教育,也能成为教士或牧师,但首脑人物却是以任命方式决定的。教会职位是以任命为主,辅以选举的制度。国王的近亲往往被任命为主教或者大主教。与中国的选举制度相比,西方古代的人才选拔有较多世袭色彩。

总而言之,中国古代始终以中央集权的方式控制学校和人才选拔,与完善的学制和选举制度相适应。中国很早就有了完备的教育管理制度,包括教育行政和督察制度,在国家管理教育制度方面无疑是当时的先进制度。从三代的“学在官府”、官师合一,到中央、地方的教育行政管理机构,教育官员和师生品级待遇、考核升迁制度,以及学田经济制度,都表现了中国封建社会对于政治与教育合一制度的重视。可以说在一定程度上教育制度也就是封建政治制度的重要组成部分。而中世纪的欧洲,由于神权凌驾于世俗政权之上,国家机器的职能有限,因而不具备相应的国家教育制度。

二、近代中外教育制度发展的社会基础差异

近代中外教育制度不同的原因在于社会生产力发展造成的社会观念差异。换句话说,西方近代教育制度的发展主要表现在国民教育制度和职业技术教育制度的建立,而中国则由于封建社会而未能确立普及教育观念,导致生产力和社会进步的迟缓。

(一) 宗教改革与教育普及

宗教改革时期,德国马丁·路德反对天主教的教阶制度,要求更正到公元初基督教初创时期的平等基础上来,提出不必通过教士或神父的代祷,人人都应当通过阅读《圣经》而直接与神交通,为此开始了以"读、写、算"为中心的国民教育运动。马丁·路德指出,市镇当局和国家应当为国民教育提供所需的物质条件,因为"城邦的最大幸福、安宁和有效率在于有学问、有才能、正直、聪明的公民,只有使他们受到好的教育,才能使他们明敏地参与社会事务"。加尔文更是在日内瓦实行强迫教育,使日内瓦成为西方普及义务教育的中心。在新教普及教育的号召下,欧洲国家如瑞士、荷兰、挪威在加尔文、夸美纽斯等努力推进"读、写、算"的国民教育运动,逐步与德国、法国和英国的义务教育运动相汇合,形成欧洲普及教育大潮,有效地扫除了文盲,培养了资本主义生产所需要的劳动者,使教育成为社会现代化的组成部分,并且有效地促进了工业化、城市化和民主化进程。一句话,近代西方已经形成教育大众化的观念,对中世纪的封建愚民政策造成很大的冲击。

(二) 资本主义的发展与职业技术教育

西方职业技术教育是在产业革命后逐步发展起来的,形成了包括初等、中等、高等教育在内的职业技术教育系统,并且开始纳入正规学制,对资本主义的发展和提高普及教育程度具有重要影响。

初级职业技术教育:中世纪的艺徒制只能适应手工作坊的生产,产业革命后需要大量熟练技术工人,各国纷纷制定法令,开办各种类型的习艺所,为平民子弟提供接受技艺训练的场所;同时一些有识见的人士也看到了职业技术教育不仅对于生产,而且对于社会安定的重要作用,呼吁加强职业技术教育。例如,英国的赫胥黎认为,可以通过三种途径兴办职业技术教育:开办手工艺职业学校;开办训练学徒和技工的工厂附设学校;建立日校和夜

校制度。最初,人们对职业技术教育作用的认识仅限于社会贫困救济,如英国1601年公布的《济贫法》中就有贫民子弟必须接受技艺训练,以便将来可以谋生的规定;法国天主教也认为,只有上层阶级才需要正规教育,而穷人只要接受艺徒教育,学到一技之长就可以了。

中级职业技术教育:随着工商业的发展,以自然科学为主的实科中学开始出现。例如,1662年弥尔顿倡导开办的文实科中学,17世纪法国基督教兄弟会开办的半工半读补习学校,圣乐会所办的实科中学,1708年德国席勒姆创办的"数学、机械和经济学校",1701年俄国彼得大帝改革时期创办的军事、数学、航海及外国语学校等,标志着中等职业技术教育开始受到重视。美国在南北战争后,一大批农业、工业专门学校也兴办起来,1751年美国创办公立文实中学,满足了社会各方面对教育的需求。德国虽然工商业的发展落后于英、美,但在职业技术教育的兴办方面不甘落后。1830年,普鲁士要求各地商工局设立技术和工业学校,并将其列入中等教育范畴;1832年,普鲁士首次颁布《实科学校毕业考试章程》,1859年批准《实科学校课程编制条例》,1890年法律规定18岁以下的在职劳动者有进入补习学校接受教育的义务。至1900年,普鲁士的工业补习学校达1 070所,在校生有15 290人,使普鲁士成为职业技术教育领先的国家。于此前后,欧洲其他各国纷纷颁布各种法规,将职业技术教育纳入正规教育系统,提高职业技术学校的地位。例如,英国1889年颁布《技术教育法》,1890年颁布《地方税收法》,允许地方当局用征收酒税保证发展技术教育,这就是有名的"威士忌酒钱";至1900年,英国用于职业技术教育的开支超过了100万英镑。

高级职业技术教育:19世纪开始,欧洲又在中等职业技术学校的基础上发展高等职业技术教育。英国一些有识见的人士指出,像瓦特、戴维和法拉第这样有特殊才能的人,应当受到最高级、最充分的教育,为此应当设立职业技术教育方面的高等教育。斯宾塞提出,在以牛津、剑桥为代表的大学和中等教育的公学、文法学校里,占统治地位的仍是古典人文学科,对建筑、船舶制造、工商业中有成就的人不予提及或记载,是十分傲慢的行为。在他们的呼吁下,英国政府开始重视职业技术教育。例如,英国工人讲习所中办得好的逐渐发展成为技术学院,1872年出现学制三年的"科学学校";同时创办皇家学院(1800年创办)、皇家化学学院(1845年创办)、矿业学院(1851年创办)、多种技术学院(1890年创办)。法国也在大革命前后创办了理工、军事、医药、师范方面的专门学校,拿破仑时期更是兴建了一批高等专门技术学院。美国的文实中学在18世纪后半叶升格为学院乃至大学，如富兰克林文实中学(1751年创办)在1779年改为宾夕法尼亚州立大学；19世纪上半叶又大力兴办公立中学，被称为美国的实科中学，比欧洲更具世俗化和大众化，并且直接与高等教育相连接。

日本是一个后起的资本主义国家，但是由于把"殖兴产业，发展教育"作为基本国策，短短的几十年发展很快。1853年美国的佩里率舰来到浦贺港，使日本结束了1636年颁布的《锁国令》。1867年日本实施明治维新，向德国、法国学习，开始实施教育现代化。1872年的《学制令》规定职业技术教育分上下两级，每级三年，适用于工、商、农、师范；1871年工部省在东京创办了第一所工业学校，1872年又成立札幌农业学校，1874年大藏省组织金融税收人员培训。产业革命后，对技术人才的需求愈来愈多，1893年井上毅出任吏部大臣后，主张大力发展职业技术教育，于1893年和1894年先后公布《实业补习学校规程》和《实业学校国库补助法》。中日甲午海战后，日本每年补助职业技术教育的经费由15万元增加到25万元。1900年颁布的《实业教育令》，标志着日本中等职业技术教育制度的正式确立。

中国的实业教育是在1860年前后开始的，但是并未形成系统的职业技术教育制度。当时的洋务派兴办了一些军事、外语和实业学校，包括矿业、铁路等；后来在教育救国的热潮中，中国也兴办了一些工业、农业、商业学校，尤其是在东南沿海一带，至1909年中等实业学校达254所之多，但对于中国这样一个大国来说，并未达到如日本的普及程度。原因在于儒家文化轻视有关生产劳动技术的教育，仅仅把兴办实业教育看做是救国方法，看做使无业者有业、有业者乐业的手段，而不是开发民智、促进生产和社会进步的途径，没有像日本那样把普及教育作为基本国策，从而延误了中国发展的进程。

从中西方职业技术教育的发展状况中可以看出，西方近代教育制度的发展基于平民教育的思想，而中国始终未放下身份教育的架子，因而虽然一度将职业技术教育纳入普通教育系统，但实际上对职业技术教育作为普及教育的重要途径的认识一直不足。

(三) 民族国家的形成与考试制度

在近代中外文化教育交流的过程中，中国的科举制度由于学习内容方面的空疏无用而在清末被废止，而同时西方却因民族国家的建立、资产阶级官僚政治的需要而对中国的科举制度大加赞扬，并使其成为适应资产阶级政府的文官制度，使中国的科举制度在西方改造之后得以再生。

西方古代教育虽有精英政治的提法，但缺少相应的配套措施，其选拔制度以世袭为主，即使有1215年巴黎大学开始的口头论文测验，1219年波隆那大学的口试制度，但尚无明确的考试目标和具体措施。16—19世纪，许多西方传教士来到中国，竭力向他们的政府推荐中国的科举制和官僚组织，如1583年胡安·贡萨雷多的《伟大的中国》，伏尔泰、孟德斯鸠也在他们的著作中对科举制大为赞赏。随着近代民族国家的成立，国民教育制度的建立，逐渐借鉴中国的考试方式形成笔试制度，到19世纪笔试在欧美学校中已经普及，并作为选拔方法被确定下来，表明一种与过去门第、血缘不同的，根据个人努力或能力的观念已经形成。例如，1747—1750年英国剑桥大学用笔试进行"数学荣誉学位"的考试，19世纪增加了法学和古典文学荣誉学位考试，1850年以后又增补了伦理学、自然科学和神学考试。牛津大学1800年改革考试章程，19世纪下半叶，牛津大学委员会宣称考试已成为主要工具，这不仅用来测验学生的熟练程度，也用来刺激和指导学生的学习。从1862年起，英国小学的考试是按修订法典组织的，有评定成绩的六条标准。1845年，美国在麻省的波士顿采用笔试，考评全市各级学校的毕业生。

在政府工作人员的选拔上开始用考试的办法，标志着国家文官制度的建立。1765年，英国驻印度总督罗伯特·克拉夫鉴于英属印度吏治的腐败，着手进行整顿，从伦敦直接选送官员到印度任职；从1851年起，凡是英籍文官必须先进修四个学期；1853年首相格拉斯顿委派S. 诺斯科特和C. 杜维廉两人调查英国任用官吏的情形，第二年提出《关于建立英国常任文官制度的报告》，建议设立考试委员会，按才能和教育程度录用应考的年轻人；1855年颁布《关于录用王国政府文官的枢密院命令》，最终形成英国的文官制度。美国文官制度是在英国文官制度的基础上修改而成的，规定政府各级官员的录用必须经过公开考试；1789年确立公职人员通过选举产生的原则。法国公务员制度在拿破仑时代已具轮廓，规定公务员等级和薪金，创办培训官吏的专门学校，以受教育程度和毕业考试成绩为任用资格。德国早在威廉一世时(1713年)就制定了任用法官的考试原则，1743年腓特烈大帝规定所有到政府机关工作的大学生必须经过国家考试；19世纪70年代，德国对文官考试的内容、方法作了明确规定，形成比较完整的体系。

总而言之，近代中外教育制度发展的根本原因是社会发展阶段的不同：

中国尚未走出封建社会，因而教育对象仍然限于少数人，教育制度的改革也不可能出现根本性的变化；西方国家则相继进入现代化进程，发展资本主义，所有古代教育观念与教育制度都在革命之列，即使借用中国的教育制度，也必须改革后使之适应资本主义经济和政治的需要。

由此，中西教育制度间的差距已经不是发展程度的不同，而是有了性质的不同。例如，西方文官制度吸收中国科举制的因素，打破了世袭制，体现了资产阶级革命的平等竞争和能力为本的性质，正如《人权宣言》第四条所指出的："所有公民在法律上的地位既然一律平等，所以政府官吏的任用也应平等，除以才能品德为根据外，不应受其他条件限制。"同时，考试制度以机会平等、公开竞争、择优录取为原则，这不仅对资产阶级的"政治分肥"有所限制，也是对古希腊古罗马的精英管理、民主政治思想的发展。

第四节　中国科举制度的积极作用与影响

按照美国学者罗兹曼主编的《中国的现代化》一书的观点，科举制的废除链接着新旧两个时代，比 1911 年辛亥革命更具历史标志性。

中国人走过这道时代分水岭已然百年。八股、范进和孔乙已，黑暗、疯狂和腐朽，这样几个词就足以概括我们百年来对科举制度的了解和评价。然而历史真相总是要比一句盖棺定论更为复杂深沉。

孙中山先生在《五权宪法》一文中，曾充分肯定科举制"是世界各国中所用以拔取真才之最古最好的制度"，西方人将之称为"中国第五大发明"。

科举制，这一中国人智慧的结晶，是如何在历史上荣光过，如何从美酒成为毒药，又如何成为一块承载所有历史污记的破布？既是百年之后，我们何不拿来细数。

一、科举在中国历史上的作用

科举制度是以农业经济为主的中国古代社会文化高度发达的产物。其在制度层面上制定了社会成员上、下层之间及知识精英层内部流动的规则，又使中国古代社会的精英层始终处于不断吐故纳新的过程之中，从而在一定程度上承负起整合社会关系和维系社会内部平衡的功能，成为保证社会政治、经济、思想、文化、教育以及其他社会活动正常运行的一种调节机制。

公元 605 年，隋炀帝设进士科取士，开通了一条凡读书人都可以参加的应试从政的新渠道。当时这一涓涓细流，后来演变为中国历史上最宽阔的仕进主流，开创了一个科举的时代。在当时历史环境下，科举的出现是先进有效的。

对于商周以来以血缘关系为主的封建宗法制度来说，科举的出现具有革命性的意义。在科举制之前，官员、人才的选拔经历过养士、军功、血统、门第、举荐、九品中正等各种制度，但这些制度弊端重重。科举制度的创设，最大限度地摒除了权力的干扰，保证了官员选拔的公正、公平。

科举制度的另一个重要功能，即保持了社会阶层的流动性，使社会底层人士可以通过苦读考试升至社会上层。所谓"朝为田舍郎，暮登天子堂"，虽不无夸张，却是这种流动性的形象反映。这种流动性是社会公平、稳定的重要条件。历代人才选拔主要看血缘出身，或通过考察举荐，这都摆脱不了世袭制和等级制的垄断。而科举的出现，才使普通人有可能靠学问当官。科举制度带着初创的锐气，成为王朝选拔人才的最重要工具，它也随着君主统治的需要和竞争公平、公正、公开的要求，逐渐完善成一套严密的考试系统。

科举制度不仅在知识储备上和社会地位攀升上为知识分子提供了台阶，而且在思想和精神人格的塑造上，其作用也不可小觑。比如，读书人都引为教条的《管子》中"礼义廉耻，国之四维，四维不张，国乃灭亡"的教训，《礼记》中"格致诚正，修齐治平"(格物致知、诚意正心、修身齐家治国平天下)，以及曾国藩八字家训"早扫考宝、书蔬鱼猪"等，从天下到小家、从古到今，这些都可引为至理名言。

当中世纪西方还处在宗教控制下，我们的祖先就发明了考试方法，并在世界上第一个建立了全国统一的考试制度，这也是人类史上第一个强调以才取仕的官员选拔制度。就科举制自由报考的政策、考试管理规则、以考试成绩为主择优录取的原则等来说，不能不说这是当时中华民族走在人类文明前列的伟大贡献。

作为一种制度文化，科举制度是中国古代社会的客观历史存在。以往我们在审视中国历史文化时较多注意对科举制度的批判，却往往自觉不自觉地忽视了对科举制度在整个社会文化体系中所起的重要作用。假若我们从制度文化的角度来看中国古代的历史文化，包括文学现象，也许会有一些新的发现。

唐诗的辉煌与科举制度密切相关，是大家一致公认的。唐代的文言小说，明代、清代小说的发展与科举制度也有明显的关系。

公元7世纪出现并在8世纪末达到相当繁荣的唐代文言短篇小说，不仅标志着中国古代散文体小说的成熟，也是世界范围内最早出现的、符合散文体小说艺术的短篇小说。中国书面语言叙事主要在古代的史书及其衍流——杂史、杂传、志怪和短札中分散地积累，形成中国叙事文学之最高形式的散文体小说。于是，史书以其在中国文化中的崇高地位，成为中国“小说”的主源。中国的史书，特别是《史记》中的纪传篇目，为中国叙事文学，特别是短篇小说提供了最基本的叙事模式。而史传的衍流，如杂史、杂传、志怪笔记等，汉魏六朝以来积累逐渐丰厚——它们由正统的史书派生而成，由于在一定程度上可以不受史传传统的束缚，所以发展出一种溢出史书的叙事态度和叙事风格，特别是在叙事内容上不断摆脱史书尽可能忠实于史实的要求，记以怪异之事和不同程度的虚构，表现出小说化的倾向——在这个意义上，汉魏六朝以来大量的杂史、杂传、志怪书，也可以说是唐代文言短篇小说的直接渊源。而从史传、杂史、杂传、志怪笔记等到小说，中国古代散文体小说完成了从历史到文学的转变，这一转变的时间是漫长的。而要完成这一转变，使中国古代散文体小说蜕尽史传的茧壳，必须等待历史提供的“必要条件”，有了这个必要条件，散文体小说才会真正成熟并成批地产生。正是唐代社会的制度与文化，为中国古代散文体短篇小说的大量出现提供了必要条件。一个最明显的事实是唐代的科举选官制度造就了人数众多的新型读书士子人群，并因此形成了新的时代风习、思想精神，使散文体小说从创作到接受成为一种历史的必然。明代、清代小说的发展也是这样。

二、科举制影响了世界

16世纪西方传教士来华之始，就注意到了中国的科举制度，从1615年耶稣会士金尼阁（Nicolaus Trigault，1577—1628）根据利玛窦（Matteo Ricci，1552—1610）日记等材料编纂的《基督教远征中国史》出版开始，到19世纪中叶，欧洲出版的介绍中国科举制度的书籍达100多种。19世纪，西方各国纷纷建立文官考试制度，当然首先是西方社会发展进步的结果，但与中国科举制度对西方的影响不无关系。

由于中国古代科举制度优于欧洲中世纪的贵族世袭制、君主恩赐制，在相当程度上体现了机会均等，契合了西方近世以来所提倡的平等原则，所以一些欧洲著名的思想家，如伏尔泰、孟德斯鸠、狄德罗、卢梭等都曾对这一中国的文官制度表示赞扬。

这种影响自唐至宋，及元明清，一直存在着。如果有人告诉你曾有阿拉伯人高中科举金榜，你千万不要吃惊。中国科举制度确实曾吸引了诸多远邦近邻的读书人，他们长途跋涉来到中国学习，参加科举考试，或荣归故里，或留在东土大唐做官。

日本奈良时代的遣唐留学生阿倍仲麻吕（晁衡），就曾考得进士及第，之后在中国当官的日子里，他与李白、王维等诗人交情甚好。后来李白还作了《哭晁卿行》悼念他。

至今被世界认可、效法的西方文官考试制度，最初就是借鉴的中国科举制。为了推行文官考试，1873 年美国文官委员会在其报告书中宣称："当我们的大陆尚处于洪荒时代，孔夫子已在讲授德政，中国人已在读书，使用指南针、火药和乘法表。然而，东方世界这一最文明古老的国家对科举制的运用，将比上述任何东西都更能夺走我们美国人的优势。"

2001 年 9 月 4 日，厦门大学举办了一场为期 3 天的科举和科举制学术研讨会。这个议题跨越国界，让 150 多位来自中国、美国、俄罗斯、日本、韩国、越南等国家的学者汇聚一堂，他们都是各国优秀的历史学家和研究科举制的权威学者。会上，国外学者对科举制度研究很重视，对科举评价也很高，印证了科举制在世界范围内产生的长远影响。

三、科举制从开始的美酒到最后变成了毒药

我国文化学者研究认为，任何考试制度都是中性的。作为一种工具，科举制曾体现过优越性和先进性，但千余年来附加在它身上的许多东西都是有毒的，科举由此变成毒药的一种。

首先，科举制建立的动机有很大的维护皇权专制统治的因素。科举制历经六朝而不衰，就是因为帝王创立这一制度有其政治动机。科举制有利于维护皇权专制统治，它为广大士族阶层提供了一个"向上"发展的制度通道，处处显示皇恩浩荡，笼络民心，由此加强中央集权制度。

其次，考试内容日益限定在经义方面，到后来甚至局限于朱熹一人对四书五经的阐释和解读，再到后来连答题方法都要固定成八股范式，留给士子思想发挥的空间越来越小，人们的知识创造和更新能力都被扼杀了，知识分子对知识的兴趣日渐萎缩。由于科举制，魏晋之后的思想文化很少有百家争鸣，远远没有超越先秦诸子百家。

最后，在清末，西方国家开始进入商业化、工业化文明时代，在全球范围

内开辟贸易市场，而我们的科举制还在引导知识分子钻在故纸堆里，严重不适应时代潮流变革，最后成了时代进步的一大障碍。

19 世纪末 20 世纪初，中国社会被迫迈出了近代化的步伐，社会对掌握实用技术人才的需求日益增加，而输送人才的科举制度已不能满足社会的需求，科举制被社会抛弃的结局也就成了必然。科举不废，新学不兴。废科举前，新学在中国经营了 60 多年，只有新式学堂 8 277 所，废科举后第二年就达到 23 862 所，1909 年达到 59 117 万所；1905 年只有不足 26 万的新学学生，到 1909 年就达到 1 639 641 人。科举制不得不为中国知识人才的近代化让出了道路。

但作为一种状元情结的科举，远没有消失于中国人的文化心理；作为一种异化教育的科举，远没有消失于现代教育制度改革的话题；作为背负毒害千年历史罪名的科举，远没有消失于各种妖魔化的咒骂。

静下心来，我们不得不承认，重新辨认科举制的历史真实面貌，反思其被妖魔化的历史，将有助于辨认和反思我们的现在。

科举及其相关教育，奠定了人们扎实的国学素养，提供了他们向社会上层晋升的动力和阶梯，也塑造了他们思想与精神上的中国硬汉形象，儒雅和倔强共同书写在他们的奋斗历程中。但科举制度毕竟不能开出现代文明之花。从依靠科举成材，到反科举废科举，清末的学者官员迈出了推动历史的大步伐。从魏源、曾国藩、胡林翼、左宗棠到陈天华、蔡锷，这些在中国近代史上响当当的人物，都曾参加科举，获得功名。曾国藩道光年间考中进士三甲，是殿试成绩最低等级，虽位列翰林，但他对“赐同进士出身”却一直不能释怀。举人左宗棠虽无进士功名，而 14 岁参加童子试中的是秀才第一名。科举之路，是晚清这一代名人学习和成长的必经过程，他们自幼学习儒家孔孟之道，如何修身乃至治国，都和这个阶段的积累分不开。何况在当时的历史环境中，不经科举，他们如何能获得一官半职，怎么能有所作为。在今天的商业社会，实现自己价值有多种出路，可以读书，可以经商，也可以当“超女”，但在科举时代，获得功名就是平民出身的精英知识分子出人头地的唯一通道。

科举确为塑造文化人才做了铺垫，但科举制度发展到后期最大的缺陷是，没能在教育和考试内容中加入自然科学等现代学科知识，这一营养缺失，直到废了科举制，有了新式学堂才为中国近代学子补上。戊戌维新时期，在康有为、梁启超提议下，曾把经济科作为科举考试的一门，想增补经世致用之道，不过只采用了一届，慈禧太后还是把这新举措废了。同样悲哀的还有魏源《海国图志》的命运。受林则徐委托，魏源编写了《海国图志》一书，提出"师夷长技以制夷"，但这书在国内仅出了 3 种版本，购买阅读的人极少。而同样处于"海禁"时期的日本，有识之士将走私来的《海国图志》全本翻印，将重要篇章单独刻印或翻译出版，短短几年中印了 20 多种版本。梁启超断言，这本在中国当时没有掀起什么阅读潮流的《海国图志》，却对后来日本明治维新产生了重要的影响。

正是从科举出身的这批文化精英，反过来发现了科举的弊端。正因为他们有了学识思想，有经世救国之心，有科举考试的经历，才能提出废科举救中国。最激烈主张废除科举的人中，张之洞就是一个，而他恰恰就是以进士出身当官的。

在推翻帝制的辛亥革命中，曾经都是秀才出身的黄兴、蔡锷、宋教仁、陈天华等人前赴后继，走出了一条前无古人的新式秀才革命之路。

1905 年 9 月，晚清重臣张之洞、袁世凯、赵尔巽、周馥、岑春煊、端方等将军督抚会衔上奏，要求废除科举，兴办现代学校。面对如此众多位高权重大臣的意见，清廷同月即谕令从 1906 年开始废除科举制度。时人曾说：言其重要，直无异于古之废封建、开阡陌，对中国社会的影响之深远可见一斑。

科举制的弊端。其一是考试内容狭窄单一，并且越来越程式化、格式化，最终形成"八股"。考试内容不外四书五经，只能为圣贤作注，不能越雷池半步。这些确实禁锢了人们的思想。近代以前，就不断有对科举制的严厉批评。科举制的另一重要弊端是官本位，教育、读书的目的只是为了做官。所以与科举无关的知识都被视为"形下之器"，是君子不屑的"奇技淫巧"。自然科学在中国不发达的原因很多，也很复杂，但科举无疑是一重要因素。

当中国步入近代以后，不得不面对社会的近代化转型。"师夷长技以制夷"即是这种社会转型的先导，这一口号的提出者可能也没有意识到，它实际意味着声、光、电、化等为中国传统读书人所不齿的自然科学知识将取代儒家经典成为教育的重要内容。将师夷长技付诸实施的洋务派开始兴办新式学堂，虽然阻力重重，但社会的需要使新式学校由缓而急地向前发展。同时，教会兴办的新式学堂的影响和规模也越来越大。在维新运动期间，维新派大声疾呼：亡而存之，废而举之，愚而智之，弱而强之，条理万端，皆归本于学校。虽然维新派认为应该废科举，但因顾虑反对派的强大，只是提出将科举考试的内容由八股改为贴近现实的策论。

进入20世纪，不仅新式学校越办越多，而且留学生也大量出现，虽然学生的基数仍不大，但发展速度却十分惊人，废科举已水到渠成。张之洞等人绝非激进之士，由他们提出废科举、并得到几年前反对改变科举内容的慈禧太后的批准，足证废科举是历史、社会发展、演进的必然结果，并非如现在一些人所说的是人为激进的结果。

第五节　对中国古代教育制度与科举制度的评价

一、中国古代教育源远流长，创造了灿烂的文化

春秋时，孔子兴办私学，广收门徒，主张因材施教，并培养了72个著名弟子。西汉时为巩固中央政权，汉武帝大力推行儒家教育，罢黜百家，独尊儒术，在长安兴办太学；汉武帝还在郡国设立学校，初步建立起地方教育系统。魏晋南北朝时期，中华民族大融合，北方少数民族的儒学教育发展迅速，如前秦苻坚在境内建立学校，推行儒学教育，亲自考核，并授予学业优异者以官职。隋唐的科举制推动了教育事业的发展，唐代学校制度完备，处于当时世界领先水平，吸引了各国学生来华学习，如日本的遣唐使就是其中的代表。专业教育开始确立，私人办学开始兴起。宋代学校制度更为完备，王安石变法中对科举和学校制度进行改革，对于学问和品行优秀的人直接授予官职。北宋时私人讲学的书院兴起，这对宋代的人才辈出起了巨大的推动作用。明代实行八股取士的制度选拔人才，学校校规严格，严禁学生有自己的见解，考试固定为写八股文。清朝的学校制度基本承袭明朝，进一步加强思想文化专制。清末开始废科举，兴学堂，至民国时期，全国公立、私立大学开始发展，并与国际接轨。清末开始向国外派遣留学生，民国期间公费、自费留学生形成高潮。民国政府建立中央研究院，促进了学术研究的发展。

二、中国古代书院制度时兴时衰，时浮时沉，对中国传统文化教育的传承和传播作出了历史贡献

中国古代书院形成机制很独特。书院的出现绝非偶然，它不仅与中国传统思想文化源流密切相关，而且与封建经济的发展及其独特的政治结构

紧密相连。

中国封建社会以儒家文化为核心，孔子首创儒学，后经汉代“独尊儒术”后，儒家思想由此成为官方哲学和统治思想。隋唐以后，儒、佛、道三教鼎立局面形成。为与佛、道抗争，再创儒家教育的真精神，宋代新儒家责无旁贷地担此重任。当然，宋代理学家并非盲目排斥佛、道，而是理智地吸收了佛、道的某些思想。到了南宋，由于少数民族的骚扰，内部的倾轧，导致社会动荡不安，有识之士纷纷避居乡野民间，创办书院，潜心研究学问，力图再造先秦儒学的自由讲学之风，借以化解各种社会矛盾，矫治社会弊病，以复兴华夏民族。正是由于上述因素，书院才在宋代形成而勃兴，它是中国古代私学发展到高级阶段的产物，是私学的制度化阶段，为中国传统文化教育的传承和传播作出了历史贡献。

中国古代书院官方的认可、扶持。从历代书院的确立来看，往往与皇帝赐匾额，与经书或学术研究有关，宋初的四大书院都是如此。书院十分注重藏书和读书的有机结合。宋代的书院之所以称名，盖书院实为藏书之所，而藏书的目的自然是为了读书。他们自由讲学、研讨学术。宋明的书院，更多地承袭了私学讲学自由、各有所本之风习，以传播学术思想为己任，宋代理学的流行与书院自由讲学、研讨学术的追求密不可分。坚守儒理，与佛、道争胜，书院是“三教”鼎立、争斗和兼容的产物之一，可为印证的是书院的确立正好是佛、道式微的开始。书院大多选址于名山大川、风景优美之地，这与佛、道的抗争与影响有着很大的联系。

中国古代书院的教学方式较为先进，它的讲演辩论、自修问难、研究探讨的方法在今天看来也不过时。书院以学术探究和理智训练为根本，无论是大师讲演，还是学生自修，都明显地体现了注重学术探讨的研究精神。书院作为知识分子求知问学的精神家园，努力将学术研究与教育活动结合起来，他们一方面通过学术研究深化学理探讨，促进教学活动；另一方面又通过教学和学术研究培养人才，扩大学派影响。正是这样交互递进，极大地推动了中国封建社会思想和学术的发展。

三、中国科举制度的双重作用

以公平竞争为原则，面向全体社会公民，采取优胜劣汰的取士原则，不分家世、不屈权贵，曾选拔出大批德才兼备的各类人才，极大地促进了中国古代文化教育事业的发展，优化了官吏队伍，同时也培养了人们崇教向学的心理,形成了尊师重教的民族传统。但是意识形态一元化、经学知识体系陈旧化,特别是科举制实行的后期,愈来愈成为科学文化进步的障碍和人性解放的桎梏,在中国尚未建立起适应社会发展需要的现代文官考试制度以前,就不得不仓促退出了历史舞台。

中国科举制度给中小地主阶级和平民百姓通过科举入仕提供了一个公平竞争的平台、机会,使大批地位低下和出身寒微的优秀人才脱颖而出,"朝为田舍郎,暮登天子堂","十年寒窗无人问,一举成名天下知"。他们一一登上历史的政治舞台,成为统治阶级的栋梁之才。

北宋的吕蒙正自幼遭不幸,被其父将母子两人赶出家门,长期居住在一个山洞里,过着饥寒生活。他立志发奋读书而高中状元,极善理政治国,成为宋初的名相。

范仲淹自幼家贫,进士及第后官至副宰相,大有作为,享有"朝廷无忧有范君,京师无事有希文"(范仲淹字希文)的盛誉。

南宋状元文天祥的先祖未曾做过一官,父亲只是一个普通读书人,一家人长期身居底层,他入仕后,丹心报国,壮烈就义,成为千古传颂的民族英雄。

清代乾隆年间的陕西状元王杰和清末最后一名状元刘春霖都是地地道道的农家子弟,父母都是种田人。王杰在朝为官40余年,身为嘉庆帝师,官居高位,刚正廉洁,一尘不染,伸张正义,最恨邪恶。嘉庆皇帝惩办贪官和珅时,王杰是主审官。王杰是后世公认的乾、嘉两朝名臣。王杰晚年告老还乡,嘉庆皇帝对他的称赞是:"直道一身立庙廊,两袖清风返寒城。"

倘若没有科举制度,这些布衣草民是不可能登上龙门、身居高位的。

在漫长的1 300年的科举制度中,曾产生了700多名状元,近11万名进士,数百万名举人。

隋唐以后,几乎每一位知识分子都与科举考试有着不解之缘,都有过科举生涯,从未参加过科举考试的是极少数。

科举产生出了一大批善于治国安邦的名臣、名相和雄才大略的政治家、众多杰出的思想家、文学家、艺术家、诗人、学者、教育家、科学家、外交家等,如唐代的孙伏伽、王维、张九龄、韩愈、柳宗元、刘禹锡、颜真卿、柳公权、白居易,宋代的欧阳修、王安石、苏东坡、司马光、朱熹、包拯、寇准、张九成、张孝祥,明代的杨慎、康海、汤显祖、张居正、海瑞、徐光启,清代的纪晓岚、刘墉、郑板桥、翁同龢、洪钧、钱大昕、林则徐、张謇、蔡元培等人都出自状元、进士或举人身份，都是中华民族的英才。

1 300 年的科举制度几乎占据了中国两千多年封建社会的五分之三和中国五千年文明史的近三分之一的时间，历史之长，影响之大，家喻户晓，妇孺皆知。它对于祖国的统一、社会的稳定、各民族的团结和融合，对于中华文明的传播和建设，特别是对儒家文化和古代教育的促进和发展都产生过巨大的作用。

我国的科举制度从宋元以后东渐西传，越南、日本、韩国、朝鲜，在其国内都较长时间仿照中国推行的科举制度；法国、美国、英国等国家选拔官吏的政治制度也直接受到中国科举制度的重要影响。西方现代的文官选拔制度、我国现代的教育制度和干部选拔制度都是中国科举制度的继承和发展。

中国的科举考试内容到明代以八股文为主，即“八股取士”。它逐步成为僵化的模式，特别是到晚清时成为严重束缚知识分子的枷锁，暴露出种种弊端。因此，吴敬梓才写出了《儒林外史》这部讽刺科场的不朽名著。

清朝末年，在封建社会制度行将灭亡之际，发生了戊戌变法，废除科举，兴办学堂，已成为历史的必然。1905 年，清政府颁布了停止科举的上谕。从此，1 300 年的科举制度宣告结束。

由于八股取士、考场舞弊等多种因素交织在一起，使明清之际的科举考试弊端迭出，引起了广泛的社会批评。明末清初的启蒙思想家对科举，尤其是八股取士的批评是切中时弊的。顾炎武曾抨击道：八股取士“败坏天下之人才，而至于士不成士，官不成官，兵不成兵，将不成将”，致使“寇贼奸宄得而乘之，敌国外侮得而胜之”。为此，说“八股之害，等于焚书，败坏人才，有甚于咸阳之郊所坑者”。

八股取士不仅败坏人才，而且败坏了学术，造成举业盛而学术衰的可悲后果。科举考试命题只限于四书五经，甚或只能代圣贤立言，八股取士的程式又极为固定，不能有所变通，这样固定的内容和死板的形式极易被揣摩、效仿。为迎合考生的心理，适应八股取士之需要，许多人开始押题做答案，考生便花钱买答案，只要背诵答案就可以应付考试，而对经书原文、对研究学术漠不关心，这是典型的应试教育，它降低了对儒学的研究水平，淡化了学术空气。

另外，科举考试对学校教育的负面影响也愈演愈烈，使学校教育完全成为科举的预备机关或附庸。学校教育的目的就是准备科举，科举考试的内容就是学校传授学生的内容；科举考试的方法也成为学校中考核学生的主要方法,科举完全成为学校的指挥棒,学校完全成为应试教育的机构,因而无法培养出利济苍生、有真才实学的人才。

再加上科举舞弊现象的屡禁不绝和愈演愈烈,科举制已随封建政权的没落而走到了穷途末路。1901 年,张之洞、刘坤一等提出递减取士名额,1903 年,张百熙也建议从下届丙午科起,每科递减中额三分之一,暂行试办。1905 年,清廷被迫宣布所有乡试、会试一律停止,各省岁科考试亦即停止。

我们必须用历史唯物主义的态度正确认识中国的科举制度,给其应有的历史地位。在分析任何一个社会问题时,马克思主义理论的要求,就是把问题放到一定的历史范围之内。我们应当把科举制度放在中国五千年文明史和四千多年的官制史中,实事求是地分析研究。1 300 年的科举制度主流是好的,进步作用占其主导地位,既不能因其有巨大的进步作用而掩盖其晚期的严重弊端,也不能因为晚期的严重弊端而否定其巨大的进步作用。

科举虽已废除百年,但它所体现的考试、选拔人才的客观、公平、公正,仍值得借鉴、承继。在无法限制不正当权力的时候,只有严格考试才最为公平,为社会底层的人提供了改变命运的可能,虽然弊端明显,但在当时确实可行。

科举到了晚清有两个弊端:一是儒学意识形态的一元化,二是经学知识体系的陈旧化。科举制度之废,势所必然。但它在 1 300 多年间,有利于促进社会各阶层的流动,特别是为下层平民开辟了一条进入上层社会的主通道。现以晚清科举中的一些人才为例,足以说明科举的选材作用。

走进北京的国子监,看一下明清两朝的进士题名碑,就会有这样的印象:清代嘉庆年间以前的进士翰林,最多的是一些名宦、学者、诗人。道光以后的翰林,除此而外,更有异彩。当然这不是说科举在此时有什么改进,而是时代激荡使然。道光年间的翰林,如曾国藩、胡林翼、李鸿章、沈葆桢、阎敬铭等,这些历史上的名人都是间世而出的人豪,书生戎马,不但成就了同治中兴,而且其中几位还成为洋务运动的先驱。维新思想家的出现就是明证:如写《瀛寰志略》的徐继畬是道光丙戌科翰林,写《校邠庐抗议》的冯桂芬则是道光庚子科榜眼,维新派外交家郭嵩焘是与李鸿章同榜的翰林。这是千百年来士风的大转变。

状元中不少人在历史上还是有作为的。宋代 300 多年只有 9 个状元宰相,明代近 300 年有 17 个状元宰相;而光绪一朝 34 年,就有 5 个状元宰相。在这 5 位状元宰相中,翁同龢以倡导变法闻名,孙家鼐则领导了中国第一所大学即京师大学堂的创办。

当不成宰相的状元也有不亚于相业的辉煌:中国较早出使西欧的外交家、地理学者洪钧是同治戊辰科状元;中国杰出的实业家张謇是光绪甲午科状元。

光绪年间的进士,较之道光时期又有不同,更新潮,更多元:北京大学校长蔡元培,现代出版实业家、商务印书馆的创办人张元济都是光绪壬辰科进士;南开大学创办人严修、现代法律学的先驱沈家本同是光绪癸未科的进士;改良派领袖康有为、现代艺术教育的倡导者李瑞清同是光绪乙未科进士。

他们所从事的事业,都具有开一代新风的意义。这一辈人,有意无意间,都有结束过去、开辟新天地的作用:

同治癸亥科的探花张之洞,对于科举可谓"入吾室,操吾矛"——正是他于1905年8月领衔上奏请求立即废止科举的。

从对这些进士的描述中,我们看到的不单是人物,更有时代风云。

我国从唐代开始科举取士,但绝对不是知识分子垄断政权之开始。科举本身也在发展之中经过若干阶段之演变,但在所有的演变之中,宋朝改考《经》《义》且一考定终身对后世影响最大,其次是明代八股文的出现极大地束缚了知识分子的创造性。

事实上,科举制度的本质在于开放政权,但绝对不是对所有人开放,仅仅针对知识分子,要想做官必须成为知识分子,要成为知识分子必须先读书,而读书只是做官的必要条件,结果形成千军万马过独木桥的现象。

汉代的选举,是在封建贵族中开放政权的一条路;而唐代通过考试制度公开竞选是在门第特殊阶级中开放政权的一条路。

唐代的开放范围比汉代更大、更自由。所以就开放政权这一点论,唐代的政治比以前进步了,但也不是说唐代的科举制度就完美无缺。例如,唐代前后三百年,因政权开放,参加考试者越来越多,于是政府中遂设有员外官、候补官,当时有所谓"士十于官,求官者十于士,士无官,官乏禄,而吏扰人"之说,这是当时政权开放中的大弊。以后历朝历代弊端依然。然而,更大的弊端在于考试内容的逐步变化,而考试内容的变化是一系列社会经济、政治、文化变化的产物。

1905年9月,清政府宣告废止在中国实施了1 300多年的科举制度。历史地看,科举制度的废除是中国社会政治、教育及人才选拔制度改革的必然。由于当前中国教育、人才选拔制度存在的严重问题及其与历史千丝万缕的联系，它成为一个契机，引发了人们热烈的讨论和反思。

2005 年 9 月初，厦门大学举行了科举制与科举学国际学术研讨会，来自中国、美国、日本、韩国、俄罗斯、越南、巴西等国家及中国台湾地区的 150 多名学者对科举制与科举学进行了多学科的探讨。9 月 9 日，《新京报》推出了 32 个版的"科举百年祭"特刊，通过评论、纪念、新闻、调查、历史演义、回溯科举历史、科举社会影响、科举地理、科举与国学、后科举时代的教育历程、后科举时代教育家、科举与近代教育转型、科举与当代教育、后科举时代名校调查、科举文章赏读等方式和板块，再现了科举 1 300 多年的发展历程及其对中国社会各方面的影响。任继愈、成中英、潘懋元等著名学者，以及一批研究历史、教育、政治、哲学的学者与媒体从业者，纷纷发表文章参与了这一讨论。

今天对科举的讨论，直接指向对现行高考制度的改革：是否应该改、能不能改和怎样改。对此，主管部门和专家意见纷纭。一些人认为，统一高考至今仍然是中国社会最公平、高效的制度，至少是最不坏的制度，要慎谈改革。反对者认为，统一高考造成当今应试教育的严重弊端，教育制度改革刻不容缓，高考制度改革势在必行。改革的方向是地方化、多元化和多样化，改变一张考卷考所有学生、一次考试定终身、一分之差决定命运的现状。一些国家的高考改革已经提供了可供借鉴的经验和教训。

第二章

班级授课制

第一节 班级授课制概述

班级授课制又称课堂教学,班级授课制是将学生按年龄和程度编成班级,使每一班级有固定的学生和课程,由教师按照固定的教学时间表对全班学生进行上课的教学制度。

班级授课制起源于16世纪的欧洲,兴起于17世纪乌克兰的兄弟会学校(世界上它是第一家);之前都是游离形式的班级授课制,没有形成系统性、科学性。1632年,捷克教育家夸美纽斯出版了《大教学论》后,才形成了班级授课制的系统性理论;夸美纽斯提倡教学组织班级化。夸美纽斯总结了当时新的教学组织的实践经验,把它们上升为理论,推动了教学组织的班级化。首先,他论证了班级授课制的优越性:能减轻教师的工作负担和有利于学生学习;调动了教与学的积极性;节省时间、精力,避免干扰。其次,他确定班级教学是学校工作的基本单位,并据此制定了学年制以及学期、假期制和学时工作计划。再次,他还具体说明了班级教学制的要求,应有一定的目标,每个班级应有固定的课本,一切科目都用同一的方法去教导,全班学生在同时做同样的功课,每种科目应该与相关的事项一道讲授,教学应保持学生的注意等。他确立的班级教学制的理论和他提出的关于班级教学制的要求,在近代教育学发展史上具有划时代的意义。

我国采用班级授课制是在清朝同治元年(1862),当时的北京京师同文馆是第一家实施班级授课制的学校;在清政府颁布《钦定学堂章程》后,才在全国普遍推广班级授课制。

班级授课制产生于近代资本主义兴起的时代，是为了普及教育，扩大教育教学规模，提高教学质量和效率，是批判、否定分散的小农经济和封建隔绝状态下长期实行的个别教学组织形式的结果。捷克教育家夸美纽斯对班级授课制从理论上加以总结和论证，使它基本确定下来，以后，又经过赫尔巴特等教育家进行补充，使它进一步完善。率先正式使用“班级”一词的是文艺复兴时期的著名教育家艾拉斯莫斯。

班级授课制在我国正式实行，一般认为是在辛亥革命以后。

一、班级授课制的组织形式

(一) 全班教学

这是目前学校教学中最基本的组织形式。这种形式的特点是把学生按年龄和学业程度编成固定人数的教学班，全班学生按照统一的课程表共同接受同一位教师的指导。在这种形式下，既可以根据教学内容的序列由教师在教室里系统地进行教学，也可以把学生带到事物发生、发展的现场等来进行教学；既可以通过各种参观、见习等来进行教学，还可以在教师的引导下开展课堂讨论等。全班形式教学的效果如何，主要看任课教师是否了解班上大多数学生的学习需要和学习准备，是否调动学生的学习积极性并使自己提出的教学目标转化为学生自己的学习目标，是否呈现了难度适中的教材内容，以及教学进程是否连贯有序。

(二) 班内小组教学

这是把一个班暂分为若干个小组，由教师规定共同的学习任务，并由学生分组学习的班级授课制形式。它具有班级教学中教师面对学生群体进行教学的特点，但是联系这个群体的主要纽带是共同感兴趣的某门学科或某项活动。

(三) 班内个别教学

采用班内个别教学，教师可以因人而异地给学生布置学习任务，并花一定的时间、以一对一的形式给学生辅导。其特点是：在全班上课的基础上主要面向班上的差生或学习速度快的学生；教师给学生布置的学习任务以及教师进行的辅导必须以该生的学习准备、学习难点和性格特点为依据；教师的作用主要在于指导和帮助学生自学和独立钻研。

班级授课制的基本特点如下：

(1) 以班为人员单位，按年龄和知识水平分别编成固定的班级，即同一个教学班学生的年龄和受教育程度大致相同，并且人数固定。教师同时对整个班集体进行同样内容的教学。

(2) 把教学内容以及实现这种内容的教学方法展开的教学活动，按学科和常年分成许多小的部分，分量不大，大致平衡，彼此连续而又相对完整，这每一小部分内容和教学活动，就叫做一"课"，班级一课接着一课地进行教学活动。

(3) 把每一节课规定在固定的单位时间内进行，这单位时间称为课时，它可以50分钟、45分钟、30分钟、25分钟、20分钟、15分钟，但都是统一的和固定的。课与课之间有一定的间歇和休息，从各学科总体而言，可以单科独进，也可以多科并进，轮流交替。

二、班级授课制的成效

为了提高教师班级授课的质量，各国都采取了不少措施。20世纪60年代初，发端于美国加州斯坦福大学的微格教学就是为培养、提高教师的课堂教学实际操作能力而设计的。通过选取短小精湛的教学片断，在导师（老教师）的指导下，一般3~4名学员（青年教师）一组，同组成员在导师的指导下共同备课，施教时一位成员执教，其他学员扮演学生，让受训对象就某一教学片断施行5~10分钟的教学，并将教学实况录像。结束后，导师与学员一起对教学进行总结，反复观看录像，评议教学情况，达到提高受训者教学能力的目的。微格教学技术不仅提供了在控制条件下的练习，避免了在真实教学环境中由于新手经验不足而带来的教学失误，而且为教学反馈提供了技术上的支持。它缩短了新手教师成长的周期，至少，从教师的角度对提高教学的有效性有极大的促进作用。

班级授课制的教学是有效的，国外对课堂教学有效性的研究也已取得了许多成果。

国外课堂教学有效性研究开始于20世纪上半叶。早期的研究主要是什么样的教学是有效的教学，什么样的教师是有效的教师。研究的主要内容在于鉴别可能影响教学有效性的教师特征和教师的课堂教学行为，如教师的特点、性别、年龄、知识水平及接受专业训练的程度，课堂教学中教师提问的技巧及对学生的影响等。美国心理学家斯蒂文思（1912）做了一项教师课堂提问的研究，他发现他研究的教师课堂上所提的66%的问题属于直接从教科书上提取的记忆型的问题。更有意思的是时隔54年以后，奥地利心理学家弗洛伊德(1966)的重复研究发现,他抽样研究的教师所提的问题中77%的答案要求的是具体的事实。美国心理学家卡特尔(Cattell, R. B., 1931)要求254名被调查对象(包括教育行政官员、师资培训人员、学校教师和学生)“写出优秀成熟教师身上10项最重要的显著特征,优秀青年教师身上10个最重要的显著特征,以及区分青年男教师和青年女教师品质的特征”。他发现,被调查者使用频率最高的描述好教师品质的词依次为:个性与意志、才智、同情与机智、思想开放、幽默感。有学者通过观察研究,辨别出影响有效教学的三个主要变量,用肯定和否定两极相对的形式表述为:(1)热情、理解与冷漠、无情;(2)有组织、有效率与散漫、草率;(3)有刺激、富于想象力与单调乏味、墨守成规。一个教师的得分越是靠近每一因素肯定的一端,那么他就比其他靠近否定一端教师的教学“更有效”。总的来说,西方20世纪60年代以前的研究只是将教师特征与教育结果机械相连,而几乎忽视了课堂实际,但却为后来的深入研究奠定了基础。目前的研究中,对教师特征的研究更加注意到了教师课堂教学行为与学生学习成就、学生自我发展之间的复杂关系,并不只是从教师人格特征来看问题。整个60—70年代,西方课堂教学有效性的研究比较活跃,而且成果丰富。这时候研究的注意力扩展到了整个课堂教学活动,而不是单一的教师因素,虽然,教师是影响教学有效性的主要因素之一。

(一) 关注学生的学习

国外的研究表明,有效教学本质上取决于教师建立能够实现预期教育成果的学习经验的能力,而每个学生都参与教学活动是实施有效教学的前提。20世纪以来,很多心理学家就学生学习的心理状况问题开展研究,揭示了许多与学习本身和促进学习有关的心理概念、规律和过程。美国建构主义心理学家加涅(Gagné, R. M.)是比较早的从认知心理学的角度研究学生学习的学者之一。1965年,他出版了影响至今的学习心理学著作《学习的条件》,应用信息加工心理学和建构主义心理学思想,形成了一个能解释大部分课堂学习的学习论体系。特别是此书于1985年第4次再版时的修订,不仅阐明了五类学习的性质、有效学习的条件以及它们的教育含义,还提出了一个以他的学习条件分析为基础的教学论新体系,从四个方面对有效教学进行了探讨。这四个方面分别是:教学目标、教学过程、教学方法以及教学结果的测量与评价。在此基础上,他提出了一整套有效教学设计的原理与技术,出版了《教学设计原理》(1974,1979,1988,1992)。在加涅看来,学生的学习是学生参与教育而产生的行为变化。

除了加涅，还有布鲁纳、奥苏贝尔等人。美国教育家布鲁纳提出，任何学科的基本原理都可以用某种正确的方式教给任何年龄阶段的任何儿童。他认为，这种学习方法要学生像科学家那样去思考，去探索未知，最终达到对所学知识的理解和掌握。学习的内容不是给予的，学生必须亲自发现它，并内化到自己的认知结构中。布鲁纳强调，应该广泛应用"发现法"，要求教师在教学中尽可能保留一些使人兴奋的观念，同时引导学生自己去发现它。要求学生像数学家那样去思考数学，像历史学家那样去思考史学，亲自去发现结论和规律，使自己成为一个发现者。

与布鲁纳相反，另一位美国著名认知心理学家奥苏贝尔虽然也强调学生认知结构发展的重要性，但就其促进认知结构发展的途径以及由此引出的教学理念来说，却并不一致。奥苏贝尔按照学习的内容，把学习分为有意义学习和机械学习；又按照学习进行的方式，把学习分为接受学习与发现学习。他认为，有意义学习既包括有意义的发现学习，也包括有意义的接受学习。根据奥苏贝尔的观点，学习的实质在于学习者能在学习新知识时，与自己原有的认知结构之间建立起实质性的和非人为的联系。学习者原有的认知结构要和所学习的有意义材料的结构结合起来。所以，在接受学习中，学习的主要内容基本上是以定论的形式传授给学生的。对学生而言，学习不包括任何发现，他们只是被要求把教学内容加以内化，即以一定的方式结合进自己的知识结构中，以便将来能够再现或作他用。

这时候的研究已经把注意力从教师的身上移向学生以及学生的学习上，但有一点必须指出，那就是研究者在关注学生学习的同时，并没有否定教师的作用，无论是加涅的教学设计，还是布鲁纳的"发现学习"，或者是奥苏贝尔的"有意义学习"，都对教师的教学提出更高的要求。

（二）关注交往与沟通

教学的一个中心任务是产生新知识、新技能以及概念性框架。师生之间的交往被看做是影响教学有效性的一个关键因素，良好的教学效果取决于师生间良好的交往。教学不再被看成是由教师决定而是取决于双方。比如，单纯的赞扬和学生的学习成绩之间并没有一致的关系。而且，在班里运用表扬与奖励的最大弊端是使一些人经常获得表扬，而另一些人却很难获得。更可怕的是，没有得到表扬与奖励的学生开始认为自己不够好，这会给一部分学生带来潜在的伤害。教师意识到这一点转过来对全体给予过分慷慨的表扬和奖励,但是学生能看出实质,他们能把不自然的、不应得的表扬与奖励或华而不实的奖励与真实的事情鉴别开来。所以,研究的视角也对准了课堂内外的社会互动和文化环境。近年来的研究已经强调了合作、交流、学习共同体对教与学的作用,强调文化与社交对学生学习的影响。此外,社会文化理论和活动理论也扩展了教与学的定义,以强调教与学的社会、语言、文化和政治环境。在这些理论中,学习是一种主动的、合作的建构过程,存在于教师与学生的互动之中,存在于教室的社会结构之中,存在于学校的更大的机构之中。

交往与沟通永远是教学的核心,但是,教师面临的一个两难境地就是如何选择教学策略以便使学生学得更好;与此同时,教师还要能够完成课程标准所规定的教学任务。置身于这样的两难境地,教师面对一系列的问题:运用讲授的方法教学的有效性有多大?能否做得更好些?通过相互对话,学生能学到多少?谈话很重要,但是,我们怎么才能知道谈话是正确的?我们如何使谈话更有效?我们掌握提问的方法有多好?全班性的讨论值得吗?什么是最好的组织小组讨论的方法?毫无疑问,所有这些问题都涉及师生间的交往与沟通。

英国朗曼出版公司于 1993 年出版了一套有效教师丛书,共 16 本,其目的是为那些将要从事教师职业或在职的想要提高教学有效性的教师提供综合性的、可读性较强的读物。其中的一本就是《教学即沟通》,书中提出师生交往、沟通的方式影响教学的有效性,进而提倡一种健康的、富有创建性的,既能体现教师权威与纪律,又能体现平等与关爱的师生关系。

(三)关注教师的教学策略和学生的学习策略

迄今为止,所有的有效教学著作中都提出了各种各样的有效教学策略,从备课到上课,再到评价,教学流程的各个环节都有相应的策略。从学生的角度出发,关注学生的学习策略。人们普遍认为,相对于听、说、读、写、算的基本技能来说,高层次的学习策略,如解决问题的策略、选择方法的策略、元认知策略、合作学习的策略、科学利用时间的策略、原理学习的策略等更能提高学生学习的有效性。从教师的角度出发,越来越多的人发现,仅仅掌握零碎的教学技能是难以从整体上把握教学的有效性的,必须将具体的方法、技巧上升为策略。

三、教学环境与教学的有效性

有效教学实际上是通过一定的教育活动，使学生的学习达到预期的最佳效果。在预期所能达到的最佳效果中，除了教师、学生、内容等的因素外，还有环境的影响。考虑到课堂教学活动的环境，很显然，教学情境的很多方面都与教学成功与否有关。学校中的教学环境可以是位于乡村的一所小学中的混合能力班中的一节任意主题的课，也可以是为城市中一所综合中学的五年级优秀小学生开设的数学课。对于教师来说，他面对的任务是要决定需要考虑哪些环境因素对学习活动是适合的。而且，对教学环境研究的难度在于：每一项研究在某一时间内只能考虑环境的某个方面，另外，有证据表明一种环境的某个方面可能有不同的影响，取决于这一环境的其他方面是否同时出现。比如，学校规模对富裕社区的影响和对贫穷社区的影响是不同的。

有学者认为，把握环境的影响或者为所有学生设计有效的环境应遵守以下几条原则：(1)轻松舒适。比如，灯光的亮度不能太暗，“阅读区的灯光可以亮一些，而讨论区的光线可柔和一些”。再如，温度、空气、色彩、学习用具和家具等都要适合学生的年龄和班级人数的多少。(2)有益于教与学。有明显区分的学习区，不拥挤，不互相干扰，易于教师指导与监控。整个环境要组织得整齐有序，便于拿取和放回学习的材料。(3)宽畅、有足够的学习材料。环境心理学的研究表明，在任何环境下，人们都需要有自己的私人空间，当空间狭小的时候，人数越多，发生侵犯性行为的可能性就越大。座位的摆放要宽松，因为座位太挤容易造成偏离学习的行为。同样，学习材料和用具不够用时，容易造成争抢或等候。

总之，丰富的物质环境有助于学习。然而，近年来的研究不但注重教学的物质环境，还对教学的精神文化环境给予了充分的重视。课堂气氛被人们看做有效教学的动力之一，足见其重要性。美国学者布兰思福特(Bransford, J. D. et al. ,1999)在《人是如何学习的》一书中对有效教学环境的文化因素作了更为全面的阐述。他认为建立一种学习共同体是有效学习的保证条件之一，教师要为这个共同体建立起一些“能够体现理解学习价值的班级标准，使学生能够在这种文化中无拘无束地探讨他们不懂的问题”。在这种学习环境中，学习者将他们的知识、技能、态度、信仰带到其中，这些学习者带来的东西在这里都必须得到足够的注意。教师试图发现学生对所面临的问题的看法，小心翼翼地讨论他们的错误概念，给他们创造一种情景，使他们能继续思考，重新调整他们的看法。教师承认学生带进教室的观念和文化知识对学习的重要性，即学生一开始就将他们的信念、理解、文化实践带进学习中，并且在学习的过程中建构自己的意义。

第二节　班级授课制的积极作用与影响

有了班级授课制，才能有今天意义上的学校，它的积极作用很多。

第一，它可以大规模地向全体学生进行教学，一位教师能同时教授许多名学生，扩大了单位教师的教学能量，有助于提高教学效率，而且使全体学生共同前进。

第二，它以课为教学活动单元，能保证学习活动循序渐进，并使学生获得系统的科学知识，扎实而又完整。

第三，由教师设计、组织并上课，以教师的系统讲授为主，兼用其他方法，能保证教师发挥主导作用。

第四，固定的班级人数和统一的时间单位，有利于学校合理安排各科教学的内容和进度，并加强教学管理，从而赢得教学的高速度。

第五，在班集体中学习，学生彼此之间由于共同的目的和共同的活动集结在一起，可以互相观摩、启发、切磋、砥砺；学生可以与教师及同学进行多向交流、互相影响，从而增加信息来源或教育影响源。

第六，班级授课制在实现教学任务上比较全面，有利于学生多方面的发展。它不仅能比较全面地保证学生获得系统的知识、技能和技巧，同时也能保证对学生的思想产生影响，启发学生的思维、想象能力及学习热情等。

当然，班级授课制的局限性也很明显。

第一，教学活动多由教师做主，学生学习的主动性和独立性受到一定程度的限制。它强调的是统一，齐步走，难以照顾学生的个别差异。

第二，学生主要接受现成的知识成果，其探索性、创造性不易发挥。

第三，学生动手机会较少，教学的实践性不强，不利于培养学生的实际操作能力。

第四，它的时间、内容和进程都固定化、形式化，不能容纳和适应更多的教学内容和方法。

第五，它以课为活动单元，而课又有时间限制，因而往往将某些完整的教学内容和教学活动人为地分割以适应课的要求。

第六，它缺乏真正的集体性。教师虽然向许多学生同样施教，而每个学生以自己独特的方式去掌握，每个学生分别地对教师负责，独自完成自己的学习任务，学生与学生之间没有分工合作，无必然的依存关系。

正因为班级授课制有以上的优越性，才能被人们普遍接受，至今在世界范围内仍然是学校教学的基本组织形式，它才能经历一个多世纪的怀疑、非难，甚至猛烈抨击而仍然站得住脚；也正是因为班级授课制有以上局限性，人们才屡屡对它提出批评并寻求新的教学组织形式。

第三节　对班级授课制的评价

一、只要有学校，班级授课制就有它存在的价值

班级授课制仍然是今天各级各类学校课堂教学的基本组织形式，它是专业、课程存在的前提，如果学校没有班级授课制，年级、课程就没有办法分了。

但班级授课制也越来越暴露出它的缺点。为了弥补班级授课制的不足，国内外进行了许多改革实验，主要有班级小型化，选科制，开展小组教学。

二、实行班级授课制，必须优化课堂教学

所谓教学，是指由教师引起、维持或促进学生学习的所有行为。它的必要条件主要有三个方面：一是引起学生学习的意向，即教师首先需要激发学生的学习动机，教学是在学生“想学”的心理基础上展开的；二是指明学生学习所要达到的目标和所学的内容，即教师要让学生知道学到什么程度以及学什么，学生只有知道了自己学什么或学到什么程度，才会有意识地主动参与；三是采用易于学生理解的方式，即教学语言有自己的独特性——让学生听清楚、听明白，因此，需要借助一些技巧，如重复、深入浅出、抑扬顿挫等。如果教师在讲课时不具备这些条件，那么即使教师教得十分辛苦，也不能取得有效的教学成果。

专家一直在研究改革、改进、改良的办法。重要的办法有:第一,抓好教师教学观念的转变和教学方式的转变,逐步解决靠大量课后作业来完成教学任务,忽视学生情感、态度、价值观培养等问题。第二,抓好以学课标、研课本、研方法、课后反思等为主要形式的校本培训。第三,抓好教师备课中的备学生问题。备课中要充分研究学生,了解学生现有的水平,找准最近需要学习的知识点,以此作为教学的起点。第四,抓好对课堂提问的研究,所提的问题必须是有价值的、有启发性的、有一定思考挑战性的,整个课堂的问题设计必须遵循循序渐进的原则。第五,加强对课堂节奏的把握和管理。要给学生一定的思考时间和思维空间,要减少讲与听,增加说与做,尝试教与评。第六,积极实施小组互助学习制。教师可以根据学生的认知水平和个性心理特点,把学生划分为若干个学习小组,发挥优秀学生的优势,积极推行学生互助机制。第七,尝试推行作业分层布置制度。教师在布置课堂练习和课后作业时,要充分考虑不同学生的学习水平。加强作业的管理与指导,避免超负荷、重复性、低水平的作业,给每个学生留有自主发展的空间。第八,培养学生自主学习和自我管理的能力。学校和教师要从学习目的、态度、动机、兴趣、习惯等方面加强学生非智力因素的培养,加强学生预习、复习等学习方法的指导。第九,建立有效的教师师徒结对帮扶机制。将全校所有的教师依据一定的方式结成师徒帮扶对子,制定有效的师徒结对帮扶评价机制,将师徒结对帮扶的质量捆绑纳入对教师的绩效考核。第十,有针对性地开展课后辅导工作。

三、应重视和提高班级授课制的有效性

(一) 实行班级授课制,必须充分用好教材、创生教材

教师要在认真备教材的基础上,认真备学生,了解学生的学习需求,重点关注学生的个体差异,在讲学稿的设计和选题中既要满足中等以上学生的要求,也要体现出对学习困难学生的层次性要求,让每一位学生拿到讲学稿后都有事可做,有内容可学,在点滴中体验成功的喜悦。同时,要加强集体备课,发挥备课组成员的集体智慧,有效提高讲学稿的质量。结合学生实际和教学实际编出高质量的讲学稿或教案就是对教材的优化和创生,是课堂实施有效教学的前提,它离不开集体的力量,是集体智慧的结晶。

(二) 实行班级授课制,要关注每一个学生

“一切为了每一个学生”是新课程的核心理念,是全面贯彻教育方针、实

现“全员”教育思想的具体体现，要求教师把学生看成是一个发展的人、独特的人和具有独立意义的人。学生的个体差异性是客观存在的，实际教学中除了在备课上加以体现外，更重要的是在课堂中予以体现。第一，保证课堂的全员参与。课堂教学活动不仅是教师的行为，更是学生的行为；不仅是成绩好的学生的行为，也是学习困难学生的行为。要让每一位学生都能认真听讲，积极思考和回答问题，认真对待课堂训练。这就要求教师的课堂教学要有吸引力，气氛要活跃，问题的难度要适中等。保证全员参与不是靠压制学生，而是靠吸引学生。第二，关注学生的情绪和情感。学生在课堂上是兴高采烈还是冷漠呆滞，是其乐融融还是愁眉苦脸。伴随着学科知识的获得，学生对学科学习的态度是越来越积极还是越来越消极。学生对学科学习的信心是越来越强还是越来越弱。这一切现象需为教师所关注。学生的情感和信心的建立就可能来自于教师的一句表扬的话、一个和蔼的笑容、一个肯定的眼神。第三，注重过程而不仅是结果。学生的逻辑思维和分析解题能力的培养是在过程中形成的。在教学中，教师很容易关注好学生而忽视对学习困难学生的兼顾，而学习困难学生在逻辑思维和分析解题方面往往是“弱者”。教学过程中应尽可能地让更多的学生积极思考、动手操作，同一个问题，学习能力强的学生能考虑到第三步，学习困难的学生可能只思考到第一步，甚至还没有开始思考，对他们来说也是一种思维习惯和能力的培养，只要过程能长期坚持下去，相信必然会有结果。如果教师在多次失望后采取放弃的态度，其结果可能使学习困难的学生不仅成绩下降，还会导致学习态度、行为习惯的蜕变，逆反心理由此滋生，最终有可能辍学。

（三）实行班级授课制，必须引导学生掌握自主、合作、探究的学习方式

新课程要求在教学过程中培养学生的各种能力。改变死记硬背的学习方法，倡导探究学习、研究性学习是新课程理念下教学改革的一个重要特征。引导学生掌握自主、合作、探究的学习方法是提升学生能力的有效手段，同时也为学生间的交流和互补提供了平台。

（四）实行班级授课制，必须精心创设教学情境

教学情境不仅是指课堂氛围，还包括问题情境。第一，教师情绪的饱满是前提。如果教师情绪低落或阴着脸走进教室，会对学生带来什么影响呢？那是压抑和恐惧，处处谨小慎微，唯恐“祸从天降”，上课如临大敌，心神不宁。这样的课堂氛围，师生双方都会疲惫不堪，教学效果自然大打折扣。第二，教学内容的丰富性是根本。教师还要遵循“教无定法”的原则，灵活地选

择乃至创新教法，引入现代化教学手段，结合课堂讨论、演讲、辩论、音乐、表演等方式，在课堂上给学生提供多种表现自我和发展自我的平台，真正让学生在课堂上“动起来”，这样的课堂氛围乃至课堂效果无疑是最好的。第三，教学语言的生动性是条件。语言要连贯流畅，语气和语调要灵活多变，抑扬顿挫体现节奏感，幽默风趣的语言是营造课堂氛围的至宝。第四，师生关系的民主性是基础。新型的师生关系应该是教师和学生在人格上是平等的，在交互活动中是民主的，在相处的氛围上是和谐的。它的核心是师生心理相容，心灵的互相接纳，形成师生至爱的、真挚的情感关系。如果师生关系处于一种民主、平等、信任、理解的状态，那么它所营造的和谐、愉悦的教育氛围必然会产生良好的教育效果。

（五）实行班级授课制，教师角色要转变为组织者、引导者和评价者

首先，在教学中，教师不仅要传道解惑，还要从培养学生分析解决问题的能力出发，组织学生有序地参与活动，引导学生质疑和探究。学生没有问题不是好事，只有发现问题才有利于解决问题。如果学生发现不了问题，说明学生对所学知识往往一知半解。古人云：“学贵知疑，小疑则小进，大疑则大进。”因此，课堂提问要讲究艺术，需要教师做个有心人，精心设计好每一个课堂提问，随时运用稍纵即逝的提问时机，将问题设在重点处、设在关键处、设在疑难处，这样才能灵活应对课堂情境，减少课堂上低效提问和无效提问的现象，充分调动学生每一根思维神经，提高课堂的教学效率。

其次，在教学过程中，要调整好自己的心态和地位。不要把学生的质疑理解为学生对教师的不敬和故意捣乱。事实上教师也不可能是学科上知识的权威，未知领域和问题也有很多。假如在课堂上出现学生提出的问题教师一时难以解答的情形，教师要运用语言技巧和灵活的方式进行应对，一忌鲁莽和草率，如此会伤害学生的自尊心；二忌下课后对学生不闻不问，这样有损学生学习的积极性。

再次，作为评价者，要丰富评价的方式和手段，提高评价频率，不要吝惜自己的尊重和赞赏。人们常讲“好孩子都是夸出来的”，听上去似乎有点绝对，但也不无道理。要真正发挥评价促进学生发展的功能，要求教师必须在课堂上善于发现和总结，及时作出有效评价；同时要“师出必有名”，评价必须建立在客观事实的基础上，即表扬确有值得表扬之处，批评也是如此。评价并不排斥适当的批评，而是包容与被包容的关系，批评与赞赏应相辅相成。

第三章

新式学堂制度

第一节 新式学堂制度概述

新式学堂的创建与西学东渐的时代大潮密切相连。西学东渐早在鸦片战争前200年就已经开始了。

明代万历十年(1582),意大利耶稣会传教士利玛窦来到中国,他除了带来大量的神学书籍外,也带来了近代数学、天文学、地理学等自然科学的书籍,他与明代著名科学家徐光启合译了《几何原本》,独自撰写了《万国舆图》,向中国人介绍了世界五大洲的知识;日耳曼耶稣会传教士汤若望在其编著的《远镜学》中,向中国人介绍了近代光学。这一时期的传教士来华除宣传基督教外,还把西方近代的某些自然科学引入中国。

到清代康熙末年,清政府曾经一度下令禁止传教活动,传教士来华数量锐减。

鸦片战争之后,依据不平等条约,西方列强取得了在华自由传教的特权,从此,西方传教士大量来华,并带有明显的殖民侵略的色彩。这些传教士在华除从事宗教活动外,还设立学校、医院,创办杂志,翻译出版图书。这些活动客观地传播了西学。随着西学的传播和传教士的积极活动,新式学堂和教会教育开始了。

鸦片战争以后,清政府为了适应日益频繁的对外交涉,以及开展洋务运动的需要,在全国各地先后开办了一批学习西学的新式学堂。

比如,1862年在北京设立了京师同文馆,这是中国政府自行创办的第一所近代新式学堂,它的创办标志着中国近代新式学堂的诞生。中国近代的高等教育是伴随着洋务运动的开展以及洋务学堂的兴办而发展起来的,始于鸦片战争后的洋务运动和维新变法时期。京师同文馆的建立,标志着我国近代高等教育的萌芽。1898 年京师大学堂的建立,标志着我国近代大学教育的正式诞生。此后,新式学堂纷纷问世。

1863 年在上海创办了上海广方言馆。清政府把外国语言称为方言,上海广方言馆实际上是学习外语的。1864 年在广州创办了广州同文馆,1887 年在新疆创办了新疆俄文馆,1888 年在台湾创办了台湾西学馆,1889 年在珲春创办了俄文书院,1893 年在湖北创立了湖北自强学堂等。

以上是学习外国语的新式学校。此外,学习军事的武备学堂有:

1866 年创办的福建船政学堂,1874 年创办的上海江南制造局操炮学堂,1880 年创办的广东实学馆,1880 年创办的天津水师学堂,1885 年创办的天津武备学堂,1886 年创办的广东黄埔鱼雷学堂,1887 年创办的广东水陆师学堂,1888 年创办的北京昆明湖水师学堂,1889 年创办的山东威海卫水师学堂,1890 年创办的江南水师学堂,1890 年创办的奉天旅顺口鱼雷学堂,1896 年创办的湖北武备学堂等。

学习科技的学堂有:1876 年创办的福州电气学堂,1880 年创办的天津电报学堂,1882 年创办的上海电报学堂,1891 年创办的湖北算术学堂,1894 年创办的天津医学堂,1895 年创办的山海关铁路学堂,1896 年创办的南京铁路学堂,1896 年创办的南京储才学堂,1898 年创办的湖北农务学堂等。

从中国近代教育发展来看,20 世纪初,日本是对中国高等教育影响最大的国家。日本对中国近代高等教育的影响主要体现在以下几方面。

一、留日归国学生成为高等教育的生力军

1895 年,中日甲午战争以中国的失败而告终。中国的惨败,使先进的知识分子猛然觉醒,受甲午战争的刺激,中国的士大夫开始寻求日本迅速强大的原因,发现日本早期派遣的大量留学生对日本的富强起了重要作用,中国必须仿效。以日本路近费省,中日文字接近易于通晓,西书已由日本摘要翻译、刊有定本,日本的风俗习惯近似于中国等原由,中国的士大夫认为应将日本作为中国派遣留学生的首选国,并通过各种途径向日本派遣留学生。1896 年,唐宝锷、胡宗等 13 名学生赴日留学,标志着中国近代留日运动的开始。1903 年,清政府公布《奖励游学毕业生章程》,明确了对留学毕业生给予相应的科名奖励办法。在清廷奖劝留学政策的推动下,在日本政府拟与中

国倍敦友谊为幌子而极力怂恿下，十年间，留学日本蔚为风气，极一时之盛，其规模之大，人数之多，前所未有。留学日本运动的兴起，对封建高等教育的彻底解体和以日本为蓝本的新型高等教育制度的建立，起了极大的催化和促进作用。

清末，赴日留学生读师范、学教育的占相当大的比重。1903 年 4—10 月，共毕业 175 人（不包括入其他学校继续深造者，下同），其中读师范者 71 人，占 40.6%；1903 年 10 月至 1904 年 4 月，共毕业 124 人，其中读师范者 86 人，占 69.3%；1904 年 5 月至 11 月，毕业 165 人，其中读师范者 37 人，占 22.4%。这些学生在日本专攻教育、心理、教授法、管理法等课程，通过听课、参观、讨论等活动，吮吸经办近代教育的新知识，回国后，凭借在国内积累的一定的管理和教学阅历，被迅速充实到高等学校的行政管理和师资队伍中。1907 年，清政府规定凡官费留学生回国后，皆须充当专门教员五年，以尽义务；在义务期未满之前，不得调用派充其他差使。这使得大部分留日学生无论是学工、学农，还是攻医、读经济，归国后都首先从事教育工作。全国各地各级各类高校出现了一个数量比较可观、分布十分广泛的留日学生群体，他们成为清末日本高等教育的主要输送者。

大部分留日学生归国后从事教育工作，进一步充实了新式高等学堂的师资，壮大了实业技术人才队伍。他们翻译了大量的日文西学书籍，将日本高等教育部分地移植到中国，较广泛地传播了近代资本主义思想。

二、模仿日本建立中国高等教育制度

洋务运动和维新运动时期，各地相继建立了一些新式学堂，但这些学堂在学业程度、课程设置、学习年限等方面基本上处于各自为政的状态。清政府为了加强规范，消除分歧，决定以日本的学制为参照蓝本，制定全国统一的学制系统。1904 年清政府公布了由张百熙、荣庆、张之洞主持拟定的一系列学制文件，称“癸卯学制”。这是中国近代由中央政府颁布并首次得到施行的全国性法定学制系统。

癸卯学制规定的学校体系参照 1900 年日本的学校制度模式，由低到高从蒙养院、初等小学堂（艺徒学校）、高等小学堂（初等实业学堂、实业补习普通学堂）、中等学堂（中等实业学堂、初级师范学堂）、高等学堂（译学堂、高等实业学堂、大学预科、优级师范学堂、实业教员讲习所）、大学堂、通儒院分为七级，而日本的学校制度也分为幼儿园、初等小学校、高等小学校（职业学校、职业补习学校、艺徒学校）、中等学校（职业学校、师范学校）、高等或大学预科学校（专科学校、高等师范学校）、帝国大学、研究生院等七级。高等教育制度也模仿日本，设了三级（高等学堂、大学堂、通儒院），而同一时期的英、法、德、美等国家的高等教育一般只设本科及研究生院两级。除宏观的高等教育制度外，当时，每一所高等学堂内部的规章制度、课程设置，甚至房屋式样、学舍间数也参考了日本的样式。例如，两江师范学堂设立前，总教习缪荃孙专门赴日考察，归国后主持设立的两江师范学堂的教学内容及形式，都仿自日本，课程除伦理学、经学、修身、历史等课外，其余均参照日本师范学校所设课程而行。癸卯学制的颁布实施，在中国近代高等教育史上具有十分重要的意义，标志着中国封建教育制度的彻底崩溃和近代高等教育制度的开始确立。

中国高等教育制度模仿日本，使中国顺利建立了新式的高等教育体系。但由于当时日本的资本主义经济已发展到相当阶段，而中国资本主义经济刚刚起步，两国经济相差悬殊，兴办新教育的财力、所需人才的层次等自然条件也不同，所以，当时脱离中国国情构建的高等教育体系，存在名不符实的现象。

三、大量日本教习参与高等学校的教学工作

招聘日本教习是清政府师法日本的有效途径之一。中国近代高等学校建立后，教师非常缺乏，开始大量聘请外国教习。20 世纪初，新式学堂聘请的教习以欧美等国为主，1904 年后，大量日本教习来华，在外籍教师中占了绝对多数。他们执教于各级各类学校，主要担任实业课程、自然科学课程和日语的教学，分布也极为广泛。据 1909 年 7 月统计，405 名日本教习分布在直隶、四川、江苏、广东等 20 个省区，其中，在高等学校执教的占 80.9%。405 人中，在大学堂、师范学堂等高等学校执教的达 328 人，保证了当时各级各类高等学校课程得以顺利开设，缓解了当时高等教育师资匮乏的状况。

日本教习的水平参差不齐，大部分日本教习出于基本的职业道德，在工作中尽心尽力，教学水平较高。例如，管学大臣张百熙为京师大学堂聘请的东京帝国大学文科教授、文学博士服部宇之吉、法学博士岩谷孙藏、日本第二高等学校教授代家谦曹等教习，都有很深的学术造诣；三江师范学堂（南京师范高等学校的前身）先后聘请了 80 余名教习，其中日本教习约 30 人，这些日本教习都经过严格的选拔而聘任，有一定的教学经验。但也存在鱼龙

混杂、良莠不齐的现象。有些人在日本没有固定职业或根本没有职业，来华的目的只是为了淘金。更有甚者，酗酒、打架、挑起争斗和事端，品质恶劣，不堪人师。日本教习出现的问题与聘任过程有很大关系，针对这些问题，为加强管理，保证教习的质量，清政府改变了日本教习的聘用方式，由开始时的学校单独聘任改由政府统一聘任，而且加强与日本的联系，由日本帝国教育会负责来华教习的遴选和培训。

从整体上看，日本教习在晚清高等教育中发挥了一定的作用，大量来华的日本教习对促进中国培养新式专门人才、推动中国高等教育近代化起了积极作用。

四、高等学校的教科书大部分来自日本

教科书是高等教育顺利开展的重要保证，是教学过程的物质基础。清末教科书问题没有引起足够的重视，因此高等学校大量开办时，供学生使用的教科书的匮乏成了问题。张百熙奉命承办京师大学堂后，认识到教科书的重要性，他认为，新学制只是新教育的外壳，课程是其灵魂，教科书实与学堂相辅而行。因此，为解燃眉之急，当时采取了三种途径加以解决：第一，直接翻译日本大学使用的教材。1900 年成立了译书汇编社，先后将日本当时大学使用的教材翻译后，编辑为单行本发行，如《国家学原理》（高田早苗著、稽镜译）、《文明之概论》（福泽渝吉著）等；第二，由来华任教的日本教习编写教科书，如京师大学堂日本教习服部宇之吉编写的《万国史讲义》等教科书；三是由中国教习依据日本教科书的观点、体系改编，如 1905 年两江师范学堂教育课教师张子和，根据日本松木孝次郎及松浦的《教育学》著作编写的《大教育学》一书，作为学生的讲义。这三条途径殊途同源，可以看出，清末我国高等学校的教科书主要取自日本。

模仿日本建立的高等学校教科书翻译、编写体系，解决了学生用书的燃眉之急，对保证高等学校教学工作的正常运转发挥了重要作用。

总之，近代中国的高等教育，无论是教育制度、管理规章，还是课程设置、教科书等，无不受到日本的影响。但模仿的代价往往是受制于人，明治维新后日本早于中国开始了近代化的进程，甲午海战后，日本各种近代文化侵入中国，也开始在政治、经济、文化诸方面控制中国。就教育而论，在主观上日本政府就带有十分明显的操控中国的政治、经济的企图。客观上，日本是现代文明进入中国的最重要的中转站，日本教习和日本留学生对中国近

代高等教育的兴起起了推动作用。

第二节　新式学堂制度的积极作用与影响

19世纪60年代至90年代,清朝统治阶级中出现了一个在"自强求富"的口号下,兴办洋务事业的地主阶级改良派,史称洋务派。洋务派代表人物有奕䜣、曾国藩、左宗棠、李鸿章、张之洞等。他们在从事洋务活动中,深感对新型人才的迫切需要,于是他们创办新型学堂,向国外派遣留学生,把培养买办、翻译、工艺人员和陆海军官等洋务人才作为一项重要任务。同时,他们又密切关注教育问题,发表自己的看法,并把"中学为体,西学为用"作为办洋务教育的指导思想,这是鸦片战争以来向西方学习的一种教育思潮,是沦为半殖民地的中国走向近代化的教育观。"中学为体,西学为用",实际上就是传统的经史儒学教育思想,吸取了西方近代的科学技术教育内容和教学手段,引进了"西学"和"西艺",因此,对中国教育史具有不可忽视的重大影响。

在国内新式学堂西学为用的情况下,为了培养西学人才,中国近代的留学教育也于1872年开始。最早提出留学教育的是早期改良主义者容闳。

容闳于1867年在《予之教育计划》里集中论述了关于留学教育的问题,提出"政府宜选派颖秀青年,送之出洋留学,以为国家储蓄人才"。在此计划的基础上,1872年9月,曾国藩、李鸿章上奏《选派幼童赴美肄业办理章程折》,拟选送幼童,每年30名,4年计120名赴美留学,15年后每年回国30名。经清政府批准,容闳在沿海各地挑选聪颖幼童赴美留学。洋务派官僚在派遣留美幼童之后,又奏请派遣留英、法、德等欧洲诸国的留学生。自1896年开始,留日学生增多,1905年至1910年,在日本的中国留学生达43 670人。

第三节　对新式学堂制度的评价

直到19世纪末,中国的新式学堂仍属于开创时期,此时新式学堂的特点是:学校尚无完备的教育计划,更谈不上有统一的学制;学校一般均为一级制，上无可以继续深造的教学或研究机构，下无作为基础的预备学校；重视西文、西艺的学习，而忽视引进西方先进的政治思想及科学技术，忽视民主与科学的教育；封建的旧教育根深蒂固，重视人文教育，忽视军事体育教育的倾向十分明显；师资、设备严重缺乏，难以达成近代学校之教学目标；军事学校皆设于通商口岸，难以收到军事训练之效果；教育对象，即学生多属于贡举生员，仍然没有脱离旧教育的束缚，学究气息浓重；派遣军事学校优等生出国学习深造，首开留学教育之先河。

著名的京师大学堂的创办，是在 1898 年。1895 年中日甲午战争之后，掀起了维新变法运动。1898 年光绪皇帝准设京师大学堂，并派吏部尚书、协办大学士孙家鼐为管学大臣，管理京师大学堂事务，同时节制各省的学堂，即管理全国学务。京师大学堂的办学宗旨是“中学为体，西学为用”。1900 年，京师大学堂毁于八国联军的战火，被迫停办。1902 年重新恢复，且逐渐扩大了规模。

初创时的京师大学堂具有很强的封建性，学校虽然标明“中学为体，西学为用”，但是实际上过度重视中学而忽视西学，“中学”课程占全部课程的三分之一，招收的学生都是五品至八品的封建官僚和举人，学生在学堂里被称为“老爷”。

戊戌政变之后，慈禧太后下令恢复科举考试，每逢开科之时，学生纷纷参加科考，把京师大学堂作为预备科举之机关。

但是尽管如此，京师大学堂的创办仍具有重要的意义，它表明维新教育改革在一定范围内取得了进展，同时标志着中国近代高等教育进入了开创期。

第四章

新旧学制的更替

第一节 壬寅学制、癸卯学制和壬戌学制概述

1900 年八国联军侵略中国，次年“辛丑条约”签订，清政府从此完全屈服于帝国主义的淫威之下。在这种形势下，清政府对外为了“结与国之欢心”，对内为了缓解国人空前强烈的不满和愤怒，不得不赶忙于 1901 年宣布恢复“新政”，教育领域实际上恢复了三年前被扼杀的“百日维新”的各项措施，如科举废除八股改试策论，将各地书院改为大、中、小学堂，兴办农、工、商实业学堂等。同时任命张百熙为管学大臣，负责设计新教育体制构建方案。

一、壬寅学制

1902 年，清政府颁布了由管学大臣张百熙拟订的《钦定学堂章程》，由于 1902 年为壬寅年，所以该年拟订的学制被称为“壬寅学制”。

壬寅学制规定了一个较为完整的学校系统，是中国近代教育史上第一个比较系统的法定学校系统。

壬寅学制从纵的方面分为三段七级：

第一阶段为初等教育，蒙学堂四年、寻常小学堂三年、高等小学堂三年，总计为十年。小学堂的宗旨在授以道德知识及一切有益身体之事。

第二阶段为中等教育，设中学堂四年。中学堂为“高等专门之始基”。

第三阶段为高等教育，规定高等学堂或大学预科三年，大学堂三年（政、文、商、农、格致、工艺、医七科），大学院以研究为主，年限不定。高等教育的总学程共计二十年。高等教育的办学宗旨为“激发忠爱、开通智慧、振兴实

业”。

壬寅学制从横的方面看，与高等小学堂平行，有简易事业学堂；与中学堂平行，有中等实业学堂、师范学堂；与高等学堂平行，有仕学馆、高等实业学堂、师范馆。

壬寅学制具有如下特点：强调国民教育，提出了普及义务教育的思想；注重实业教育，提出了设立各级实学堂的思想；女子教育没有受到应有的重视，在学制系统中，没有女子教育的地位；依然留有科举制的痕迹，规定给予自高等小学堂始授予不同的科举出身。

二、癸卯学制

壬寅学制出台后的第二年，张百熙、张之洞、荣庆三人合作，对这一学制进行了修改，于1904年1月13日（农历癸卯年年底）由清政府正式颁布，即《奏定学堂章程》，史称“癸卯学制”，这是中国开始实施的第一个近代学制。

癸卯学制的基本结构如下：

癸卯学制包括各级各类学堂章程，还附有学校管理法、教授法等。整个学制分为初等教育、中等教育和高等教育三段，三段又分为七级：初等教育有蒙养院（4年）、初等小学堂（5年）、高等小学堂（4年）；中等教育有中学堂（5年）；高等教育有高等学堂（3年）、分科大学堂（3~4年）、通儒院（5年）。与中间三级并列的还有同级实业学堂和师范学堂。

各级各类教育概况如下：

1. 蒙养院

章程规定“蒙养与家教合一”的宗旨，即“以蒙养院辅助家庭教育”，可见尚未构成有专门功能的幼儿教育机制。蒙养院招收3岁至7岁儿童，每天上课不超过4小时，活动内容有游戏、歌谣、谈话和手技。

2. 初等小学堂

章程规定凡7岁以上儿童入学，“以启其人生应有之知识，立其明伦理、爱国家之根基，并以调护儿童身体为宗旨，以识字之民日多为成效”。课程有修身、读经讲经、中国文字、算术、历史、地理、格致、体操八门，每周不超过30课时。学制五年。清政府有将初小作为义务教育的意愿，并首先在京师八旗子弟中普及初小教育，再逐步推广。

3. 高等小学堂

招收初等小学堂毕业生，以“培养国民之善性，扩充国民之知识，强壮国民之气质为宗旨”。课程有修身、读经讲经、中国文字、算术、中国历史、地理、格致、图画、体操八门，每周36课时。学制4年。

4. 中学堂

招收高等小学堂毕业生，以施较深之普通教育，俾毕业后不仕者从事于各项实业、进取者升入高等专门学堂均有根柢为宗旨。课程有修身、读经讲经、中国文字、外国语、历史、地理、算学、博物、物理、化学、法制及理财、图画、体操十二门，每周36课时。学制五年。

5. 高等学堂

招收普通中学堂毕业生，相当于大学预科。综合大学堂自设预科。分为三类：第一类为经学、法学、文学、商学大学的预科，第二类为格致科（理科）、工科、农科大学的预科，第三类为医科大学的预科，分别有自己的课程体系。外语在各类学堂均占重要地位，一般要修两门。学制三年，到三年级各自开设选修科及随意科。

6. 分科大学堂

即大学本科。招收高等学堂或大学堂预科毕业生，“以各项学术艺能之人才足供任用为成效”。分设八科：经学科、政法科、文学科、医科、格致科、农科、工科和商科。设在外省的大学堂至少须具备其中三科，京师大学堂八科全设。各科一般修业三年，政法科和医科中的医学为四年。

7. 通儒院

大学本科后教育。设在京师大学堂内，由分科大学堂毕业生升入，无规定科目。以“造就通才”为目的，“以中国学术日有进步，能发明新理以著成书，能制造新器以利民用为成效”。

8. 师范学堂

分为两级：初级师范学堂每县设立一所，招收高小毕业生，培养初小、高小教员，学习普通学和教授、管理学。完全科学制五年，另有一种学习一年的简易师范科。优级师范学堂（又称师范馆）设于京师和省城，招收初级师范学堂或中学堂毕业生，培养初级师范学堂及中学堂教员和管理员。学制三年，初入学时学公共科，二年级开始学分类科，完成分类科学习后可选修加习科。两级师范分别设附属小学或附属中学，供师范生实习用。

9. 实业学堂

分为三级：初等实业学堂（又称简易实业学堂）相当于高小程度，中等实业学堂相当于中学程度，高等实业学堂相当于高等学堂程度，均招收下一级普通学堂的毕业生，也就是各级实业学堂自身并不衔接，只是普通教育的分流而已。实业学堂分为农业、工业、商业和商船四科，学制一般均为三年。

该学制以“中学为体，西学为用”为指导思想，以尊孔读经为宗旨，内容比壬寅学制详备。

癸卯学制自1903年公布起，一直沿用到1911年清王朝覆灭为止，对旧中国的学校教育制度的影响很大。我国以后学校制度的建立，实际上是在癸卯学制的基础上进行的。

癸卯学制包含从小学到大学的完整体系。

从纵的方面看，可以分为三段六级，儿童从7岁入学到通儒院毕业，全部学习时间是25~26年。第一阶段为初等教育9年，包括初等小学堂5年，高等小学堂4年，另设蒙养院，不在正式学制之内；第二阶段为中等教育，设中学堂5年；第三阶段为高等教育11~12年，分为三级：高等学堂或大学预科3年、分科大学堂3~4年、通儒院5年。

从横的方面看，有师范学堂和实业学堂。师范学堂分为初级和优级；实业学堂分为初等、中等、高等。此外，还设有实业补习普通学堂和艺徒学堂及译学馆。

三、民国初年普通教育的改革

1911年10月，爆发了辛亥革命，推翻了两千多年的封建帝制。

1912年元月，在南京建立了以孙中山为首的中华民国临时政府，宣布中华民国成立。

中华民国建立之后，为发展和巩固革命成果，南京临时政府颁布了一系列政治、经济、文化教育等方面的政策法令，加速发展资本主义。

辛亥革命后，中国的教育进行了新的变革。教育方面的改革是在孙中山等革命党人所坚持的自由民主教育理念的指导下进行的。

辛亥革命之后，孙中山在南京成立了中华民国教育部，任命著名教育家蔡元培为首任教育总长，立即着手对封建旧教育进行改造。

教育部一成立，就于1912年1月19日颁布了第一个改造封建旧教育的法令《普通教育暂行办法》，改造办法共计14条。

其要点如下：

(1) 初等小学可以男女同校。这一条不简单，我们都知道，中国古代不主张女子接受教育，因此近代之前始终没有正式的女子教育机构，形成“女子无学”状态。只有少数女子通过家长或者上门塾师接受一定的教育。中国历史上的女诗人女词人,或者像慈禧太后那样的女政治家,是通过自学完成自身教育的。鸦片战争之后,西方教会把女子教育带进中国。1830 年,德国传教士郭实腊夫人温施蒂曾在澳门创办女子私塾。1844 年,英国女传教士亚尔德西女士在宁波设立宁波女塾。这可能是中国最早的女子教育机构。1896 年,梁启超发表的《论女学》,提倡女子教育。1898 年 4 月,经元善在上海创办“经正女学”,又称“女学会书塾”。这可能是中国人自己创办的最早的女子教育机构。清末新政之后,开始兴办女学,初步形成社会风气。

(2) 各种教科书必须合于民国宗旨,清朝学部颁行的教科书一律废止。

(3) 一律废止小学读经科。

(4) 废止旧时奖励科举出身。

(5) 旧式学堂一律改称学校;监督、堂长一律改称校长。

(6) 中学为普通教育,文实不分科。

与此同时,颁布了《普通教育暂行课程标准》,规定了中、小学课程内容及教学计划。

以上两个法令的颁布巩固了资产阶级民主革命的教育成果,促进了民国初年普通教育的改革与发展。

为了彻底改造封建旧教育,使教育适应资产阶级政治、经济和科技、文化发展的需要,必须改变清末的教育宗旨 。因此,南京临时政府教育部成立不久,便着手研究新的教育宗旨,制定教育政策与法规。

1912 年 4 月,蔡元培发表《对于教育方针之意见》一文。该文成为制定教育政策的理论根据。在文章中,蔡元培对清末“忠君、尊孔、尚公、尚武、尚实”的封建主义教育宗旨进行了深刻的批判,指出“忠君与共和政体不合,尊孔与信教自由相违”,提出了军国民教育、实利主义教育、公民道德教育、世界观教育、美感教育五育并举的教育方针,充分体现了资产阶级关于人的德智体美和谐发展的思想。在此,蔡元培所说的公民道德教育,实际上是资产阶级的自由、平等、博爱思想。实利主义教育是发展资本主义生产的知识技能的教育,也就是我们平时所说的智育。军国民教育就是军事体育教育,是富国强兵的根本保证。美感教育是指音乐、图画、手工等艺术教育;美感教育是陶冶情操、培养良好思想品德的重要手段。世界观教育为蔡元培所独创并被作为教育的最高境界。世界观教育就是要培养人们立足于现象世界但又能超脱现象世界而贴近实体世界的观念和精神境界,使学习者对于现象世界无厌弃亦无执着，对于实体世界非常渴慕而渐进于领悟。

民国的教育方针是中国近代实施的第一个资产阶级教育宗旨。新教育宗旨反映了资产阶级改革封建旧教育、建立资产阶级新教育的进步主张，对辛亥革命以后教育事业的发展产生了积极而重大的影响。

南京临时政府成立后，在教育部召开的临时教育会议上，讨论了学制改革的问题，制定了一个新的学制系统，并附有9条说明，于1912年9月公布，史称“壬子学制”。

自新学制公布到1913年8月，又陆续颁布了各种学校规程，对新学制进行补充，使其成为一个更加完整的系统，即“壬子癸丑学制”，亦称1912—1913年学制。

该学制规定整个教育期限为17～18年。

纵的方面分为三段四级：初等教育包括初等小学4年、高等小学3年两级；中等教育4年一级；高等教育一级，分为预科3年、本科3～4年。此外，下设蒙养院，上有大学院，是不计入学习年限的。

横的方面有师范教育和实业教育两个系统。而师范教育又分为师范学校和高等师范学校两级。师范学校本科4年，预科1年。高等师范学校本科3年，预科1年。相当于中、高两级。实业学校分甲、乙两种，均为3年毕业，分农业、工业、商业、商船各类，相当于初、中两个阶段。此外，还设有补习科、专修科及小学教员讲习所等。

这次学制的课程改革与清末的癸卯学制相比，具有明显的反封建精神，反映了资产阶级的进步要求。

首先，贯彻教育平等精神。

新学制基本废除了在受教育权上对女性的歧视，规定初等小学可以男女同校，除大学不设女校不招女生外，普通中学、师范学校、高等师范学校和实业学校都可以设立女校，反映了资产阶级男女平等的思想；取缔了清政府专门为贵族开设的贵胄学校，废除了封建教育特权，同时废止清末按等级奖给毕业生科举出身的规定，力求实现教育机会均等；在教育中禁止体罚，主张尊重学生的人格。

其次，根据新的教育宗旨对课程进行重大改革。

小学废止了读经课，大学取消了经学科，加强中、小学的实业教育和职业教育，禁止使用清朝学部颁布的教科书，重新编写教材。

再次，缩短了学制。

新学制较《癸卯学制》缩短了 7～8 年。学制的缩短，一方面反映了资本主义生产急需大批有一定文化教养的劳动力；另一方面，也在一定程度上满足了人民对文化教育的需求。

但是，由于该学制匆忙而成，仍然存在许多问题，诸如仍是抄袭日本的学制；中、小学教育年限过长，与国民经济和社会发展不相适应，也与普通民众的经济承受能力不相符合，不利于教育的普及；另外，预科的存在也阻碍了学制的统一，不利于各级各类学校之间的衔接，有待于进一步改革与完善。

四、五四新文化运动推动下的教育改革与壬戌学制

中国近代学制形成之后，虽然经过民国初年的改造，但是依然存在许多问题。比如，小学教育阶段过长，初中教育阶段太短，学制体系单一，缺乏灵活性；从各级各类学校之间的衔接关系，到课程、教学方法等的选择与运用，基本是以升学为宗旨，而实际上能升入高一级学校的学生又十分有限，学制虽然规定初等小学为义务教育，却没有具体的保证措施，使普及义务教育难以实现。这确实是民国学制存在的现实问题，也是中国教育发展过程中必须逐步解决的问题。

第一次世界大战期间及之后，中国的民族工业获得了较快的发展，对学校教育提出了新的更高的要求。民族资产阶级为了发展生产，壮大企业，创造更多的利润，急切地希望学校能培养出一定数量的、受过一定职业教育与训练的劳动者，以及能够进行企业经营管理的各种管理人才与各种专业人才。但是壬子癸丑学制所暴露的缺点使它已经不能满足民族资产阶级发展民族工商业的需求，必须进行改革。

1916 年前后，留美学生纷纷回国任职。1917 年国内就有人提出学习美国的学制。1919 年美国教育家杜威、孟禄等先后来华讲学，把美国先进的教育制度、实用主义的教育思想、儿童中心主义的教育观点，以及一些新的心理学理论、心理测验方法、教学理论等介绍到中国。以此为契机，中国教育由单纯模仿日本转向学习美国。1919 年全国教育会联合会第五届年会开始讨论修改学制系统。1920 年年会再次进行讨论，并将有关学制改革的各种意见汇编成册，印发各省、区教育会研究讨论，要求各省、区教育会组织教育界人士组成学制研究会，酝酿制定具体的教育改革方案。1921 年第七届全国教育会联合会在广州开会，集各省方案之长，制定了一个新学制系统草

案。1922年9月，教育部召开学制会议，对该草案稍加修改后，再送达第八届全国教育会联合会征求意见，然后于1922年11月1日公布实施，史称“壬戌学制”，又称“新学制”。

由于该学制是仿照美国式的六三三分段法，故又称“六三三”。新学制以下列七条标准为依据：适应社会进化之需要，发扬平民教育精神，谋个性之发展，注意国民经济力，注重生活教育，使教育易于普及，多留地方伸缩余地。

由于该学制在学校系统总说明中提出：学制分期大致以儿童身心发达时期为依据，采取纵横活动主义，教育以儿童为中心，顾及学生的个性及智能，高等、中等教育之编课采用选科制，初等教育之升级采用弹性制。学制采用美国学制的一种，即“六三三制”，规定初等教育6年，其中初级小学4年，高级小学2年；中等教育6年，其中初级和高级中学各3年，师范学校6年。后期师范学校改为3年；高等教育3~6年，大学4~6年，专门学校3年以上。初级小学儿童入学年龄为6岁。学制《附则》中还规定：注重天才教育，得变通年限及教程，使优异之智能尽量发展；对于精神或身体上有缺陷者，应施以相当之特种教育。

壬戌学制有以下特点：

（1）新学制注意到了制定学制必须与中国政治、经济的发展相联系，必须与儿童身心发展规律及人民生活水平相联系。

（2）新学制根据中国国情采取了许多富有弹性的措施，比如关于普通教育阶段是否设立职业科，中学分段后各校该设哪些科目等，皆斟酌地方情形，视地方需要而定。

（3）新学制将小学、中学分别按“四二”、“三三”分段，每段均可独立设置，有利于普及教育。

（4）根据资本主义经济发展的要求，新学制中增加了职业教育系统，小学、初中阶段按需要增加了职业科目，高中阶段实行分科制，按学生个人情况合理分流。

（5）新学制以心理学理论为依据，按照人的身心发展规律，缩短原学制中小学、大学的年限，延长中学的年限。同时，中学还实行了学分制和选科制，以及优异学生可以越级升学等措施，照顾了学生在个性、能力方面的差异。与此同时，新学制在课程、教学方法等方面也进行了卓有成效的改革，取得了很大的成绩。

1922年壬戌学制的改革对我国教育发展的影响是巨大而深远的，该学制一直沿用到全国解放初年，中华人民共和国建国之后，亦合理地吸收了该学制的积极成分。

第二节　壬戌学制的积极作用与影响

科举制度的消亡，为新式学堂的普及创造了条件。蔡元培留学德国时对西方近代教育的考察和体验，为新学制的建立提供了依据。壬子癸丑学制改学堂为学校，改高等学堂为大学预科，大学分文、理二科，废除了小学的读经课和大学的经学科，废除了与科举制度伴生的奖励制度，给予女性受教育的权利，甚至允许初等小学男女同校。这一学制特别注重用民主共和思想取代传统封建思想，反映了资产阶级的要求，在中国教育史上起到了承上启下、除旧布新的作用。

壬戌学制的特点是以生为本。

中华民国成立不久，共和政体遭到了康有为等人的抨击。袁世凯也步步为营，自立为帝，进行复古教育，恢复尊孔读经的传统，破坏共和政体下的教育改革成果。1916年6月，袁世凯去世，全国掀起了反复古教育的浪潮。五四时期，涌现出全国教育会联合会、中国科学社、中华职业教育社、新教育共进社等大批教育社团。这些社团（特别是全国教育会联合会）对教育改革的热心参与，使新学制的诞生成为了可能。1922年，中华民国教育部公布"新学制系统"，即"壬戌学制"。这一学制是由来自全国各地的学制系统提案不断修正而来的。

壬戌学制深受美国教育模式，特别是美国教育家杜威"儿童是中心"教育思想的影响，与前几个学制相比，它的最大特色就是重视学生的主体地位。

胡适、陶行知、廖世成等是对制定壬戌学制起决定性作用的人物，他们都强调学制要处处考虑学生的利益，要以学生的需要和能力为制定的依据，尊重学生的个性差异。

其内容主要包括以下几点：改"蒙养园"为"幼稚园"，将其正式纳入学制系统；初等教育由7年缩短至6年，其中分初、高二级，初级4年可单独设立，为各地灵活教学提供了方便；中等教育由4年增加至6年，便于加强基础教育；高等教育取消了预科制度，并采用选科制，充分体现了专业教育的特点；师范教育种类增多，程度提高，设置更灵活；实业教育改壬子癸丑学制中的“实业学校”为“职业学校”，不对学习年限和程度作统一规定，自由度更高。这些内容充分体现了壬戌学制“以生为本”的指导思想。

民国年间的私塾教育得到了很好的发展。据相关资料统计，1922 年，南京有私塾五六百所，广州有一千多所，全国加起来有一万多所，遍布广大乡间的三家村式的蒙塾更是无以计数。从数量上说，远远超过当时全国的新式小学，形成蔚为大观、新旧并存的格局。这种情形一直持续到 20 世纪 50 年代初。

通过检索史料，我们发现一个有意味的事实：民国时期的那一批文化大家，童蒙时几乎无一例外接受过私塾教育。陈寅恪，出身文化世家，少时在南京家塾就读，从小就能背诵四书五经。胡适，5 岁启蒙，在安徽绩溪老家接受过 9 年的私塾教育。周树人，6 岁入塾，12 岁往三味书屋师从寿镜吾先生读四书五经。钱穆，9 岁入私塾，熟读中国的传统文献典籍……像这样的例子还可以举出许多。他们早年所受的“落后”、“封建”的私塾教育，并没有妨碍他们日后接受新思想新文化，进而成为融通中西的一代文化巨子。而陈寅恪、胡适、周树人三人更被公认为具有“独立之精神，自由之人格”的中国现代知识分子的代表。

不仅如此，即便是当时培养出来的一代科学大家，也可以从他们早年求学经历中找到私塾教育的痕迹。著名物理学家钱伟长乃钱穆之侄，幼年时亦受其教，打下了深厚的国学功底。杨振宁幼时在厦门上过私塾，背过《龙文鞭影》等，后在清华上初中的暑期，时任清华大学数学教授的父亲杨武之先生特地请了清华大学历史系的一位高材生教他《孟子》，花了两个暑假才把一部《孟子》讲完。无独有偶，2009 年诺贝尔物理奖得主、原香港科技大学校长高锟，从小在上海长大，每到寒暑假，其父专门为他请一位家庭教师，指导他读《论语》《孟子》，还有《古文观止》，并且都要背诵。

今天，很多人质疑：为什么半个多世纪以来，我们培养不出如民国那一代的大家？那是因为 20 世纪上半叶新旧并存、活泼多元的教育格局，为他们这一代人提供了后来者再也不可能有的黄金时代；而新旧、中西两种教育的交汇融通，也奠定了他们日后成为一代学术大家的深厚根基，更熔铸了他们独特的精神气质和襟怀。

北京大学著名教授任继愈是最后一代完整接受过中国传统启蒙教育的

学者。他6岁左右入私塾开蒙,9岁进当时济南市省立第一模范小学。后入北平大学附属高中念书,1934年考入北京大学哲学系,师从汤用彤、熊十力、贺麟、钱穆诸位教授。任继愈先生身上,有一代儒者的精神风范——“为天地立心,为生民立命,为往圣继绝学,为万世开太平”、“士不可以不弘毅,任重而道远”、“厚德载物,君子以自强不息”。而这样的精神气度在当今学者身上已鲜见矣。

一个人启蒙时期所受的教育犹如文化母乳,融化在血脉里,滋养其一生。私塾教育是中国传统启蒙教育的主要形式,其特点是让儿童在开蒙之初,便将根深扎在五千年传统文化的土壤里,并汲取其精华。根深才能叶茂,源远方能流长。这样的教育会影响一个人日后在治学上的精神与格局,以及为人处世的胸襟与境界。今天,当我们追问为什么民国时期能出现一批思想学术大家时,不能不联系到他们早年所受的私塾教育。当然,另一方面,也与他们后来在此基础上接受的现代西方教育的熏陶有关。在民国一代大家身上,是中西合璧的教育成果。

第三节　对壬寅学制、癸卯学制的评价

中国近代学制的演变中,壬寅学制与癸卯学制的颁布和实施对于中国教育的近代化具有里程碑的意义。

癸卯学制是中国第一个完整、系统并付诸实施的学制。按照该学制的规定,儿童从7岁入学到通儒院毕业,修业时间长达25~26年,这是我国最长的一个学制,也是中国近代教育史上第一个以政府法令形式公布实施的新学制。该学制的颁布与实施改变了中国封建社会官学、私学、书院三种教育形式并立的旧格局,为中国现代学制的建立奠定了基础。但是,癸卯学制几乎完全是模仿日本学制而来,带有明显的半殖民地半封建性质,而且女子教育毫无地位。在课程的设置上,按照中学为体、保存国粹的原则,规定各级学堂必须把读经科和中国文学科列为重点的必修课,其目的就是保存圣教、巩固国本,自然科学方面的课程所占的比例很小。另外,癸卯学制规定的一套详备、整齐的学校系统,远非中国当时的国力所能及。

癸卯学制由封建专制的清王朝制定,必然带有明显的封建教育的烙印:

第一,从学制看,延续时间过长,总计30年之久,即使不算两端的蒙养院

和通儒院，也有20年以上，这样长的学制一般人很难修完，体现的是逐级淘汰的封建选拔制。学制中初等教育和高等教育分量过重，各有三级；而中等教育分量过轻，只有一级，属于过渡性质而已，可见尚未摆脱封建传统的小学—大学的框架构建。

第二，从课程设置看，传统的中国经学教育内容仍占很大比重。读经讲经课，初等小学堂占总课时的40%（还不算每天半小时的温经），高等小学堂占总课时的三分之一，加上与之密切相关的修身课，仍占40%。小学不设外语，也是要保证学生打下坚实的传统中学根基。中学堂的读经讲经和修身课也占总课时的三分之一。高等学堂政科（即文科）中的经学、伦理仍为必修课，艺科（即理科）也设有伦理课。

第三，从学校设置看，按地方行政级别规定办学级别，如初小由乡镇设立，高小由州县（及大镇）设立，中学由府（大州）设立，高等学校在省城设立，最高学府设在京城，同时鼓励私人办学（限于小学），也是套用了传统的办学体制。

第四，从学校管理看，保留旧学校每月朔日（初一）的祭孔、宣读《圣谕广训》的典礼，及月课、岁考，以学业成绩奖惩学生的各项制度。毕业考试由地方官会同学堂监督（校长）和教员主持，各类毕业生分别赋予相应的科举出身，如通儒院毕业生按翰林升阶，大学本科毕业生作为进士出身，高等学堂毕业生作为举人出身，中学毕业生奖以（国子监）拔贡、优贡、岁贡，高小毕业生作为（府、州、县学）生员，即秀才出身。师范学堂和实业学堂比照同级普通学堂给予毕业生科举出身。

第五，仍没有女子教育的位置。章程以中国男女之辨甚谨为理由，规定“女子只可于家庭教之”。不过在西方男女平权主张的影响越来越大的情况下，加上蒙养院的设立要求有受过教育的女性师资，所以女子入学受教育已不可遏制。1907年，清政府正式批准设立女子小学堂和女子师范学堂。女子初小和高小的学制均比男子初小和高小少一年，课程也少一些，可见其地位仍低于男校，而且女校的防范措施极其严格，以保持“男女大防”的封建礼教。尽管如此，女校的设立毕竟开创了中国的女子教育。

尽管癸卯学制带有浓厚的封建色彩，但从性质上说，它毕竟属于近代新学制的范畴：它具有完整的、上下衔接的学校体系，学习近代自然、社会和人文学科，规定统一的学习年限，实施班级授课制，编制了专门的教科书，这些都与封建传统教育有本质的区别。癸卯学制的颁布结束了中国延续了两千多年的封建传统教育体制，在教育史上具有划时代的意义。

第五章

出国留学与国际教育交流制度

第一节 出国留学制度概述

如果从1847年中国第一位留学生容闳赴美留学算起，中国的留学史已逾百年。专家认为，我国出国留学大致经历了8个阶段、3个高潮。

第一阶段：19世纪中期至1870年，这个阶段出国留学的只是少数人，而且多出自民间，最具有代表性的是容闳、黄宽等人随传教士赴美留学，开启了我国留学教育的先河。

第二阶段：1871年至1889年，在容闳的倡导和推动下，120名幼童先后赴美国留学，在中国留学史上具有深远的影响。1877年起，清政府又先后派遣了4批留学生赴欧洲学习。这个阶段的主要目的是学习西方的技艺，代表性人物有詹天佑、伍廷芳等人。

第三阶段：1894年中日甲午战争至1911年清王朝被推翻。近万名学子为挽救民族危亡，东渡扶桑，留学日本。鲁迅、郭沫若都是当时的留日学者。

第四阶段：1912年至1927年，这一阶段出现了几次留学浪潮，先是庚款留美学生逐年派往美国，接着留法勤工俭学以更大的声势出现，在国人心目中造成极大的震撼。此后的革命留苏浪潮也盛极一时，其中，有先留日后赴法勤工俭学的周恩来、邓小平，有赴德求学的朱德等人。

第五阶段：1927年至1949年，这一阶段的留学偏重于理、工、医、农等专业，并建立了一定的管理制度，但由于内忧外患，战乱频仍，留学教育受到严重影响，留学教育政策缺乏连续性。

第六阶段：1949年至1966年，新中国成立后，留学生不再像以前那样集中于少数几个西方国家，而是分布于东欧的社会主义国家，主要是公费，由国家统一派遣。

第七阶段：1966 年至 1976 年，“文化大革命”期间留学教育陷于停滞。

第八阶段：1977 年至 2011 年，随着改革开放政策的实施，在“支持留学，鼓励出国，来去自由”方针的指导下，留学工作取得了显著成绩，出现了留学史上最大的一次留学浪潮。在“文革”中受冲击最大的教育界、科技界，面临着教育资源匮乏、与国外科技差距悬殊的现状。随着改革开放的实行，人才培养立即被提上议事日程。1978 年 6 月 23 日，邓小平在谈到清华大学派遣留学生问题时说：我赞成留学生的数量增大，主要搞自然科学。要成千上万地派，不是只派十个八个。留学管理制度也要改变一下。教育部要有一个专管留学生的班子。

中国比较正规意义上的留学教育仅有一个半世纪多一点儿的历史，却涌现了三次颇有影响的留学大潮。

第一次留学潮出现于 20 世纪初年，是 1894 年甲午战争后中华民族觉醒的重要标志，直接为辛亥革命做了人才和思想舆论的保证，随之而来的是孙中山领导的反清革命的胜利和共和国的旗帜首次在中国的大地上高高飘扬。

第二次留学潮涌现在五四运动之后，是中华民族又一次民族觉醒推动的结果，客观上促进了共产党的创立和社会主义思想的传播，接踵而来的是毛泽东领导的新民主主义革命的胜利和新中国的建立。

第三次留学潮则至 20 世纪 70 年代末才出现，是改革开放，即中华民族第三次民族觉醒的产物，也是改革开放的硕果，为中国人真正走向世界和现代化建设提供了人才和思想保证，邓小平确立的改革开放战略之所以大踏步迈进，留学生是重要支柱之一。

三次留学潮伴随着三次民族觉醒和三次大的社会变革，也涌现了孙中山、毛泽东、邓小平三位历史伟人。其中孙中山、邓小平本身就是留学生，毛泽东虽然没有到国外留学，但他是五四时期留法勤工俭学的积极倡导者和支持者，一向对留学生抱以厚望和特殊的尊重。

三次留学潮几乎与中国近现代的历史相始终，与中国现代化的进程相伴随。如果将三次留学潮加以比较，有一点是不容置疑的：第三次留学潮规模空前，影响巨大，史无前例，非前两次留学潮所能比，具有划时代的意义。

众所周知，开创中国留学教育先河的是容闳博士。1847 年，19 岁的容闳经过98天的海上颠簸来到了美国纽约，后往耶鲁大学留学。1854年毕业后，为了说服清政府向美国派遣留学生，他放弃在美国可以从事优越工作的机会，返回中国。经过18年的辛苦奔波，才在曾国藩、李鸿章的帮助下，于1872年到1875年率领120名10～15岁的幼童到美国留学。

按照容闳的设想，中国如果每年都向国外派遣数量可观的留学生，坚持100年，则中国现代化建设中对高级人才的需求就可以解决，古老的旧中国就可以慢慢变为像美国那样强盛的新中国。

容闳的设想无疑是远大而有道理的，它触及了中国社会变迁中带有核心意义的高级人才的培养问题。但是，坚持封建专制的清政府对待人才的唯一标准是是否有利于其统治。

当留美幼童开始出现“西化”倾向的时候，清政府就不计成本毫不犹豫地于1881年将幼童中途撤回，不但容闳百年派遣留学生的远大理想化为泡影，连最初确定的幼童留美15年的计划也未能实现。

这些幼童归国后几乎被作为“政治犯”，不予重用。

詹天佑等留美幼童后来的辉煌成果完全是他们自我奋斗的结果。可见，洋务运动时期虽然打开了出国留学的大门，清政府在派遣留美幼童的同时，还往欧洲派遣了80多名留学生，但整个社会的思想意识是相当落后的，即使在广大民众乃至知识界中，留学生也不被看重。

留美幼童在招生时曾遇到极大的困难，人们宁愿让孩子读八股、考科举，也拒绝送子女到美国读书。

严复从英国留学回来，已经做了天津北洋水师学堂的校长，但仍被社会，尤其是官僚文人所轻视，不得已四次去考科举，但皆名落孙山。直到1910年，严复已经56岁了，清政府才大发慈悲，奖励他一个“进士出身”，让人啼笑皆非。

这种社会氛围使19世纪70年代开启的派遣留学生的大门一度关闭了近20年。

1894年中日甲午战争爆发，清政府被日本打败的消息传出后，举国震惊。一向被中国人看不起的日本居然割去了中国的宝岛台湾，还得到2亿两白银的赔款。真可谓四万万人齐下泪，天涯何处是神州？诚如梁启超所形象指出的那样：沉睡了上千年的中国，这头睡狮终于在甲午战争之后猛醒了。

19世纪末20世纪初，中国人渴求民族独立和民族复兴的热情空前高涨，于是出现了争先恐后往日本留学，借以寻求救国救民良方的热烈场景，甚至有父子、母女、爷孙乃至全家留学日本的感人情景。日本友人为了给中国留学生补习日语和其他基础知识，开办了20多所新学校。1905年留日学生猛增到8 000多人，1906年又上升到1万多人。20世纪初年，留日学生有2万多人。这在当时是一个很惊人的数字。在留日热的推进下，也有少量的留美生、留欧生出国。出国留学已经成为中国人认可的一条获取知识、成就事业的重要通道。这种思想观念的转变无疑改变着中国人的知识结构和中国文化的内涵以及与世界的联系。而留日热最显著的政治功效就是为孙中山推翻帝制、创建共和的伟大业绩准备了必要的条件，在共和国的旗帜上抹上了亮丽的一笔。

当然，这股留日热也暴露出不少问题，诸如政府主导地位的缺失，具有一定的自发性；出国没有严格的考试，无法保证留学的质量；学习科目过于宽泛，造成不必要的浪费；留学管理无力，问题时常发生；留学的数量可观，成才较少。总之，带有起步阶段的许多不成熟。

第二次留学潮和第一次留学潮间隔仅10年左右，就在五四运动时期出现了。这次留学潮以留美、留法、留苏为中心，当然留英、留德、留日等也有较大的发展。从总体上观察，这期间的北洋政府对出国留学持放任态度，这给希望出国的青年以一定的自由度；辛亥革命后军阀混战的黑暗局面，又迫使许多有头脑的学人重新思考中国的前途和命运，出国留学便成为解决这一问题的重要途径之一。

1915年的新文化运动，高扬科学、民主的大旗，给传统思想以巨大的冲击，更新观念、吸收世界新文化是多数青年留学者的追求；经过第一次世界大战，中国人的世界观和竞争意识大大增强，这也促使一部分青年去经风雨、观洋潮；五四之后中国革命浪潮的重新突起，为献身革命而出国探求新知，成为革命队伍中的一股热潮。这些因素的相互交织，为第二次留学潮的到来奠定了基础，促使留美、留法、留苏不断升温。

到了五四运动时期，留学潮持续时间长，平衡而有序。

1908年，美国决定退回部分“庚款”以资助中国派遣留学生，之后于1911年设立了清华学堂，作为留美学生的预备学校。于是，以庚款留学生为中坚，加上众多的自费留美生和各个部、企业、学校等派出的留美青年，使美国各大学皆有中国留学生的足迹。

1925年，美国外来留学生约7 500多人，其中中国留学生多达2 500多人,占三分之一。这些中国留学生素质高,学习刻苦,成绩优良,自治能力强,成立了各种社团,举办了许多颇有意义的活动。现存的《留美学生年报》《留美生月报》及《科学》等杂志,从一个侧面反映了当年留美青年高昂的学习情趣和美好的追求。他们是用科学精神浇铸的一代让中华民族骄傲的有为青年。

如果说留美生的追逐目标主要是科学文化,那么留法勤工俭学学生则侧重于政治方面了。五四运动前后,留法勤工俭学运动之所以兴起,一是在工读主义思潮的推动下,许多青年试图寻求一种劳工神圣式的具有共产主义色彩的社会蓝图,而勤工俭学正是实现这一理想的最好尝试;二是许多青年认为,法国是自由民主的发祥地,梦想到法国去体验一下;三是一批有影响的人物如蔡元培、李石曾的全力推进。至1921年,在法国勤工俭学的中国留学生已达1 600多人,他们一边做工,一边上学,辛苦异常。这批人在学业上突出的不多,多数读中学或职业学校。但他们切实体验到了资本家对工人的压迫和剥削,对资本主义制度恨之甚深,对社会主义理论和马克思主义的书备感亲切,并认真研究,落实于行动。留学期间,他们就组织革命活动,向国内介绍和传播马克思主义。蔡和森与向警予的结婚照,中间便放着一本厚厚的《资本论》。在这批留法勤工俭学学生中间,不仅涌现了许多有为的职业革命家,而且产生了一批马克思主义理论的宣传家,社会主义能植根中国,其功甚伟。

留苏热的出现主要是政治革命的推动。1921年中国共产党成立后,为效法苏俄,急切派革命青年赴俄学习;1924年国共两党合作的成功,孙中山以俄为师口号的提出,又将派青年去苏联学习视为培养革命人才的主要途径。为此,苏联政府在莫斯科专门创立了一所孙逸仙中国劳动大学,大批接收中国留学生。1926年前后,在苏联学习的中国留学生有1 600多名。他们基本是学习革命理论和军事知识,旨在为中国培养革命栋才。这批人也确实对中国革命有深远的影响,最著名的如刘少奇和蒋经国等。

20世纪三四十年代,随着共产党和国民党斗争的加剧以及苏联特殊的对华政策的实施,主要由共产党向苏联派一些留学生,但数量有限。国民党政府则主张向美国派遣留学生。抗日战争胜利后,一度有很多青年赴美留学,人数达5 000名左右,但对整个社会牵动较小,还不能说是又一次留学潮,只能是第二次留学潮的余波。

1978年12月改革开放后,中国派出的首批赴美访问学者抵达美国。

1978 年的改革开放，拉开了第三次留学潮的序幕。1978 年 6 月 23 日，邓小平在听取清华大学的工作汇报时明确指出：赞成留学生的数量增大。这是五年内快见成效、提高我国水平的重要方法之一。要成千成万地派，不是只派十个八个。要千方百计加快步伐，路子要越走越宽。邓小平的指示吹响了青年学生走向世界的号角，迎来了中国历史上从未有过的留学大潮。

1978 年至 2011 年，中国有 224.5 万人到国外留学，遍布 100 多个国家和地区，涌现了一大批中国现代化建设的卓越人才。留学生已经成为中华民族复兴和中国连接世界的生机勃勃的生力军。

如果从中国留学史的视角去观察，这次留学潮不仅大大超越了前两次留学热潮，而且还呈现出一些新特点。

其一，拓宽留学渠道，调动全社会的积极性。发展留学教育，最重要的是财力支持和人力保证。改革开放之后，中国政府以前所未有的开放姿态，利用各种财源筹集留学经费，同时制定多种政策法规，激发青年学生出国留学的积极性，为留学教育的持续高涨打下了良好的根基。在国家公派留学为主导的前提下，充分利用各部、各省、各个基金会、民间社团、大专院校以及国外的留学基金等，采取一切办法，广派留学生。尤其是 20 世纪 80 年代之后，允许自费出国留学，大大激发了全社会支持留学教育的积极性，使留学由单纯的教育行为转化为一种社会行为。随着 1990 年前后自费留学教育的不断成熟和规范，自费留学大军直线上升，成为 30 年留学大潮的重要组成部分。许多家长节衣缩食、东借西凑，千方百计送子女出国留学，这在客观上弥补了国家扩大留学教育经费的不足。晚清和民国，也有一些自费留学生，但和改革开放后的自费留学生相比，只不过是九牛一毛。

其二，留学牵动千家万户，国人的留学意识空前提高。在改革开放之前，对绝大多数民众来讲，出国留学是不可思议和十分遥远的事情，更谈不上对国家留学政策的关心。但近 30 年，谈论留学，想办法让子女到国外留学，则变为街谈巷议，成为日常生活中谈论的一个重要话题，这在中国历史上是破天荒的，是中国人渴望走向世界和留学意识高涨的显著标志。从考托福（TOEFL）和 GRE 那长长的队伍里可以感受到出国留学的火热。自从美国 1981 年在中国举办托福考试，参考的人数直线上升。1989 年全国的考生有 4 万多人。到了 90 年代，为了报名，常常要通宵排队，但仍有未如愿者，而托福和 GRE 的成绩则越考越高。日益高涨的出国留学成了中国改革开放的一道亮丽的风景线。

其三,全方位的社会影响。30 年的留学潮由于时间长、人数多,对中国社会的影响重大而持久。众多的留学生走向世界,无形中促进了中国文化的传播,中国文化的世界化从来没有像今天这样广泛而深入。而留学生在国外的学习和生活,也自然将世界文化介绍到国内,中国人对世界的了解和认知也从来没有像今天这样深入和准确。留学生真正成了中国和世界联结的纽带。大批留学生学成回国,迅速成为推进社会全面进步的生力军,在各行各业散发出勃勃生机。活跃在各地的留学生创业园,集先进的技术、管理、资金、产品、物流于一体,有力地推进了现代化建设。北京中关村的高科技园区,归国留学生是核心。各大专院校的归国留学生,则是难得的教学和科研骨干,一些新兴学科和先进的实验室,多数由留学生主持,而长江学者和特聘教授当中,归国留学生占八九成。在科技战线上,归国留学生几乎起主导作用。以国家重要的"863 计划"为例,首席科学家和主要的领导者有七成为留学生。1996 年在"863 计划"十周年成果汇报会上,光电子主题组前后参加者 700 多人,分布全国各地,大多数课题负责人或骨干是留学归国人员。一些重大的科技成果,如 DFB 激光器、量子阱激光器等,其主要完成者几乎全是留学回国人员。在近些年两院院士的增选中,有留学经历者高达 90% 以上。留学生对中国的影响已经波及教育、科技、文化、政治、经济、法律、金融、通信、交通、社会等许多领域,可以说是全方位和划时代的。

新中国出国留学的每个阶段都有不同的历史背景和特点。

新中国成立初期,由于西方对中国实行了全面封锁,中国只能向苏联和东欧等社会主义国家派遣留学生和进修生,那时的出国留学政策是严格选拔,宁少毋滥。从 1950—1965 年的 16 年间,派出的留学人员总数只有 1.6 万多人,平均每年仅 1 000 余人。而从 1978 年改革开放到 2009 年的 30 多年间,在支持留学、鼓励回国、来去自由的政策指导下,我国出国留学的总人数已经超过 162 万人,平均每年达 5.2 万多人。据教育部的统计,仅 2009 年我国出国留学的人数已接近 23 万人。

从 1966—1978 年,尽管前 6 年由于"文化大革命",国家曾一度停止向外派遣留学人员,但从 1972 年起又恢复了自 1964 年开始执行的向西方国家派遣留学生的政策。尽管当时向西方派出的绝大多数留学生学习的是语言专业,却开启了新中国出国留学多元化的新阶段。据统计,从 1972—1978 年,国家共向 49 个国家派出 1 977 名留学人员。

有出国留学就必有学成归国。新中国最早的"留学回国潮"出现在 20

世纪50年代初。1949年12月6日，经当时的政务院批准，国家成立了“办理留学生回国事务委员会”，还先后在北京、上海、广州、武汉、沈阳等地设立“归国留学生招待所”，专门负责接待回国的留学生和学者，并对经济困难者予以接济和补助。

在新中国的感召之下，2 000多名在外留学或讲学的学生及学者先后返回祖国。华罗庚、钱三强、李四光、钱学森、黄昆、赵忠尧等是其中的优秀代表。要知道，当时在海外的留学生和学者的总数只有5 600多人。

在20世纪60年代初期，50年代派往苏联和东欧的新中国留学人员相继完成学业，大批回国。有关数据显示，当时中国向苏联和东欧等国家共派出8 414名留学生，到1965年时，学成回国的已有7 324人，占87.05%。加上出国进修生和实习生等，留学回国人员有1.5万多人。这批留学人员不仅回国率非常高，成才率也很高。30年后的一个统计数据显示，在这批留学人员中，产生了一名国家主席，一名国务院总理，多名国务院副总理或国务委员，200多位正副部长及省部级官员，100多位将军和军队高级将领。

在经历了20世纪八九十年代的自费出国潮之后，出国留学人员不能按期回国的现象日趋严重，国家也因此开始收紧自费和公派出国留学的政策，公派留学需签《出国留学协议书》，自费出国留学则增加了大学毕业后服务期的限制。

随着改革开放的进一步深入，国家成立了“留学基金委员会”，旨在规范公派出国留学政策和公派出国留学生的选拔，同时取消了对自费留学的种种限制，并制定各种优惠措施吸引在外留学人才回国服务或为国服务。“千人计划”和“长江学者奖励计划”等应运而生。

据统计，自1996年6月国家留学基金委成立以来，国家公派出国留学选派规模实现了历史性突破，从1996年的不足2 000人增至2009年的12 769人。这期间，国家共选派出国留学人员78 524人，应回国45 553人，实际回国44 555人，按期回国率平均为97.81%。而2009年自费留学生回国的人数也超过了10万人。

进入21世纪之后，中国的出国留学进入了繁荣发展期，在国家不断扩大派遣公派留学人员规模的同时，自费留学市场得到进一步完善和加强，同时国家有关部门完善了教育涉外监管政策，定期发布留学预警信息，并加大了国外学历学位证书认证工作，为出国留学人员提供多方位的服务。

人类社会已进入21世纪的第二个10年。当今世界正处于大发展大变革时期。经济全球化深入发展使人类同住"地球村",世界各国的共同利益在增多、相互依存在加深,但国际金融危机、气候变化、环境保护、粮食安全、人类健康、能源资源安全、重大自然灾害等全球性挑战也日益突出。各国人民的命运从来没有像今天这样息息相关、休戚与共,加强沟通与合作已经成为各国的共同选择。

当今中国正处于加快推进现代化建设的关键时期。经过30多年的发展,中国社会生产力、综合国力、人民生活水平大幅度跃升,同时中国仍然是世界上最大的发展中国家,发展不平衡、不协调、不可持续问题依然突出。中国取得的发展成就与各国友好合作密不可分,离不开各国的关心、支持和帮助,中国未来的发展仍然需要国际社会的理解和支持。中国的发展离不开世界,世界的繁荣稳定也离不开中国。当前和今后一个时期,中国将坚持实现全面协调可持续的科学发展;坚持以人为本、民生为重,使人民共享发展成果;坚持改革创新,探索和完善中国特色社会主义发展道路;坚持扩大开放,通过深化政治互信、经贸往来和人文交流,与各国平等合作、互利共赢;坚持和平发展,与各国共建持久和平、共同繁荣的和谐世界。

在这样的大背景下,语言作为人类沟通的第一工具,更加凸显其独特的价值与时代意义。掌握一门语言,就多了一把广交朋友、认识世界、加强合作、开启未来的钥匙。成千上万的人们学习使用对方国家的语言,将使国家之间世代友好的社会基础更加牢固。为此,中国政府大力提倡和鼓励中国人民,特别是青少年学习外语,了解世界多元文化,增进与各国人民的友好感情。目前,中国有3亿人学习外语,涉及56个语种,其中大中小学生就有2.6亿人。2011年10月,中国就加强文化建设作出新的部署。我国将开展多渠道、多形式、多层次的中外文化交流,共同维护文化的多样性。

同时,我国将积极支持国际汉语教育事业,满足各国人民学习汉语的需要,通过与各国共同合作,使孔子学院更好地成为中外人文交流的重要平台、多样文明交流互鉴的重要渠道、促进和平友谊合作共赢的重要载体。

2011年,在中外双方的共同努力下,孔子学院和国际汉语教育事业取得了令人振奋的新业绩。外国学习汉语的人数每年以39%的速度增长。我国有8 000多名教师和志愿者奔赴100多个国家教授汉语,有118个国家的5 000多名学生接受奖学金来华学习研修。国际汉语教材开发取得突破性进展,45个语种的骨干教材在160多个国家发行300多万册,各地涌现出一批独具特色的本土教材。孔子学院开展的文化交流互动成为中外人文交流的一大亮点，全年举办1.3万场文化活动，吸引了722万人参与。

孔子学院的未来10年，通过研讨交流，将更好地凝聚共识、明确思路，推动孔子学院实现又好又快发展。

第一，以提高质量为核心，努力实现开办一所、就办好一所的目标。要把教师、教材和教法作为办好孔子学院最关键的基础能力，加大中方教师和志愿者的派遣力度，培养更多的各国本土汉语教师，建设一支专兼结合、中外结合的高水平院长和教师队伍。组织编写精品教材，支持各国开发本土教材，努力使每所孔子学院都有适用的教材。采用适合各国特点的教学方法，让汉语学习更加生动有趣、富有成效。

第二，以突出特色为导向，更好地满足各国汉语学习者的多样化需求。目前，各国民众学习汉语的需求日趋多样，涉及从经贸合作到人文交流等多个领域，从大中小学生到社会成人等不同年龄层次人群。各地的孔子学院要适应这种新形势，扩大服务领域，充实教学内容，丰富文化活动。有条件的学校可与当地社区加强互动，提供中医、武术、戏曲、书画、舞蹈、音乐等特色服务，介绍历史的中国、当代的中国，拓展汉语教学的广度和深度，让孔子学院更有吸引力。

第三，以文化交流为纽带，促进人类多样文明交流互鉴、和谐共生。语言教学和文化交流是相互交融、相辅相成的。希望孔子学院以语言教学带动文化交流，以文化交流丰富语言教学，充分发挥综合文化交流平台的作用，让世界更多国家的人民了解中国文化，把更多国家的优秀文化介绍到中国来。孔子学院总部将实施“新汉学国际研修计划”，资助有关中国的研究及学术交流，培养更多造诣高深的汉学家，同时支持中国的高校建立国别研究中心，培养熟悉各国语言文化的中国学者。

第二节　出国留学制度的积极作用与影响

中国近代留学潮经历了150多年的历史，从晚清到20世纪末已有过十代留学生。按戴逸先生的划分，光绪初年官派幼童赴美为第一代，1950—1960年负笈留苏、欧的为第九代，“文革”以后的是第十代。前有先驱，后有来者，伏涌延绵，越代相师。回溯前八代的经历和贡献，始见第九代在中国现代史上的地位和作用，冀望第十代及以后的走向。

鸦片战争,清廷大败,却放不下大清帝国康乾盛世的架子,视西方的科学技术为“奇技淫巧”,是“西学中源”,以胜败兵家常事作阿 Q 式的自慰。20 年后的 1860 年,英法联军卷土重来,攻大沽,占天津,清军大败于通州。联军进入北京,抢掠屠杀,火烧圆明园。咸丰皇帝逃命到承德,由奕䜣签订《北京条约》,批准《天津条约》,割地赔款,被迫再开放一批商埠。沙俄趁机割走乌苏里江以东数十万平方公里的国土。国已不国,民不聊生,始有“师夷长技以制夷”之议。

第一代官派留学生是 120 名 12 ~ 15 岁的留美幼童。由早期留美的容闳(1847 年耶鲁大学机械系毕业)提议,经曾国藩、李鸿章奏请慈禧太后批准从全国选招的。1872—1875 年分四批赴美后,分住在美国新英格兰百姓家中,拟先读中学,再进大学。稍久,为避同学嘲弄,有人剪掉了辫子,改长袍马褂为西装,见师长羞于跪叩,还有人随房东去基督教堂,惹怒了“选带幼童出洋肄业局”正监督吴嘉善和驻美公使陈兰彬。他们认为学生离经叛道,不读儒书,目无师长,沾染恶习,有以夷变夏之险。他们不顾容闳的反对,1881 年奏请慈禧太后批准撤回全部幼童,遣送回国。船到上海登陆时,这批留美幼童像一群罪犯,由清兵押送,被关押起来,最后不问所学而分配到全国各地。尽管这批归国少年有不少以后成为晚清民初的优秀人才,如民国初年第一任总理唐绍仪、清华学校首任校长唐国安等,那并非初衷。第一批科技留学计划以失败告终,令世人惋惜。否则,中国科技起步会早数十年。容闳后来说:“我所有的努力都宣告无效……我的救助中国之心也就此而止了。”百日维新失败后他逃往香港,转至美国而终老。詹天佑(1861—1919)等个别人“叛逃”未归,考进耶鲁大学机械系,学成后回国,成为中国自己铺建的第一条铁路——京张铁路的总工程师。

第二代是光绪初年(1877 年)派出的海军留学生近百人,分赴欧洲各国学习。回国后担任各级海军将领。1877 年留英的海军留学生中,北洋海军右翼总兵兼旗舰“定远号”管带、代理提督刘步蟾(1852—1895),左翼总兵兼“镇远号”管带、后任提督的林泰曾(1851—1894),左翼左营副将兼铁甲舰“经远号”管带林永生(1855—1894),左翼左营参将兼快速巡洋舰“超勇号”管带黄建勋(1853—1894)等人均在 1894—1895 年甲午海战中壮烈殉国。严复(1851—1921,1877 年留英)1879 年在格林威治海军大学毕业后,对西方科学发生了浓厚的兴趣,之后从事著述、翻译,成为中国“精通西学第一人”,1912 年任北京大学首任校长。他首次把亚当·斯密的《原富》和赫胥黎的

《天演论》等八种科学名著译成中文(古文体)出版,为在中国传播现代科学作出了重大贡献。

第三代是20世纪初的留日潮。1894年正值全国为慈禧太后贺六十大寿之时,日本海军对北洋海军不宣而战。甲午海战打了8个月,结果北洋水师全军覆没。4年后的1898年,慈禧太后残酷镇压了戊戌变法,软禁了光绪帝,捕杀了谭嗣同等六君子。两年后,1900年八国联军19 000人攻入北京,烧杀抢掠,慈禧太后挟光绪帝西逃西安。清政府不得不签订《辛丑条约》,赔款4.5亿两关银,40年还清,本利共9.82亿两,这就是近代历史上著名的"庚子赔款"。

在国防崩溃、民不聊生、社怨沸腾的内外压力下,"西狩"西安的慈禧太后不得不采取一些改革措施:改革教育制度,停科举,废八股;以日本为楷模,鼓励留学;从留学生中考选进士、举人和政府官员。詹天佑、严复、辜鸿铭(1857—1928,生于马来西亚,自幼留学英、法、德等国)等人于1910年成为第一批留学生进士。清政府采纳并转发张之洞1898年写的《劝学篇》:"至游学之国,西洋不如东洋。一路近省费,可多遣;一去华近,易考察;一东文近于中文,易通晓;西书甚繁,不切要害,东人已删而酌改之。中东情势风俗相近,易仿行,事半功倍,无过于此。若自欲求精求备,再越西洋,有何不可?"1903年,清政府采纳张之洞奉诏拟定的《奖励游学毕业生章程》并公布实施。官费、公费、自费留日运动形成高潮,每年赴日青年多达万人。20世纪初的10年中,留日学生总数至少有5万人。1905年孙中山在东京成立"同盟会",其主要领导人和地方分会主盟人孙中山、胡汉民、黄兴、邓家彦、宋教仁、秋瑾、蔡元培、廖仲恺、徐锡麟、吴玉章等都是留日学者。两年内即有960多位留日学生加盟。发起留日潮的清政府始料不及的是,留日学者回国后成了辛亥革命推翻封建王朝的先锋队和中坚力量。在清末民主革命的进程中,归国留日学生确实起到了关键作用。

第四代是庚款留美生。1907年在传教士明恩溥的说服下,美国总统西奥多·罗斯福提议将美国分到的庚子赔款2 444万美元(按每两关银折合0.742美元计)中的超过实际消耗部分减退1 078万美元,用于中国办高等教育和招寻中国学生留美。次年,参众两院批准总统提议,规定此款应由美国人掌握。此后,英、日、法等国都效法美国,退回部分庚款,用于兴办中国高等教育。1911年,中国为选拔和预培留美学生,建立清华学校。1909—1929年,清华学校派送留美预备部毕业学生967人;1929—1937年经四次招考,共派送 104 人;1938—1945 年招考两次,共录取 39 人。总计由清华学校选派庚款留美学生 1 971 人。按规定应有 80% 的人学理工科,学习文科的仅占 20%。

与此同时,有大量"自助学者"赴美求学,所以 1909—1945 年留美学生总数远大于"庚款"学生数,达到三四千人。叶企孙(物理学家)、吴有训(物理学家)、胡刚复(物理学家)、赵忠尧(物理学家)、胡明复(数学家)、施汝为(物理学家)、秉志(生物学家)、梅贻琦(电机学家)、何杰(地质学家)、周仁(冶金学家)、高士其(生物学家)、周培源(物理学家)、竺可桢(地理、气象学家)、侯德榜(化学家)、张钰哲(航空学家)、顾毓琇(电机学家)、杨石先(化学家)、钱学森(航空学家)、钱伟长(力学家)、梁思成(建筑学家)、张光斗(水利学家)等都是各届庚款留美学生。这是开拓中国现代科技事业的一代,很多人成了学科奠基人和学术栋梁,为中国基础科学和技术科学的建立奠定了基础,培养了人才。

留法勤工俭学是第五代。从 1915 年开始,中国知识界的李石曾(1902 年留法)、蔡元培(1907 年留德)、吴稚晖(1901 年留日)等人基于振兴中国的科学技术,鼓励青年向西方学习,提倡"勤以做工,俭以求学",发起成立"留法勤工俭学会",在里昂、北京等地设立分会,招寻自愿赴法求学的青年。在河北高阳县办"留法工艺学校",为贫寒子弟留法做准备。李石曾还组建"法华教育会",与法国社会各界建立联系,为留法创造半工半读条件。到 1916 年已接待 100 多人,至 1920 年赴法求学人数已达 1 600 人,逐步形成全国性潮流,并延续了 20 多年,为以后中国的政治、科技、文化、艺术各项事业的发展作出重大贡献,培养了大批栋梁人才。周恩来、邓小平、陈毅、聂荣臻、李立三、蔡和森、蔡畅、李富春等都是 1920 年左右赴法勤工俭学的。严济慈、童第周、徐悲鸿、钱三强、肖三、冼星海等著名科学家、艺术家、音乐家都随此潮在法国学习和工作过。

第六代是 20 世纪 20 年代留苏学生。俄国十月革命胜利两年后,于 1919 年 3 月成立了第三(共产)国际,1920 年 5 月决定建立莫斯科东方大学(全称:莫斯科东方劳动者共产主义大学),招生对象是苏联远东各少数民族和亚洲各国的革命青年。瞿秋白、刘少奇、任弼时、罗亦农、萧劲光、王一飞、彭述之等首批去东方大学学习。1925 年孙中山逝世后,东方大学中国部改名为孙逸仙大学,又叫中山大学。时值第一次国共合作,由国民党中央政治委员会选送一批人去中山大学。张闻天、叶剑英、王稼祥、秦邦宪、罗亦农、许光达、杨尚昆、伍修权、乌兰夫、廖承志、刘伯坚、谭平山、蒋经国、屈武、谷正纲等都在东方大学或中山大学学习过。1923 年以后,朱德、邓小平、赵世炎、王若飞、陈延年、聂荣臻、李富春等从西欧转到莫斯科东方大学。1926 年中山大学在校生 340 人,1927 年达到 800 人。截至 1930 年中山大学关闭,留学生总数当在千人以上。另外,1922 年联共(布)远东局在满洲里开设政治学校,该校学生毕业后分送苏联各大学续读,共接收中国学生 310 人。

第二次国内革命战争期间赴欧洲、苏联的留学生绝大部分成为优秀的革命家、文学家和艺术家,成为中国共产党领导的革命战争走向胜利的支柱力量。

从 1927 年到 1937 年期间的留学生可称为第七代。1927 年国民政府定都南京以后,中央和地方政府仍然继续向美、英和西欧各国派遣官费留学生,每年有 100 人左右,最多时每年达千人。自费留学的人数也日益增长。除清华大学继续选派庚款留美生外,英、法所退部分庚款和一些慈善机构的支持也有利于中国留学潮持续不衰。由于第二次世界大战后交通不便,很多人毕业后留在国外长期工作,战后回国时已是卓有成就的科学家和熟悉现代产业技术的工程师,为中国科学研究体系和工业基础的建立发挥了不可替代的作用。

第八代是指 1938—1948 年期间赴欧、美的留学生。抗战期间,留学人数锐减,1938—1941 年仅有 300 人左右出国留学。抗战胜利后,全国上下渴望进行和平建设和加速国家工业化进程。战争时期,中国武器装备的落后,激励了新的留学热潮。当时政府制定了《自费留学生派遣办法》,为大批学生和学者到西方学习和工作创造了较有利的条件。李政道(物理学家)、朱光亚(物理学家)、唐敖庆(化学家)、孙本旺(数学家)、张瑞马先(化学家)五人还是蒋介石亲自决定选派的。1946 年蒋介石找吴大猷、曾昭抡和华罗庚问为什么中国不能造原子弹。得到的回答是,中国缺少人才。于是,蒋介石委托三位科学家立即选派并护送一批最优秀的青年去美学习,目的是回来造原子弹。五人于 1946 年 9 月从上海起程去美国。美国政府以原子技术对外国保密为由,拒绝接收。吴大猷和华罗庚不得不宣布解散,请各位自寻出路。据相关材料统计,到 1950 年滞留在各国的留学生和学者有 5 000 多人。其中美国 3 500 人,日本 1 200 人,英国 443 人,法国 197 人,德国 50 人,丹麦和加拿大各 20 人,大多数是抗战前后出国留学或工作的。中华人民共和国成立后,党中央和老一代科学家召唤学子们回国工作。1949—1954 年经过百折不挠的斗争而回到祖国的 1 424 人，多数是从美国（937 人）、英国（193 人）、日本（119 人）和法国（85 人）回来的。到 50 年代末回国人数增至 2 500 名。著名科学家钱学森、赵忠尧、郭永怀、李恒德、师昌绪、陈能宽、侯祥麟等是朝鲜战争后，经过中美多次谈判才迫使美国停止扣留而回到祖国的。他们为开拓和发展新中国的教育、科技、国防事业作出了卓越贡献。

50 年代的第九代留学生。从 1921 年中国共产党成立以来，共产党人流血牺牲、忘我追求的目标，是实现民族解放和祖国的富强。为中国的建设事业培养人才始终是各代领导人念念不忘的大事。抗日战争胜利后不久，毛泽东就给在苏联国际儿童院学习的中国孩子们写信说："新中国需要很多的学者及技术人员，你们向这个方面努力是很适当的。望你们努力学习，将来回国服务。"解放战争胜利前夕的 1948 年 8 月，党中央批准由东北局选派的 21 名青年去苏联学习科学技术，50 年代都回国工作。"文革"期间"四人帮"立"4821 苏修特务案"，对他们进行迫害审查，故"4821"之名从此传开。"4821"拉开了中华人民共和国成立后向苏联、东欧各国大规模派遣公费留学生的序幕。在"4821"以前还有 24 名"老留学生"，他们是在苏联国际儿童院长大的中国革命先驱和烈士的子女，以苏联公民身份进入各大学，1951 年后，转为中国留学生。

与中国历史上历次留学运动不同的是，新中国派遣留学生的计划与国家工业建设的计划密切结合。1949 年初，党的七届二中全会决议中指出："在革命胜利以后，迅速恢复和发展生产，对付国外的帝国主义，使中国稳步地由农业国转变为工业国，由新民主主义国家转变为社会主义国家。"新中国成立后，中央政府立即开始制订工业化发展计划。在周恩来总理领导下，花了三年时间制订了第一个五年计划草案（1953—1957），规定了"集中主要力量优先发展重工业，建立国家工业化和国防现代化的基础"；"相应地培养技术人才，发展交通运输业、轻工业、农业和商业"。1952 年 8 月，周恩来率团到莫斯科与苏联政府商谈援助执行"一五计划"问题。陈云、李富春与苏联具体谈判达 8 个月。1953 年 5 月签订《关于苏联政府援助发展中国国民经济的协定》。1957 年 3 月，中苏政府又签订《关于特种技术给中华人民共和国援助议定书》，1957 年 10 月签订《国防技术新协议》，苏联对原子能工业、火箭、航空、电子等技术给予中国技术援助。1958 年 1 月，又签订《关于共同进行和苏联帮助中国进行重大科学技术研究的协定》。由于中国科技人员严重不足，缺乏工作经验，为实施这些计划，必须加速派遣留学生，加强对尖端技术和科学前沿人才的培养。

早在中华人民共和国成立后不久,中央即决定大规模向苏联和东欧各社会主义国家派遣留学生,成立了由聂荣臻、李富春、陆定一主持的留学生派遣工作领导小组,制定方针、计划和组织实施,以便与经济建设计划相协调。

1950—1952 年,中国先后与苏联和东欧各国达成了交换留学生协议并陆续开始执行。由中国教育部门派出的留学生,1950 年 35 名,1951 年 381 名,1952 年 231 名,1953 年 675 名,1954 年 1 518 名,1955 年 2 093 名,1956 年 2 401 名。1957—1960 年每年减少至 400 ~ 500 名。

20 世纪 60 年代初,中苏关系紧张后,派出人数进一步减少,1964 年以后基本停止向苏联派遣,改向西方各国派遣。据教育部统计,1950—1963 年总共派出留学生 9 594 人,分布于苏联(8 357 人)、东欧(共 925 人:东德 273 人,捷克 238 人,波兰 160 人,匈牙利 88 人,罗马尼亚 75 人,保加利亚 68 人,阿尔巴尼亚 23 人)、西欧和亚洲各国(17 人)。

按照中苏政府于 1952 年 8 月签订的《关于中华人民共和国公民在苏联高等学校学习之协定》,由苏联政府支付中国公民在苏联高校学习时的生活费和学习费,包括大学生津贴每人每月 500 卢布,研究生 700 卢布。中国政府向苏联政府偿还本协定上述各项费用的 50%,每年两次按非贸易付款协定由中国人民银行汇入苏联国家银行所开账户上。

除前述教育部门派出的以外,还有 20 世纪 50 年代军委系统派出的军事留学生 800 人,共青团中央派出 138 人。为执行各项苏联、东欧援建计划,"一五"期间由工业部门独立派出 7 800 人去苏联、东欧工厂、矿山对口实习工艺技术和管理,其中管理人员 609 人,工程技术人员 4 876 人,工人 2 291 人,其他人员 44 人。

为支援中国大规模建设,苏联政府先后派出 8 500 多名专家和技术人员来华工作,计 1951—1953 年 1 210 名,1954—1957 年 5 000 名,1958—1960 年 2 024 名,1960 年撤走全部专家时有 1 390 名。同一时期,中国使用苏联优惠贷款 26.5 亿美元(年利 1%),用以引进各种技术装备和物资。西方学者评论说:苏联 50 年代向中国提供援助和资本货物的重要性无论如何估计都不为过。苏联转让的设计能力和技术成果历史上前所未有。50—60 年代派出的 18 000 多名留学人员全部回国,无条件地服从分配,愉快地奔赴祖国最需要的地方,奉献出自己的智慧和青春年华,成为后来发展工业和全面建立科研体系的骨干力量。他们在苏联、东欧各国学习期间得到了各国政府和人民的热情帮助,与教师、同学建立了诚挚的友情,成为中俄、中欧友好时代的美好佳话而载入史册。

改革开放留学潮,第十代留学生。党的十一届三中全会以来,全国的工作转向以经济建设为中心,中国历史上第一次把改革开放列为国策。为学习和吸收国外先进的科学技术、经营管理经验及其他有益的文化,向世界开放,加速培养人才成为第一要务。邓小平于1978年6月提出:留学生的数量要增大,主要搞自然科学。这是五年内快见成效,提高我国水平的重要方法之一。要成千成万地派,不是只派十个八个。我们要从外语基础好的高中毕业生中选派一批到外国进大学,今年选三四千,明年派万把人。这是加快速度的办法。现在我们迈的步子太小,要千方百计加快步伐,路子要越走越宽。我们一方面要努力提高自己大学的水平,一方面派人出去学习,这样可以有一个比较,看看我们自己的大学究竟办得如何。教育部要研究一下,花多少钱都值得。

邓小平的指示开启了中国留学运动的一个全新的时代。1971年10月中国恢复了在联合国的合法地位,打开了与西方各国经济技术交流的大门,为交换留学生创造了有利条件。

1978年7月,美国卡特总统科技顾问弗兰克·普雷斯向方毅副总理发出邀请,请中国政府派代表团去美国商谈今后几年中国计划派出的学生人数、专业兴趣、学习课程的性质(大学生、研究生、进修生、得学位与不得学位的学生和是否需要上语言课)以及选拔到美国学习的学生事先的准备工作。中美双方准备讨论在美国大学里接受中国学生可能做出的安排,希望来中国学习的美国学生的大概人数和专业等安排及安置学生的机构,以便根据他们的专业、水平、经历和语言能力,确保其在最合适的大学里学习最适宜的课程。鉴于双方对交换学术的高度兴趣,中美很快达成了协议。

与美国达成协议后,国家教委陆续与英国(1979年)、埃及(1979年)、加拿大(1979年)、荷兰(1979年)、意大利(1980年)、日本(1981年)、联邦德国(1981年)、法国(1981年)、比利时(1981年)、澳大利亚(1986年)等国政府达成交换留学生协议。

大门一开,被接连不断的政治运动和"文化大革命"中断与抑制了20多年的留学渴望迸发成为中国历史上最大的一次留学潮。1978年12月首批50名赴美留学人员到达华盛顿,进入各高等学校。1978—1989年这10年中,经国家教委派往前述各国的留学生达到 96 100 人,其中公费派出的 29 990 人。

中国大量派遣留学生的决定得到了海外科学界的热情支持。20 世纪 80 年代初,李政道先生发起中美联合招考物理研究生计划(简称 CUSPEA),到 1986 年按此计划安排了 700 多名学生进入美国大学深造。康奈尔大学的吴瑞教授于 1981 年倡议把 CUSPEA 扩展到中美生物化学和分子生物学领域(简称 CUSBMBEA)。复旦大学名誉教授、哈佛大学化学系主任、美国科学院院士多林教授于 1981 年发起了中美化学研究生计划(CGP)。丁肇中先生于 1982 年提议设立实验物理研究生培养计划。陈省身先生 1982 年倡议并组织实施选择赴美数学研究生项目,等等。

中国大规模派遣留学生的决定也得到了海外民间和官方各种基金会的热情赞助。首先为留学生提供奖学金的有美国李氏基金会(The Li Foundation,1982 创立),包玉刚先生捐设的包兆龙留学生奖学金(1983 年设立)等。1985 年,包玉刚致信邓小平和英国首相撒切尔夫人,提议设立“中英友好奖学金计划”,包玉刚及其家属认捐 1 400 万英镑,中国政府出资 1 400 万英镑,英国政府从外援基金中拨资 700 万英镑,由英国文化委员会在英国本土实施该计划。1986 年 6 月三方在伦敦签署了备忘录,成立了“中英友好奖学金计划委员会”,每年支持 350 ~ 420 名中国研究生与学者到英国大学和研究机构从事学习和学术研究。

1979—2000 年,仅由中国教育部门向西方各国派出的留学生就达 457 700 人,分布在 100 多个国家和地区。其中美国 20 万、日本 5.5 万、加拿大 3.8 万、英国 3.65 万、德国 2.6 万、澳大利亚 1.78 万、法国 1.63 万、俄罗斯 1.18 万。还有大批青年通过亲友和其他渠道出国留学,未包括在教育部门统计之内。

80 年代,中国政府根据中外的实际情况,完善了留学生政策,那就是“支持留学,鼓励回国,来去自由”。核心依然是鼓励回国工作,以各种不同的方式为祖国服务。邓小平在 1992 年南方谈话中说:“希望所有出国学习的人回来。不管他们过去的政治态度怎么样,都可以回来,回来后要妥善安排。这个政策不能变。告诉他们,要做出贡献,还是回国好。”

20 年中约有 50 万人出国留学,这是中华民族史无前例的改革开放的伟大成就之一。这第十代留学生很多已经或将陆续回国,成为发展中国科学技术、高技术产业和推动社会进步的新一代骨干力量。仍在国外工作的学子们，也在寻找机会，珍惜机遇，用各种方式为祖国的振兴和人类科学事业的进步贡献力量。20世纪出现一批世界著名华人科学家，势所必然。

20世纪历代留学生回国后对中国的革命、改革、工业、科学技术和其他事业的建立都产生了根本性的影响，这是有目共睹的史实。

请验证下列历史记录：

清末人们急切地学日本。认为日本，小国耳，何兴之暴也？是因为日本的伊滕、山县、木夏木、陆奥诸人皆20年前出洋之学生也；是日本人愤其国为西方所胁，派百余人分赴德、法、英诸国，或学政治、工商，或学水、陆兵法，学成而归，被用为将相。政事一变，日本才能雄视东方。于是，我国数万人涌向日本留学，成为孙中山发起同盟会的骨干，促成了辛亥革命的爆发，结束了长达2 000多年的封建专制统治。

中国共产党1921年7月1日召开成立大会，出席的代表12人中有8人是归国留学生，占三分之二。

孙中山当选临时大总统后，于1912年1月3日组建中华民国南京临时政府，核心成员12人中有8人是留学归国学者，占三分之二。1923年10月孙中山改组国民党，临时中央执行委员和候补执行委员共15人中留学归国者13人，占87%。

中华人民共和国10位开国元帅中有6位在国外留学或工作过。中华人民共和国第一届中央人民政府主席、副主席和政府委员共63人，在国外留学或工作过的有42人，占三分之二。

中国教育会于1902年成立于上海。由蔡元培、吴稚晖、章炳麟（长期留日）、马君武（1901年留学日本）等人发起。

20世纪初大批留学生归国，于1913年在北京成立“欧美同学会”，共同寻求救国拯民、发展中国科学技术事业的道路。该组织至今仍然显示出勃勃生机。

中国历史上第一个以“联络同志共图中国科学之发达”为宗旨，以推进科学的传播和研究等多项事务为任务的“中国科学社”于1914年6月由留美学生发起，在美国绮色佳（Ithaca）成立。社长任鸿隽（化学家），书记赵元任（语言学家），会计胡明复（数学家），编辑部长杨杏佛（矿冶专家）；董事会成员由任鸿隽、赵元任、胡明复、秉志（生物学家）、周仁（陶瓷专家）五人组成。1915年在上海出版中国历史上第一期《科学》杂志。

中国农学会于1917年在上海成立，由丁颖（日本东京帝国大学毕业）、邹秉文(1915 年美国康奈尔大学毕业)、蔡邦华(日本鹿尔岛农学校、德国柏林大学毕业)等人发起。

中国地质学会于 1922 年成立,由丁文江(1906 年留英)、章鸿钊(留学日本京都大学、东京帝国大学)、翁文灏(留学比利时)和袁复礼(留学美国哥伦比亚大学)等人发起。

中国数学会 1935 年成立于上海。董事会、理事会与评议会主要成员有:胡敦复(留学美国哈佛大学)、冯祖荀(留学日本)、姜立夫(留学美国哈佛大学)、熊庆来(留学法国)、陈建功(留学日、美)、苏步青(留学日本帝国大学)、江泽涵(留学美国哈佛大学)、钱宝琮(留学英国)等。

中国天文学会 1922 年于北京成立,第一任会长高鲁(留学比利时布鲁塞尔大学)、副会长秦汾(在美、英、德留学)。

1928 年南京政府建立中央研究院,首任院长蔡元培。1948 年选举产生 81 位院士。数理组 26 人和生物组 25 人均为留学归国学者。人文组 28 人,除国学、中医、出版专业等 5 人外,都是留学归国学者。

中国自己设计的第一座越江大桥——钱塘江大桥于 1937 年建成通车。总设计师茅以升(1921 年留美)。他说:"崎岖多于平坦,幸赖桥梁以渡。桥何名欤,曰:奋斗。"

中国科学院于 1950 年成立。1955 年首届学部委员共 172 名(不含哲学社会科学部),有 158 位是留学归国学者,占 92%。

中国工程院于 1994 年成立,首批院士 96 人,留学专家 46 名,占 48%。1999 年 8 月,中共中央、国务院、中央军委决定表彰为研制"两弹一星"作出突出贡献的科技专家并授予"两弹一星功勋奖章"。23 名受奖者中 21 名是留学归国学者。

中国很多人对 20 世纪这段历史感到尴尬和不快:中国现代科学技术知识为何都来自西方?

不是我们这代人不服气,从清朝康熙帝开始就不服气,当时就有"西学中源"之说。1704 年,康熙帝评《三角形推算法论》时就说:"论者以古法、今法之不同,深不知历原出自中国,传及于极西,西人守之不失,测量不已,岁岁增修,所以得其差分之疏密,非有他求也。"

乾隆时代的诗人袁枚也曾说现代科学是中学西渐而成:"西洋有算术,名曰几何,乃冉子(前 522—前 489)所造。今在海外,西人得之,出其精思,以成此书。"这些说法早为历代中国科学界所否定,那不过是虚荣心作怪的牵强附会。

正像杨振宁先生所断：儒家说的“天人一物，内外一理”的理，不是近代科学所讲的规则、规律和定律。近代科学追求的“理”与中国传统文化追求的“理”是不一样的。传统中国文化里，没有这个定律、规律和这些规则的观念。工业技术所依靠的技术科学在中国传统文化里并不存在。至于中国为何未产生近代科学？今称为“李约瑟之谜”，科学界已讨论了一百年，仁智各见，至今仍是科学史学研究的热点之一。

一位英国学者说：“其实，中国人不必为‘李约瑟之谜’太觉不安。这个问题的答案对中国的未来未必有多大影响。世界上每一个民族都有过强处和弱点、成功和失败。与世界其他民族相比，即使现代科学未在这里产生，中华民族依然是伟大的。”“埃及、巴比伦、希腊、罗马等文化如何？他们消失了，他们的帝国早已灭亡！那里今人的文化与先人完全不同。只有中国的文化、文明生存了下来，并且以其数千年的技术发明和创造启迪了人类。数千年前开始的中华文明，今日仍在繁荣兴旺，中国人未来会对人类作出更大的贡献。”

如果把牛顿定律出现的时间 1687 年（这年是清康熙二十六年）视为现代科学的起点，到辛亥革命只不过 200 年。以瓦特发明蒸汽机的 1765 年算作产业革命的开始，到辛亥革命仅 150 年。这在中国历史上不过是一个短暂的间冰期。国家处于危难之时，人民在水深火热之中，知识界疾呼“德、赛救国”，就是科学民主救国，仁人志士急切于办洋务，主要是发展工业，贤明的政治家热情于派青年游学科学技术，是为救国家之既衰、拯人民于水火而战斗的紧急措施，其情可歌，其事当颂。“天下有道，以道殉身；天下无道，以身殉道。”（《孟子·尽心上》）中国这种以社稷为重的传统文化深深地影响着各代留学生的人生观。为发展工业，建立现代科技体系，传授先进知识，推动社会进步，增强国力而学习和奋斗，成为历代留学生心心相印的奋斗目标。国家和人民对他们总是寄予殷切的期望。

从鸦片战争撞开中国紧闭的大门，到 20 世纪末的自主改革开放，经历了一个半世纪的漫长岁月，其间充满了曲折、坎坷、流血和牺牲，多少仁人志士和学者献出了生命。正如戊戌变法后血溅菜市口的谭嗣同所说：“各国变法，无不从流血而成。今中国未闻有因变法而流血者，此国之所以不昌也。有之，请自嗣同始。”虽经苦劝，但他不肯躲避，决心以血唤醒民众。

100 多年的历史表明，从苦难深重的中国走出去留学的青年，都是忍辱负重,发愤图强,为祖国强盛而拼搏,去投入一场战斗。欢送的亲友以为是去“西装革履、牛奶面包”,实则大谬不然。打工求学,常饥寒交迫。自费留学生一旦断了接济,求生存就成了首要任务。即使公费生,首往异国他乡,语言障碍,精神压力,无亲缺友,需要全力以赴去应对。历代留学生和学者中遭迫害、扣压、驱逐、遣返的不计其数。他们的艰辛和苦难,历史记录汗牛充栋。

20世纪上半叶,从辛亥革命到建立共和国以前,在革命斗争中牺牲、在各种场合为国捐躯的归国留学生成千上万。

下面讲的都是曾见诸报章而震动全国的悲壮史料:

1905年4月,吹响民主革命号角的《革命军》作者、留日归来的邹容(1902年留日)瘐死狱中。1905年12月,湖南留日学生陈天华为抗议日本政府《取缔清国留学生规则》而蹈海自绝,以死抗议日本政府,唤醒同胞,年仅30岁。1906年10月,山西留日学生李培仁为推动从德国人手中收回山西矿权运动而蹈海。1907年7月,留日学者秋瑾女士殉难于绍兴,年仅31岁。1911年,林觉民与同学数人从日本赶回广州参加起义,葬身黄花岗,年仅25岁。1913年3月,辛亥革命先驱、留日学者宋教仁(1882—1913)在上海遇刺,两日后不幸去世,时年32岁。1925年8月,孙中山的忠实朋友和同志廖仲恺(1877—1925,生于美国,留学日本)被刺身亡。辛亥革命以后,大革命时代被杀害的著名留学生还有:杨闇公、汪寿华、孙炳文、李大钊、陈延年、陈乔年、赵世炎、张太雷、王一飞、傅烈、罗亦农、向警予、彭湃、郭隆真、蔡和森、刘伯坚、瞿秋白等。

中华人民共和国成立以后,滞留在各国的留学生和学者归心似箭,急切寻求回国之途,遭到了美国、日本、英国等政府的阻挠。他们奋起反抗,进行了艰苦的斗争,始得回归祖国。

中国现代卓越的地质学家李四光(1889—1971,1904年留日,1917年留英)冲破重重险阻,于1950年回到祖国,开创了新中国的地质事业。

钱学森在美国受到的迫害是学者们苦难经历中的代表。20世纪40年代末,正当他在航空、航天、火箭理论和技术方面卓有成就,为美国航天事业作出卓越贡献时,却受到美国当局的迫害。他留美12年后功成名就时,年36岁,于1947年回国探亲,与青梅竹马的蒋英完婚。因与朋友聚会听音乐,美国指控他是共产党,回国秘通中共,吊销了他参与研究工作的证件。满腔愤怒的钱学森决定返回祖国,非但不获批准,反而遭拘捕,保释后又被扣留5

年多。朝鲜战争后，经周恩来总理和外交部的援救，才和一批被美扣留多年的留美学者返回祖国。1986 年胡耀邦同志主持中央会议，听取钱学森关于系统工程的报告，得知他接到母校加州理工学院邀请返校参加学术活动，劝他宽容地回去看看。钱学森仍怒不可遏，说：我的情况不同。美国政府如此迫害，他不道歉，不改正错误，我不能回去。后来，他对人们讲：只要美国不承认错误，我此生此世绝不踏上美国的土地！钱学森 1954 年在美国出版了《工程控制论》一书，开创了一门新的技术科学，受到全世界科学界的赞扬。他说，那是为了反抗美国特务的迫害而作的！

中华人民共和国成立后，中国开始了真正的工业化建设，数代中国人的梦寐夙愿开始成真。历代归国的学子意气风发，崇论宏议，荣辱皆忘，全身心投入工业化建设和科学技术事业，与全国人民共同奋斗，写下了中华民族历史上最光辉的新篇章。

30 多年中国改革开放政策所显示的巨大威力使世界震撼。虽然 20 世纪中国人口增长了 3 倍，但今日仓廪充实，人民丰衣足食，自用不尽。工业化突飞猛进，经济增长速度 20 多年平均达 9.3%，创世界纪录。中国人平均期望寿命已达 70 多岁，比 20 世纪上半叶增长了一倍。

第九代、第十代留学生都是新中国派出的。1953 年，周恩来总理对留学生说："三五年后，你们一定能接替我们的工作，为建设社会主义而奋斗。你们今后的任务比我们这一辈更重"；"你们要好好学习，吸取外国的长处，化为我国的长处，这是我们民族的传统；现在我们更需要建设社会主义的科学知识，这一光荣任务放在你们身上，需要你们学好为祖国服务。"1957 年，邓小平访苏期间语重心长地说："这些学生都是中国社会主义建设的宝贵财富，要好好爱护，严格要求；要锻炼身体，增强体质，劳逸结合，智力体力双丰收，才能成为国家的有用人才。"这些语重心长的嘱托，曾激励着数万名留学生、实习生勤劳奋斗，刻苦努力，以优异的成绩完成了学习任务，回国后作出了重要贡献。

20 世纪的中国以其辉煌的成就载入史册。推翻了封建专制统治，建立了人民共和国，启动了大规模的工业建设，建立了完整的现代科学教育和研究体系，确立了科教兴国的国家战略。尽管中国的工业化和现代科学技术事业比欧洲晚了 200 年，但中国奋起直追，仅用了 50 年的时间，大大缩小了与发达国家的差距。从革命事业的成功到经济建设的伟大成就，历代留学生都起到了不可替代的作用。再过几十年，到 21 世纪中叶中国基本完成工业化之日，对外开放的政策会更加宽松，向世界各国派遣和交换留学生的工作仍然会以更大的规模继续下去，成为中华民族继续前进，实现现代化，为人类的进步作出应有贡献的有力保障。

据教育部公布的年报统计，2011 年度我国出国留学人员的总数为 33.97 万人，其中，国家公派 1.28 万人，单位公派 1.21 万人，自费留学 31.48 万人。2011 年度各类留学回国人员的总数为 18.62 万人，其中，国家公派 0.93 万人，单位公派 0.77 万人，自费留学 16.92 万人。2011 年度与 2010 年度的统计数据相比较，我国出国留学人数和留学回国人数均有进一步增加。出国留学人数增加 5.50 万人，增长了 19.32%；留学回国人数增加 5.13 万人，增长了 38.08%。从 1978 年到 2011 年年底，各类出国留学人员的总数达 224.51 万人。截至 2011 年年底，以留学身份出国，在外的留学人员有 142.67 万人，其中 110.88 万人正在国外进行相关阶段的学习和研究。改革开放以来，留学回国人员的总数达 81.84 万人，有 72.02% 的留学人员学成后选择回国发展。

统计数据表明，全球留学生人数在 2009 年就已经达到 343 万人，到 2025 年，这个数字预计将会增加到 800 万人。世界政治经济形势逐渐向合作共赢方向发展，一切都开始加速流动。大学生和高校教师也开始像信息、商品、企业员工一样，从一个国家流动到另一个国家。流动的大概不只是人员，还有教学内容、制度、理念和方法。

第三节　对出国留学制度的评价

毛泽东展望中国未来时说过一段话：应当承认，每个民族都有它的长处，不然它为什么能存在？为什么能发展？同时，每个民族也都有它的短处。我们的方针是，一切民族、一切国家的长处都要学，政治、经济、科学、技术、文学、艺术的一切真正好的东西都要学。他们的短处、缺点，当然不要学。将来我们国家富强了，我们一定还要谦虚谨慎，还要向人家学习，不要把尾巴翘起来。就是在几十个五年计划之后，还应当向人家学习。一万年都要学习嘛！这有什么不好呢？

毛泽东 1957 年在莫斯科向留学生讲：你们青年人朝气蓬勃，正在兴旺时期，好像早上八九点钟的太阳，希望寄托在你们身上。这既是对第九代留学生的激励，也是对后来者的呼唤，对无穷尽的青年时代的祝福，对未来祖国和人民的期望。芳林新叶催陈叶，流水前波让后波。进入21世纪，这条永恒的名言，又适于第十代和无尽后代的学子们。

高等教育正在全球化。学生出国留学、教授出境讲学、高校跨国办学——全球高等教育正在发生深刻变化。知识没有国界，教育是否也能跨上没有边界的平台。进入21世纪后，随着世界经济全球化进程的不断加快，人们欣喜地发现，一个高等教育全球化的时代似乎悄然无声地走来了。

留学生和教师在世界范围内的广泛流动，促进了各国高校体系结构等方面的变化，推动了高等教育国际化的稳步发展。当西方教育强国的知名学府开始在世界各地开设分校之际，发展中国家的教育机构也在大学教育国际化浪潮的推动下，不断实现自我更新和完善。人们看到，高等教育全球化不仅是学生和教师的流动与交换、联手创办大学或是合作编写教材，它对世界各国高等院校来说，更可能是一种全新的竞争方式，是变革的动力，是对竞争力、创造力极具价值和意义的挑战。不要只将高等教育全球化与发展中国家的学生出国留学画上等号。事实上，美国和欧洲一些教育大国的高中生到发展中国家求学的热情，早就被经济全球化的现实需求调动起来了。高校人员的国际流动是双向的、互动的，发达国家庞大的教师队伍和数量惊人的留学生大军正在同时涌进发展中国家。世界经济已经全球化了，教育自然要跟上现实需要的步伐。

如火如荼的高等教育全球化，是世界教育史上值得书写的新景象。在经济全球化大潮不断向前推进的历史条件下，高等教育全球化潮流必然会势不可挡地向前发展。世界从来没有像今天这样你中有我、我中有你。相互理解、支撑、沟通和对话从来没有像今天这样成为最有现实意义的价值考量。世界在改变，不了解外面的世界就等于无法真正认识自己，不向他人学习就等于封闭自己的发展空间。高等教育全球化是顺应时代潮流的产物，它告诉世人，人们必须对自身之外的世界有更多的了解，同时也要让外国人有机会更多地认知本土的思维方式和价值观念。大学原本就该是一个让人们了解和认识世界的课堂。留学生可以接触到不同的教育理念，可以面对面地真切感受到另一种文化的魅力，体会另一种生存状态。全球数百万莘莘学子之所以愿意背井离乡出国求学，其主要动机就是为了培养自身的全球化视角，把自己锻炼成学识广博、才华出众，并具有世界观念和全球意识的国际化人才。对一个国家来说，有了这样的人才，才能在经济全球化的形势下占据优势地位,才能在复杂多变的国际竞争中越战越强。

然而,也有人质疑高等教育是否真的可以"全球化"。当一位美国大学校长声称,高等教育的全球化将威胁美国未来繁荣时,他是否意识到自己抱守的仍旧是"冷战思维"?当一位印度大学校长抱怨,用印度纳税人的钱财培养出来的最聪明的印度学生最后却投入了美国教育的怀抱时,他是在守护印度的国家利益,还是在严酷的国际竞争中迷失了方向?跨国教育固然势不可挡,但各国教育界人士也担忧高等教育全球化会带来某些负面影响。美国人害怕美国大学正在被赶超,发展中国家将会迎头赶上;印度人则担忧人才外流,教育资源被他人分享。

大学的未来在哪里呢?它可以像跨国公司那样到处抢占市场吗?有些担忧的确值得仔细思量。在商业全球化的背景下,教育是否正在被商业化?在教育全球化的语境里,教育本身是否已被转化成了商品?大学的全球化是否陷入了美式教育的歧途,充满了功利主义、实用主义、唯市场取向的庸俗化倾向?我们究竟需要什么样的全球化教育呢?

无论如何,高等教育的全球化还是一个新生事物——它必然会对传统教育理念产生强烈冲击,但不管伴随着多少争议和质疑,人们还是相信,从长远来看,高等教育一定能摸索到真正有利于世界政治稳定和经济发展的全球化之路。

中国改革开放取得的成就毫无疑问地证明了系统学中的一个普适定律:只有在一个对外开放的系统中,通过与外界交换物质、能量、信息、人才,才能聚集和增大有效的发展动力,获取有用的信息,才能使系统迅速、稳健地发展成长。相反,在一个封闭的系统中是不可能发展的。

国际竞争的核心是人才竞争。在国际竞争日趋白热化的今天,越来越多的国家以人才立国为基本国策,把人才战略上升为国家的重点战略。在这方面,一些发达国家的成功经验值得中国借鉴。

我们走人才强国之路,首先要重视人才的培养,增加对教育的投入。因为人才是国家的财富,教育是治国的根本。比如,日本作为一个自然资源匮乏的岛国,特别重视人才教育在国家发展中的作用。从明治维新开始,日本就仿效欧洲建立了现代教育体系,到20世纪初,其国内掌握近代科学技术的人才辈出,成为工业发展的核心力量。第二次世界大战后,日本的经济复兴也与重视人才的培养密不可分。

我们走人才强国之路,不仅要积极培养本国人才,还要创造条件吸引国外人才。美国吸引世界各国人才的能力众所周知，它通过优厚的助学金、奖学金和优惠贷款，近年来每年都吸引超过20万名外国留学生赴美留学深造，还在许多国家和地区设立研究机构，吸引当地人才为美国服务。法国于2006年7月通过了关于外国移民融入法国的新法律，其中重要的一项就是发放面向非欧盟国家公民的《人才居留证》，持有者在获得赴法签证的同时，自动获得在法国居留3年的权利。

我们走人才强国之路，不仅要优先发展教育，培养本国人才，引进国外人才，还要能留住人才。在这方面，俄罗斯有着惨痛的教训。苏联解体后，随着科研投入的减少及科研人员工资的降低，共有50万到80万名俄罗斯科学家去美国、加拿大、以色列和德国等国寻求发展，流失人才以30~50岁的中坚力量为主，专业涉及航天、物理学、精细化工、计算机、微生物学、遗传学等。人才流失导致俄罗斯科研实力及创新能力下降，已引起俄罗斯科学界和官方的高度重视。

我们走人才强国之路，更要做到人尽其用，让人才充分实现自身的价值。在大多数发达国家，政府都鼓励各类专业人才以知识、技术、能力等参与收益分配，实现人力资本与生产资本相结合，激发人才的积极性和创造性。当然，收入只是一个方面，更重要的是，要让各类人才在最合适的岗位上发挥其能力。比如，德国有着浓厚的尊重专业技能的传统，高级技工在企业内和社会上都有较高的地位，这一传统有助于其工业产品保持高质量。

历史和实践反复验证着人才资源是第一资源，是国家核心竞争力之所在的论断。当前全方位升级的国际竞争，核心是人才竞争，每个国家都努力将自己打造成人力资源强国。只有拥有人才，并且合理、高效地使用人才，才能拥有优势。

过去几十年，在民族工业、农业、服务业迅速发展的同时，中国吸引外资达几千亿美元，建立外资企业几十万个，外贸规模达到万亿美元，外汇储备几千亿美元。在华工作过的外国各类专家愈百万人。改革开放加速了中国工业化进程和高技术产业的建立和发展，保持了很高的经济增长速度，显著改善了人民生活水平，推动了社会的进步。

回顾20世纪，革命、改革和开放是决定中国命运的主题。它们相辅相成，相得益彰。没有革命性社会改造，中国仍然是封建社会；没有民族的独立，那只能是殖民地；没有开放的改革仍然是愚昧落后的闭关自守。20世纪的一代代留学生回国后，对中国的革命、改革、工业、科学技术和其他事业的建立都产生了根本性的影响。

现在,实行教育国际化,不再只是北京大学、清华大学这样的顶尖大学努力推进的事,也是中国所有高校在全球化的今天的共同追求。通过举行国际会议,送研究生、本科生出国学习,派教师出国研修,与国外高校联合培养学生,甚至合作办学、聘请兼职或全职国外教授,与国外高校合作科研课题,甚至成立共同实验室等形式,中国高校的教育国际化趋势日渐明显。

而在国际化中,中国高校又该如何与“国际标准”对话呢?教育可以有“国际标准”吗?回答是肯定的。与国际标准接轨,是我国近年来各行各业走国际化道路中绕不过的一个环节。然而,说到关乎教育的国际标准,似乎是一件难而又难的事。在国际上,一些事关教育的“国际标准”却在不断的探索与实践中,尤其在工程教育领域,因为有着一般客观的标准而有了很好的尝试。例如 IET,这个成立已有 140 年的欧洲最大、全球第二大专业技术学会,在工程教育课程认证和教育认证上已有上百年的历史,并形成了完善的标准体系。在英国,有很多大学都要通过 IET 的教育认证,其程序是 IET 的认证专家到大学里就某一课程或某一专业进行认证,他们听课,检查作业,看考卷,检查教学大纲等,这个考察有一套完整的体系。如果通过了认证,IET 每 3 年或每 5 年还会再来,再审核、再认证,检查课程安排和设计是否符合国际标准。目前,全球很多国家都在开展 IET 的课程认证和教育认证。

那么,我国高校对国际标准的课程认证有需求吗?我们现在已经意识到,是我们的一些课程和教材大大落后于国际标准,影响了国际化人才的培养,所以必须改革。

世界高校为何追求“国际标准”?当然是为了证明自己的教学水平,但这并不是唯一的目的。在国外,一个工科毕业生要进入工程领域,必须获得专业学会的认证才可以有从业资格。获得 IET 国际工程师资质认证意味着良好的就业前景。比如,在香港地铁的两个工作人员,如果他有 IET 的国际工程师证书,他的起薪可能是 4.2 万元,没有的话就是 1.8 万元,更不用说今后的事业发展了。

当前,国际通常的做法是将工程师资质认证和大学的课程认证与教育认证联系起来。假如一个人所在的院校获得了 IET 课程认证和教育认证,那么这个人将来到 IET 申请国际工程师资质认证时,他的教育认证部分是免试通过的。可见,世界上很多大学争相通过 IET 或是其他国际公认的专业学会的教育认证，一方面证明了学校的教学水平，另一方面也是给其学生一个机会，提升学生的水平。而这两方面无疑会使学校吸引到更好的生源，保证学校的教学水平，保证人才的培养质量与国际接轨，学校也由此走上以人为本和以质量为本的良性发展之路。

中国高校到了要思考如何对话"国际标准"的时候。当然，我国在高校的课程标准方面也进行了一些探索。教育部做的一些专业认证，如国家精品课程、国家特色专业以及国家实验教学示范中心等。20 世纪 80 年代，我国在一些省、市启动的高校办学水平、专业、课程的评估试点工作，也是对高校课程与教学标准的一种探索。高校评估在 2003 年形成"五年一轮"的普通高等学校教学工作水平评估制度，由此建立起一种高效和长效的高校教学质量保障体系与监控机制。可以说，上述探索和实践对保障和提高我国高等教育的质量正在发挥着重要作用。

教育的人文特性决定了其面对国际标准时不可能像工业产品那样轻易就可与国际接轨，但是，无视国际标准又不可能，说到底，无论是中国高校还是中国学生，都希望能融入国际舞台，在国际舞台上发挥作用。那么，中国高校如何与"国际标准"对话呢?

现阶段，可以在工程教育领域尝试进行国际标准认证，这是一种意见。因为工程领域是有一些共同标准的，比如做一个灯泡，无论在哪儿做都应该达到一个标准、一个要求。

还有一种意见认为，这方面中国未来的前景还是要建立起自己的标准后，再与国际标准进行对话。所以，第一位的工作应该参照国际标准，建立中国自己的教育标准和工程师职业资格标准，然后再通过国际公约来和世界上各国协同，取得互认。这些观点都很有道理，但是在国家完整的政策出台之前，开展国际间的一些合作，仍是很有益的探索。

第六章

义务教育制度

第一节　义务教育制度概述

义务教育发端于德国。在16世纪宗教改革运动中，德国新教领袖马丁·路德为了争取人们信仰新教，提倡广设学校，并主张教育机关的应用研究应该由公费设立，政府有强迫人民送子弟入学的义务。西方一些教育学家曾称路德为"国民教育之父"。1619年，德意志魏玛邦公布学校法令，父母应送其6~12岁子女入学，否则政府应强迫其履行义务。学术界一般认为，此为义务教育的开端。

英、法、美等资本主义国家大多在19世纪70年代后开始实行义务教育。

根据联合国教育、科学及文化组织的有关统计资料，到20世纪70年代末80年代初，已有近60个国家实施义务教育法。

各国实施义务教育的年限长短，大体是由该国的经济发展水平和文化教育程度决定的。

一、日本的九年义务教育

日本和我国一样，采用的是6、3、3、4学制，即小学6年，初中3年，高中3年，大学本科4年。小学和初中共9年为义务教育。日本是1947年开始实行义务教育的。

日本义务教育法规定，儿童从6岁至15岁，必须接受义务教育。为了使所有的适龄儿童实现义务教育，日本除办有小学和中学外，各地还办有盲校、聋哑校和专供严重残疾或弱智儿童上学的养护学校。日本规定，这些学校属义务教育范畴。

日本的义务教育阶段免学费，并由国家免费提供教科书和营养午餐。

日本的义务教育入学率已达到99.98%，据1998年统计，日本全国仅有100名左右的儿童因重病不能上学，由所在学区派出教师上门进行家庭教育完成义务教育。为了稳定义务教育阶段的师资队伍，日本法律规定："从事义务教育的教职工的工资要比一般公务员高。"

二、中国澳门、香港地区的九年义务教育

在澳门地区，年龄于5～15岁者需接受义务教育，而免费教育共15年。

香港地区教育在英国殖民地时期，在20世纪70年代之前一直采取精英制。六七暴动后，随着社会压力的增大，当时港督戴麟趾于1971年推行"六年免费教育"，即6～12岁的学龄儿童均必须接受义务基本小学教育。其后港督麦理浩于1978年实施"九年免费教育"，将义务教育的范围扩展到初中。同一时间，作为筛选升中生的香港小学会考（俗称升中试）被废除，改用一套中学学位分配办法，并增设学能测验以厘定学生的水平。随着初中实施义务教育，香港地区很多私立中学都转型为由政府资助的津贴中学，以确保初中学位的充足。

20世纪90年代，曾有人呼吁要求将义务教育扩展至高中，但随着经济衰退及一连串的教育改革，已经再听不到此等诉求。虽然如此，大部分香港地区的初中生均会接受高中教育，而学费则大部分由政府补贴，与名义上推行高中义务教育的分别不大。

2007年10月10日，行政长官曾荫权发表《2007—08年施政报告》，宣布落实2008—09学年起将免费教育扩展至官立和资助高中学校及职业训练局学校，即"十二年免费教育"，唯独最后3年不是强制教育，学生仍有权选择是否升学。此外，政府亦宣布从2009年10学年的小学一年级开始，在官立小学分阶段实施小班教学。

教育是香港特区政府总开支中最大的项目，其开支预算超过总开支的五分之一。

香港地区的学校制度，包括两年或三年的幼儿教育，接着是6年的小学教育，三年的初中教育，2年的高中教育，2年的中六教育（相当于大学预科），3年的大专教育。香港地区的幼稚园都由社团和私人主办，属于私立学校。

香港地区的幼儿教育(又称为学前教育)分为两个系统。一个是香港特区政府教育署管辖的幼稚园,另一个系统是由香港特区政府社会福利署管辖的幼儿中心,带有托儿所性质,其工作人员由社会福利署培训,有98%的香港儿童接受幼儿教育。

香港地区的教育类型按经费来源及管理机构性质划分:

第一类是官立学校,又称为政府学校。校舍由政府兴建,校长和教师列在公务员范围,经费由政府支付。第二类是资助学校,又称为津贴学校。社团(包括教会、慈善团体、同乡会等)或私人办的不牟利学校,接受政府资助全部经费。第三类是私立买位学校。由私人创办及经营的中学,初中学位的一部分(或全部)由政府所收学费的数目"买"下来。这些被"买"下来的学位,像官立学校和资助学校的学位一样,由政府统一分配。第四类是独立学校。由私人机构或个人经营,没有接受资助,也没有接受买位的私立学校。

香港地区的小学当中,其中,资助小学400余所,占绝大多数;私立小学70余所,官立小学近50所,数量最少。

中学教育,学生小学毕业后,便可分配到公费的初中学校,在官立、资助和私立买位中学就读(接受政府分配学生而向政府收取学费的私校称为买位中学)。自1978年9月实施9年免费强迫教育以来,小学6年和初中3年为免费义务教育阶段。按《教育条例》规定,家长如无充分理由而不送子女入学,须入狱3个月,并罚款5 000元。学生初中毕业后,根据"平均获选派率"的派位办法,由教育当局参照学生的校内成绩和家长的选择,派选中三学生升读官立、赞助、私立中学的中四学位。学生也可以选择进入工业学院和工业训练中心进修技术课程。从整体来看,香港地区基本上已普及中学教育。

在官立、资助和私立三类中学中,资助学校最多,约320所,私立学校次之,近90所,官立中学最少,约40所。

三、中国内地的九年义务教育

在中国教育史上,1904年,把小学教育规定为义务教育。1912年辛亥革命,中华民国成立后,孙中山立即宣布要在全中国实行免费义务教育。同年,中华民国教育部规定:"初小、师范、高等师范免收学费。"这在当时的中国成为很多家境贫穷的学生接受教育的唯一途径。

中华人民共和国建立后,《中国人民政治协商会议共同纲领》及以后正式颁行的国家宪法中,都明确规定公民有受教育的权利和义务。1982 年人大通过的中华人民共和国宪法,即规定中国内地实行义务教育。1985 年 5 月 27 日《中共中央关于教育体制改革的决定》指出,义务教育,即依法律规定适龄儿童和青少年都必须接受,国家、社会、家庭必须予以保证的国民教育,为现代生产发展和现代生活所必需,是现代文明的一个标志。随后在 1986 年 4 月 12 日第六届全国人民代表大会第四次会议通过的《义务教育法》中有九年义务教育的条款,其是中国政府推行的教育政策,旨在帮助全民都有机会接收 9 年的免费教育,以利于提高国民素质。《义务教育法》第十条规定:国家对接受义务教育的学生免收学费。九年义务教育,一般是指小学六年、初级中学三年(或小学五年、初级中学四年)共计九年的教育。该法于 1986 年 7 月 1 日起施行,标志着从法律上中国内地已确立了义务教育制度。

虽然明确规定政府承担该项公共义务的法律至少可以上溯至 1982 年,但在此后约 20 年时间内,中国政府实际上未能完全履行该项义务,20 余年间入学的中国内地中小学生,均需在义务教育阶段缴纳学杂费等费用。

进入 21 世纪后,虽然一些地方开始对义务教育免收"学费",但事实上九年义务教育学校仍要收取书本费、杂费、信息(微机)费等费用,为了防止学校乱收费,增加学生家长的经济负担,内地已经开始实施中小学义务教育收费"一费制"。

2005 年,国务院决定 2 年内在农村地区普及免收学杂费的 9 年义务教育。自 2007 年开始,内地全境农村地区开始免收学杂费(私立教育除外)。早在此前,发达地区、部分城市或部分城市的城区开始免收学杂费。现今,义务教育免费已经在中国内地全境基本实现。随着社会的发展,延长义务教育年限至 12 年的呼声逐步增大。

2005 年 12 月,国务院下发了《关于深化农村义务教育经费保障机制改革的通知》,逐步将农村义务教育全面纳入公共财政保障范围,建立中央和地方分项目、按比例分担的农村义务教育经费保障新机制。这为义务教育立法打下了良好的基础。

2006 年 9 月 1 日起开始实施新的《义务教育法》。新修订的《义务教育法》中最终明确:"国家将义务教育全面纳入财政保障范围,义务教育经费由国务院和地方各级人民政府依照本法规定予以保障",完成了"人民教育人民办"到"义务教育政府办"的真正转变。

我国义务教育的管理体制中，明确省级政府负有首要责任。省级政府是地方最高的行政机关，对包括义务教育在内的各项地方公共事业负有首要责任。从目前情况看，省级政府离公共服务职能的要求还有距离。强调省级统筹，就是要加大省一级的责任，这是新体制一个值得关注的内容。

省级政府一要统筹落实辖区内农村义务教育经费，确定省以下各级政府的经费分担责任，落实中央安排的转移支付和地方各级政府应承担的资金，承担与其职责和财力相应的义务教育经费数额，制定辖区内经费保障机制改革的各项政策与措施。二要统筹省域内义务教育的组织协调工作，制定本省义务教育政策、规划和义务教育的各项标准，统筹配置教育资源，促进省内义务教育均衡发展。无论从投入体制还是从管理体制来讲，省级政府的统筹作用都至关重要，如果省级政府能够切实担负起这一责任，理顺省以下的体制，则相关问题就比较容易解决。

我国义务教育的管理体制中，明确县级政府负有主要责任。

县级政府对该地区义务教育发展负有主要责任，强调管理以县为主是非常必要的。以前在一些地区存在着投入以县为主的做法，使义务教育的事权和财权不对称，挫伤了基层政府管理和实施义务教育的积极性。管理以县为主表现在两个方面。一是管好经费。县级政府除了按照省级政府确定的比例承担经费外，一项更重要的任务，就是要具体管好用好资金。要将义务教育的各项经费全部纳入预算，建立健全科学规范、高效快捷的资金拨付制度，科学合理地分配资金，确保资金及时足额到位。建立健全农村中小学各项财务管理制度，加强监督检查，提高资金使用效益。二是具体负责义务教育实施工作。包括做好义务教育学校的规划、设置、布局调整、管理，指导学校教育教学，保障学校安全，培养教师，均衡配置师资力量，组织本行政区域内义务教育公办学校的校长和教师流动。

我们通常用“加减乘除法”来解读义务教育的政策。义务教育的各种变化，都是在科学发展观的统领下，运用“加减乘除法”全方位加大义务教育改革的成果。

所谓“加”，就是增加教育投入。由国家财政和地方财政不断增加义务教育的办学经费。

由于经费不足，一些农村中小学不仅没有专门的实验室，甚至连做演示实验的条件都没有；由于基层财政困难，一些农村学校的校长为了保证学校的正常运转，不得不四处筹钱，被形象地称为“化缘校长”。

为了解决义务教育的经费保障问题,《义务教育法》专设“经费保障”一章,从四个方面作出规定,以从制度上解决这一问题:

(1) 明确义务教育经费的总体需求,制定有关经费标准。《义务教育法》要求国家制定并适时调整适应义务教育基本需求的教职工编制标准和工资标准、学校建设标准、学生人均公用经费标准。

(2) 对义务教育的经费保障提出明确目标。《义务教育法》要求各级政府将义务教育经费纳入财政预算,按照标准拨付经费,确保义务教育经费的逐步增长;对在公办学校接受义务教育的适龄儿童、少年,不得收取学费,并逐步免收杂费。

(3) 明确义务教育的经费来源。义务教育经费实行国务院和地方各级政府根据职责共同负担,省级政府统筹落实的体制。由省级政府财政对该地区的义务教育负起全部责任,应该能够解决义务教育的经费问题。

(4) 规范义务教育经费的使用和管理,提高经费使用效益。《义务教育法》要求财政预算将义务教育经费单列,政府决算和学校收支情况应向社会公布,审计机关应当将有关义务教育经费的审计结果向社会公布。

增加经费来源、教育经费的预决算以及学校收支情况向社会公开,这是《义务教育法》的一个亮点。规定学校财务公开,可以更好地加强对学校的管理。

所谓“减”,就是减轻学生课业负担。

各级各类学校都要全面推进素质教育。现在,绝大多数学校的教育还是追求分数至上、考试至上。关键问题是,应试教育不利于儿童开发智力,扼杀孩子的兴趣和健康。在应试教育模式下,培养出来的人都变成了一个模子,缺少灵气,也缺少创造性。为扭转当前应试教育风气盛行的状况,国家在作出原则规定的同时,还提出了一系列操作性很强的措施:

规范教学内容,防止教学过于偏重智力的倾向。学校应把德育放在首位,形成德育教育体系;应保证学生的课外活动时间,组织学生开展社会实践、文化娱乐等课外活动;不得以任何名义编排重点班。

严格课程管理。学校和教师应当按照课程设置方案和课程标准开展教育教学活动,不得违反课程设置方案增加或者删减课程;应当按照课程设置方案和课程标准实施体育、艺术和综合实践的教学活动,提高学生素质。

明确考核要求。对学校和教师的考核,应当综合考察其完成教育教学任务和培养学生的情况,不得仅以升学率作为考核标准;对学生的考查,应当综合考查德、智、体、美等方面全面发展的情况，不得以考试成绩替代全面考查。

所谓“乘”，就是倍加重视教师工作。要完善农村中小学教师工资经费保障机制。针对日益突出的教师待遇和教学质量等问题，县级以上政府应当加强教师培养工作，采取措施发展教师教育。保障教师待遇。各级政府应当采取措施改善教师工作和生活条件；公办学校教师的平均工资水平应当不低于或者高于当地公务员相应人员的平均工资。加强教师管理。教师应当遵守宪法、法律和职业道德，为人师表，不断提高思想政治觉悟和教育教学业务水平；应当遵守学校规章制度，执行学校的教学计划，履行教师职责，完成教育教学任务。明确对教师的要求。在教育教学中应当平等对待学生，尊重学生的人格，使每个学生都能得到充分的发展；不得以任何名义编排设置重点班，不得因个人特征歧视学生，不得对学生实施体罚或者其他侮辱人格尊严的行为；不得违反规定开除学生。

所谓“除”，就是剔除择校之风。要解决城市低收入家庭和农民工子女义务教育阶段上学难问题，让每个孩子都有平等接受义务教育的机会。农民子女教育问题。由于以往遗留的户籍制度的存在，导致各种不同人群在社会福利方面存在巨大的差异。城市和农村义务教育的实行程度也有较大区别。这一问题也集中表现在农民工子女接受义务教育上。随着工业化和城市化的发展，原本从事农业的农民进入农业以外的其他产业，成为产业工人，进入城市，他们的子女也往往随着他们背井离乡到了新的工作地方。通常他们是中国内地城市里收入最低、劳动条件最差的阶层。农民工这一群体的数量相当大，在中国内地人口中占有相当的比例。由于他们收入低微，加之在教育等各方面不能享受当地“市民待遇”，他们的子女教育问题成为目前中国基础教育领域中最突出的问题之一。不过近年来各大城市已陆续准许外来人员子女享受与本地居民同等接受义务教育的待遇。

目前，城市义务教育一个最大的问题就是学校之间的发展不均衡，被人为地分成所谓重点学校和普通学校两大类。

对许多中国城市家庭来说，孩子接受优质教育是头等大事，花多少钱都舍得。在不同学校硬件设施、师资力量、教学质量差别很大的环境下，择校之风盛行就不难理解了。

为解决义务教育资源配置不尽合理的问题，《义务教育法》规定：在经费投入方面要求县级政府教育主管部门编制本部门预算时，要向农村学校和城市薄弱学校倾斜;国务院和县级以上地方政府设立专项资金,扶持农村等经济欠发达地区实施义务教育。在师资力量方面,要求县级政府教育主管部门采取措施,促进学校师资力量均衡配置;应组织公办学校骨干教师巡回授课,紧缺专业教师流动教学,公办学校校长和教师在学校之间流动。在管理和监督方面,要求各级政府部门应当促进学校均衡发展,不得以任何名义将学校分为重点和非重点;县级以上政府教育主管部门应当采取措施缩小差距等。

所谓"法",就是依法办学,首先要禁止乱收费,提高农村义务教育阶段中小学公用经费保障水平。为解决教育乱收费问题,《义务教育法》提出了许多有针对性的措施,我们应该落实到位。还有要禁止利用补习和发教辅书进行乱收费。在课程标准范围内开展教育教学活动,不得收费;向学生发放教科书以外的其他书籍、资料,不得收费。禁止利用组织学生从事营利性活动。学校不得自行或者与其他社会组织、个人联合向学生推销或者变相推销商品、服务。防止教科书成为牟利的工具。要减少教科书种类,降低教科书成本,并由国家教育部根据课程标准确定教科书的基准价和浮动幅度。

2011 年,教育部完成了对西藏、青海、甘肃、四川四个省区的"两基"国检,标志着我国全面实现"两基"目标。这是我国教育发展史、中华民族发展史上重要的里程碑。

第二节　义务教育制度的积极作用与影响

义务教育具有公益性、统一性、强制性三个基本性质。

所谓公益性,就是明确规定"不收学费、杂费"。公益性和免费性是联系在一起的。义务教育是国家统一实施的所有适龄儿童、少年必须接受的教育,是国家必须予以保障的公益性事业。实施义务教育,不收学费、杂费。国家建立义务教育经费保障机制,保证义务教育制度的实施。

统一性是贯穿始终的一个理念。这个统一包括制定统一的义务教育阶段教科书设置标准、教学标准、经费标准、建设标准、学生公用经费的标准等。这些与统一相关的内容以不同的形式反映到法律的修改中来。如修订的《义务教育法》第四条规定,凡具有中华人民共和国国籍的适龄儿童、少年,不分性别、民族、种族、家庭财产状况、宗教信仰等,依法享有平等接受义务教育的权利,并履行接受义务教育的义务。

强制性又叫义务性。让适龄儿童、少年接受义务教育是学校、家长和社会的义务。谁违反这个义务,谁就要受到法律的处罚。家长不送子女上学,家长要承担责任;学校不接受适龄儿童、少年上学,学校要承担责任;学校不提供相应的条件,也要受到法律的处罚。例如,修订的《义务教育法》第七条规定,义务教育实行国务院领导,省、自治区、直辖市人民政府统筹规划实施,县级人民政府为主管理的体制。

义务教育,义务的含义包括父母与家庭有使学龄儿童就学的义务,国家有设校兴学以使国民享受教育的义务,以及全社会有排除阻碍学龄儿童身心健全发展的种种不良影响的义务。

1986 年,随着《中华人民共和国义务教育法》的出台,我国义务教育发展正式开始了国家化的历程。到 20 世纪末,我国基本实现了"两基",进入"后普九"阶段。在这一阶段,随着国家一系列针对中西部地区、农村地区、少数民族地区,以及进城务工就业农民工子女和特殊困难阶层接受义务教育政策措施的出台,尤其是新修订的《义务教育法》的颁布和施行,使义务教育由理想变为了现实,城乡义务教育在入学权利和机会上的差距明显缩小,城乡适龄儿童"有学上"的问题基本得到解决,义务教育公平取得了显著成效。但是由于经济发展的差距和历史形成的体制、机制原因,加之"后普九"阶段也是我国经济、社会和教育加速发展的时期,人均收入水平的提高和差距的拉大加速了社会的分层和分化,人们对教育的需求越来越迫切,要求越来越高,已不再简单地满足于"有学上",而是对"上好学"提出了新的要求。这就使"后普九"阶段义务教育面临新的公平问题。

第一,教育资源的相对差距仍然广泛存在。随着"普九"硬件达标任务的完成,学校基本办学条件得到了改善,绝对差距正在逐步缩小。但由于受历史条件的制约,我国"普九"带有较强的突击性,办学条件整体上仍处于低水平,特别是城乡、地区之间在办学基本条件方面存在较大差距。许多农村学校实验仪器和图书严重匮乏,开不齐国家规定的课程。许多学校防火等安全设施达不到国家规定的标准,存在比较严重的安全、卫生隐患。农村初中大班现象相当普遍,严重影响学生的身心健康和教学活动的开展。除了城乡和地区之间办学条件的差距之外,校际之间的差距也使择校热愈演愈烈,择校费愈收愈高,大大超过了一般学生家庭的经济承受能力。择校竞争使义务教育公平性面临严峻考验,它严重危及义务教育公平和社会公平,引起了广大人民群众的强烈不满。

第二,师资队伍的差距日益凸显。这主要表现在以下三个方面:一是数量差距。不少县由于财力不足,难以支付教师的工资,长期处于有编不补的状态,导致教师年龄老化和大量使用代课人员现象十分严重。二是质量差距。农村教师待遇和生活水平仍然偏低,校际之间教师收入差距很大,使优秀教师集中于少数学校,导致“强校更强,弱校更弱”,加剧了校际间的不平衡。三是结构差距。突出表现在城乡教师的专业结构上,特别是与素质教育密切相关的许多学科领域,诸如音乐、美术、体育、外语、信息技术等专业教师,农村学校普遍缺乏,导致农村学校的教育质量远远低于城市学校。

第三,弱势阶层子女教育公平问题突出。进城务工就业农民的规模日益扩大,由此引发的“流动儿童”和“留守儿童”两大弱势群体的教育问题,使“后普九”阶段义务教育的公平问题变得更加突出和复杂。目前,虽然政府规定对“流动儿童”教育实行“两为主”的政策,但不少学校仍然通过加收借读费或者规定入学考试等手段提高其入学门槛,实行有选择的接纳。与此同时,大批“留守儿童”、城乡贫困家庭子女、残障儿童等特殊儿童在接受义务教育的过程中也面临着许多新的问题,给义务教育公平带来新的挑战和考验。

由此可见,进入“后普九”阶段,尽管义务教育数量上的需求已基本得到满足,城乡广大适龄儿童“有学上”的问题已得到基本解决,但城乡之间、地区之间、校际之间的办学条件和师资队伍差距依然存在,甚至在某些方面仍有拉大的趋势,社会弱势阶层子女的教育公平问题仍然十分突出,义务教育仍然处在非均衡发展状态。这些问题如果得不到很好的解决,不仅会影响到“后普九”阶段义务教育的健康发展,而且会危及教育公平和社会公平。要从根本上解决这些问题还需要时间,需要做很大的努力。因此,进入“后普九”阶段,在相当长一段时间里,教育,特别是基础教育的重心仍应放在“普九”上,使我国的义务教育由确保数量上的达标转向注重教育质量、重视均衡发展、关注教育公平等方面,以确保义务教育的质量和公平水平的不断提高,城乡、地区之间义务教育得到均衡发展。

抓好义务教育均衡发展是关键 ,对于当前教育发展中存在的不公平问题,人们感受最直接、反映最强烈的是义务教育发展的不均衡。教育规划纲要明确将均衡发展作为义务教育的战略性任务。我们要研究影响均衡发展的阻力在哪里?有什么硬性措施能够保证目标的实现?我国边远贫困地区、少数民族地区的教育发展水平与全国水平相比仍有较大差距，国家应采取什么措施，进一步促进公共教育资源公平配置，缩小区域间教育发展差距。这几个问题现实地摆在教育工作者面前。

其实，推进义务教育均衡发展是一项十分艰巨复杂的工作，难就难在对于学校均衡不均衡，硬件指标达到不容易，软件方面可能更难。因为在人们的心目中，学校除了硬件不均衡之外，还有学校长期形成的校风、传统、特色。均衡是一个相对的概念，不可能有全面均衡、绝对均衡，均衡也是一个历史过程，不可能一蹴而就，我们要在发展中不断推进，实现相对均衡。

推进义务教育均衡发展，第一，要以学校标准化建设推进均衡。这是均衡的基础。第二，以教师资源合理配置推进均衡。教师资源均衡是均衡的关键。第三，以优质资源共享推进均衡。第四，以强化督导评估推进均衡。义务教育的均衡发展不是限制发展，而是共同发展，不是要千校一面，而是要在基本均衡的前提下鼓励各个学校办出特色、风格，始终坚持在发展中促均衡、在均衡中促发展。

近年来，中央财政在制定支持教育事业发展的各项政策措施时，都对贫困地区、少数民族地区给予了必要的倾斜。一是在计算对地方的一般性转移支付、均衡性转移支付、工资性转移支付中，中央财政把教育作为重要的因素加以考虑，不断加大对贫困地区和少数民族地区的转移支付力度。二是在全国中小学校舍安全工程、农村义务教育薄弱学校改造、中小学教师国家级培训计划、国家助学体系、职业教育基础能力建设等重大政策与措施中，都向少数民族地区和贫困地区予以倾斜和大力支持。三是在农村义务教育经费保障机制改革的政策设计和经费分担比例上，始终注意缩小地区间的差距。四是从 2011 年秋季学期起，实施农村义务教育学生营养改善计划。五是经国务院同意，财政部、教育部出台了支持学前教育发展的一系列政策与措施。“十二五”期间中央财政将拿出 500 亿元，重点支持中西部地区、东部困难地区发展农村学前教育。

在这样的情况下，扩大和延长义务教育的年限，并不是最迫切的任务，从我国目前的经济社会发展状况和水平来看，在相当多的地方还会很困难。近几年，尽管世界金融危机、国内自然灾害等多种因素对我国经济产生了严重影响，但党和国家对促进教育公平的决心始终没有改变，“不让一个孩子因家庭经济困难而失学”的庄严承诺，让广大学子真切地感受到教育公平的温暖。

2010 年全国教育工作会议召开后,有关部门迅速行动,认真落实教育规划纲要,相继出台了一系列新的资助政策。例如,建立学前教育资助制度,从 2011 年秋季学期起,对家庭经济困难儿童、孤儿和残疾儿童入园给予资助;建立普通高中家庭经济困难学生国家资助制度,国家助学金年生均资助标准 1 500 元,资助人数接近 480 万人,资助面约占普通高中在校生总数的 20%;从 2010 年秋季学期起,将普通高校国家助学金资助平均标准从原来的年生均 2 000 元提高到 3 000 元;进一步扩大中等职业教育免学费政策的覆盖面,将城市家庭经济困难学生纳入免学费政策范围,近 440 万名学生享受了国家免学费政策,资助面约占全日制中职在校生总数的 22%。

这些政策是全国贯彻落实教育规划纲要行动最迅速、出台时间最早、惠民效果最显著的重大举措。

资助工作从无到有,资助力度从弱到强,资助资金从少到多,资助形式从单一到多元。为了全面贯彻落实国家各项资助政策,全国各地结合实际,创造性地开展了一系列富有特色、卓有成效的工作。

西藏在义务教育全部实行免费的基础上,2011 年将"三包"政策(包吃、包住、包学习费用)扩大到所有农牧民家庭子女、城镇困难家庭和企业困难家庭子女。同时,还对高中阶段教育实行免费教育和适用"三包"政策。

江苏 2011 年实现从学前教育到高中阶段教育的资助全覆盖,还要求有条件的地区开展一定年限的免费学前教育和对经济困难家庭实施免费学前教育,对高中阶段残疾学生实施免费教育。

山西计划到 2012 年免除全部中职生的学费,让没能进入大学、高中的学生都能免费接受中等职业教育。

国家资助政策体系,让每个孩子都得到公平教育的机会在制度上有了保障。但由于我国城镇化建设进程的加快,有一个特别的群体,引来了社会深切关注的目光。他们是 1 000 多万名义务教育阶段进城务工人员随迁子女,他们有一个共同的名字:"流动的花朵。"

为了让"流动的花朵"拥有同其他孩子一样"花朵般的童年",教育规划纲要明确作出了制度安排:坚持以输入地政府管理为主,以全日制公办中小学为主,确保进城务工人员随迁子女平等接受义务教育。浙江 2010 年共接纳进城务工人员随迁子女 116 万人,比 2005 年增加一倍;上海超过七成随迁子女在公办学校就读,"十二五"期间将兴建 400 所义务教育公办学校,力争使 90% 的随迁子女在公办学校就读;江苏 82 万名进城务工人员随迁子女

85% 在公办中小学就读。

如今,农村教育发生巨变。在广袤的高原牧区和边远的盐碱戈壁,一幢幢崭新的教学楼拔地而起,一套套先进的教学设备被运进校园。农村孩子与城市孩子同在蓝天下享受优质教育资源的梦想正在一步步变为现实。农村义务教育公用经费标准一提再提,2010 年提高 100 元,2011 年再提高 100 元。仅在宁夏,每年就增加支出近 1 亿元。

学生营养将得到改善。国家宣布启动农村义务教育学生营养改善计划。中央财政将每年安排 160 多亿元专项资金,为 680 个国家试点县的所有农村义务教育学生提供每天 3 元的营养膳食补助。通过这一政策,首先解决最贫困地区农村中小学生在校吃饭问题,受益学生达到 2 600 多万人,占中西部农村学生的近 30% 。

特殊教育建设提速。中央下达预算投资 31 亿元,提前一年全部下达投资计划,所有中西部地区特殊教育学校建设规划项目全部进入实施阶段。同时,增加了中西部地区特殊教育学校建设规划项目的投资规模,将该项目中央预算投资从 37 亿元增加到 47 亿元。吉林按普通学校公用经费 5 倍标准核拨特殊教育学校公用经费。

少数民族教育狠抓落实。义务教育农牧民子女"三包"经费标准由每人每年 1 200 元提高到 2 000 元。中央协调 19 个对口支援省、市重点支持新疆受援地区发展"双语"教育和中等职业教育。少数民族教育中央补助专项资金由每年 1 000 万元增加到 1 亿元。

高等教育正协调发展。为了解决高等教育,尤其是优质高等教育资源布局不尽合理的现象,国家正在抓紧部署启动"中西部高等教育振兴计划",加大对口支援西部高校工作的力度,支持一批有特色的高水平中西部高校发展,带动中西部高等教育的全面提升。青海省已实施支持高校服务地方经济发展基础建设工程,重点支持青海大学"211 工程"建设,扩大其他学校的办学空间,提升普通高等教育办学水平。

招生公平迈出步伐。我国正不断完善高校招生名额分配方式,深入推进"支援中西部地区招生协作计划",通过省际对口支援,扩大中西部省份的招生数量,缩小不同省份高校入学机会的差距,促进高等教育入学机会的公平。

教育,一头连国计,一头系民生。站在新的历史起点上,我国的教育公平已经摆在了更加突出的位置上,正在惠及越来越多的莘莘学子。

第三节　对义务教育制度的评价

一、义务教育的现状与存在的问题

让孩子都能享受到九年义务教育的权利，是为了整体提高国民文化素质。

1986年，我国通过并实施《义务教育法》，正式以法律的形式确定"国家实行九年义务教育"。经过短短15年时间，到2000年年底就基本实现了在85%的人口地区普及九年义务教育，这对一个经济还不发达而人口众多的大国来说，无疑是一项举世瞩目的成就。所以，联合国教科文组织认为，过去10年中国的基础教育对全世界在小学求学的儿童从80%增加到84%作出了重要贡献。在看到巨大成绩的同时，对我国义务教育的现状及存在的问题也必须有清醒的认识。

（一）"普九"的目标及实现步骤，以及投入保障体制

义务教育的目标与什么时候能实现这个目标不是一回事。据联合国教科文组织对193个国家和地区的统计（1996年数据），义务教育水平定在九年（或八年，与学制有关）或九年以上的国家和地区共136个（当时我国人均国民生产总值居世界第134位），而实际上很多国家离所定的目标相差甚远，在有资料可查的142个国家和地区中，当年我国中等教育"毛入学率"居世界第66位，与当时我国人均国民生产总值相比，这个位置还是比较靠前的。我国《义务教育法》指出，推行九年义务教育需要有个过程，其步骤是应该"根据本地区的经济、文化发展状况"而定。20世纪90年代初，我国政府按照各地区经济、文化发展不平衡的实际情况，把2000年实施"基本普及九年义务教育"的任务分为三类地区，即占人口覆盖率85%的地区要求达到"普九"目标；占人口覆盖率10%左右的经济比较困难的地区，则要求普及初等教育即"普六"；占人口5%左右经济很不发达的特别贫困地区，只要求普及初小即"普三"或"普四"。所以到2000年年底，实际上全国还有522个县（旗、场）没有达到"普九"的目标。

按联合国教科文组织对普及初等教育所下的定义，"普及"是要求"净入学率"达100%，事实上包括美国在内，也很难完全达到（发达国家初等教育

的比例为98%，我国在2000年就已达到99.1%了)。如果按这个标准，即使已经"达标"的85%的地区，也还有差距，只能说是"基本"实现了"普九"。这里有一个统计口径，即如何评估实现"普九"及验收标准问题。我国"普九"是以县为"人口地区单位"进行验收的，验收的一个重要指标是要求该县初中的"毛入学率"达到一定水平(通常要求在95%以上)，如通过验收，那么这个地区(县)的总人口就全部列入已达到"普九"要求，所以事实上这85%的地区还有一小部分适龄孩子并没有进入初中就读，再加上各种原因引起的辍学，使一部分初中生没有读完初中就离开了学校。据统计，1997年招收的初一新生为1 836.47万，到2000年毕业时为1 633.45万，也就是说有超过10%的学生中途辍学了。但另一方面，如果这个地区(县)尚未通过"普九"验收，那么这个地区(县)的总人口就列入尚未"普九"范围，而实际上这15%的地区也有不同比例的学生已完成了九年学业而未被统计在内。

巩固已有"普九"成果和扩大普及程度是一项长期的任务，如果投入和工作不到位，一些地方"达标"时的水平不一定能保持住。甚至还有个别地区是依靠"非常措施"来突击通过"验收达标"的，那么巩固已有"普九"成果的任务就更艰巨。近年来，不少地方反映初中阶段的辍学率有上升趋势，就是一个值得注意的信号。因此，在全国范围相当长时间内，仍然要把"基本普及九年义务教育"作为教育工作的"重中之重"来抓，不能有任何懈怠。

以上只是从"普九"的进度来说，至于"普九"的水平和质量，大城市和"老、少、边、穷"地区的差别就更大了。大城市的学校可以应有尽有，而贫困地区的学校有的连最基本的教学条件都得不到保证，而且这个差别还有扩大之势。此外，如拖欠教师工资、危房改造、举债难等问题，在很多地方，尤其是贫困地区长期得不到解决，已直接影响到一些学校教育工作的正常进行。就产生问题的原因来分析，最重要的还是投入不足，而这又和我国基础教育投入及管理体制，以及地区经济发展不平衡密切相关。尚未"普九"的贫困地区，要达到"普九"要求所面临的困难，绝不是"当地政府"自己所能解决的。今天全国已基本实现"普九"时，也不应该完全"根据本地区的经济、文化发展状况"制定这些地区发展的进度。从指导思想上，要把"普及九年义务教育"看成是一项"国家的任务"，由中央及省级政府共同帮助"当地"政府采取切实可行的措施和步骤，实现"基本普九"目标。

长期以来，我国实行的是"地方负责，分级管理"的基础教育发展体制，即从财政及管理上来说，基础教育由省及省以下各级政府负责。应该说这一体制是与当时的财政包干体制相适应的，对调动地方和群众办学的积极性，对迅速改变我国基础教育的面貌，对推进农村义务教育的发展起到了十分显著的作用。但另一方面，根据这一体制，义务教育的实施责任及管理层次也就逐级下放。这样，在我国广大农村地区基本上形成了"村办小学、乡办初中、县办高中"的格局。由于相当一部分地区经济发展水平还很低，县、乡两级政府财力薄弱，财政能投入的教育事业费严重不足。据统计，我国2000 年全国义务教育总投入为 1 833. 82 亿元，其中来自财政预算内的拨款为 1 085. 07 亿元，占 59. 17%（比 1995 年的 51. 61% 提高了 7. 56 个百分点）。这就是说大约有 750 亿元左右的经费是由地方政府通过其他途径筹集的。粗略测算，在农村需要筹集的经费为 450 亿元到 500 亿元，而其责任主要由乡村承担。

为了发展教育，各地只能千方百计来实现"人民教育人民办"。

据统计，1996 年国际上平均每一个小学生由政府支出的教育经常费用（包括教师工资）与该国人均 GDP 相比，所占的比例为 12. 75%。这个比例中国为 6%，全世界 127 个国家中只有 10 个国家低于这个比例（还有 9 个国家也是这个比例）。这是一个只与自己国家的 GDP 相比的数据，因此这个比例低是不能用经济发达还是不发达来解释的。当然除了对教育是否真正重视外，这个比例还与一个国家财政支出占 GDP 的比例直接相关。

现在看来，应该对"地方负责，分级管理"的基础教育发展体制进行必要的调整，基础教育分为义务教育及非义务教育两大部分，非义务教育仍可实施"地方负责，分级管理"；而对义务教育，尤其是贫困地区的义务教育，应该由中央和地方各级政府分工负责，共同保障其实施。现在中央和国务院已经对"完善农村义务教育管理体制"作出了决定，已在这个方向上前进了一大步。加强中央和省级政府转移支付的力度是实施这一转变的必要保证，尤其在实行"费改税"后，农村贫困地区这个问题就显得格外迫切。这几年来，我国财政状况逐步好转，按 2012 年预算，财政收入占国内生产总值的比例已上升到 17. 55%（最低时 1995 年财政收入占国内生产总值的比例只有 10. 67%），预算收入总量已达 18 015 亿元。因此，完全有条件通过中央和省级政府转移支付，把那些县、乡财政无力承担的贫困地区的义务教育经费缺额由上级政府负担起来，做到应保尽保。对各级地方政府及教育行政部门来说，要切实通过改革，严格定编，做到地方能解决的问题，矛盾不上交。最近，全国政协常委会在讨论义务教育这个专题时，委员们提出了很多积极的建议。例如,中央已经决定从2012年起对地方所得税的增量部分实行中央和地方分成的制度,并确定中央这部分收入用来支援中西部发展。委员们建议,这首先要用来支援中西部地区的义务教育;又如,对农村贫困地区中小学危房改造工程,除财政专项外,还可通过列入长期国债等措施,加强支援力度。只要明确义务教育是国家的任务,是政府的责任,目前存在的困难和问题是可以逐步得到解决的。

(二)中小学的"并校"问题

"并校"十年难言成败。撤并早在20世纪90年代末就已经有所行动,在2001年国务院出台一份名为《国务院关于基础教育改革与发展的决定》的文件后,"撤点并校"以狂风骤雨般的态势横扫了中国广袤的农村,成为了地方政府教育布局调整的"一场狂欢"。该文件第十三条要求地方政府"因地制宜调整农村义务教育学校布局",表示要"按照小学就近入学、初中相对集中、优化教育资源配置的原则,合理规划和调整学校布局。农村小学和教学点要在方便学生就近入学的前提下适当合并,在交通不便的地区仍需保留必要的教学点,防止因布局调整造成学生辍学。学校布局调整要与危房改造、规范学制、城镇化发展、移民搬迁等统筹规划。调整后的校舍等资产要保证用于发展教育事业。在有需要又有条件的地方,可举办寄宿制学校。"对上述条款的完整引用非常必要,因为事实上,这一条款经常被某些地方政府断章取义地引用,从而导致强行撤并事件时有发生。一些地区在调整农村中小学布局时,把撤并当成了唯一的目的,上述政策的精髓及实施条件却弃之不顾。孩子们上学的路途由此变得漫长而遥远,许多家长只能骑电动车接送孩子上学。而且,有的学校也没有食堂,中午不管饭,孩子们中午放学后就被学校赶出了校门,只能到附近居民办的小饭店去吃饭。有的学生成为流生,无论老师怎么劝说,家长和孩子都不愿回学校。

教育部统计资料显示,从1997年到2009年,全国农村小学数量减少了一半多,平均每天减少64所。2011年,正是"撤点并校"走过的第10个年头。然而,在这一年的最后两个月,两次校车事故让"撤点并校"又置身于舆论的漩涡之中。江苏省徐州丰县首羡镇小学生车辆侧翻事故和甘肃省庆阳市正宁县榆林子镇小博士幼儿园一辆运送幼儿的校车发生交通事故。在全国产生了重大影响。其实,这一年,还有其他校车发生的交通事故,只是没有造成像上述那么大的伤害,因此被零星地淹没在了信息的海洋中。但每一起校车事故的背后,经常会浮现"撤点并校"这一根本原因。但校车事件还只是某些“撤点并校”带来的一个悲剧，因为这一公共政策酿成的后果是非常多元的，且在这一年不时见诸媒体。

撤并的理由当然很充分，也是大势所趋，如生源的减少、教育资源的合理配置、农村孩子到城镇上学有利于缩小城乡教育差距等，然而，从更广阔更深层次的背景上审视，这一公共政策也引发了许多问题：

首先，每一所学校的减少，往往意味着这所学校周边学生上学路途的增远，虽然由于计划生育的影响，农村人口也在逐年下降，但下降的只是绝对人数，村庄并没有消亡。由于农村路况的糟糕和交通工具的落后，因此经常发生交通事故，导致悲剧。

其次，学校集中后，一些中心小学变成了巨无霸，巨型班级里人数多得连课桌椅都摆不开，由此给学校的管理和教育资源的分配等带来巨大的难题。

再次，即使发展了农村寄宿制学校，但由于学生人数太多，学校资源不够，这些学校学生的住宿、吃饭、运动、卫生、安保等条件也都存在短缺问题，几十个甚至上百个学生挤一个房间的现象并不鲜见，有些学校因为提供不了午餐，让孩子饿肚子，由此也导致免费午餐成了2012年蔚为壮观的民间公益行动。

但问题远远不止这些，因住宿学生的增加，教职员工承担了大量本该由家长承担的养育教育任务，承受了很大的精神压力。同时，年龄太小的孩子住校学习，生活难以自理。上学路途遥远，不论寄宿与否，都会增加农村家庭的教育成本，即使在西部偏远地区，这种增加额度也在千元以上，由此导致在农村一些地区出现了较多的辍学现象。

最后，“撤点并校”漠视了受教育者的权益。同时，撤并村校带来的亲情的断裂和乡土认同的迷失，更是值得反思的问题。一个五六岁的孩子离开父母，来到寄宿制学校，家庭的温暖、家人的温情被剥离了，但亲情教育是最重要的教育，这会对孩子的成长产生深远的影响。朗朗书声在很多农村消失，农村越发显得缺乏生气。因为读书声是乡村文化的重要元素，乡村也会因为有学校而变得完整，同时，乡村教师作为乡间的“知识分子”，也扮演着无可替代的推崇知识和传播文化的角色，但“撤点并校”却切割了文化与乡土之间的联系。因此，在2011年，无论是从媒体报道的情况看，还是从学术调查研究的结论看，很明显，“撤点并校”在某些地区不仅没有带来农村教育的欣欣向荣，反而导致上学难、辍学增多、公共安全事故频发等问题。甚至还有研究显示，缩小城乡教育之间差距的愿望也未实现，反而有进一步拉大之势。

有媒体援引美国的经验称，美国也曾经掀起过一场轰轰烈烈的“撤点并校”运动，全美国的学区由1961年的36 402个下降到1970年的17 995个。然而，即使美国在“撤点并校”中做了充分投入，在校车等教育资源的供给上做了充分准备，但仍有多项研究表明，在教学质量、教学投入、学生成长等方面，合并学校不一定有什么裨益，还可能带来坏处。因此，从20世纪90年代开始，美国又进行了一场“小规模学校”运动，让办学形式更加多元化。

有专家认为，各地政府之所以十分积极地“撤点并校”，在于想由此减少办学点，进而减少教育投入，更方便地管理学校，根本不是为了提高教育质量，为乡村学生着想。由政府主导的教育决策，如果只顾政府的所谓政绩，而不尊重教育规律和受教育者的权益，就会出现各种形式的漠视受教育者权益的事件。只有改变教育决策机制，给受教育者及中小学学生的家长参与教育管理、决策、监督、评价的权利，才能让受教育者的权益得到切实维护。

“撤点并校”最大的问题就在于一刀切，事实上应该征求老百姓的意见，他们愿不愿意撤了村小、乡小，如果他们愿意在自己的村里接受最基本的教育，那么政府就应该尊重他们的意见。一些地方政府作规划时，总喜欢拿一些纸面的数据说话，比如孩子上学的距离，西部山区在地图上的直线距离可能只有两三公里，而由于地形崎岖，山路绵延，实际距离可能是七八公里。

“撤点并校”已经实施10年了，现在需要做大量的实际效果评估，以评估这个政策是否十分完善，如果不完善要及时进行调整。

二、以辩证的方法认识和解决问题

当前，教育热点问题不少，需要用科学的方法即辩证的方法加以分析，以便理性认识这些问题，凝聚共识，求得问题的科学解决。

（一）辩证的方法要求我们全面发展地看教育

今天的教育是昨天、前天教育的延续和发展，不能割断历史。有人全盘否定我国的教育，主张对传统教育要像旧城改造那样，推倒重来。这种全盘否定我国教育的态度，第一，违背了客观事实。我国的教育虽然有过失误，现在还存在许多弊端，但主流是好的，成绩是巨大的。现在，从国家领导人到全体建设者、保卫者，都是我们自己培养出来的，教育功不可没。第二，这样做不利于正确总结经验教训、选准改革方向，会把改革引向歧途。第三，把广大教育工作者搞得灰溜溜的，无所适从，不利于调动大家的积极性。教育的特点和规律决定它的改革是一个稳中求变的渐进过程，痛快一时、推倒重来的做法，是不能奏效的。

（二）辩证的方法要求我们联系实际地看教育

联系实际必须处理好教育改革和发展中的各种关系。例如，大众教育与拔尖创新人才教育的关系，就需要处理好。拔尖创新人才的培养要从娃娃抓起。为了在国际竞争中占据领先地位，很多国家都非常重视拔尖创新人才的早期培养，把它列入国家的发展战略，通过立法或国家规划的形式强势推行。在这方面，我们还有很大的差距，并严重制约了核心竞争力的增强。之所以不敢理直气壮地抓拔尖创新人才的早期培养，很重要的一个原因是担心影响教育公平。这就涉及对教育公平的理解。教育公平包括起点公平、过程公平、结果公平。人们常用有教无类、因材施教、人人成才来表述这三方面的公平。起点公平，人人有学上，这个问题相对来讲比较好解决。过程公平，人人上好学就比较难，但这是关键。只有起点和过程公平了，才能实现人人成才的结果公平。重视拔尖创新人才的早期培养，为优秀人才的脱颖而出创造条件，正是因材施教的要求。每个人的资质很不一样，如果用一种要求来教育所有的学生，表面上公平，实际上并不公平。因此，对学习有困难的学生，要降低要求并给他们补课；对超常学生则应创造条件，让他们多学，学得更好。这样做，必然要打破一些常规，给些特殊政策，提供更多的教育资源，但是为了增强国家的核心竞争力，我们只能这样做，而且必须这样做。为每个学生的发展提供适合的教育，使他们都能从自己的实际出发成才，这才是最公平的教育，也是最好的教育。我们的国家如果能多一些钱学森、袁隆平，有自己的乔布斯，那将是一种什么样的局面！而这样的苗子可能就在现在的中小学生中。如果我们不能尽早发现，及时培养，而是顾虑重重，不敢多给他们一个“馒头”，不能使他们脱颖而出，甚至埋没了他们的才华，最后蒙受损失的还是整个国家和民族。

（三）辩证的方法要求我们在处理各种关系时，克服“非此即彼”的思想方法

不能把两个本来相辅相成或相反相成的东西看成完全对立的东西，强调这个就要排斥另一个。例如，为了强调发展能力，就要贬低知识的学习；为了强调学生的主体性，就要贬低教师的主导作用；为了倡导发现学习，就

要贬低接受学习;为了提倡表扬和鼓励,就要否定必要的批评或惩戒;为了强调改革创新,就要否定已有的成绩、传统和优势。客观事物是错综复杂的,往往是你中有我,我中有你,“亦此亦彼”,不可能纯而又纯、“非此即彼”。就拿教师与学生、教与学的关系来说吧,就不是一种非此即彼的关系。教师少讲不等于学生多学。因此,个别学校严加限制教师讲课的时间,甚至规定下课铃打响之后,严禁教师进教室,这样的做法是不妥的。辩证法的对立面是形而上学。它在日常生活中经常可以看到,危害性不亚于唯心主义,必须认真克服。

要真正搞好义务教育,还必须办好每一所学校,让义务教育在高水平上达到均衡发展。

因为我国未来的成功肯定要靠教育,肯定要从靠资源的竞争转到靠人才的竞争上来。教育的成功肯定要靠众多学校的成功来实现。没有学校的成功,教育不会成功;没有教育的成功,我们的民族就不会成功。这种成功、这种民族的使命要落到每一个校长、每一个教师身上。当我们感受到这种责任的时候,就会对教育有新的理解。为什么南开中学会出三位关注民生的总理、副总理?从周恩来到温家宝,包括邹家华,因为南开中学的校训是“为中华之崛起而读书”。一个学生在中学读书的时候就埋下了为祖国、为民族奋斗的种子,这就有了责任,学习就有了动力和压力。

第七章 职业教育制度

第一节 世界职业教育制度概述

职业教育制度是现代教育制度中的一个重要组成部分。职业教育的源头可追溯至人类有史之后的家庭手工业生产中。中世纪产生了行会制度,学徒制度是手工业行会组织的一个重要组成部分,学徒制度也是古代技术教育的主要形式。产业革命后,工厂生产代替家庭工业,学徒制走向崩溃,职业教育学校取代了从前的学徒制度,以学校为中心的职业教育到 19 世纪下半叶才开始走上正轨。进入 20 世纪初期,各国以立法的形式使职业教育成为教育制度的一个部分。第二次世界大战后,职业教育进入扩充、加强、改革阶段。

一、前学徒制阶段

在家庭内部劳动这一形式中,手工业生产要早于农业生产,制造家用器具和武器的手工业,可以说是人类最早的有组织的活动。人们在进行这些活动的时候,具备了相应的技术。通过下意识的模仿,一代一代把技术传递下去,这就是职业教育最初的简单形式,也可以把它看做是一种学徒制度。学徒制度最初的形态是父亲在家庭中把职业技能传授给儿子。当职业发展到不仅仅是自己的孩子而且还需要别人给予帮助的时候,便开始吸收别人的孩子到自己家中,并向他们传授技艺。这样,原始的学徒制就逐渐演变为一般性的教育形式。

二、学徒制度盛行阶段

作为一种法定学徒制度的有关记载，在纪元后不久就消失了，直到11世纪末或12世纪初才重新恢复。11世纪，学徒制度的恢复与手工业行会的出现紧密联系在一起。11世纪末，由于城市手工业日益发展，手工业者的处境大大改善，他们的手中积累了资金，生活开始富裕起来，手工业者建立了自己的行会组织，以加强团结、扩充实力和提高自己的地位。学徒制度是中世纪手工业行会的显著特点之一。在行会成立之前，学徒制度只是作为一种私人的习惯而存在。随着行会的成立，学徒制度才逐渐具有社会性质，最后完全置于行会的控制之下。概括说来，从13世纪中期到15世纪中期，学徒制度逐渐从私人性质过渡为公共性质。行会中的劳动组织是由三种不同身份的人，即徒弟、工匠、师傅组成。三者之间有一定的顺序，分别经过一定时期的学习和做工，由徒弟晋升为工匠，再由工匠晋升为师傅。徒弟是立志成为一个手工业者，在固定师傅的指导下，经过一定时间的见习性学习的少年。徒弟支付学费，住在师傅家里，除衣食费用外，还拿一定数量的工资。师傅负责向徒弟传授技艺。徒弟在学徒期满就转为工匠，并仍住在师傅家里，从事手工业劳动。师傅对工匠仍负有教育的责任。在多数情况下，采用让工匠用几年时间到各地游历的做法，以广见闻，丰富经验，提高技术。游历结束后，工匠要制作自己最得意的作品，即所谓杰作，得到师傅承认后可晋升为师傅。师傅是独立的手工业者，行会的成员，具有公民权，但多数是单独从事劳动。行会制定了雇佣徒弟的详细规则，明确规定一个师傅可以招收徒弟的人数，一般一个师傅只能招收2～4名徒弟。行会对学徒期限也作了规定。英国通常定为7年，欧洲大陆各国一般为3～4年。学徒期限还因职业的不同而有长有短。学徒期满时，也和学徒开始时一样，按照惯例举行仪式。

学徒制度是在政治组织力量微弱，社会秩序不稳定的时代兴盛起来的。随着贸易的发展和财富的集聚，一些拥有资本的人逐渐掌握了权力，以致学徒制度一天天地演变成一种不适当的制度。行会成员中出现了富有者之后，他们逐步握有行会的统治权，并且用来压迫贫者。这样就引起行会成员间的竞争，于是人们不是去努力生产优质产品，而是热衷于廉价产品的生产，以致行会终于成为产业组织的障碍物。在它衰落的同时，具有悠久传统的学徒制度也出现衰退的倾向。

三、以学校为中心的职业技术教育建立、发展阶段

（一）以学校为中心的职业技术教育初创期

以学校教育为中心的技术教育理论和实践在古希腊和古罗马时代就已经出现。但是，技术教育理论和实践的形成，则是文艺复兴以后的事情。17世纪，由许多改革论学者，如英国的培根、巴昆等学者提出的技术教育改革的建议，虽然在当时未能付诸实施，但在17世纪结束的时候，这些方案的实施逐渐趋于具体化。

首先采纳这些建议的是由德国的费朗凯创建的实科学校。费朗凯企图把技术性作业引进学校教育的尝试，最初是在费朗凯学院用来教育贵族子弟的高等预备学校中实施的。该校开设了车削加工、玻璃研磨、铜板雕刻等手工作业课，还组织学生到车间或工场参观。但是由于这些作业课是同正规课程区别对待的，它在学校教育中只是处于附属地位。

1708年，泽姆拉开办“数学、机械实科学校”，是真正为市民阶层进行职业教育而开设的学校。这种实科学校是由泽姆拉首创的。1747年，海卡在柏林设立了“经济、数学实科学校”。该校与泽姆拉试办的学校相比，除在其内部设语言班、读书班、机械班、几何班、建筑班、地理班、手工业商业班、特别班（其中机械班占主要地位，聘请手工业者充任教师，通过实习，学习各种有关机械的知识）等8个班级外，其他各方面没有多大的差别。但海卡的学校建立之后吸引了许多学生，并且依照同样的模式在各地建立起这种学校。最后，被弗利奇二世列为王室的教育设施。海卡创办的实科学校之所以在社会上引起巨大的反响，是因为到18世纪中期，人们普遍认识到为了国家的统一，实科学校教育乃是谋求经济繁荣、政治进步和提高国力的基础。

（二）以学校为中心的职业技术教育建立、发展时期

18世纪后半期，以英国各种机械的发明为开端的产业革命给各国的经济和社会带来深刻的影响。由于机械的使用，使生产成本不断下降。因此，原来的手工业者已经不能适应新形势发展的需要，到处都在建立工厂，企业主可以任意决定劳动工资和劳动条件，妇女和儿童取代成年男子进出于各种产业部门，导致工资日趋下降，劳动时间不断延长，车间卫生状况日益恶化。具有如此巨大影响力的产业变革在技术教育上没有任何反响是不可能的，16、17世纪以来日趋衰退的学徒制度，又因产业革命而遭到致命的打击。以此为转机，近代技术教育机构及其体制进入了整顿阶段。

英国在此时出现了两类职业技术学校。一种是以培养与训练雇佣劳动力为目的的“作业学校”、“星期日学校”、“贫民学校”。英国由于“圈地运动”和“动力革命”，致使贫苦农民及其子女涌进城市，工人也受到失业、贫困的折磨，因此，贫苦儿童的教育被作为“济贫”的手段。“作业学校”等就是为贫苦儿童创办的。伦敦的“工艺学校”是在贫民学校的基础上发展起来的。19 世纪初，这种学校在英国各地发展很快，比如 1821 年，伦纳德、霍纳创办了爱丁堡工艺学校。该校的任务是对机械工业、手表制造工业的职工进行技术教育。教学内容以机械工艺学、数学、化学为主，并且特别注重算术、几何等基础知识。另一种学校是以培养技工和专业人才为目标的矿山、铁路、航海学校等。由于在纺织、采矿、冶金等行业使用蒸汽机，英国从木材时代进入了煤和铁的时代。1700 年，英国年产煤只有 260 万吨，而使用了蒸汽机后，1835 年年产煤达到了 3 千万吨。1850 年，英国已铺设铁路 6 621 英里。显然，英国煤、铁的生产和铁路交通线的建设，要求培养采矿与交通方面的技工与专业人才，于是英国政府于 1850 年创办了矿山学校。英国的产业革命与发展职业技术教育极大地提高了劳动生产率。据统计，从 1770 年到 1840 年，英国工人的劳动生产率提高了 20 倍。

法国也与其他国家一样，几个世纪来，手工业都是由行会控制的。然而从 18 世纪起，行会的上层人员逐步演变为职业上的贵族阶级，由少数师傅独霸职业特权。在路易十六统治时期，曾对行会的这种不良风气试图进行改革，随着法国革命的爆发，反对行会制度的形势逐渐高涨，1791 年，法国国民会议废除了行会，学徒制度改为由国家管理。

在这种形势下，当时法国的当政者决定通过在学校进行技术教育代替学徒制度。1788 年，申拉·娄秀弗可·良考特公爵在拉蒙泰纽创办的学校就是为实现上述决定的最好典范。在由私人或自治团体开设的同类学校中建立了实习场地，试图把普通教育和职业教育结合起来。然而其中的技术教育与从前的学徒制度不同，这些学校做了许多改进。这样，在法国很早就建立了工业学校，取代学徒制度。如在 1852 年，东部铁道公司就已设立了徒弟学校，在 1864 年还专为女生创办了工业学校。

德国很早就进行职业教育。1817 年，博依特就工业人才培养问题向枢密顾问官提出六项建议。其中最值得注意的是建议在普鲁士的 25 个行政区内各设一所地方工业学校，并在这类学校之上设立中央工业学校，以形成工业学校网。在博依特的领导下，1817 年首先在各地区的城市设立了二年制的手工业者学校，并在1821年以这类学校为基础形成地方工业学校网。各地学校大体上开设了下列课程：用具画、自由画、模型制作、纯粹数学、应用数学、物理、化学、德语。校用土地和设施由所在城市提供，其他概由国家负担。到1838年，博依特已在普鲁士的25个辖区内设立了20所地方工业学校。

普鲁士最早的机械专门学校是1817年创办的艾伦堡学校。1879年在科隆工业学校设立了机械技术特别部——机械制造学校。1891年普鲁士最早的工长学校设在杜伊斯堡。因此，1870—1880年是普鲁士机械专门学校建立、发展的时期。这些学校起初为市立，以后转为公立。分为高级和普通两类。高级的是培养机械制造的设计者、企业里的技术员、未来的企业经营管理者和领导人。普通的是培养中、下级技术员，工长，小工厂的经营管理人员。教学内容也不一样，高级的多开设一些技术基础课——数学和自然科学。

此外，在符腾堡，1818年王室委员会就建议辖区内所有的城市设立星期日工业学校。到1828年办了27所学校。1848年决定由国库对星期日工业补习学校一年补助5 000马克。此时，这类学校发展是缓慢的。原因是教师不足，教材缺乏，教育目标也没有比民众学校高多少。于是，王室委员会在1827年对规模小和规模大的学校分别制订了教学计划。1845年有69个市、镇、村设立了星期日工业补习学校。

德国的工科大学是19世纪建立与发展起来的，是与德国工业化的进程、产业革命的发展相适应的。德国工科大学的前身学校大多是在1820年到1830年建立的。在这以前，也有比较高级的技术教育机构，如1699年设立的“柏林技艺学院”，主要是建筑方面的高级技术教育机构。此外，有名的学校还有萨克森弗赖堡矿业学院（1766年设立）、哈尔兹的克拉乌斯“矿山学校”（1775年设立）等。当然，这些学校是适应18世纪国家重商主义的政策和国家企业的需要，作为培养技术官员的场所。因此，1820—1830年建立的这些工科大学的前身学校，同样是国家及其政策在起主导作用。把各种不同类型的技术学校办成同一水平的工科大学，是1860年以后的课题。其中普鲁士工科大学——柏林大学和汉诺威工科大学是其中的典型。柏林工科大学的前身是博依特在1821年创办的柏林中央工业学校。这所学校在1827年改称为工业专门学校，1866年改称为工业学院，1879年和柏林建筑学院合并，升格为柏林工业大学，下设机械、冶金、化学和造船四个系，并发展成为驰名世界的工科大学。汉诺威工科大学的前身卡玛士是在1831年设立的高等工业学校。1847年改称综合技术学校，1880年升格为工业大学。这所学校不采用学科制，而是根据学生选修的课程决定专业领域。学校只规定一个标准的修业年限，包括一年的预备课程在内，化学工程学科为3年，机械工程学科为4年，建筑工程学科为5年，技师科为6年。

美国在英国殖民时期乃至整个18世纪，学徒制的艺徒训练一直是初级职业技术教育的重要方式。19世纪20年代以后，美国开始了独立自主的经济发展。这时原有的学徒制度已不能迅速提供工业革命和商业流通所需要的大量劳动力，同时机器生产也不需要那种具有熟练手工技艺的工人，工厂主只需以极低的报酬便可获得大量的廉价劳动力。这就要求他们具备学徒制工人所没有的自然科学基础知识和专门技能，这就促使职业技术学校的出现。最早于18世纪后期出现的私立专门学校，仍旧以重视读、写、算及手工劳作为主，附带有农牧业方面的教育，学校数量也少，进入19世纪以后才开始了真正专门的培训技工的历史。1814年波士顿设置了农工学校，对贫穷儿童授之以职业技能，1820年纽约也出现了技工学校，1821年缅因州有了农业学校。当19世纪30年代经济中心由乡村转到城市之后，职业技术学校在城市中快速发展起来。1851年费城有了专门讲授工业制图、制造工艺的学校。纽约于1859年还出现了职业夜校。这些学校或由私人创办，或由工人协会主持。同一时期的文实中学或公立中学内也都开设了面向实践的职业课程。职业教育的出现，推动了美国经济的发展。

1862年，美国颁布了《摩雷尔法案》，开始了联邦政府以资助的方式指导和控制职业技术教育的历史，对于高等职业技术教育，尤其是农业技术教育的发展具有很大的促进作用。该法案规定，按各州在国会中的参议员和众议员人数多少配给各州以国有土地；各州将这类土地出售或投资，所得收入在5年内至少建立一所“讲授与农业和机械工业有关知识”的学院，并且每年必须向内政部长及其他同类学院书面报告发展成果及经费使用情况。后来，这类学院又被称为“农工学院”或“赠地学院”。1862年摩雷尔法生效后，农业和技术大学有了财政上的保证。但是，许多州在大约十年内并没有再增设这类学校。因为以老牌的州立大学和私立大学为核心的这类教育机构的发展迟缓，按阶段增建机械学、产业训练、机械工程学的教学计划也很困难。然而，在摩雷尔法的土地附加基金的刺激下，1870年威斯康星大学第一个设立了工学院，下设土木、机械、矿山采矿、金属等学科。大学当局任命明科德穆思为军事科学、土木工程学、机械工程学教授。之后,各学科都在努力,但得不到大学当局实际的支持,未能得到进一步的充实,甚至机械工程学科连实习工厂都没有。被称为第二次摩雷尔法的哈奇法,与第一次摩雷尔法一样,是从大学卖掉国有土地获得补助费的角度设想的。但是,不久由于国有土地的减少,根据法律获得的补助费不能维持多久。于是,决定对其不足部分由国库基金支付。这是第二次摩雷尔法的主要内容。

日本在1871年(明治四年)开始推行殖产兴业政策。在此政策推动下,日本职业技术教育开始萌芽。日本职业教育是从造船业开始的。1872年建立正规学校的目标为培养中、高级技术员,但日本职业技术教育发展缓慢。1871年在东京首设工学寮,建立一所工业学校,1872年在北海道设立札幌农业学校,实施职业技术教育。同时,地方也设立了一些农业学校。但总的说来,发展迟缓,这是因为政府推行"殖产兴业"、"富国强兵",着力于发展高等教育和普及初等教育。1893—1894年,日本政府先后颁布了《实业补习学校规程》和《实业国库补助法》,推动了日本实业教育的发展,到明治40年代,职业学校网逐步形成,职业教育日益体系化。1900年2月4日,明治政府颁布《实业学校令》和有关的专门教育规程。自此,日本职业教育制度正式确立。

四、职业教育制度化阶段

19世纪末以后,随着生产技术以及相应职业的发展,接受专门技术教育的人才培训工作,必须由职业学校来完成,中等学校的性质逐渐变化。而且这种趋势,特别是在第一次和第二次世界大战期间表现得非常明显。作为这种趋势的反映,各国在法律上采取了振兴中等教育阶段的职业教育措施,其中美国的史密斯—休斯法以及法国的阿斯蒂埃法等具有代表性。

在有关中等教育阶段职业教育中的一个不容忽视的问题,就是中等学校教育义务制的问题。进入20世纪以来,中等教育阶段出现了划分为前期和后期两个阶段的倾向。中等教育的一般性基础教育由此得到保证,进而提高了职业教育的水平,也使学习年限和教学计划发生变化。在已经具有开放性的美国或苏联,中等学校已失去了大学预备校的性质,其毕业生进入职业教育机构的趋势日益明显。

美国联邦政府于1917年制定了史密斯—休斯法。其目的在于振兴中等程度的职业教育。该项法令的主要内容有以下四点:

(1) 联邦政府向全国各州每年支出 50～300 万美元作为从事工业教育的学校校长、教导主任和教师的工资补助金。

(2)在 4 年期间,每年支出 50～100 万美元用来作为培训工业和农业师资的经费。

(3)可以享受补助金的州只限于能使补助金增加 1 倍的州。

(4)以不超过振兴工业教育补助金的 20% 和 30% 分别用于家政科教师的工资和为教育 14 岁以上的劳动青少年而办的定时制学校。

该项法律制定后,所有的州都根据该项法律的规定,分别设立了①州职业教育审议会,②职业教育的教导主任,③职业课教师培训机构,④州支付的教师工资基金,还制订了必须向联邦职业教育审议会提出并由其批准的事业计划。

这一法律的制定,振兴了职业教育,这可以从教师数和学生数的急剧增加等得到证明。就是说,全国工业学校教师数在该法律实施的第一年即 1918 年为 3 276 人,而 1925 年就增加到 9 037 人;同样,学生数由 1918 年的 117 934 人增加到 1925 年的 382 275 人。此外,工业师资培训机构由 1918 年的 45 所增加到 1925 年的 85 所;州为工业教育支付的经费由 1918 年的 1 2229 064 美元增加到 1925 年的 7 598 212 美元,大约增加了 5 倍。这样美国的中等职业教育体制就奠定了牢固的基础。

美国担当技术教育任务的学校,除职业中学、工业中学之外,还有属于中学毕业后的地区专科学校和短期大学等。这些学校的在校生人数由 1918 年的 168 000 人增加到 1945 年的 1 3290 000 人。由此可见,这些学校都在两次世界大战之间取得了明显的发展。

法国历史上很早就出现了专业技术学校。法国大革命时期建立起来的巴黎理工学校等,更使法国的高等技术教育在 19 世纪前半期居于世界领先地位。然而由于法国的文化传统,特别是社会长期存在重文轻理、重古典轻实用学科的观念和思想,19 世纪后半期,法国的职业技术教育与欧美很多国家相比,发展速度比较缓慢。1905 年,由高等技术教育评议会提出了一个关于职业教育的法案,但由于各种各样的原因,这一法案虽屡经讨论,却一直未能正式通过。第一次世界大战使法国经济蒙受巨大的损失。战后恢复和发展经济的需要,以及社会各界要求改革传统教育的呼声,使职业技术教育再一次备受重视。1919 年,由阿登省议员阿斯蒂埃提出的职业技术教育法案被议院正式通过,通称《阿斯蒂埃法案》。它成为法国历史上“技术教育的宪章”,构建起法国职业技术教育的基本框架。该法案提出:由国家来代替个人承担职业教育的任务;技术教育机构的设置可以有公立、私立之分;职业技术教育的目的是为了工业和商业的发展,从理论上和实践上学习各门科学知识和各种工艺知识;18 岁以下的青年男女有接受免费职业技术教育的义务,而雇佣他们的工厂主、商人等必须保证他们每周抽 4 小时的工作时间接受职业技术教育,年学时累计不少于 100 小时;学习内容有:为补充初等教育的普通教育,作为职业基础的各门学科,获得实际技能的劳动实习。为了实施这项法律,需要扩充技术教育机关。所以在 1925 年制定的法律中,为了筹措经费,规定向雇主征收“徒弟税”。根据这项法律的规定,每年支付 10 000 法郎以上工资的雇主,1934 年的税律为工资总额的 2%。国家利用徒弟税开办了许多全日制实务学校、职业学校和定时制职业学校等。阿斯蒂埃法唤起了产业界对技术教育的关心,促进了技术教育学校飞速发展。1937 年制定的德布利法继承了阿斯蒂埃法的宗旨,强化了国家对技术教育采取的财政措施。在这一时期,担当技术教育任务的具有代表性的学校可分为实务学校和职业学校两类。入学条件均为年满 12 岁,修业年限为 3 年。实务学校对青少年施以广泛的职业教育,而职业学校则是按照不同的职业类别进行分工的。

在德国,具有代表性的、进行技术教育的学校是职业学校和实业学校。职业学校是在过去补习学校的基础上发展起来的,进入 20 世纪后,这种职业学校形式已趋完善。根据魏玛宪法第 145 条的规定,原则上规定了实施职业学校就学义务制。但由于财政上的困难,未能在全国范围内推开,只是各邦根据法律规定,个别实行。后来,根据 1938 年制定的《德国就学义务法》,才于 1939 年在全国范围内实施。职业学校的修业年限一般为 3 年,按照不同的职业详细分工。其第一目的是着眼于提高学生从事职业的能力,因而把属于同一职业或相近职业的学生编入同一班级,以使教师可以专心致力于特定职业的教学。职业学校是对普通群众进行教育的职业教育机构。相反,实业学校则是对于能在各种产业部门中居于临时岗位的人进行专门技术教育的学校,其修业年限为 3 年或 4 年。德国的实业学校种类、培养目标、修业年限以及教育设施等方面变化多端,其原因在于使实业学校能够适应各式各样经济的、技术的需要。

20 世纪以来,英国进行技术教育的学校分为初级工业学校和职业学校两种,都以 12 ~ 13 岁的青少年为招生对象,修业年限为 2 年或 3 年。这些学校大多于1910年前后创建。初级工业学校的学科范围很广，包括从机械、建筑到整个工业领域。这种学校曾在英国的技术教育中起到了很大的作用。1935年，当时初级工业学校在全国已有134所，在校学生数达17 000人。职业学校大多设在伦敦市内及其周围，有半数的课时作为职业实习时间。

五、职业教育的扩充、加强、改革阶段

第二次世界大战以后，各国都继续扩大职业技术教育的规模，增加在校生人数，调整学科结构以适应产业结构的变化。普通教育职业化，职业教育普通化，办学形式日趋多样。

当日本在第二次世界大战后经济逐步恢复时，产业界强烈要求培养各级各类职业技术人才。1951年6月，日本文部省采取了一系列措施：(1)加强职业教育立法。1951年6月，文部省公布了《产业教育振兴法》。(2)调整学科结构，增强工业高中学生。(3)在普通高中开设职业课程，供学生选修，以利于不能升学的普通高中毕业生对就业有所准备。(4)适应产业结构变化，调整职业高中内部结构，增设职业高中课程。日本文部省又于1968年提出了"高中职业教育多样化"的方针，着重对职业教育课程进行调整。一方面逐渐降低农业科学生人数的比例和不断提高工业科、商业科的比例；另一方面，砍掉已经过时的旧学科，大量增设适应产业结构变化所需的新学科，如电子、化工、工业管理、商业贸易、信息处理等。

1944年英国颁布《巴特勒法案》，其中关于中等教育有如下内容：建立注重工商技术训练的技术中学(学生年龄为11~16岁或18岁)。此法案推动了第二次世界大战后英国教育的发展，同样也推动了技术教育的发展，到1947年技术中学达到317所。英国技术教育在1947年以后是以技术专科学校为中心在后续教育机关中进行的。1956年，英国政府发表了有关"技术教育"的白皮书，制订了从1956年到1961年的5年当中，技术教育扩充计划，把技术专科学校学习的定时制学生从原来的355 000人增加到700 000人。1968年，国立专科学校有512所。在这些专科学校或学院，分别设有适应熟练工、工长、助理技术员、技术员和工程师等各类人员需要的课程。

第二次世界大战后，法国制订了兰哥滨—瓦隆教育改革方案。根据这个方案，于1959年延长义务教育的年限，小学(5年)和五年制的各种中学的前期中等教育义务化。相当于前期教育的中等学校有中等教育专科学校(4年)、普通教育专科学校(4年)、公立中学(与后期加起来，共7年)等三种学

校。后期中等教育分为公立中学和技术教育专科学校两种，只进行技术教育的公立中学称为公立技术中学。

第二次世界大战后，美国 1958 年制定的《国防教育法》、1962 年制定的《人力开发法》和 1963 年制定的《职业教育法》，都使联邦政府支付给职业教育有关的学校补助金有所增加。这一系列的法律，为包括特别贫困家庭的子弟在内的全部青少年提供了接受职业教育的机会。

第二节　我国职业教育制度概述

一、我国古代的技术传授方式

我国有关古籍对原始社会的技术传授做了大量记载。《白虎通》卷一有："古之人民皆食禽兽肉。至于神农，人民多，禽兽不足，于是神农因天之时，分地之利，制耒耜，教民农耕……"《孟子·滕文公上》有："后稷教民稼穑，树艺五谷，五谷熟而民人育。"《吴越春秋》有："尧聘弃……拜弃为农师，封之台，号为后稷。"《路史》(后纪卷五)有："嫘祖始教民育蚕，治丝茧以供衣服。"上述古籍中的"教民农耕"、"教民稼穑"、"拜弃为农师"、"教民育蚕"等都从一个侧面反映了我国原始农业文明及农作技艺传授的事实。这种带有随机性、偶然性、分散性的教育与劳动融为一体，教育的手段仅限于言传身教，还没有专门的教育场所和专职教育人员。

夏代，我国由原始社会进入奴隶社会。由于农耕技术的进一步发展，农作物产量增长较快，商业和手工业开始繁荣。

手工业方面，大批奴隶被迫进入各种作坊劳动，作坊内的分工日趋细化，形成了复杂的综合性手工业。但当时对奴隶的技艺训练是强制性的，奴隶的生产活动还没有形成专门的职业，奴隶不可能靠自身的生产劳动获取生活资料，成为专门的职业生产者。工商业方面，我国在西周以前实行"工商食官"制度，"公食贡，大夫食邑，士食田，庶人食力，工商食官，皂隶食职"，工商业者是贵族阶层的家庭奴隶，私人工商业发展艰难，零星的私人商业也受到官府的控制；市场由领主设立，对商人、商品等都有严格管制。直到春秋时期，"工商食官"制度解体，代之而起的是齐国管仲推行的士农工商"四民分业"制度，之后，我国古代的工商业才获得了发展的场所和机会。

整个奴隶社会，掌握政权的统治者并不重视职业教育，夏代“为政尚武”，教育的目的、内容均与夏代政权的性质有直接关系。统治者为了巩固和扩大其统治，一方面要镇压本族奴隶的反抗，另一方面又要不断征讨、掠夺其他部落，因此，军队起着关键作用，他们重视的首先是军事教育，其次是宗教教育和人伦道德教育。商代的教育除了沿袭夏代的“为政尚武”外，更注重礼乐教育，因为殷人迷信鬼神，经常举行祭祀活动，这类活动要有相应的礼仪和音乐，贵族青年都要接受一定的礼乐教育。西周时期，“国之大事，在祀与戎”。祭祀要礼乐，军事要射御。贵族子弟先经过家庭教育，然后接受学校教育，其中小学强调德性教育，内容包括德、行、仪、礼等几个方面；大学教育服从于培养统治者的需要，“学大艺，履大节”。可以说，西周贵族的教育内容就是“六艺”教育。“六艺”主要是一种“德艺”教育，其教育对象不可能是普通平民，学习的目的也不是运用于社会生产，它是奴隶主统治阶级为维护其贵族专政的政治需要而进行的教育，其本质是一种素养教育。

掌握着文化、技术的知识阶层遵循“学术官守”的传统，父死子继，子承父业，贵者终贵，贱者终贱，形成世业家有。家业世世相传者，称为畴人；父子相继世居其官，称为畴官。只有官学，没有私学，庶人和平民根本没有接受专业教育的权利。

管子“四民分业定居”制度之前，生产劳动者之间的分工还没有达到专门的职业化，技术技能的学习与传授是在日常生活和日常劳动中实现的，没有专门的教育场所和教育人员，因而不能产生真正意义上的职业技术教育，更不可能形成完善、系统的职业教育思想。

《尚书》是我国古代最早的一部历史文献汇编，书中记事内容上起原始时代的尧舜时期，下至春秋时期的秦穆公。《尚书》各篇按时代先后，分为《虞书》《夏书》《商书》《周书》几个部分。其中《周书》称：“农不出则乏其食，工不出则乏其事，商不出则三宝绝，虞（西周时掌管林产和水产业的官）不出则财匮少。”在这里，《尚书》只是指出了四种职业的重要性，并没有进一步涉及教育的方式方法、思想内容等。

《春秋·穀梁传》成公（前590）篇提到：“古者有四民，有士民，有商民，有农民，有工民。”根据时间推论，这里提到的“古者”、“四民”就是指管子的“四民分业”制度，因为管子在和齐桓公探讨治国之策时提出“四民分业”制度，当时是公元前685年。四种职业生产者的出现，意味着有可能产生职业技术教育。

二、我国最早的职业教育思想

春秋的齐国产生了我国最早的职业教育思想。关于管仲“四民分业定居”的制度有多方文献予以记载。《国语·齐语》中《管仲对桓公以霸术》一章，管仲答对桓公说：“参其国而伍其鄙，定民之居，成民之事。”又说，“四民者，勿使杂处，杂处则其言哤，其事易”，“昔圣王之处士也，使就闲燕；处工，就官府；处商，就市井；处农，就田野”，这样，士、工、商、农同一行业的人居住在一起，相互切磋，父业子承，他们的心思就会安定，不见异思迁；父兄对子弟的教育不用督促就能完成，子弟学起来不费力就能掌握。管仲又建议采取具体管理措施，“制国以为二十一乡：工商之乡六；士农之乡十五，公帅五乡焉，国子帅五乡焉，高子帅五乡焉。参国起案，以为三官，臣立三宰，工立三族，市立三乡，泽立三虞，山立三衡”。这样，不同的行业就有了不同的主管和专管人员。《管子·小匡》关于这一史实的记载与《国语·齐语》基本相似，而且，《小匡》中管仲回答桓公问政时还特别强调，“士农工商四民者，国之石民也”。这里，管仲明确提出了“四民分业”定居并设置专门机构进行管理的制度，表明当时的社会分工明确，已出现技术教育，这是有证可考的我国古代最早的社会职业教育思想。

那么，为什么我国最早的职业教育思想产生于春秋时期的齐国，而不是其他国家呢？管子职业教育思想首先得益于齐国独特的地域文化和重视工商业的传统。《史记·周本纪》载：“于是封功臣谋士……封尚父于营丘，曰齐。”初封的齐国，国土范围并不大，方不足百里，土地条件差，“齐地负海舄卤，少五谷，人民寡”。但是齐地背靠大海——渤海，海上交通方便，鱼盐资源丰富，人民又长于植桑养蚕而好“女工”，手工业较为发达。姜太公“因其俗，简其礼”，权衡利弊，采取了“通商工之业，便渔盐之利”、“劝其女功，极技巧”等大力发展工商业的基本国策。姜太公的这一经济政策奠定了齐国注重工商的经济文化传统。到齐桓公时代，管仲继承发展了姜太公的经济思想，在坚持“以农为本”的同时，对内实施“四民”分居定业、“设轻重鱼盐之利”以及“官山海”等政策，对外则采取“通七国之鱼盐于东莱，使关市几而不征”、为来齐经商者“立客舍”等措施，使得“天下之商贾归齐若流水”，这样，由工商业带动齐国的经济迅猛发展，使齐国成为经济大国。务实是齐文化传统的又一特色。齐自立国之初，就一向轻“礼”而重“利”，重利，就是特别重视发展经济的实际利益，工商业者的地位越来越受到重视，管子的一句话就是有力证明:“士农工商四民者,国之石民也。”“石民”即表明“四民”是国家的基石。

如此,桓管时期,齐国工商业空前繁荣,社会经济迅速发展,社会分工越来越细,专业化程度越来越深。第一,这一时期,齐国冶铜技术达到较高的水平,能够生产精美的礼器和兵器。冶铁业已经出现,并已制成农具,运用于农业生产,再加上管仲实行“相地而衰征”,根据土地的好坏来缴纳租税,极大地刺激了农民的耕种热情,农业也得到了迅速发展。第二,齐国地处山东半岛,气候温润,种桑养蚕有得天独厚的条件。西周初期,姜太公对桑蚕的重视为春秋齐国丝织业的发展打下了良好的基础。《汉书·地理志》说:“后十四世,桓公用管仲,设轻重以富国,合诸侯成伯功,身在陪臣而取三归。故其俗弥侈,织作冰纨绮绣纯丽之物,号为冠带衣履天下。”《史记·货殖列传》也说:“齐鲁千亩桑麻……”,“齐带山海,膏壤千里,宜桑麻,人民多文采布帛鱼盐。”第三,齐国的漆器业也在这一时期达到了极高的水平。临淄郎家庄一号东周墓出土的一批珍贵的春秋时期齐国的漆木器残片,图案严谨规矩,对称要求高,用笔一丝不苟,线条纯熟流畅,充分显示了画工精湛的艺术造诣。此外,春秋时期齐国的水利工程技术、城市建设都有了长足的发展。

随着经济的发展,各行业的分工也越来越细,专业化程度日益加深。《考工记》是我国现存最早的一部科学技术典籍,具有“齐国官书”的性质。《考工记》开篇就提到:“国有六职,百工与居一焉。或坐而论道;或作而行之;或审曲面执,以饬五材,以辨民器;或通四方之珍异以资之;或饬力以长地财;或治丝麻以成之。坐而论道,谓之王公。作而行之,谓之士大夫。审曲面执以饬五材,以辨民器,谓之百工。通四方之珍异以资之,谓之商旅。饬力以长地财,谓之农夫。治丝麻以成之,谓之妇功。”而且,每一种工种,又有细致的分工,“凡攻木之工七,攻金之工六,攻皮之工五,设色之工五,刮摩之工五,抟埴之工二。”攻木之工分为:轮、舆、弓、庐、匠、车、梓,攻金之工分为:筑、冶、凫、栗、段、桃,等等。这样高度的产业化,这样专业的分工,必然要求相应的职业技术教育。因此,在春秋时期产生了我国最早的职业教育思想,是齐国文化传统和经济发展的必然要求。

管子充分认识到职业教育的重要性,将其视为“牧民”、“治国”的重要手段和途径。《管子》一书集中反映了他的职业教育思想,在我国历史上最早系统地阐述了职业教育的行政管理机制以及职业教育的目标、方式及其功能等多方面内容。

（一）管子职业教育有明确的行政管理和教育机构

为了确保“四民分业”的职业教育制度得以贯彻执行，管仲进行“三其国而五其鄙”的行政管理，把士农工商分别安排在有利于他们生产、生活和学习教育的社区居住，让诸业以族聚，“旦夕从事于此”，易于形成规模效应；家族专业化又利于总结专业经验，按家系传授专业知识并使之精良可以不致失传。另外，齐国还专门设置了相应的管理机构和教育人员，对教育进行管理：军事管理方面设有大司马，《韩非子·外储说左下》记载管仲的话：“三军既成阵，使士视死如归，臣不如公子成父，请以为大司马。”农业官员为大田，齐桓公以寒士宁戚任之。工艺方面，《史记·田敬仲完世家》提到：田齐的先祖陈公子完，出奔到齐，“桓公使为公正”，专门管理手工业。还有侍渔、衡鹿、舟鲛、虞侯、祈望等，负责管理渔业、山林和川泽。

（二）管子职业教育思想具有很强的目标性和专业性

《管子·乘马第五》明确指出了对百姓进行教育的内容标准以及教育达到的目标。“智者知之，愚者不知，不可以教民；巧者能之，拙者不能，不可以教民”，“是故，非诚贾不得食于贾，非诚工不得食于工，非诚农不得食于农，非信士不得立于朝”。即不善经商的人就不要以经商谋生，不善技巧的人就不要从事手工业工作，不善种植庄稼的人就不要务农，不是真正的士人就不要做官；要让教育做到人尽其才，各尽所能。百姓做不到的事情，君主就不要强迫他们去做；百姓掌握不了的技术，就不要去教授他们。这样进行教育才能做到有的放矢，从而培养出诚贾、诚工、诚农和信士。《管子》认为，每个人只能“攻于一事”，“事之不可兼也”。任何工作都必须专才能做好，“成于务”，“不务则不成”。管仲强调，专业人才必须坚持“五务”：“君择臣而任官，大夫任官辩事，官长任事守职，士修身功材，庶人耕农树艺。”君主要选臣任官，大夫要任官治事，官长负责其事而严守职责，士人修养品德而攻治才艺，平民则从事农耕种植生产，各负其责，各尽其职。同时进一步强调：“凡此五者，务之力也。夫民必知务，然后心一，心一然后志专，心一而志专，然后功足观也。”意思是说人力各有专务，人必须认识这些专务，然后才能思想统一，思想统一才能专心致志，功业才能成功。

（三）管子职业教育内容极其丰富

《管子》对“四民”都有明确的教育内容。士的教育包括文士教育和武士教育。对文士的教育，《小匡》篇说：“令夫士，群萃而州处，闲燕则父与父言义，子与子言孝，其事君者言敬，长者言爱，幼者言弟。”强调的是义、孝、敬、弟等伦理道德方面，要求他们“处靖，敬老与贵，交不失礼”，成为知情达理、有一定素养的文明阶层。对军士的教育既包括由将帅对士兵经常进行爱国、爱家乡父老乡亲的教育，又包括军事训练教育，如《幼官》篇所记，作为军士就要做到“动慎十号，明审九章，饰习九器，善习五教，谨修三官”。管子认为农业是“本”，对农业生产有严格要求，让农民分别四季，安排各季所作。在天气尚冷的时候，就要铲除杂草修整土地，待时而耕。耕得深，种得均，复土快。在雨季到来之前，就除草松土，等待降雨。降雨后，就带上各种农具，从早到晚在田里从事农活。分别禾苗的好坏，合理疏苗。为了更有效地推行农事教育，《管子》还主张设立“虞师”、“司空”、“司田”、“乡师”等官职，由他们负责向农民实施农事教育，视察农业生产状况。对手工业者的教育，《小匡》篇说：“相良材，审其四时，辨其功苦，权节其用，论比，计制，断器，尚完利。”要求工匠造出种类齐全、工艺精致的手工业产品，以满足社会的需要；对于商人的教育，也提出了具体的办法：“观凶饥，审国变，察其四时而监其颖之货，以知其市之贾。负任担荷，服牛辂马，以周四方；料多少，计贵贱，以其所有，易其所无，买贱鬻贵。”从而促进了商品交流和市场繁荣。

（四）管子职业教育注重形式的多样性

管子采取“四民分业定居”的措施，使士、农、工、商“群萃而州处”，同一行业的人集居一处，易于彼此交流经验，又易于养成专业气候，无形中形成一种良好的社会职业技术教育环境。这种社会职业教育是当时职业教育的主要形式。以“父传子学”的教育形式为主，并不是说国家对职业技术的教育就放任自流，而是通过设置专门机构和官员对教育进行管理。譬如，管仲曾建议桓公：“故吏者所以教顺也，三老、里有司、伍长者，所以为率也。五者已具，民无愿者，愿其毕也。故常以冬日顺三老、里有司、伍长，以冬赏罚，使各应其赏而服其罚。”政府通过训练三老、里有司和伍长等乡官，把技术传授给他们；再由这些乡官回乡把技术传授给村民，以指导生产。

（五）管子职业教育是一种终身教育

管子注重社会生产，体现了“人本”思想，因为“一农不耕，民或为之饥；一女不织，民或为之寒”。《管子·霸业》中说：“夫霸王之所始也，以人为本，本治则国固，本乱则国危。”落实到具体措施上，就是注意人的教育，把教育看做百年之大计：“一年之计，莫如树谷；十年之计，莫如树木；终身之计，莫如树人。一树一获者，谷也；一树十获者、木也；一树百获者，人也。我苟种之,如神用之;举事如神,唯王之门。”这是说,比起粮食、树木这些有用之物来,人的价值最高,“树人”可以收到“一树百获”之利。

(六)管子职业教育具有多重社会功效性

首先,管仲进行一系列改革的根本目的就是要实现他称霸诸侯的愿望,推行职业教育措施也是为这一政治目的服务的。《史记》对此的表述是:“管仲既用,任政于齐,齐桓公以霸,九合诸侯,一匡天下,管仲之谋也。”其次,管子发展职业教育是为了富国安民。齐自立国,就崇尚“利”而轻视“礼”,注重发展经济对安定社会的作用。管仲明确表示“仓廪实而知礼节,衣食足而知荣辱”,只有人们富裕了,才能追求精神文明。再次,管子主张“四民分业定居”,设官管理四民,实际上是整顿行政管理机构,集权于贵族,以便加强对人民的统治;他从国家政策的角度抬高各行各业人员的社会地位,说“士、农、工、商四民者,国之石民也”,明确表示这些人都是国家的基石,也是为了让他们专心于自己的职业,使社会组织能有序地运转。

从原始社会以来,直到春秋时期的齐国,我国才有了真正意义上的职业教育。“四民分业”的社会职业教育具有很强的时代性,是当时经济基础的反映,是中国古代史上最早的职业技术教育。今日淄博、临淄,即春秋时期的齐国,就是我国职业教育的发源地。

三、我国近现代职业教育的建立与发展

我国职业教育真正得到发展的是在近代,经过洋务教育和维新教育的相继推进,促成了20世纪初清政府的教育改革,其中,普通教育和实业教育是两个热点。但在20世纪第一个10年过去时,普通教育发展的速度远远高于实业教育,两者比例极不相称。黄炎培于1913年在《教育杂志》上发表《学校教育采用实用主义之商榷》一文,对癸卯学制颁布以来中国教育,尤其是普通教育发展中的问题作了考察,指出学生在学校中接受的道德、知识、技能训练,走上社会后毫无用处。这就从理论上论证了改革普通教育,加强学校教育与个人生活和社会需要之间联系的必要性。文章发表后,在民国初年的教育界引起强烈反响,形成早期实用主义教育思潮,引发人们教育观念的变化。黄炎培是公认的中国近现代著名的爱国主义者和民主主义教育家,是中国近代职业教育的创始人和理论家,他以毕生精力奉献于中国的职业教育事业,为改革脱离社会生活和生产的传统教育,建设中国的职业教育,作出过重要贡献。1917年5月6日,在上海成立了中国近代史上第一个

研究、试验、推行职业教育的全国性团体中华职业教育社。黄炎培被推任办事部主任。同时宣布,中华职业教育社的目的,是推广、改良职业教育,改良普通教育,力求做到学校无不用之成才,社会无不学之执业,国无不教之民,民无不乐之生。中华职业教育社在城市办了职业补习学校,在乡村也办了职业学校。1926 年 6 月与其他单位一起在江苏昆山徐公桥试办了乡村改进试验区。

新中国成立后,我国的职业教育得到了进一步发展。党中央、国务院始终高度重视职业教育工作。早在 1978 年召开的全国教育工作会议上,邓小平就明确指出,整个教育事业必须同国民经济发展的要求相适应,应该考虑各级各类学校发展的比例,特别是扩大农业中学、各种中等专业学校、技工学校的比例。1985 年,党中央、国务院又明确了大力发展职业教育的方针。在我国进入全面建设小康社会和构建社会主义和谐社会的新阶段,国家进一步加强了职业教育工作。经国务院批准,先后六次召开全国职业教育工作会议,并于 1991 年、2002 年和 2005 年三次做出关于大力发展职业教育的决定,把职业教育确立为经济社会的重要基础和教育工作的战略重点。在党和国家的重大决策和相关文件中,反复强调职业教育在社会主义现代化建设中的基础作用和战略地位,要求采取强有力的措施,推动职业教育又好又快地发展。

四、当代世界职业教育发展的新动向

进入 21 世纪,为满足全球化经济和信息化社会对高素质劳动者的需求,世界各国的职业教育进入了一个在调整中巩固、在改革中发展的时期。尽管政治背景、经济发展、文化传统不同,以至各国调整与改革的形式和措施也不同,但我们从中仍可以梳理出四条主体脉络。

(一)一个重大的共识:确立了需求导向及可持续发展的职教观念

联合国教科文组织《21 世纪头十年的技术与教育计划》指出,现在国际上流行的发展模式,对环境、对教育以及对社会福利都有不利影响,不能无限期地继续下去。今后必须实行可持续发展的模式,未来的技术和职业教育与培训不仅要培养适应在信息社会就业的人,而且要使他们成为有责任的公民,成为关注环境保护和关心脱贫的人。该计划特别强调,技术和职业教育与培训计划不仅是靠需求驱动的,而且是靠发展需求驱动的。这里的一个重要观点是,职业教育要满足现实需求与发展需求,就必须实施可持续发展的职业教育。

在这一职业教育观念的指导下,世界各国从以下几方面进行了一系列改革:

1. 职业教育是促进就业的教育

适应劳动力市场的需要,满足社会对合格劳动力的需求,降低青年就业的门槛,解决社会就业问题,是职业教育最主要的目标。

各国强化了两方面的措施:一是职业资格预测。德国已建立了由最富代表性企业参加的全国性"职业资格早期监测系统",为职业资格标准的确定和课程开发提供实时、可靠的信息和数据。欧盟大多数国家也仿效德国制定了职业资格预测方案。预测的内容不仅包括未来科技发展的趋势及其对职业的影响,而且包括消费者需求、全球化以及市场竞争对经济发展及对职业教育的影响。二是职业指导咨询。美国每年拨专款用于开发职业指导课程和培养学校的职业咨询工作者。法国将职业"方向指导中心"的工作人员纳入公务员系列。德国则不仅在全国建立了180多个国立的职业信息中心,向全民免费提供职业指导和职业咨询,而且建立了国家职业信息网络,出版《职业现状手册》《学业与职业选择手册》。

2. 职业教育是强化创业的教育

小企业在世界各国经济发展中发挥着极其重要的作用。

在中小企业数量或产值占60%以上的许多发达国家,如德国、瑞士及澳大利亚;一些发展中国家,如印度、泰国及印度尼西亚,近年来特别重视在职业教育中实施以开办小企业为目标的创业教育,建立"小企业创业机构",开发符合职教特点的创业课程。以澳大利亚的创业教育为例,采用模块化课程,通过大量的案例启发学生,教会学生分析研究市场,设计创业方案,开展考核评估,激发学生的创业动机。欧盟委员会在"1999年就业指导纲要"中明确指出,职业教育要通过开设有关的创业理论和实践课程,培养创业意识和精神;政府要为职业教育毕业生的创业提供政策、资金和技术的支持,简化手续,减免税收,为创业开拓宽松的环境。非洲的肯尼亚规定,所有的大学和培训中心都要开设创业教育课程。"联合国教科文组织亚太地区办"实施了"提高青少年创业能力的教育改革合作项目"。联合国教科文组织还将"小企业创业技能(ESSB)课程开发"作为面向21世纪教育的三个重点项目之一。

3. 职业教育是有利于环保的教育

环保作为全球经济可持续发展的最重要因素,也是职业教育可持续发展的决定性因素之一。

各国职业教育重视环保的措施包括两方面:一是设置涉及环保的新专业,如德国早在 1987 年就在世界上率先开设了“水供给与处理”专业;法国在“职业学习证书”课程中开设了“化工与污水处理”专业,在“职业能力证书”课程中开设了“城市卫生”专业;西班牙的培训中心开设了“大气、水、垃圾和污染分析”专业。二是在职业培训中注重对环保以及相关内容的教学,德国在所有国家颁布的“职业培训条例”中都写明了环保培训的要求,英国也在“国家职业资格证书”的化工和冶金课程中引入了环保的内容。

4. 职业教育是贯穿终身的教育

当前,世界各国职业教育逐渐融入终身教育体系。

其表征之一,职业教育不再被看做是终结性教育而是一种阶段性教育,所以职前与职后教育应实现有机衔接。例如,德国作为一个职业教育高度发达的国家,也高度重视职业继续教育,将职业继续教育分为改行、晋升和进修三类,对为适应科技进步和劳动组织变化的进修类职后教育,国家正制定规范的进修专业目录和标准;此外,德国还在互联网上提供全国范围内的职业继续教育和培训的信息。英国政府规定,所有 25 岁以下的失业者必须强制性接受 6 个月“半工半读”的在岗培训。欧盟则专门为那些已失业者、准失业者及社会不利群体,提供劳动力市场需求导向的培训,以使其重新找到工作。

其表征之二,职业教育不再被看做是普教衍生的附属品而是一种主流教育渠道,所以职教与普教、成教、高教应相互沟通。例如,芬兰在合并 85 所职业教育机构的基础上,组建了 22 所高职院校,职高和普高毕业生均有机会升入高职院校深造。韩国举办 2 年制的初级职业学院,所有具有高中学历的青年、通过国家资格认证的技师以及符合国家规定工作年限的工人,都有继续学习的机会。

5. 职业教育是面向全民的教育

让所有的人有机会接受职业教育,准备就业,是人的基本权利,同时通过职业教育又能促进社会的凝聚力和整合作用,这是现代职业教育的新理念。

1999 年,在韩国召开的第二届国际职业技术教育大会上,联合国教科文组织指出,“技术和职业教育与培训应能使社会所有群体的人都能入学,所有年龄层的人都能入学,它应为全民提供终身学习的机会”。该组织在阐述

21世纪头十年的技术与职业教育计划的目标时明确指出，要大力提倡旨在保证女童和妇女享有同男子一样接受职业教育的机会，努力使失业者、早期辍学者、残疾人、农村贫民、战争难民和复员士兵有机会接受正规或非正规的职业教育与培训，使职业指导和咨询面向社会所有成员。为此，近年来各国职业教育和培训机构纷纷降低或取消入学条件。澳大利亚职业技术教育的学员既有原住民、外来移民、母语非英语的人士，又有具有学历但希望更新知识和技术的人员。德国除对残疾人、妇女和外籍人子女接受职业教育和培训采取特殊的资助措施以外，还在世界上首次将普教领域的英才促进措施引入职教领域，自1992年起实施“职业英才促进项目”，每年向3 000名高技能型青年提供每人3 000马克的资助，进行重点辅导。

（二）一个重大的定位：构建多元化开放式的职教运行体系

构建开放的、灵活的、多元化的职教体系，涵盖职业教育、技术教育与职业培训，成为世界职业教育发展的趋势。

职教体系的构建与运行主要是机制层面与机构层面两大方面。

1. 在机制层面上

（1）办学模式多元化。各国根据国情、文化以及传统与价值观的差异，在办学模式上呈现出多元化趋势，如自由市场经济背景下以日本、美国为代表的企业职业教育模式；计划经济或中央政府调节较强的国家，如俄罗斯、中东欧、大多数发展中国家以及法国、意大利采用学校职业教育模式；实行国家调控的市场经济，即所谓“社会市场经济”的国家，如德国、奥地利、瑞士、丹麦以及比利时，则采用企业与学校合作的“双元制”职业教育模式。

（2）管理方式多元化。政治制度、经济水平和改革目标的差异导致管理方式的多样性，其一是职教管理部门的职能整合与分立并存，如英国、澳大利亚将教育部和就业部合并；日本则实施学校职教归文部省，职业训练归劳动省，农业、水产、航空、航海大学校归政府业务部管理的“多元管理”方式。其二是职教资格标准的国家介入与行业监督并行，如美国的“全国职业技能标准委员会”，英国的“国家职业资格标准”，德国的“国家承认的培训职业”和“职业培训条例”都是国家标准，而英国的“培训与企业协会”、德国的“工商行会”、“手工业行会”，则行使了对国家标准实施过程的监督与结果的考核。其三是职教立法权力的集中与分散，包括中央立法与地方立法、基本法与专用法。中央立法往往就是基本法，如德国联邦政府制定的统管全国职业教育的《联邦职业教育法》《联邦职业教育促进法》；美国政府近年来制定的《职业合作训练法》《2000 年目标法案》，俄罗斯的《联邦教育法》《初等职业教育法》，丹麦 2001 年生效的《职业教育培训法》。专用法，如美国的《由学校到就业法案》，韩国 1999 年制定的《职业提高训练法》，法国的《青年就业法》，新加坡的《技能发展税法令》。地方法，如德国各州政府制定本州职业学校的《学校法》等。

(3) 投资渠道多元化。多渠道筹措经费，发挥政府、企业、团体、私人四方面对职业教育投资的积极性。一是政府投资，如英国政府拨款建立“职业教育基金”，占职业学校经费的 75%；马来西亚政府对职业教育的投资占国民生产总值的 6%；韩国政府拨款建立人力开发基金；澳大利亚联邦政府对职业教育的投资约占国民生产总值的 0.5%；美国联邦政府每年用于中职和高中后职教的经费为 16 亿美元，占职教所需费用的 10%，在《2000 年目标法案》中决定五年内增加 50 亿美元用于职教改革。二是企业投资，如德国“双元制”职业教育的主要投资者为企业，企业不仅承担培训费用，而且支付学生三年的生活费，各州政府只负责职业学校的人头费和管理费用；日本企业内职业教育与培训费用完全由企业承担。三是社团投资，包括各类基金会，如德国的卡尔·杜依斯堡协会、赛德尔基金会、大众汽车基金会等。四是私人投资，如私立学校学费、企业教育附加费等。澳大利亚规定年收入 22.5 万澳元的企业，其工资预算的 1.5% 用于培训。

2. *在机构层面上*

(1) 办学功能的多元化。职业教育为全社会服务的辐射作用增强，使职业教育机构由单一的正规教育向正规与非正规教育并存、单一的学历教育向学历与非学历教育并存、单一的职前教育向职前与职后教育并存、单一的育人就业向产教结合的教育方向发展，使职教办学机构成为一个人力资源开发中心。德国“双元制”职业学校最新的改革目标是向职业继续教育和区域经济发展敞开大门，使职业学校成为区域职业能力开发中心。新西兰职业技术学院招收 16 岁至 50 岁的学生。而美国的社区学院更是涵盖升学导向与就业导向两类目标的高中后职业教育。加拿大的社区学院既招收应届高中毕业生，又招收成人和在职职工；既实施职业教育与培训，又开展社区服务。新加坡南洋理工学院所属德新学院的“教学工厂”，将现代企业的经营、管理理念引入学校，将生产和经营环境缩微到教学活动中，通过工业项目与服务、职业教育与训练、能力发展与转移三种渠道，既培养了职业人才，又为工业服务，增强了学院的功能。

（2）办学构架的多元化。中职教育机构内部构架的扩展变化，主要是培养目标和办学形式的多样性。学校培养目标的多样性表现在一校多制、普职沟通，允许不同培养目标在一个机构内并存。例如，美国、挪威、瑞典以及我国台湾地区兼有普高与职高培养目标的综合高中，采用普通班与职业班分班不分校的形式，高一学习共同的基础课程，高二分流定向，普通班面向升学，职业班面向就业，同时兼顾升学。德国柏林州的高中中心、汉堡州的技术职业学校和商业职业学校、北威州的职业综合学校，将正规职业教育"双元制"职业学校和职业专科学校、培养技术员或管理工人的专科学校、可按对口专业升入高校的专科高中以及职业或技术完全中学，集中在一个机构内办学。还有丹麦的"双证制"职业学校，法国职业高中招收初中毕业生的2年制班与招收初中肄业生的3年制班并存，等等。校内办学形式的多样性表现在学习时间、教学地点的灵活多样。各国中职领域都发展了全日制、部分时间制职业学校以及业余或闲暇时间的培训班，采取灵活的学分制完成学业。教学场所既有学校课堂、实习车间、实验室，又有企业培训中心、实习基地、跨企业培训中心。德国在中职领域既有以企业培训为主的"双元制"职业学校，又有全日制的职业专科学校。英国的职业教育包括全日制的工读交替制以及部分时间制的日间教育与晚间教育。

（3）办学层次的多元化。办学层次的纵向延伸，并非只是"高移"一种趋势，而是根据各国的国情呈现初、中、高职教竞相争艳的多元化局面。"高移"现象包括中高职的一体化，主要是一些发达国家，如美国现有800多所社区学院提供高中后职业教育。加拿大有175所属于高等职业教育性质的大学。日本五年制的高等专科学校62所，在校生6万余人；二年制的短期大学593所，在校生52万人；二年制的专门学校近两千所，在校生68.5万人。韩国职业高中与二年制的职业专科学院联办的五年制高职已超过145所，在校生57万人。我国台湾地区的五年制专科学校也有69所，在校生135万人，占台湾地区专科在校生总数的71%。德国"双元制"职教向高等教育的延伸则起步于20世纪70年代，如今已建立22所三年制的职业学院，近年来开始发展本科层次的"双元制"高等专科大学（应用技术学院）。两德统一后，德国东部地区的大多数专科学校升格为高等专科大学。俄罗斯将九年义务教育后的职业教育分为初等、中等、高等和大学后四个层次。与此同时，由于中职机构的规模扩展和功能增强，提高了办学效益，所以中职仍然是多数国家职业教育发展的重点。欧盟15国中有11个国家接受中职的学生比例超过50%。特别是德国,接受中职教育的16~19岁年龄组的比例超过60%。近年来,职业教育与培训也是东欧国家青年的优先选择,如波兰接受职业教育的青年在17~19岁年龄组占45%,在斯洛文尼亚占42%。

（三）一个重大的突破:开展创新驱动的应用性职教研究

职业教育基础理论的研究,主要是职业教育学和方法论的研究以及相关的教育教学管理的研究,近年来取得了突破性的进展。

1. 专业职教科研机构的建设

建设高水平的职教研究机构在各国受到了极大重视。例如,德国全国性的职教研究网络,其成员有隶属于联邦教育部的联邦职业教育研究所,所长由总统任命,研究人员超过400人;有隶属于联邦劳动总署的劳动力市场与职业研究所;有各州教育部隶属的教育研究所职教研究部,如位于慕尼黑巴伐利亚州的学校与教育研究所,位于索斯特的北威州教育研究所;有隶属于高校教育系统的职教研究所,如不莱梅大学的技术与教育研究所,汉堡大学的职业教育研究所;还有经济部门的研究所,如科隆经济研究所等。美国从事职业教育的高校,如加利福尼亚大学伯克利分校、纽约哥伦比亚大学、伊利诺斯大学、明尼苏达大学、加利福尼亚兰德学院、弗吉尼亚工业学院与州立大学、威斯康星大学,共同组建了隶属于政府的美国国家职业教育研究中心。奥地利、瑞士、俄罗斯、匈牙利、土耳其也都相继建立了与职业教育和培训有关的国家级研究机构。欧盟在德国柏林建立了欧洲职教研究机构,后迁往希腊。

2. 创新性职教科研课题的研究

职教研究成果逐步在下述职教领域里深入。

(1) 职业综合能力的培养和发展需求的理念,已为各国职教工作者所接受。德国、澳大利亚提出的关键能力的概念,英国的核心能力的概念,美国劳工部提出的包括资源合理支配、人际关系处理、信息获取利用、系统分析综合、多种技术运用的五种能力以及技能、思维、品德的三种素质,都强调了职业教育应着重综合能力的培养。德国最近提出的创新导向(或称设计导向)的职业教育,则把被动地适应经济发展和社会需求的职业教育,升华为培养学生主动地参与技术进步和社会发展所需要的职业教育。

(2) 职业综合能力培养的过程导向。由于高新技术的发展极其迅速,所以经验在高新技术的条件下显得尤其重要,经验是通过过程而不能仅由课堂教学获得的。美国医疗护理专业、德国工程技术专业的职教工作者,通过各自的教学实践,不约而同地提出了劳动过程导向的教学组织方式。这一思想为欧洲10个国家所接受。德国在职教教学中提出了“获取信息、指导计划、实施计划、评估计划”的四阶段教学过程,这是劳动过程导向的教学组织形式的具体体现。

(3) 开发与职业综合能力培养相应的课程。例如,美国加利福尼亚州和俄勒冈州的“课程群”,英国的CBET课程。德国则在职业宽基础课程的基础上,提出了最新的职业学校的课程开发方案——“学习领域”方案。在这种课程方案中,实践知识与理论知识的获得要通过劳动过程导向的学习来完成。

3. 应用性职教科研成果的扩散

职业教育中一些重点、难点和热点问题,通过形式各异的职教论坛,迅速提供最新的科研成果,探求问题的解决方案,成为近年来职教研究在广泛性、群众性和应用性方面的重大突破。特别是在一些发达国家,教育理论的每一重大进展,都立即在职教领域获得极大反响。德国每两年举办一次的德国高校职教大会,与会者来自德国各地和世界各国,人数一般为1 500人左右,有专题论坛和综合论坛30个。

(四) 一个重大的进展:发展双边、多边职教合作

经济全球化的信息社会,导致劳动力市场的国际化分工与合作,劳动力的国际迁徙和劳动力的国内迁徙,将成为21世纪的潮流,这就向各国职教界提出了一个共同的课题:发展双边、多边职教合作,关注国际的、洲际的、区域的、特殊的职业教育问题,建立国际化的职教合作网络和运行机制。

1. 多边国际组织开拓新的国际合作领域,将大大增强职教国际合作网络的作用

联合国教科文组织是世界职教领域国际合作的主要组织者,近年来在内容和范围两方面都取得了实质性的进展。例如,在德国支持下建立的联合国职教信息网络,已连接128个国家的192个职教实施中心。联合国教科文组织还在德国柏林和韩国汉城召开了两届世界性的国际职业技术教育大会。新世纪联合国教科文组织的职业技术教育国际计划,还打算吸收世界银行、欧洲培训基金会、东南亚国家教育部长组织、美洲国家职业教育研究与资料中心、韩国职业教育与培训研究所,共同组建职业技术教育国际联盟。联合国教科文组织已决定在德国波恩建立一个国际职业技术教育研究中心,提供职教研究与发展信息,培训职教人员。联合国教科文组织设在曼

谷、贝鲁特、达卡尔、圣地亚哥的地区或亚地区组织，为区域和本国职业教育的发展做了许多具体而富有建设性的工作。例如，联合国教科文组织“亚太办”，1994 年在澳大利亚召开了“亚太地区小企业创业课程开发”研讨会，1995 年在印度组织了“指导各成员国按照各自国情开发 ESSR 指导手册和 ESSB 课程开发范例”的研讨会，1996 年在中国北京组织了“亚太地区进一步合作与发展 ESSB 课程和确认核心教学流程及模块”的研讨会，1997 年在中国西安组织了“将联合国教科文组织开发的典型教材转换成适应中国国情的职教教材”的研讨会，1998 年在澳大利亚阿德莱德技术与继续教育学院召开了“小企业创业技能课程开发教师培训研讨会”。因而，联合国教科文组织的地区中心已成为推进职教发展的驱动中心。

联合国教科文组织还与世界劳工组织合作，一是在互联网上建立专门用于支持职业技术教育的网站，发布职业技术教育的重要信息和指南，推荐最佳实践范例，提供发展咨询。二是制定两个国际组织在职业技术教育领域里共同的政策框架，以协调教育与就业的发展战略。其他一些国际组织也积极参与职教的国际合作。例如，世界银行的职教贷款项目。“亚太地区经济合作组织”根据中国教育部职业技术教育中心的建议，将中国、文莱、印度尼西亚、日本、韩国、马来西亚、墨西哥、泰国、美国及中国台北的职教专家组织起来，就“职教教师标准及其开发方法”进行国际合作，取得了具有普遍指导性的成果。欧盟在国际职业技术教育领域里的合作更为广泛，在欧洲的活动尤其活跃。欧盟不仅在希腊建有欧洲职教研究中心，而且还在意大利的都灵建有欧洲职教基金会。欧盟正在实施的“莱奥尔多·达·芬奇”职教合作项目，对欧洲各国职教的交流、科研成果的推广，具有积极的作用。

2. 双边政府部门寻求新的国际合作模式，将大大丰富职教国际合作网络的内涵

各国政府，特别是美国的国际开发署和德国的联邦经济技术合作部，为推动世界范围内的双边职教合作，提供了相当可观的经费支持。例如，德国在人员和资金两个方面资助土耳其建立了国家级的职业资格研究所，并与其合作制定了土耳其职教专业目录。中德两国政府在近 20 年专题项目合作的基础上，结合中国政府西部开发战略，实施以西部人力资源开发为目标的综合性职教合作项目。欧盟总结了德国与奥地利对 150 种专业的职教证书互认的经验，在不改变欧盟各国职业教育体制的框架内，通过评估与考核，承认各相关专业的各国职业教育证书的等值性，制定了适用于欧盟各国的，

用英、德、法三种文字印制的“欧洲职业教育通行证”，为欧洲统一劳动力市场的形成与发展作出了有益的尝试。各国职教证书的互认，必将为21世纪国际劳务合作领域输送更多合格的职业人才。例如，发展中国家可向发达国家输送老年护理人员、家政员。又如，在国际工程承包项目招标中，职业资格证书的认可将使应标方处于有利的竞争地位。双边的以及多边的合作办学或合资办学，将成为职业教育国际合作的又一新领域。

我国的职业教育正在加快推进现代职业教育体系建设，深度构建职业教育与行业企业合作机制。

大力推进行业指导制度化。深度构建职业教育与行业企业合作机制，围绕提高办学水平、增强职业教育的吸引力，中央投入156亿元加强职业教育实训基地建设，职业院校办学条件得到改善。进一步增强行业指导能力，加快制定校企合作促进办法，与10多个行业举办对话活动。2011年，教育部印发了《关于充分发挥行业指导作用　推进职业教育改革发展的意见》。积极推广建立集团化办学机制，发挥政府、行业的作用和企业、院校的优势，实现教育与产业、学校与企业紧密衔接，成立行业性职教集团。组建了近500个职教集团，有5 600多家企业参与，涉及43个行业，覆盖30%的中职学校、80%的高职院校。

不断健全产教协作机制。以深化产教结合、校企合作为目标，推动建立政府主导、行业指导、企业参与的职业教育办学体制机制。以行业部门、组织和大型企业为依托，推进专业设置、课程标准、教材开发、实训基地和教师培训等领域的教育教学改革。支持900多所高等职业院校在行业指导下，以校企合作机制建设为重点深化专业改革。

完善合作办赛机制。在全国职业院校技能大赛中，行业牵头设计和企业参与实施的赛项均达95%以上。

职业教育发展呈现多元主体参与、资源整合、合作推进的良好态势。促进了职教与普教、中职与高职协调发展。国家将制定高职引领职业教育科学发展行动计划，巩固扩大体制机制改革成果。

完善职业教育的基本教学制度和学校管理制度。加强职业教育基础制度建设，出台中等职业学校设置标准、专业设置等政策与措施。印发实施职业院校学生顶岗实习管理办法，健全实习安全和风险管理制度。

加强面向农村的职业教育。积极参与进城务工人员、农村劳动力转移培训。

推进东西部职业学校合作办学。国家对此十分重视,每年都有新举措。扩大中职免费政策覆盖范围,现在已经基本覆盖了所有中职学校。

第三节　职业教育制度的积极作用与影响

改革开放以来,党和国家采取了一系列措施大力发展职业教育,取得了显著成绩。中等教育结构单一的局面发生了根本性变化;初等和高等职业教育有了一定发展;职业培训规模日益扩大,年培训量达数千万人次;积极探索符合国情的职教发展路子,职业教育的各项改革逐步深化;努力提高教育质量和办学效益,建设了 675 所国家级重点学校和 1 964 所省部级重点学校。

职业教育制度的积极作用有以下几点。

一、职业教育在培养多样化的人才中发挥了重要作用

根据社会对人才的需求和教育普及的程度,因地制宜地实行初中后、高中后教育分流。在部分农村地区,特别是边远、贫困地区,应通过发展"三加一"(在初中三年的基础上再加一段职业教育)、初二分流、四年制初中(其中安排一年左右的时间进行职业教育)以及其他多种形式,加强初中阶段的职业教育。在城市和有条件的农村,也可适量举办初中阶段的职业学校;大部分地区以初中后分流为主,大力发展中等职业教育。同时,随着经济、社会的发展,还应积极地逐步推进高中后分流,发展多种形式的高中后职业教育。

发展职业教育是促进经济、社会发展和劳动就业的重要途径。发展职业教育不仅关系到经济发展的速度、产品的质量和服务水平,关系到劳动力资源的优化配置,而且关系到社会稳定和社会主义精神文明建设。

二、加快改革开放和现代化建设步伐离不开职业教育

职业培训是职业教育的重要组成部分,也是促进劳动就业的重要手段,对提高劳动者的就业能力和工作能力发挥着直接有效的作用。应根据需要,开展多种形式的职业培训。要把职业培训与充分开发利用我国丰富的劳动力资源和自然资源紧密结合起来,建立与劳动力市场需求相适应的灵

活办学机制，扩大培训规模，提高培训质量。根据培养目标和用人单位的要求，灵活确定培训专业和期限，使初、中、高级职业培训协调合理地发展；适应经济建设和生产经营的需要，突出操作技能培训，搞好生产学习基地建设；要结合实施劳动预备制度、“再就业工程”和“农村劳动力跨地区流动有序化工程”，大力开展对未升学的初、高中毕业生、失业人员、企业富余人员的转业、转岗培训和直接为农村经济服务的职业培训；要结合建立现代企业制度，指导企业建立和完善职工培训制度；要加强调查研究，改革学徒培训制度，探索建立具有中国特色的新型学徒培训模式。逐步形成根据经济发展和就业需要，覆盖城乡的职业培训网络。

高等职业教育是高等教育的组成部分。应根据需要，积极地有步骤地发展高等职业教育。高等职业教育坚持的统筹规划、合理布局、面向基层、办出特色、积极试点、逐步规范的原则符合中国的国情。充分利用现有的教育资源，主要通过对现有高等专科学校、职业大学、独立设置的成人高等改革办学模式、调整专业方向和培养目标以及改组、改制来发展高等职业学校教育。加强统筹规划，采取积极措施推动高等职业教育发展。推动农业、艰苦行业和中西部地区职业教育的发展

职业教育加快了少数民族地区的发展，对于振兴经济和保持社会安定发挥了重要作用。要进一步加强教育与经济的结合，增强学校和培训机构与企业的联系与合作。教育坚持为经济建设和社会发展服务的办学方向，学校积极聘请相关经济、产业界人士参加校董会或其他形式的决策、咨询组织，共同研究专业设置、培养目标、教学内容、经费筹措等重要事项。贯彻产教结合的原则，要在实施职业教育的过程中，坚持教学与生产劳动相结合，切实加强生产实习、职业技能训练和实践性教学环节，使培养的人才更加适合企业与社会的需要。

第四节　对职业教育制度的评价

一、国际组织职业教育政策

在众多国际组织中，对国际职业教育的发展和各国职业教育政策影响最大的是联合国教科文组织、世界银行和国际劳工组织。这三个国际组织

发布了一系列关于职业教育的公约、建议书或者政策报告,以及技术援助和资助,成为各国,特别是发展中国家发展职业教育的重要咨询参考和政策指南,对国际职业教育的发展有着重要的借鉴意义。

有学者提出了一个关于职业教育政策与一国经济发展阶段相适应的关系模型:在农业经济阶段,不需要专门的职业教育;在工业化发展阶段,需要国家主导型的职业教育和培训;在信息化发展阶段,需要市场主导型的职业教育和培训。

也有学者通过职业教育发展的设计模式和内生模式的区别提出了相应的政策建议。更有学者将职业教育政策的理论模式划分为完全竞争市场论、社会整合论和公共选择论三种:第一种模式关注的是职业教育与经济发展阶段的关系,后两种模式则侧重于政府、职业教育和市场之间的关系。这三种模式的分类与判断,如果作为一种大的原则无疑是正确的,然而,作为职业教育政策研究,还需要更为具体的分析框架。

还有学者在探索了联合国教科文组织、世界银行和国际劳工组织这三个国际组织的职业教育政策之后,发现在众多的职业教育公约、建议书和报告中,隐含着一套比较全面和系统的职业教育政策基本范畴或分析框架,存在六个维度和六种二元对立范畴。

(一) 教育与培训的分离与重合

理解职业教育,需要从源头上理清教育和培训这两个概念。无论西方还是东方,传统上教育和培训经常被看做是两个完全不同的领域,前者被归为心智发展,后者则主要是指掌握实际的操作技能。在人类的教育实践中,教育更倾向于基础理论而非实用,而培训总是与中低级职业相关。同时,教育与培训之间的人为划分又关联着"普通教育"与"职业教育"的对立与分离的事实。在一些人的观念中,很不屑于使用"培训"或"职业教育"之类的词,以为只要与这些词一沾边,便意味着肤浅而片面的学习,具有实用、具体、功利而且短视的特征,但是也有不少人认为培训比教育更具价值,批评教育是空泛的、不确定的学习,对学生是徒劳无功的。这种概念上的分离,进而演变成在实践中把某一类机构的活动称为教育,把另一类机构的活动称为培训,或者一类教育机构属于普通教育,而另一类教育机构属于职业教育。这又促使具有分离特征的教育政策的形成,而这样的教育政策的实施转而又加剧了这种分离的制度化。

多年来,国际上对职业教育的概念和内涵一直争执不休。传统的提法是“职业教育”(Vocational Education,英文缩写为 VE)或“职业技术教育”(Vocational and Technical Education,英文缩写为 VTE)。联合国教科文组织 20 世纪 70 年代以来一直用“技术与职业教育”(Technical and Vocational Education, TVE),国际劳工组织的提法是“职业教育与培训”(Vocational Education and Training,VET),世界银行和亚洲开发银行 20 世纪 80 年代中期以来开始使用“技术和职业教育与培训”(Technical and Vocational Education and Training,TVET)的概念。

1999 年,联合国教科文组织在汉城召开的“第二届国际技术与职业教育大会”上,其正式文件中首次使用了“技术和职业教育与培训”(TVET)的提法。这些情况表明,国际上已经用“技术和职业教育与培训”替代了传统的职业技术教育或职业教育。

这绝不仅仅是术语上的变换,而是折射出职业教育伴随着世界经济和社会的迅速变化与科技革命突飞猛进而做出的不断调整和适应的努力。术语的变化不只是表述方式的变化,变化的深刻寓意体现在两个方面:一是大多数教育家赞同教育和培训构成了从抽象的理论到实践的连续过程,两者既有联系又有区别,对学习者的发展都是重要的;二是培训的价值日益受到重视,职业培训和正规职业技术教育对于学习者的发展,对于社会经济的需求,都具有重要意义,两者在终身学习的大背景下,将逐步融为一体。

随着世界范围内新技术革命的深入发展和信息产业的迅猛崛起,对从业人员素质的要求不断提高,传统的以农业、工商业、家政业为主要内容的职业教育课程发生了很大变化,传统职业已经让位于那些要求有更多专业资格的服务性活动,于是,职业教育占据的位置越来越重要。另一个重要原因是,许多国家加强了教育、培训与就业部门的密切协调与合作。长期以来,学校职业技术教育由教育部门负责,职前就业培训、在职培训由劳工部门负责,然而现代社会的迅速变革使教育和培训相互隔绝的状况有了明显改变。例如在澳大利亚,职业教育和培训战略致力于加强教育界和企业界的合作伙伴关系,努力创建一种适应学生与就业者需求和为终身技能培训打基础的职业教育和培训体制。韩国的国家报告也强调指出:目前,韩国各类学校进行的职业培训受教育部领导,职业教育中心则由劳工部监管,管理体制上虽各有侧重,但两个部共同工作,卓有成效,培养了大批技术精湛的劳动力。在世界范围内,联合国教科文组织与国际劳工组织加强了协调与合作,职前教育与就业培训、在职培训被视为一个统一的连续的过程。可以说，“技术和职业教育与培训”这一概念，已逐步替代了那个与普通教育相对立、与培训相分离的“职业教育”的观念。但是，我们不能否认，教育与培训是有区别的，两者各有优势与不利之处。

（二）职业教育和培训面临不确定性的挑战

全球化、技术进步、产品周期的缩短与新的工作组织方式为职业教育和培训带来了不确定性，改变了制定职业教育政策的环境。无论是在发达国家还是发展中国家，职业教育政策制定部门面临着变革和不确定性对职业教育的压力。

随着全球化技术进步和工作组织方式的变化，对技能工人的需求一直在增长。新信息技术通过降低成本和提高通信速度已在日益全球化的生产和金融市场上发挥着重大作用，而全球化又通过强化竞争加快了新技术的扩散和新型工作组织方式的采用。一个国家的经济成功越来越依赖于对新技术和劳动力技能的获得和运用。这些变革激励各国比以往更多地投资于人力资源开发，但也会带来减少大批劳动者培训机会的后果，损害长期性就业关系，将大批低技能劳动力排除出劳动力市场。因此职业教育政策必须对上述压力作出积极反应。

全球化过程的本质是一个内在充满矛盾的过程，它是一个合理的悖论：它包含有一体化的趋势，同时又含有分裂化的倾向；既有单一化，又有多样化；既是集中化，又是分散化；既是国际化，又是本土化。各种全球化理论充满了对立的观点，这本身就意味着不确定性的加深。确定的是普通产品的标准和生产过程的标准却越发具有约束力，相关的劳工标准也更需要有全球性的考量。

全球范围内的经济竞争不断提升制造高品质产品的压力，高品质产品及质量好、附加值高的工作被视为是21世纪在全球范围内经济取得成功的核心因素，教育和培训的发展与人力资源的开发是极其重要的。除了已有的中、高等的职业教育机构，随之而起的是专门的职业培训中心的增加，为非正式部门提供培训的合适课程和为大公司、大企业的订单式的能力培训课程得到迅速发展，人们越来越多地把培训和教育整合到生产和工作之中。

职业教育的一个重要任务就是使所有人获得能够成功应对各种不确定性的种种能力，而职业教育政策在于引导社会建立适应终身学习的职业教育和培训体系，使职业教育更具适应性、灵活性、能动性。在这方面，三个国际组织达成了共识。

（三）经济效率与社会公平的平衡

建立在工具理性和效率基础上的经济学方法，与建立在考察公平、合法性、权力基础上的社会学方法，应该成为职业教育政策制定所依据的不可偏倚的两种方法和两种价值取向。当然，我们也不能忘记教育学的方法与价值取向。

经济学的视角与社会学的视角带来了职业教育领域中激烈冲突的观点。以新韦伯主义者和新马克思主义者为代表的学者认为，职业教育所传授的技能对雇主和雇员均无大的价值，其作用无非是阻止了工人阶级子弟接受高等教育并获得级别较高的工作，并认为职业教育只是教育的一种组织形式，其功能在于复制世代相传的社会不平等。但人力资本理论的观点与之相反，认为职业教育传授的技能对雇主非常有价值，而对雇员而言，还能获得更好的就业机会并提高收入。

社会学角度对职业教育功能的研究，产生了争论，存在两种观点。一种观点认为，职业教育妨碍受教育者找到受人尊重的工作；另一种观点认为，职业教育为减少失业和非技术就业提供了安全网。在某些国家，职业教育在起到安全网作用的同时，也妨碍了受教育者找到受人尊重的工作，而在其他国家则不然。所以，职业教育究竟是分流管还是安全网，往往是由条件决定的。

还有一种社会学的观点，与阶层不平等复制论不同，认为职业教育具有缩小社会排斥、增加社会团结与和谐的积极作用，特别是对于低层群体、边缘人群、低技能就业者来讲，职业教育是他们最方便接受和直接增强他们就业能力的手段。联合国教科文组织和国际劳工组织都持这种观点。

另外，一些经济学者认为，不管职业技能还是学术技能，均可以改善学习者在就业市场上的境遇，职业教育可以传授给学生必要的技能，从而提高其生产能力，因此就有了对职教毕业生的市场需求。与未接受职业培训的工人相比，职教毕业生获得就业和较高工资的比例正在大大增加。然而，从经济学视角考察职业教育，特别是从成本效益的角度分析职业教育，很容易忽略职业教育重要的社会功能。

长期以来，对职业教育的经济学研究成果丰硕，而对职业教育的社会学研究成果却非常单薄，这也反映了人们更看重职业教育的经济功能，而忽视其社会功能，包括世界银行亦是如此。然而，联合国教科文组织与国际劳工组织则更倾向于采取兼顾职业教育的经济功能与社会功能的平衡立场。

（四）人的发展与劳动力市场、社会的需求

职业教育一方面根植于教育的理念与目标（教育理念与目标的核心是人的发展），另一方面根植于劳动力市场的需求与工作标准。为了保证职业教育满足人的发展和劳动力市场与工作的需要，职业教育政策的制定应该同时考虑“教育”和“工作”两个领域。然而个人发展与劳动力市场需求或社会需求之间存在着不协调之处。为了实现个人发展与劳动力市场需求或社会需求之间的协调与整合，如何将教育与工作的需要、价值和标准进行有机地整合，使职业教育更加人文化、宽基础化，以提高其适应性和灵活性，拓宽就业机会，是对职业教育政策制定者和计划者的主要挑战之一。

对于劳动者的职业技能主要是在学校获得或是在其他部门获得这一问题，各方的观点并不一致。有研究表明，绝大多数熟练工人的技能是在工作中获得的，与工作有关的技术和能力主要是在与生产过程有关的培训和工作中学到的。国际劳工组织也认为，劳动力的技能主要是在工作过程中获得的，但是，大量基础性的职业能力和一些特定的技术需要在专门的教育机构中通过培训获得。在相当多的发展中国家里，教育体系与工作领域是割裂的，职业教育体系的重心更靠近教育的规范和标准而不是工作领域的需要，这成为这些国家职业教育制度的一个痼疾。而在不少工业化国家里，职业教育体系的重心更接近于社会和劳动力市场的需要，促进了教育价值与个人需求的实现。

在国际组织中，联合国教科文组织更多地是从教育的理念和人的发展的角度，来平衡职业教育中人的发展与劳动力市场和社会需求之间的关系；世界银行主要从成本收益率的角度强调职业教育满足劳动力市场需求的经济效益，而相对忽视人的发展需要和社会效益；国际劳工组织则更为具体地从劳动力就业能力与改善工人生活的角度，兼顾了职业培训的经济效益和社会效益。

（五）市场主导与国家主导的取舍

在制度的发展动力上，存在着以市场为主导的职业教育发展模式和以国家为主导的职业教育发展模式，两种极端的发展模式各有其优劣。比如，市场失效和政府失效，这也是其自身无法解决的弊端。英国学者格林肯定了职业技术教育在一国的世界经济竞争中所具有的重要地位。在对技术教育、职业教育和培训体系进行研究时，他通过对集权制和分权制下的教育成绩进行比较后，得出了英、美分权制体制的教育成绩要逊于集权制体制下的教育成绩的结论,并指出反对国家干预教育是英国教育落后的主要原因。格林在分析了法国和德国技术教育成功的原因后,提出了一条发展职业教育和培训的新的道路,即让国家和社会合作者在职业教育和培训中共同发挥重要作用。这种观点显然已经被国际劳工组织等国际组织接受。那么,这些国际组织又是怎样确定和划分政府、市场、学校、其他相关权益者等各自的作用呢?这一点应受到关注。

（六）在劳动力与经济发展战略上的高技能平衡与低技能平衡

有学者考察了西方国家的工业化过程,发现存在两种技能与经济发展的关系模式:一种是德国、日本等国的发展路线,被称为高技能平衡,其主要特征是:给高技能者以高工资,获取高工资和其他工作报酬的个人知道职业教育和培训的收益大于成本,管理者通过促进短期的灵活性和长期的创新寻求改善竞争优势,政府的目标是避免实际工资的减少和控制工资推动型通货膨胀。另一种是低技能平衡的发展路线,主要是指英美的发展路线,其主要特征是:个人感到职业教育和培训的成本超过收益,原因是他们偏好短期的收益效应,或者因得不到资助培训的机会,企业感到提高技能的成本或风险太大,担心任何管理控制的减少,而去偷猎技术工人或者打破现存工作组织;政府认为职业教育和培训的成本太高,做出任何变化都将导致预算紧张或者与市场理念冲突。

最先开始工业化的英国和美国均是在工人受教育水平较低,几乎没有职业教育和培训制度的支撑的情形下,走出一条低技能的工业化路线。而第二批开始工业化的德国和日本,认识到职业教育和培训的价值,开发出有利于技能形成的成功模式,工业化的策略属于高技能路线。但是,绝大多数发达国家都明白,他们正面临日益增强的经济竞争压力,特别是来自诸如越南、泰国、马来西亚、拉丁美洲等低工资国家的竞争。那么,要想维持较高生活水平的国家,除了转入高附加值的和依靠知识的生产与服务领域,尤其是那些要求其劳动者有高水平技能和灵活性的生产与服务领域,他们就别无选择。美国就是率先完成这一转变的国家。英、美以市场和企业为主导的培训体制,使得实施全国性高技能战略非常困难,两国面临着企业自治与高技能的公共目的最大化之间的困难选择。然而,美国发达的高等教育培养出一批具有最高层次技能和能力的人才以及全球人才招聘策略,适应了信息化社会的需要。

阿斯顿和格林在1996年提出了现代社会维持高技能发展路线的制度化

框架,认为一个国家的教育和培训体系必须满足六个必要的条件,其经济增长和发展才是遵循高技能发展路线。

(1) 国家必须致力于高技能的开发和生产体系的创新目标,并提供坚实的基础教育,避免教育市场制度带来的不平等和精英主义。

(2) 教育系统本身必须培养学生在语言、科学、数学和信息技术方面具有高水平的基本能力,作为未来工人工作技能持续发展的基础。

(3) 雇主组织也必须致力于形成高技能,因为高技能的形成离不开工作场所,学校和课堂中的职业教育的有效性的局限必须在工作场所中才能克服。

(4) 在工作场所技能形成的过程中,需要制定规则和责任以调控培训的数量和质量,维护培训的社会效益和质量。

(5) 采取奖励和激励的手段促使劳动力个人愿意致力于形成高技能。

(6) 建立在职学习与脱产培训互为补充的培训制度,有利于高技能形成所需要的经验与理论的结合。

联合国教科文组织等国际组织在其文件和报告中,并未直接提到在劳动力与经济发展战略上的低技能平衡与高技能平衡这两条发展路线,但是,它们关于职业教育的政策建议中有相当多的内容是与上述两条发展路线有直接或间接的关联的,这两条发展路线的提出为我们提供了分析职业教育政策的一种视角。

对国际组织职业教育政策基本范畴的揭示,对于提高各国,特别是发展中国家职业教育政策制定的自觉性和科学性具有重要价值。

二、我国职业教育发展和政策的制定

在依据国际组织职业教育政策范畴的基础上,必须树立这样一些理念:在坚实的普通教育基础之上,学校职业教育与非学校职业教育和培训协同发展;职业教育的经济效益目标与社会公平目标并重;就业导向与以人为本兼顾;继续坚持国家主导,发挥市场力量和民间力量的积极作用;从劳动力低技能平衡的发展路线向高技能平衡的发展路线转轨;立足本土需要,批判地借鉴国际经验,发展有中国特色的职业教育。

30 多年来,我国职业教育发展突飞猛进,一系列务实举措让广大职教人看到了希望、提振了信心。

然而,就总体情况看,亦有很多隐患未除。如大面积“技工荒”与“就业难”同时并存；职教生源危机从中职蔓延到高职；超越体制障碍的职教公平投入，等等，都非常企盼找到有效的破解良策。而最为紧迫的是高职生源危机。虽然眼下的生源短缺可能只会影响到学校的发展，但从长远的角度看，三年的“波浪”过后，这种危机必将影响到企业的发展和区域经济的进步，既加剧“技工荒”的矛盾，又使校企合作出现“两败俱伤”的后果。而且，这个现象一旦形成大的趋势，后果会很严重。因而必须早想对策，从源头上进行根治。

职教生源危机只是职教缺乏吸引力的显性表现，而其背后的根源则多种多样、错综复杂。要化解职教生源危机，不可能绕开民生意愿，一厢情愿地将学生送进职校，做出情理难容的蠢事来。政府完全可以通过调整相关政策来实现调控。譬如，强化就业准入制度的执行力度；进一步加大财政对职教的投入力度，全面提高职教育的质量，提振职教办学的信誉；借助深度校企合作提高就业质量，等等。

对照西方发达国家职教发展的经验，反思我国职教发展出现的阶段性难题和结构性矛盾，其根本原因在于职教资源的无序、无偿使用，导致职教发展缺乏稳定投入、缺少合力支持，因而难以良性发展。当前，我们最紧迫的任务是齐心协力推进职教资源的有偿使用，并逐步使之常态化。从操作层面看，有偿使用可以是提前预支，可以是过程合作，也可以是用时“购买”。从实际效果看，职教资源常态化的有偿使用至少可以使当前困扰职教发展的难题得到破解。

一是可以有效破解校企合作中企业积极性、主动性不足的问题。工学结合有利于技能型人才的培养，而校企合作则是提高职教人才培养质量、就业质量的根本途径。然而，长期以来的学校热、企业冷现象却把校企合作的美好愿望化为泡影。企业为何不愿合作？根源在于现行政策环境下，企业可以随时随地超低成本地招录到职教毕业生。如果能有严格的、科学的就业准入制度，有政府层面出台的企业购买职教的政策法规，企业必将成为职教发展的坚强后盾，校企合作育人难题当可迎刃而解。

二是可以破解“技工荒”与“就业难”并存的问题。想买的买不到，想卖的卖不了，招人和就业两难并存，一直被一些专家以“信息不对称”来搪塞。在资讯如此发达、政府对民生问题如此重视的今天，这一论调早已成为伪命题。真正的根源何在？在于育人质量不过关，在于用人单位找不到自己想要的人才，而这一矛盾的深层次原因则在于离开校企合作的职教育人质量令人堪忧，长此以往，必然形成恶性循环。如果企业购买职教资源成为常态，用人单位提前介入人才培养环节，加大支持职教的力度，则可以使这一恶性循环得到根治。

三是可以有效解决当前民办院校资金渠道单一的问题。由于体制机制的原因，目前政府对民办教育的投入还不能与公办教育同等对待，导致客观上民办院校的办学资金主要来自于学费收入，为了维持正常运转和事业拓展，民办院校的收费标准普遍较高。所以，当高职生源危机来临时，最受冲击的无疑是处于弱势地位的民办院校。如果放任这种现象长期存在，有朝一日大批民办院校将会倒闭，最终将直接影响到国家多种体制教育的协调发展。而如果能让企业常态化地向所有职业院校购买教育“产品”，则可有效解决当前民办院校资金渠道单一的问题，以弥补政府财政投入的不足，民办教育将能在这一政策的滋润下得到良性的、可持续的发展。职教“产品”的有偿使用进入常态化，很多困扰职教发展，甚至有碍社会进步和安定团结的隐患也将消除。

职业教育是创造生产力、提升生产力、服务产业建设的基础，也是夯实执政基础的有力保障。职业教育肩负着四个方面的历史使命，一是肩负着为建设人力资源强国培养数以亿计有职业道德、有中高级职业技能劳动者的历史使命；二是肩负着我国现代化、工业化、信息化、城市化、国际化过程中为“三农”服务的历史使命；三是肩负着承接普及九年义务教育之后，加快普及高中阶段教育，解决功能性文盲的历史使命；四是肩负着服务产业发展、经济结构调整、发展方式转变、产业升级的历史使命。

我国现代化建设的新形势，国际国内经济发展方式的转变，迫切需要加快发展职业教育，增强职业教育服务经济社会发展的能力和水平。

第八章

教师资格证书制度

第一节　教师资格证书制度概述

教师资格制度是国家法定的教师职业许可制度。教师资格是国家对教师职业的基本要求。教师资格制度实施后，只有具备与学校办学层次相应的教师资格（即持有《教师资格证书》）的人，才能被聘任教师工作。未取得教师资格的人不能从事教师工作。教师资格作为一种法定的国家资格，一经取得，即在全国范围内不受地域的限制，具有普遍的适用效力，非依法律规定不得丧失或撤销。

从世界各国相关法律看，对于公立中小学教师法律地位的规定大致有以下三种类型：

一是公务员。德国、法国、日本等大陆法系国家，一般都把公立中小学教师定位为公务员或者教育公务员。

二是公务雇员。英国、美国、加拿大、澳大利亚等英美法系国家一般都把公立中小学教师定位为公务雇员。

三是雇员。新西兰等少数国家把公立中小学教师定位为雇员。教师由校长聘任，但由政府支付工资。

一、美国的统一性和高标准化

美国的教师资格证书制度经历了一个从重数量到重质量，从低标准、宽要求到高标准、严要求，从各县、各州分散独立到全国逐步统一标准的完善过程。1825 年，美国开始推行教师资格证书制度，由州确定一般要求和最低标准，具体规定则由地方学区来制定，这对教师流动产生阻碍，因此推动各州之间教师资格证书的相互认可成为美国教师资格证书改革的重要举措。1890 年，纽约州制订了一个教师资格证书交换计划，至 1921 年全美有 38 个州加入这个计划。1946 年，国家教育联合会创立教师教育和专业标准委员会，并作为政府机构授权，为开设师资培训课程的学院和大学建立并推行一系列关于教师教育的国家标准。1989 年，国家专业教学标准委员会成立。该委员会设立专门资金项目支持国家教师资格证书标准的开发，准备开始建立一种全国统一的教师资格证书制度——国家高级教师证书，其目的在于通过建立一个自愿的国家证书系统和鉴定优秀中小学教师的评议程序来帮助教师专业化地位的提高。为达到这一目的，该委员会提出五项“核心建议”作为国家教师标准的基础：“教师对学生及其学习负责”；“教师熟悉所教科目，并知道如何将其传授给学生”；“教师负责管理和组织学生的学习”；“教师要对他们的经验进行系统思考并从经验中学习”；“教师是学习化社会的一员”。

国家高级教师证书的申请必须具备以下条件：获得学士学位和拥有州授予的教师资格证书以及三年或三年以上的教学经验，申请这种证书的教师必须参加不同于原来各州的考试。在考试中，需要显示其专业知识和教学水平以及组织课堂教学、制订教学方案和与其他教师合作的能力。同时，还需要能够不断地对教学进行自我评估以及从中吸收经验教训。国家证书的种类涵盖了包括音乐、艺术、早期幼儿教育、英语不流利学生的教育、青春期特殊教育等各种学科领域在内的大约 20 余种教学领域，从而有助于提升教师的专业地位并规范和拓宽教学的知识基础。国家教师教育认可委员会为了创立一种统一的、一致的，涵盖面广的国家鉴定系统和证书系统，培养“新型的专业教师”，认为教师证书的获得应该分为三个阶段：

（1）师范生进入该委员会认可的四年制师资培训方案，包括课堂观摩、课堂实习和为期 10 周的学校实习。在毕业之前，他们必须参加各州举办的学科知识和教学专业知识的正式考试，并在专业发展学校接受为期 1 年的合作性教学和学习。

（2）州举行证书考试，目的在于考察申请者所学知识和技能的应用程度，通过者获得州资格证书。

（3）具有 3 年以上的教学经验后，合格教师可以接受国家教师教育认可委员会的考核，通过者可以获得国家高级教师证书，没有获得者要继续参加专业发展活动。这是更新其证书的必由之路。此外,为保证教师的权利和义务,采取合同的形式,从举办者和教师权利、董事会权利、责任、学费和工作标准、谈判程序、专业申诉程序、校历等方面对此加以限定。

20 世纪 90 年代以来,美国掀起师范教育改革的又一次高潮,有 30 个州或大或小地对教师资格制度进行了改革,其主要内容是:教师证书种类的多样化,详细规定取得教师证书的条件,教师证书的名称变更,取得教师资格的学分增加,教师培训教育内容的多样化,提高教师资格的水平,并且出台了一系列重要的师范教育改革文献,其中《1999 年法案:向所有儿童提供优质教育》对优质教师提出了新的要求,既对所教学科有深刻的理解,并受过有效的专业训练,还要懂得如何教学高标准的学生,知道如何向学生进行生动有趣的教学。

二、日本的开放性和一体化

1872 年随《学制》的颁布,日本的教师资格制度创立,实行的是师范学校毕业资格制度。

1874 年,文部省规定授予官立师范学校学业考试合格者以"训导证书",承认当教师的资格。

1886 年颁布的《诸学校通则》规定,"凡教员须得文部大臣或府知事县令之许可证",因而确立了教师"许可证主义"的原则。从森有礼制定文教政策直到第二次世界大战结束的教师资格制度,经历了如下演变过程:初等教师资格制度的基本形态由师范学校毕业资格转变为教师许可证制度;由设定中小学几种教师许可证不同的方式趋于统一化;教师许可证的种类基本上有两种,即有授予者决定和有职称决定;教师许可证有上下之分,由文部大臣授予的最具有权威性;教师许可证的期限从"有限期"到"无限期"乃至"终身有效",初等学校教师的许可证从 1900 年开始终身有效;教师许可证由区域限定变为全国通用;与其说重视教师的资格实质,还不如说以优先解决无资格教师问题为紧急课题;教师普遍许可证的授予者开始为文部大臣和府县知事,后来统一由府县知事负责;取得教师许可证主要通过直接培养和间接培养两种方式。

《教育职员许可法》规定:"师资培养教育要在高等师范教育机关进行,实行开放制,贯彻教师许可证制度,设定履行教职课程的基准;中小学教师须有教师许可证书,不履行者要给予罚款处分;教师许可证的基准有国家规定，都道府县教育委员会负责授予。”现行的日本教师资格为：中小学师资必须由高等教育机关培养；中小学教师不论其在国立、公立学校，还是私立学校任教，都必须持有教师许可证；教师资格的必要条件除了重视一般的学识教养外，同时还应注意学科专门知识和教学专业知识技能，并把教职专业性放在重要地位；教师失职条件规定；教师许可证种类及其相关规定；小学教师资格不分科别，中学教师则按学科区分，并可获得两种以上教师资格许可证书，即既可以当国语教师，又可以做社会科教师；教师资格证书是根据大学或短期大学的证明，由各都、道、府、县教育委员会颁布的普通教师许可证，在全国通用并终身有效；临时教师许可证的有效期为3年，只能在授予证书的都、道、府、县内使用；除了选修师资培育课程后获得教师资格以外，在职教师通过研修可以取得高一级的或同级不同类的教师资格证书。

在日本要成为教师，必须具有小学、中学（包括初中和高中）等各类学校的教师资格证书。教师资格证书由都、道、府、县教育委员会颁发。教师资格证书分为三类共五种。

第一类：普通资格证书（全国各地有效）。普通资格证书又分为三种——专科资格证书（基本学历为硕士）、一类资格证书（基本学历为学士）和二类资格证书（基本学历为准学士，即大专）。

第二类：特别资格证书（仅在颁发该证书的都、道、府、县内有效）。

第三类：临时资格证书（仅在颁发该证书的都、道、府、县内有效，有效期为三年或六年）。

要取得普通资格证书，必须在大学等机构获得学士学位等基本学历，同时修完文部科学大臣认定课程中所规定的教学科目和教职科目学分。而对于在大学未修完相应规定课程或学分者，可以通过教师资格认定考试，合格者即可取得普通资格证书。实施该考试项目的有小学教师二类资格证书、聋哑学校或残疾人学校一类资格证书。1998年4月起，法律规定要成为小学和初中教师，申请教师资格证书者必须有在生活福利部门或特殊教育学校等地看护、帮助老年人或残疾人，或与之交流等生活体验7天以上，才能获得教师资格证书。

特别资格证书是针对那些没有教师资格证书却在各自领域中拥有出色的知识、技术和经验的社会人士而设置的。他们可以参加由都、道、府、县教育委员会实施的教育职员鉴定考试，取得特别资格证书，并被任用为教师。

日本对于一些没有教师资格证书的人则实施“特别非常任讲师制度”，

让他们担任中小学校和特殊教育学校部分教学科目的非常任教师。一般非常任教师可以承担中小学和特殊教育学校教学科目领域的一部分,担任更多的是课外活动、综合学习时间课以及道德教育的一部分等。例如,小学的日本大鼓、木材加工、贴纸画等,中学的电脑绘画、茶道、古典表演艺术、国际志愿者活动、盲文、手语、烹调等,特殊教育学校的临床医学、公共卫生、康复指导等。这些非常任教师的社会职业往往是技术指导、讲师、体育教练、茶师、NOP 职员、护士、医生、药剂师等。

三、英国的合作性和合格化

英国的教师资格制度称为“合格教师资格证书”。英国的教育行政部门(现教育与就业部,原教育科学部)规定所有由地方政府兴办或补助的学校的教师必须是合格的教师,并对“合格教师”一词的含义做了明确的界定。所谓的合格教师,(1)经教育科学部本身以及代表教育科学部的其他单位以书面形式证明的合格教师;(2)研修下列课程之一:教育学士学位课程、教师证书课程、研究生教育证书课程或者同一水准的课程。此项资格必须由英国大学或国家学历颁发委员会授予,而且师资培训课程必须是教育科学部认可的课程;(3)所有中小学新任教师都必须是既定条件的合格者。

教师任用不是采用统一考试的形式,而是经过公开招募、报名应考、第一次选考、第二次选考、与有希望者见面、决定、任命这样一个选拔任用过程。为确保师范教育课程的专业水准,英国对各种师资培训机构开设的教育科学专业课程和教师证书课程实行专业有效性认可,由 20 世纪 80 年代中期成立的师范教育认可委员会执行。师范教育执行委员会依据教育部颁发的师范教育课程标准对各高校的师范教育课程进行鉴定,并根据鉴定结果向教育部建议是否为该校的师范专业毕业生颁发教师资格证书。这种对师资培训机构的专业性认可制度直接与教师资格证书的颁发挂钩,有力地保证了师范教育课程的质量和教师资格证书的专业水准。

以上三个国家的教师资格制度经过长期的历史发展都建立起严格而完善的法律法规体系和有力的执行保障体系,并且三个国家都实行对师资培训机构和教育课程的监控机制,与教师资格管理制度直接挂钩,从源头上保证了教师资源的质量。

联合国教科文组织和国际劳工组织在 20 世纪 60 年代就倡导“教师应当

成为一门专业”。1996年,世界教育大会第80号建议《加强教师在多变世界中的作用之教育》,再次提出教师专业化的要求。

我国有学者认为,时代发展对教师队伍职业专业化的要求,不仅体现在教师的学历水平上,而且还体现在教师专业修养的内涵上。在新时期,教师职业专业化要求可以归结为专业精神、教育理念、专业知识、专业能力和专业智慧等五个方面。我国正在制定教师专业化的标准。

由于法律传统和政治体制的不同,世界各国对于教师法律地位的规定各有不同。大陆法系国家的教师与政府构成的是比较典型的行政法律关系;英美法系国家的教师与政府构成的法律关系则具有某种程度的雇佣法律关系。但一般来说都强调教师职业的公务性质,强调政府与教师的法律关系,并把对教师的管理纳入到政府的管理职能之中。这是一个有益的启示。

四、我国的规范化和一体化

我国从新中国建立开始,教师曾长期被定位为国家干部,其权益由国家保障,并接受国家的指导和监督。从20世纪90年代初开始,我国酝酿建立公务员制度,由此带来的问题是如何为1 000多万名教师定位。根据1993年《中华人民共和国教师法》的规定,公民在取得教师资格证书并获得教师职位后,其身份就是履行教育教学职责的专业人员。

《教师法》同时还规定,“学校和其他教育机构应当逐步实行教师聘任制。教师的聘任应当遵循双方地位平等的原则,由学校和教师签订聘任合同,明确规定双方的权利、义务和责任”。这意味着教师与政府之间的纵向型行政法律关系已经转化为性质不同的横向型民事法律关系。教师资格制度是国家实行的一种法定的职业许可制度。教师资格制度全面实施后,只有依法取得教师资格,持有教师资格证书的人,才能被教育行政部门依法批准举办的各级各类学校和其他教育机构聘任为教师。

根据《教师法》《教师资格条例》和《〈教师资格条例〉实施办法》规定,教师资格包括以下四个方面:中国公民身份、思想品德条件、学历条件、教育教学能力条件。教育教学能力的条件又包括身体条件、普通话水平等。

申请人一般是向户籍所在地的教育行政部门教师资格认定机构提出申请,教师资格认定机构将通过面试、试讲、考试考核等方式考察申请人的教育教学能力。取得教师资格者将获得教育部统一颁发的教师资格证书,证书全国通用。

教师资格制度是一项复杂的系统工程,我国是分阶段进行的。

第一阶段,根据《教师法》授权教育部制定的《教师资格认定的过渡办法》,认定《教师法》实施前、1993 年 12 月 31 日在岗的在职教师的教师资格。由于任何一级教师职务的条件和要求都比相应教师资格的条件和要求要高,所以凡属于过渡范围的在职教师,连续两年考核合格,即可取得相应的教师资格。

第二阶段,从 1997 年开始,教育部选择上海、湖北、四川等地进行面向社会认定教师资格试点,根据试点反映的问题,制定全面实施教师资格制度的操作性规定《〈教师资格条例〉实施办法》(2000 年 9 月 23 日颁布)。自此,教师资格制度全面实施。由于是首次全面实施,操作复杂,在具体工作中一般根据不同条件的申请人群分步操作:

第一步,认定 1993 年 12 月 31 日以后补充到教师队伍、现仍在教师岗位的在职教师的教师资格。因为在职教师中的绝大部分人符合相应教师资格的基本条件,而且已有几年的教育教学能力的锻炼和考核为基础,认定比较简单。

第二步,认定毕业时间不到一年的师范专业毕业生的教师资格。由于师范专业的培养目标就是教师,从知识水平到教育教学实习在校学习期间已全部完成,具有当然的教师资格。所以只需持毕业证书就可以申请相应的教师资格。今后师范专业应届毕业生也是直接申请。

第三步,认定社会人员的教师资格。社会人员申请相应的教师资格需有《教师资格条例》及其实施办法规定的有关材料,包括面试、试讲之类的认定程序比上述两类人员要复杂。

首次面向社会认定教师资格工作基本结束后,即进入每年春、秋两次正常认定。

1998 年,教育部确定了上海、江苏、湖北、广西、四川、云南等六省、市的部分城市进行教师资格认定试点工作。

我国教师资格共分为七个类别:幼儿园教师资格;小学教师资格;初级中学教师和初级职业学校文化课、专业课教师资格(统称初级中学教师资格);高级中学教师资格;中等专业学校、技工学校、职业高级中学文化课、专业课教师资格(统称中等职业学校教师资格);中等专业学校、技工学校、职业高级中学实习指导教师资格(统称中等职业学校实习指导教师资格);高等学校教师资格。

成人教育的教师资格，按照从事成人教育的层次，依照以上分类确定类别。

取得教师资格的公民，可以在本级及其以下等级的各类学校和其他教育机构担任教师。其中，高级中学教师资格与中等职业学校教师资格相互通用；但取得中等职业学校实习指导教师资格的教师，只能在中等专业学校、技工学校、职业高级中学或者初级职业学校担任实习指导教师，是不能与其他教师资格融通的。

我国申请教师资格者应具备下列基本条件：遵守宪法和法律，热爱教育事业，履行《教师法》规定的义务，遵守教师职业道德；具备中国公民身份；未达到法定退休年龄；具备《教师法》规定的相应学历；具备承担教育教学工作所必需的基本素质和能力；除列入国家普通招生计划的师范教育类专业毕业的申请人外，其他人员需参加教育学、心理学补修，经全省统一考试，取得《教师资格认定教育学、心理学合格证书》，并经相关部门进行教育教学素质和能力测试，成绩合格。申请人还应当具备良好的身体素质和心理素质，无传染性疾病，无精神病史，在教师资格认定机构指定的二级甲等以上医院体检合格。

《教师法》规定的相应学历是：申请幼儿园教师资格，应具备幼儿师范学校毕业及其以上的学历；申请小学教师资格，应具备中等师范学校毕业及其以上的学历；申请初级中学教师资格，应具备大学专科毕业及其以上的学历；申请高级中学、中等职业学校教师资格，应具备大学本科毕业及其以上的学历；申请中等职业学校实习指导教师资格，应具备中等职业学校毕业及其以上的学历，并具有相当于助理工程师以上专业技术职务或者中级以上工人技术等级。申请认定高等学校教师资格，应具备研究生或者大学本科毕业学历。

具备承担教育教学工作所必需的基本素质和能力，主要内容是：具有选择教育教学内容和方法、设计教学方案、掌握和运用教育学心理学知识的能力，语言表达能力，管理学生的能力，运用现代教育技术的能力，以及教育教学研究能力；系统地学习过教育学、心理学课程，并考试合格；普通话水平应达到国家语委颁布的《普通话水平测试等级标准》二级乙等及以上水平，其中汉语言文学类以及幼儿园教师应达到二级甲等及以上水平，但 50 周岁以上者免考普通话。

中等师范学校毕业的人员可申请小学教师资格的任何一门学科。幼儿师范学校毕业的人员只能申请幼儿教师资格。大专及以上学历毕业的人员申请教师资格时的学科,原则上应与其所学专业相一致。

申请认定教师资格的程序如下:

(1) 申请面向社会认定的教师资格的申请人需在户籍所在地参加教师资格认定补修考试和报名(应届毕业生可由学校出具证明,在学校所在地参加教师资格认定补修考试和报名);申请高等学校教师资格的申请人向所在学校人事部门咨询具体的岗前培训和报名安排。

(2) 申请人登录中国教师资格网注册申请。网上报名结束后,申请人须按规定时间到现场确认,未按规定时间到现场确认的,视为自动放弃申请。

(3) 教师资格认定机构在现场确认点对申请人提交的材料进行初步审查,主要审查申请人的身份、学历、普通话水平、思想品德、身体状况以及教育学、心理学成绩等方面是否符合规定。

(4) 教师资格专家审查委员会考察申请人的教育教学基本素质和能力,提出专家审查意见。

(5) 教师资格认定机构于受理申请期限终止之日起30个法定工作日内做出是否认定的结论,公布认定结果,并通知申请人。

(6) 教师资格认定机构对经认定符合教师资格条件的人员,颁发教师资格证书。《教师资格认定申请表》一份存入当事人人事档案,其余材料由教师资格认定机构归档保存,并在教师资格管理信息系统中做认定记录。

第二节　教师资格证书制度的积极作用与影响

全面实施教师资格制度是新时期教师队伍建设的重大举措和制度创新,标志着我国教师队伍的建设与管理进入了一个法制化的新阶段。1993年10月,国家颁布了《中华人民共和国教师法》,对我国教师队伍的建设和管理产生了重大而深远的影响。《教师法》明确规定,"国家实行教师资格制度",并同时规定了获得教师资格的基本条件、教师资格的认定和丧失的原则及申请、认定资格的基本程序。依据《教师法》,国务院及国家教育行政部门相继制定了教师资格制度的实施条例和办法。1995年12月,国务院、国家教委分别颁布了《教师资格条例》和《教师资格认定的过渡办法》。1999年6月,党中央、国务院召开教育改革以来的第三次全国教育工作会议,作出了《关于深化教育改革 全面推进素质教育的决定》,明确提出了“优化结构,全面推进素质教育的高质量的教师队伍”的任务。2000 年 9 月,教育部以第 10 号令的形式颁布了《〈教师资格条例〉实施办法》,并于 2003 年 1 月召开了全国教师资格制度实施工作会议,正式启动了教师资格制度实施工作。

实施教师资格制度是我国教育史上的一件大事,对于从根本上解决教师队伍建设中存在的矛盾和问题、提高教师队伍的素质和促进教育事业的发展具有重大而深远的意义。

一、实施教师资格制度是国家依法治教的重要保证,是依法管理教师队伍的法律手段

依法治教、依法行政、依法管理是我国教育改革和发展的重要课题。教师资格制度作为一种法律制度,它体现了国家意志所赋予的权威性和不可抗力。实施教师资格制度既可以用立法的形式规定教师的任职资格以确立教师职业的法定地位,又可以在与不合格教师的竞争中保护教师资格持有者的权利,以保证学校的教育和教学质量。

教师队伍建设是一项系统工程,包括教师资格的认定、教师聘用,职务聘任、培养培训、考核奖惩、工资待遇、申诉与仲裁等管理环节,实施教师资格制度作为教师队伍法律建设的重要环节,是实施教师聘任制和完善教师管理制度的重要的基础性工作。《教师资格条例》是《教师法》的第一个配套法规,与之相配套的《教师聘任办法》《教师职务条例》《教师考核办法》和《教师编制管理规程》等法规、规章的出台和实施,为形成教师队伍建设和管理的法规体系奠定了基础,从而促使教师队伍建设尽快走上科学化、法制化和规范化的轨道。

二、实施教师资格制度是教师职业向专业化方向发展的重要步骤,是提高教师地位和队伍素质的重要保证

教师职业是高尚而光荣的职业,同时又是专业化程度很高的职业,在我国,教师职业的专业化尚处于初级阶段。教师资格制度的全面实施是我国教师职业走向专业化的重要步骤,首先,它确立了教师职业在社会众多职业中应有的特殊地位,肯定了教师职业的专业性和不可替代性。任用教师不能仅仅凭学历的高低和学科知识的多寡,教师职业不仅需要从业者具备传授知识、发展学生个性的教育实践技能,而且要用特殊的标准、评价方式和

物质待遇来强调其专业特性。其次,通过对教师法定地位的确立来保障教师享有与其作用相称的社会地位。实行教师资格制度后,只有通过严格选拔的人才能取得教师资格,从事教师职业。这样,既有利于提高教师的社会地位,增进全社会对教师职业的尊重,也有利于各级政府制定有关保障教师工作与生活待遇的法律法规,使教师待遇逐步得到改善,从而增强教师职业的吸引力,使教师素质、教育教学质量得到进一步提高。

三、实施教师资格制度是形成多元化教师培养制度的重要环节,是推动教育人事制度改革的制度保障

由于历史的和客观的原因,长期以来,我国教师队伍的补充主要来源于师范院校毕业生,来源较为单一,特别是基础教育教师队伍,基本上都来源于各级各类师范学校。诚然,师范教育体系作为教育的主要支撑力量,在一段历史时期内是不会改变的。但是随着教育事业的发展,特别是九年义务教育的普及,以及开放式人才管理带来的人员流动的增加和教师队伍新老交替高峰期的到来,随着以信息技术、生物技术为代表的新知识经济时代的到来,现代教育需要更多高质量的、具有广博知识和现代教育思想、专业技能的教师。在老、少、边、穷地区,合格教师数量不足,也亟待补充。所以,形成多元化的教师培养体系势在必行。我们既要进一步加强和改革师范教育,调整师范学校的层次和布局,大力提高新师资的培养质量,也要面向社会吸引和甄选更多的优秀人才从教,鼓励各类高等院校共同参与师资培养,形成师资培养的竞争机制,以适应教育改革发展新形势的要求。

全面实施教师资格制度,使有志于从事教师职业的非师范教育类专业的毕业生和其他行业的优秀人员可以通过教师资格认定的途径来获得教师资格,加入到教师预备队伍中来。实施教师资格制度还为深化教育人事制度改革提供了制度保障。当前,教师队伍中严重存在着“能进不能出,能上不能下”和“平均主义”的现象,造成优秀的人才进不来,不合格的教师出不去,直接影响了教育的改革与发展。实施教师资格制度后,教师队伍的实际人数与具有教师资格人数间差额的存在,形成一支宏大的社会性的教师队伍后备军、一个能进能出的教师队伍“蓄水池”。不仅为教师队伍适应人口变动引起的周期性供求变动,有效地调整结构,调剂余缺创造了条件,而且也为全面实施教师聘任制、形成竞争机制创造了十分有利的条件。

四、实施教师资格制度有利于把住教师“入口关”，解决不合格教师问题，优化教师队伍

通过长期的努力，20 世纪 90 年代我国教师队伍在总量上基本满足了教育发展的低水平要求，但教师队伍的整体素质与实施素质教育的要求还不相适应。当时最为突出的矛盾是教师队伍在结构、质量上的矛盾。教师队伍的学历起点普遍偏低，专业化程度不高，知识更新还缺乏有效的机制保证。此外，还有一批教师的学历没有达到《教师法》规定的学历标准，即使达到学历标准的，在实际能力和水平上也未必就是合格的教师。在合格的教师中，学非所教的现象也较为普遍。由于种种原因，当时很多地方还在大量聘用低学历、低水平的代课教师。解决不合格教师问题，提高教师队伍的整体水平，已经成为当时教育工作的当务之急。

所以，全面实施教师资格制度既是教师队伍长远建设的战略性举措，又是解决当时现实紧迫问题的有效途径。它的实施有利于把好教师“入口关”，保证教师预备队伍的质量，从而保证教师队伍的整体素质；有利于解决不合格教师问题，优化教师队伍，依法将不具备规定条件、未取得教师资格以及取得教师资格后又丧失或被撤销教师资格的人员及时调整出教师队伍；有利于调节由于学生人数变动形成的教师需求的峰谷，保证教育人力资源的供求平衡和结构性调整。

第三节　对教师资格证书制度的评价

自 2001 年 4 月 1 日我国正式全面开展教师资格认定工作以来，教师资格制度在理论研究上取得了重要进展，在实际效果上作用也相当显著，但与此同时，教师资格制度在实践中表现出来的不足和不完善也日益显露，其中一个突出的问题即是教师资格制度与我国实施多年并富有成效的教师进修和职称晋升制度相脱节，教师资格制度单枪匹马，其作用和效力相对有限。同时教师专业化发展的各种举措、制度保障等不能形成合力，不利于教师的发展。

具体而言，目前教师资格制度主要存在以下四方面弊端：

一、教师资格终身制不符合教师专业发展的规律，背离了教师专业化发展的阶段性、动态性特征

教师专业化理论认为，教师的专业发展是一个动态的、伴随职业生涯终身的过程。教师在不同的发展阶段具有不同的专业发展水平、需求、心态、信念等。这就要求教师必须不断接受继续教育，不断充实自己，才能在发展过程中永葆活力；同时也要求国家对教师教育要实行职前培养与在职提高一体化的制度，使教师能够在教学的同时不断吸收新的营养，保持较高的教学质量和职业素养。而我国目前实行的教师资格终身制度意味着教师一旦获得教师资格后，教师资格制度便对一般教师失去了约束力，不能成为教师专业化发展的动力，这显然不符合教师专业化理论。

教师资格制度限制了教师作用的发挥，难以成为教师专业化发展、教师质量提高的有力保障。教师资格制度的作用，不仅在于规范教师的“入口关”，更为重要的是还要促进教师专业化发展，提升教师素质，推动学校教育教学质量的不断提高。而我国现行的教师资格制度限制了它的效用，对教师专业化发展和教师自身素质的提高所起的作用十分有限。

二、不能促进教师终身学习和构建教师终身教育体系

教师是学习化社会的先行者和示范者，必须通过持续不断的学习以改变自己的知识结构和从教能力，终身学习应该成为教师工作和生活的重要组成部分。教师的职前教育和在职教育必须整合起来，以适应教师不断成长的需要。从世界各国的发展经验来看，在促进教师终身学习的众多途径中，教师资格证书制度无疑是一项重要的制度。各国通过把教师资格证书的获得与教师持续不断接受继续教育挂钩，以保证教师专业化的发展和教师质量的不断提高。而我国现行的教师资格制度与教师继续教育制度没有联系，对教师终身学习和构建教师终身教育体系没有作用。

三、缺乏对教师专业化发展的激励作用

目前，教师职称晋升是我国一种重要的也是行之有效的教师激励制度。教师资格制度只有与这一制度有机结合起来，才能真正激励教师积极学习、提高，不断充实完善自己。由于我国目前的教师资格制度事实上只是一种教师行业的准入制度，与教师职称晋升制度没有任何联系。教师一旦取得

了资格证书，该制度便失去了对教师发展的引导、激励与监督作用。

教师专业发展是一个动态的过程，呈现出明显的阶段性特点。对此，美国学者的研究相当活跃。

早在1969年，美国学者福勒通过对教师关注问题的研究，提出了教师专业成长过程的四阶段模式。一是任教前关注阶段，是师资养成期。二是早期生存关注阶段，是初次实际接触教学工作，所关注的是教师自己的生存问题。三是教学情境关注阶段，关注的是教学情境的限制和挫折，以及对他们各种不同的教学要求。四是关注学生阶段。虽然许多教师在职前教育阶段表达了对学生学习和情绪需求的关注，但是没有实际行动。直到他们亲身体验到必须面对和克服较繁重的工作时，才能关注学生。

为了给教师专业发展的激励和支持系统提供参考，美国学者弗斯勒于1984年提出了教师职业生涯周期模型。他把教师职业生涯划分为以下八个时期：一是职前期。这是特定角色的储备期，通常是指学院或大学所进行的师资培育。二是职初期。是指教师最初任教的前几年，是教师步入学校系统和学习教学工作的初期。三是能力建构期。教师努力增进教学技能和技巧，容易接受新的教育观念，积极参加教育研习会和各种专业学术会议。四是热情与成长期。教师虽已具备较高水准，但一位热心成长的教师会继续追求其专业的成长。五是职业挫折期。教师的特征使教学产生挫折、倦怠和幻灭，工作满足感逐渐下降，怀疑自己为何要选择教师这份工作。六是职业稳定期，教师抱着做一天和尚撞一天钟的心态，这些教师只做分内之事，不会主动追求优秀和成长。七是职业消退期，在此阶段，教师正准备离开教学工作。八是职业离岗期。教师离开教学岗位。弗斯勒指出，教师的职业生涯是一个演进发展的过程，受到包括个人环境和组织环境因素的影响，本身不是以固定的步子、按照线性方式来发展的。在教师发展的各个阶段，需要个人的努力和组织适宜的帮助、激励与监督。

我国台湾地区学者饶见维根据教师专业发展的特性和目标，提出理想的教师专业发展进程为三个阶段六个时期：一是职前师资培育阶段。包括探索期（大一年级以前，探索教师的工作性质，试探是否符合自己的性向）、奠基期（大二至大四年级，培养成为教师所需的基本素养）；二是初任教师导入阶段。包括适应期（任教第一年，求适应求生存）、发奋期（任教第二年至第四年，大量学习以求尽快成为胜任教师）；三是胜任教师精进阶段。包括创新期（第五年至第九年，不断自我创新和检讨）、统整期（任教十年以上，统整与建构,逐渐走向专业圆热的境界)。

上述学者由于各自关注的焦点不同,他们提出的发展阶段论也各不相同,但总体上仍有一些共同倾向。例如,承认教师专业发展是一个持续不断的、动态的、阶段性的过程;教师在各个发展阶段有不同的需求与兴趣,需要教师个人不断努力,也需要组织适宜的帮助、激励与监督;应把职前的师资培养与在职教师的专业发展培训联结起来,视为一个持续的过程;师资培养与在职培训方案应依据教师不同发展阶段的需求来设置,等等。

到目前为止,我国学术界对于教师专业发展的阶段理论还没有统一的结论,根据现行教师职称制度,把教师的专业化发展划分为四个阶段:一是职前师资教育阶段,包括师范类大学生的求学时期,非师范类大学生以及社会人员确定投身教育后对教育的探索认识时期;二是初任教师阶段(一至五年),正式走进学校,成为教师的阶段;三是骨干教师阶段;四是成熟教师阶段(十年以上),主要为获得高级职称资格的教师阶段。这四个阶段是相互联系、波浪形向前推进的,是我国教师专业化发展的一般情形。

我们应以教师专业化发展理论为指导,打破教师资格终身制,实行教师资格分级递进制度,使每一级教师资格的获得既是该阶段教师继续教育累积的自然结果,又是获得高一级教师职称的必要条件。教师资格制度成为连接和推动教师进修、职称晋升的中间环节,真正成为教师专业化发展的动力因素和制度保障。

其初步设想是:借鉴德国和美国的教师教育模式,把教师资格证书分为以下四种:实习教师资格证书,年限为1年;短期教师资格证书,年限为4~6年;中期教师资格证书,年限为5~8年;长期教师资格证书,年限为10年。

总之,只有建立教师资格证书的分级递进制度,通过教师资格证书的不断过渡和替换,才能将教师资格制度、教师继续教育制度与教师职称晋升制度有机地结合起来,增强教师进修、学习的自觉性和积极性,为教师真正接受适应其专业发展需求的继续教育提供保障。只有这样,教师资格制度才能成为伴随教师专业发展全过程的制度。

第四节　以科学发展观统领教师队伍建设

近年来,我国教师教育和中小学教师队伍建设取得了重要进展,长期困扰我们的困难和矛盾正在逐步缓解。但在教育发展新的起点上,教师队伍,特别是农村教师队伍建设仍面临诸多困难和问题,教师的整体素质还不能适应教育发展的要求。

科学发展观是教育工作的指导思想,也是教师队伍建设的行动指南。以科学发展观统筹、指导教师工作,是实现教育事业科学发展的题中应有之义和紧迫要求,对于教师教育和教师队伍建设的战略策略选择,具有重要的认识论和方法论意义。全面理解科学发展观的内涵及其政策含义,解决好教师工作要做到"十个统筹",这是当前教师政策的基点和教师工作的根本出发点。

一、统筹人力投入与物力投入,把教师队伍建设作为教育政策的优先议程

教师是教育事业的第一资源和核心要素,是建设人力资源强国的战略资源。从一定意义上说,全面实施素质教育,关键在教师的作用;全面提高教育质量,核心是教师的素质;推进义务教育均衡发展,瓶颈在师资配置;解决"择校"等热点难点问题,也往往与师资有关。教师队伍的整体素质是国家综合实力之所系,全民族素质之所系。实施人才强国战略,必须首先重视教师资源;开发人才资源,必须首先开发教师资源。更加重视教师资源的投入,是以人为本的科学发展观在教育工作中的本质要求,是保障教育事业科学发展的前提条件。把教师队伍建设真正放在最优先的战略地位,调整教育投资结构,增加教师队伍建设方面的投入,应当是新时期教育改革发展的战略重点。

二、统筹政府行为与市场机制,把教师队伍建设作为国家事业和政府公共财政的责任

教育是公益性事业。教师教育和教师资源总体上属于公共产品。在市场经济条件下,教师资源配置不能不借助市场机制。教师教育也必须打破

封闭,鼓励竞争,进一步提高质量。但是,市场不是万能的,教育有其自身的规律性,教师资源的配置不能完全市场化。如果把教师培养、培训纯粹当做个人自发的职业准备,教师的养成教育则将屈从于功利主义目的,教师素质提升将是一个缓慢的过程;如果完全听任劳动力市场自发调节教师供求关系和教师资源配置,对于我们这样的发展中大国将是一场灾难。完善的市场经济必然包括对于公共事业的制度安排。教师政策的基点在于政府行为和市场机制的有机结合。在市场经济条件下,政府对中小学教师队伍建设的责任非但不能减弱,而是更要加以强化。特别是在教师职业还缺乏足够吸引力的情况下,更需要政府公共财政的支持。不过,政府的管理方式和支持服务手段也不再只靠纯粹的行政手段,而是通过法律、行政和经济的手段,有效地配置教师资源。

三、统筹质量控制与成本控制,实现教师资源的合理有效配置

教师资源的有效配置必须坚持质量与效益的双重目标。在质量控制与成本控制的双重目标的坐标系上,确定一定阶段恰当的师生比具有重要意义。师生比既是效率指标,表示教育资源有效利用的程度,又是质量指标,标志着教育的基本条件和质量水平。从教育效率角度看,在一定区间内师生比越高说明教师资源的利用效率就越高;而从教育质量角度看,过高的师生比意味着教育资源的稀释。要保证提高教育质量,必须保证必要的师资配备。根据我国目前教育发展的水平,各级各类教育的师生比等主要指标总体上需要进一步改善,在质量控制与成本控制的双重目标上找到最佳平衡点。

四、统筹有效供给与有效需求,形成教师资源配置的有效调节机制和良性循环

要根据教育人口变化的周期性,统筹考虑教师资源总量、结构与质量的关系,保持供给与需求的双向调节和动态平衡。由于社会经济因素和人口变化,中小学教师数量的矛盾趋于缓解,师资质量和结构性问题上升为主要矛盾。要适时调整教师队伍规模结构,适应教育发展对教师数量质量的需求变化。教育的规律性决定了教师队伍需要相对稳定,切忌大起大落,避免大出大进。在学龄人口急剧增加的情况下,要着眼长远,客观分析师资的“有效需求”,适当控制增量,合理有序补充教师,不宜急剧扩张。必要时适

当增加班额或教师工作量，以解燃眉之急，高峰期过后恢复常态。在学龄人口急剧减少的情况下，要充分预见到人口周期和未来发展的需求，统筹规划，抓紧调整存量，并保持必要的增量。抓住教师供求关系变化的有利时机，一方面促进队伍的结构性调整，适时适度地降低班额和教师工作量，优化教师队伍，为实施素质教育创造条件；适当调整教学工作量，为教师培训创造条件；努力推进教师人事制度改革，形成能进能出的有效机制，促进交流，调剂师资余缺。另一方面要确保教师自然减员的有序补充，必要时要有一定的师资储备。

五、统筹教师培养体系开放与相对稳定，形成市场经济条件下教师资源有效供给的保障体系

教师教育是教育事业的工作母机，一个富有特色的师范教育体系是中国教育的优势和经验。教师专业化是教育规律的客观要求和国际教师教育的潮流。在教育由社会的边缘走向中心的同时，教师教育不可能被推向边缘。教师教育改革发展的目标是构建适合中国国情的开放的现代教师教育体系。需要强调的是，我国作为发展中大国，教师职业还缺乏足够的吸引力，尚未形成真正的买方市场。当前和今后一个相当长的历史时期，为了有效保障教师资源的稳定供给，仍然需要一个相对稳定的教师教育体系，并相应采取特殊的支持政策。开放的教师教育旨在充分发挥师范院校的主体作用和综合性大学的优势培养高素质教师，不拘一格选拔优秀人才，进一步提高教师教育质量水平，而绝不是削弱或取消教师教育体系。实施师范生公费教育（即师范专业全额奖学金）等特殊政策既是基于我国国情的需要，也是国际通行的做法。

六、统筹人与技术的关系，实现信息化环境下教师资源的有效配置

应用现代远程手段，可以打破时空阻隔，共享优质教育资源，有助于提高教学质量。但技术永远无法取代教师的地位和作用，及丰富多彩的教育教学活动。相反，现代教育技术的有效运用取决于教师，学校教育的目标还要靠教师创造性的教育教学活动才能实现。教师的养成教育更离不开言传身教和学校文化的熏陶。教育信息化不仅不能替代教师，而且对教师的角色作用和职业发展提出了新的挑战，在数量、质量上催生了新的师资需求。要

在教学中有效应用信息技术,需要一大批专业教师,还需要普遍提高广大中小学教师的信息技术能力。培养掌握现代信息技术的新一代高素质教师,是提高教育质量的重要举措,也是缩小中国与先进国家数字鸿沟的捷径。

七、统筹城市和农村布局,促进义务教育教师资源均衡配置和各类教育师资的协调发展

教师资源的均衡配置是实现教育资源均衡配置、促进教育公平的首要条件。我国拥有庞大的中小学教师队伍,总量上应该能够满足现阶段的需要。但是,由于种种原因,教师资源配置的结构性矛盾仍然十分突出,而且由于现阶段城乡劳动力市场的二元结构,城乡教师余缺难以互补,农村边远地区教师紧缺。实现义务教育均衡发展,绕不过结构性矛盾形成的师资"瓶颈"。要统筹城市和农村、强校和弱校,以加强农村教师队伍建设为重点,合理配置教师资源,有效解决"结构性超缺编"的矛盾,促进义务教育均衡发展。近年来,中央和地方政府多方采取措施,有效解决了农村师资紧缺的问题。如果能进一步加大支持力度,制度创新和支持措施双管齐下,坚持数年,农村师资状况将大为改观。

八、统筹师资配备管理与开发和利用,形成教育人力资源有效配置的系统工程

在横向关系上,教师队伍建设各个关键环节要作为一个系统工程统筹规划,综合配套,协力推进。建立现代教师管理制度,将教师待遇、资格认定、录用聘任、考核奖惩与教师培养培训相互衔接。创设促进教师专业化发展的制度环境。在纵向关系上,要根据教师专业发展的规律,把教师的职前培养、入职教育和职后培训,把教师资源配置、开发和利用作为一个连续、统一的过程,总体设计,统筹安排,促进教师在整个职业生涯中不断提高专业化水平。

九、统筹当前要务与长远建设,着力推进制度创新

当前教师队伍建设面临诸多困难的深层次原因是"制度缺陷"。我国教师队伍建设中一些长期积累并备受诟病的问题,其实许多是历史与社会政策的产物。政策的多变,使得教师队伍几经冲击,长期缺乏一个稳定的制度环境。20 世纪 60 年代后期以来,所谓"侯王建议"、"上、管、改"、"子女顶

替”、落实政策、知青返城安置、代课人员问题，甚至地方政府机构精简分流人员，等等事件或权宜之计，几乎每一次都对教师队伍建设构成一定的冲击，造成创伤或内伤。总结历史经验，教师队伍建设需要一个稳定的制度环境和长效机制。从队伍建设的全局出发，把解决当前突出矛盾和长远目标结合起来，统筹考虑，标本兼治，慎重从事。既要解决燃眉之急，又不为将来的改革发展留下难题。解决教师问题的根本出路在于制度创新。要适应转型时期教师资源配置方式的重大转变，建立现代教师教育制度和学校教师人事制度，要从根本上提高教师职业的吸引力，鼓励优秀人才投身于中小学教育。

十、统筹战略目标与推进策略，确保非均衡状态下教师资源的有效配置与协调发展

教师队伍建设要坚持科学发展观统筹兼顾的基本方法，从我国现阶段的实际出发，坚持分区规划，东西部地区、城市农村区别对待，以农村教师队伍建设为重点，统筹城乡和区域教师队伍的协调发展；坚持分类指导，区别对待不同类别和层次的教育，统筹各级各类教师队伍的全面发展，确保教师队伍可持续发展。

放眼全球，中国举办了世界上最大规模的教育。联合国教科文组织出版的2008年《全民教育全球监测报告》显示，截至2005年，全世界共有5 500万名小学和初中教师，其中我国占了六分之一还要多一点。建设好我国的1 000万名中小学教师队伍，将是对世界教育发展和人类文明的重要贡献。

我国仍处于并将长期处于社会主义初级阶段的基本国情没有变，人民日益增长的物质文化需要同落后的社会生产之间的矛盾没有变。我们必须始终保持清醒的头脑，立足于社会主义初级阶段这个最大的实际，科学分析我国全面参与经济全球化的新机遇、新挑战，全面认识教育改革发展的新形势，进一步明确教师队伍科学发展的新任务。

党的十六大以来，中央多次强调要理顺分配关系，规范分配秩序，完善分配制度，加大收入分配调节的力度。党的十七大报告中进一步提出要深化收入分配制度改革。以用人和分配制度为重点的人事制度改革已经成为国家宏观改革的重要任务。特别是近年来伴随着基础教育改革的不断深化，全面推进素质教育和建设社会主义新农村，加快推进城乡教育均衡发展，对深化教育人事制度改革提出了新的迫切要求。同时，教育人事工作自

身构成要素的特殊性，以及城乡、地区之间的差异性，也决定了改革的复杂性和艰巨性。所以，深化教育人事制度改革，促进教师队伍科学发展，将是长期而艰巨的历史任务。我们要以科学发展观为指导，进一步解放思想，以更加积极的态度和坚定的决心，以改革创新的精神，不断探索，努力开创教育改革工作的新局面。

第九章

教师教育制度

第一节　教师教育制度概述

世界各国都有一定的教师教育制度,以保证向基础教育提供高质量的教师。世界各国教师教育制度的制定和发展既受该国政治、经济、文化的制约,也受教师教育的共同发展规律所制约。

随着世界经济一体化和信息化社会的来临,各国都面临着普及基础教育、高等教育大众化、教师专业化和教师教育专业化诸多共同的问题,因而一个国家教师教育制度的改革和发展,不可能游离于世界教师教育发展之外,需要在国际视野中吸取和借鉴其他国家教师教育制度改革和发展的经验与教训。

一、美国教师教育制度

(一) 美国教师教育制度的演进

美国的教师教育制度发端于19世纪。19世纪初随着工业的发展,初等义务教育在美国迅速得到普及,美国公立学校数量急剧增多,对教师的需求量越来越大,教师变得十分匮乏,于是师范学校应运而生。

1839年,赛罗斯·皮尔斯在马萨诸塞州的列新顿(Lexington)创建了美国第一所师范学校。师范学校的创建,使教师的培养有了专门的场所,师范学校严格按标准培养教师,力图使教师的培养成为一个专业化的过程。

由于当时正规的师范学校坚持严格的培养标准,学生学习起来既费时又费力,因而到师范学校学习的人并不踊跃,师范学校发展缓慢,到南北战争期间全国只有12所州立师范学校。在当时教师需求缺口非常大的情况下,许多城市只好设置一些简易师范学校,为所属学区培训教师,甚至一些高中也在学校里开设一些教学法课程,学生学完这些课程后就到学校里当教师,以适应教师市场的需求。后来由于教师市场发展需求的推动,许多师范学校对学生入学条件和毕业标准都放宽了要求。为保证入职教师的质量,许多州政府也把师范学校的文凭作为学区聘用教师的基本条件,于是师范学校得到迅速发展。从1865年到1890年,州立师范学校由15所增至103所。

19世纪末发生了以电气化为标志的第二次工业革命,对劳动者的素质提高了要求,原有的普及初等义务教育已不能满足生产力发展的需要,美国的基础教育开始向中学普及。当时师范学校毕业的学生相当于中学生,由中学毕业的教师来教小学或中学显然会使基础教育质量受影响。师范学校已不能适应教育发展的要求,不能适应新时期师资培养的要求。与此同时,美国教师专业认证制度已经开始形成,对教师的学历和知识水平都提出了新的更高的要求。一些教育专业团体也根据当时教育发展的状况提出了一些要求和建议,如当时美国最大的教育专业团体——国家教育协会,在1908年提出,师范学校要提高档次,招收高中毕业生,并敦促各州的师范学校向教师学院过渡,以提高教师教育质量。因此,从20世纪初开始,美国的师范学校开始向社区学院、教师学院或师范学院过渡。据统计,1909—1910年,美国有州立师范学院10所,市立、私立师范学院各1所。1919—1920年增为州立39所,市立1所,私立6所。1929—1930年,增为州立125所,市立3所,私立6所。1941年,共增为185所。1948年,更增为250所。而师范学校则江河日下,1930年,美国有州立师范学校66所,市立26所,私立58所,到1942年降为60所,1945年只剩14所。师范学院或教师学院招收的学生是高中毕业生,提高了学生入学的起点,延长了学习年限,增加了学习内容,保证了师范学院、教师学院的教学质量。因而,师范学校向教师学院发展有利于提高教师培养的质量,有利于促进教师教育向专业化发展。

美国的教师学院持续的时间不太长。20世纪30年代后,随着美国经济的发展和不断强大,基础教育得到了迅速发展,美国社会和个人都期望高等教育有较大较快的发展。于是,美国进一步着手改革和发展教师教育,提出了"教师教育的任务应由大学各院系承担"的目标。原来培养目标单一的师范学院开始向多目标的文理学院和综合性大学演变,使教师教育成为大学教育的一部分。到1950年，美国的教师学院都发展成了多培养目标的大学，原有的教师学院成为大学的一个部门；其他一些综合性大学也开始设立教育院系，使教育院系与其他院系具有同等的地位，把教师教育作为专业来对待。例如，纽约大学早在1932年就率先为中小学教师开设培训课程，接着其他一些综合性大学也纷纷设教育学院或教育系承担教师的培养工作，把教师教育作为一种专业来办。著名的综合性大学如哈佛大学、斯坦福大学，以及其他许多州立大学都建立了规模不同的教育学院或教育系，开设本科和研究生课程，担负师范教育任务，授予教育专业学士、硕士与博士学位。教师教育由教师学院向综合性大学院系的转变，进一步促进了美国教师教育的专业化发展。

20世纪80年代以后，教师专业发展和教师教育专业化逐渐成为教师教育的主要趋势。20世纪80年代，美国经济发展较缓慢，国际经济地位下降。美国把造成这一问题的主要原因归咎于教育，惊呼“国家处在危险中”，呼吁进行基础教育改革，并把目光集中在教师身上。由于此时美国经济的衰退，以及人口出生率的下降，人们对高质量教师需求的呼声越来越高；教师教育领域里也暴露出越来越多与教育发展要求不相适应的问题，由大学的教育学院独自承担师资培训职责的教师教育模式越来越显露出它的一些弊端，于是人们对过去的教师教育制度进行反思。在反思过程中人们意识到，教育是实践的艺术，教师的专业发展不是把那些成功的教育教学知识或教育理论学成之后就能直接运用于实践的线性过程，它需要教师将学到的理论与自身的知识、情感、态度、价值、需要联系起来，与具体的教育场景结合起来。整个过程的实质是教师将一般理论知识个性化的过程，要实现这一点只有通过教师自己的亲身实践。此间，有两份报告引起了人们极大的关注，一是1986年，霍姆斯小组发表的《明天的教师》，一是同年卡内基在教育与经济论坛上发表的《国家为培养21世纪的教师作准备》。两份报告都向当时的教师教育制度提出了挑战，认为教师不仅是一种大众化的职业，更重要的是一种专业，教师必须专业化才能适应教育发展的要求。卡内基在教育与经济论坛的报告中提出：为教师职业做准备的最好环境是一所联系大学和中学的临床实践学校；霍姆斯小组则在报告中第一次提出“教师专业发展学校（Professional Development School，简称 PDS）”的概念，把教师专业发展学校看做是大学和中小学校之间形成伙伴关系的一种新型机构；并指出，在专业发展学校中，实习教师、大学教研人员和中小学的教师应建立伙伴关系，共同致力于提高教与学的质量和水平；认为教师专业发展学校是"为初学者的专业训练，有经验者的继续发展，以及教学研究和发展"所能考虑的最佳学校形式。此后，美国改变了过去培养教师主要在大学校园、很少到中小学去的局面，由大学和中小学共同合作培养教师。美国发展了高等教育机构、公立学校和学区之间的多种形式的伙伴关系，既有大学和社区之间建立的伙伴关系，也有大学和中小学合作建立的伙伴关系，即教师专业发展学校，其中教师专业发展学校是最主要的形式。在教师专业发展学校里，大学教师与中小学教师组成合作小组，一起负责对师范生的培养，让师范生全方位参与到中小学的教育教学实践中去，将师范生的实习时间由原来的几周延长到一年，要求师范生在已有教育教学理论的基础上，结合具体的教育情境对"教育"、"教学"和"学习"等有关问题进行更积极的理解，而不像原来那样只是听听课、观摩一下，然后象征性地讲几节课。在与中小学合作培养师范生的过程中，大学教师将一半的时间放在中小学，给中小学捎去新思想新理念，积极参与中小学的教育教学活动；将另一半时间放在大学，把中小学教育教学实践中碰到的各种问题反馈回大学，把鲜活的中小学教育教学经验带进大学课堂，使大学教师教育课程与教学融入了新鲜经验和新鲜血液；对于中小学教师，他们在与大学教师的交流合作过程中和指导实习教师时，可以不断获得新的教育理念，其已有的教育理念、教学习惯又不断地受到挑战和冲击，促使他们不断进行反思、进行自我批判，以研究者的眼光来审视教学，从而有可能成为反思型实践者，在研究与反思中不断获得专业发展。这样，教师专业发展学校就使教师的职前、入职和在职教育连成了一体，使"教师成为研究者"成为一种现实，给教师一种新的角色定位。美国教师教育模式的改革，教师专业发展学校的出现和发展，进一步强调和促进了教师教育的专业化和教师的专业化发展。

美国教师教育制度的演变历程说明，根据不同时代、不同社会背景的要求，教师教育制度会进行相应的改革，并表现出不同的形式和内容。这些不同形式和内容的教师教育制度对美国社会的政治、经济、文化和教育的发展发挥了积极的作用。

第一，美国教师教育制度的演变过程是一个不断提高教师学历层次水平的过程。由于社会大机器生产的发展，需要大批掌握一定基础知识和基本技能的工人，这就促进了美国教育的普及。教育的普及离不开教师的培养，从而催生了美国师范学校的诞生，实现了教师教育从无到有的转变。随着社会经济的发展,对教育质量要求的不断提高,教师教育的起点变得越来越高,要求也越来越高,于是美国的教师教育从师范学校发展到教师学院,从教师学院发展到综合性大学教育院系,进而发展到教师专业发展学校。在这个发展过程中,教师的学历层次也由中专发展到大专,由大专发展到本科和研究生水平。教师学历层次水平的发展和提高意味着教师教育质量和水平的提高,为基础教育输送了更合格的高质量教师。

第二,美国教师教育制度的演变过程是一个经历了由下至上、又由上至下不断走向开放的过程。美国的教师教育在师范学校和教师学院两个阶段是独立定向进行教师培养的。后来,美国社会的政治、经济、文化有了较快发展,对美国教师教育提出了新的要求,于是由教师学院发展到综合性大学院系阶段,由以往的独立定向培养师资转变到综合性大学进行师资的培养。美国的教师教育由师范学校发展到综合性大学教育院系,实现了美国教师教育以上构(由下至上的升格)为特征的由封闭走向开放的第一次飞跃。综合性大学的参与,使教师教育有了更宽阔的知识背景、更丰厚的可利用资源,促进了教师教育水平和质量的提升。20 世纪 80 年代以后,随着人们对基础教育的日益重视,对人才培养的工作母机——教师教育领域也越来越关注。人们对教育既寄予了更高的期待与厚望,也对存在的问题提出了尖锐的批评,集中表现为教育理论与实践的脱节。为解决这个问题,美国探索新的教师教育模式,建立了教师专业发展学校,由大学和中小学共同合作培养教师,由此实现了教师教育以下构(由上至下的延伸)为特征的第二次飞跃。这两次飞跃使美国的教师教育得到了上下联通,进一步提升了美国教师教育的质量和专业化水平。

第三,美国教师教育制度的演变过程是一个不断促进教师专业化发展和教师教育专业化的过程。由于社会发展对教师教育提出了进一步的要求,美国教师教育由师范学校发展到教师学院阶段,使教师教育质量得到了提高。20 世纪 30 年代后,美国基础教育的发展由重数量向重质量转变,对中小学教师不再满足于数量上的要求,而是需求高质量、高素质的专业化的教师。于是,美国的教师教育由教师学院发展到综合性大学教育院系阶段,教师教育成为综合性大学里的一个专业,教师的培养方式由封闭式走向开放式。这在一定程度上使教师教育的专业化得到加强,也促进了教师的专业化发展。

第四,美国教师教育制度在发展过程中,逐渐密切了教育理论与实践的联系,并凸显出实践性的特点。从 20 世纪 80 年代起,人们发现教师教育领域里存在诸多与社会、教育发展要求不相适应的问题。主要是由大学教育学院独自承担师资培训任务导致的教育理论与实践脱节的问题,它一方面使中小学教师在大学教育学院所学知识与现实中的学校教育教学实践严重脱节,难以顺利实现由师范生到教师的角色转变;另一方面大学教师也埋怨中小学教师在教育教学实践中没有真正接受和运用理论的指导,使他们潜心钻研、执着传递的教育教学理论无用武之地。于是,美国改变了由大学教育学院独自承担师资培训的做法,建立了教师专业发展学校。在教师专业发展学校,大学和中小学共同合作培养师范生,并延长了师范生的实习时间,让师范生以真实教师的身份参与整个教育教学过程,重视个体体验性,突出实践性和探索性,为实习教师提供了一个理论与实践相结合的平台,使实习教师能更好地完成其教师角色的转变。大学教师走向中小学,走向了日常的教育生活,走进教学第一线。他们的教育理论研究不再是在无干扰的、远离中小学实践的"真空"中进行,而是回到了充满生命活力、充满生命意义的真实教育情境中;他们作为理论研究者与研究对象,为达共同目标而共同努力,在平等基础上相互对话、相互理解,实现着教育理论的实践还原,使理论更具生命力,更能从真正意义上指导教育实践;中小学教师在与大学教师共同培养师范生时,他们已作为一个实践研究者的形象出现,有了更多研究探讨、反思和批判的机会,在研究与反思中,理念不断得到更新,反思能力不断得到增强,专业实践能力不断得到提高。

我们可以看出,美国教师教育制度的发展主要经历了由师范学校、教师学院到综合性大学教育院系三个阶段发展到现在的教师专业发展学校。在师范学校、教师学院两个阶段,主要是独立进行师资的培养,到了综合性大学教育院系阶段,所有师资一律由综合性大学采取开放式非定向培养模式,教师培养由独立走向开放,将中小学教师的学历水平提高到大学水平以上,提升了教师的学术水平。20 世纪 80 年代末,建立了教师专业发展学校,大学和中小学合作培养教师,把师资的培养进一步向实践性强的中小学开放,使教师在保持高学术水平的基础上,提升了专业实践水平。

在美国教师教育制度的改革发展中,我们还可以看到,它由过去的较重视学科知识的系统掌握,进行职业定向教育,逐渐发展到现在的强调对教师进行教育专业知识的学习和研究,重视教师的专业化发展。

过去,美国的教师培养主要以大学为主,从 20 世纪 80 年代起,开始探索新的教师教育模式,建立教师专业发展学校,教师的培养逐步转向大学与中小学相结合。作为教师教育改革的一种新探索和尝试,教师专业发展学校表现出了强大的生命力,得到了美国许多全国性教育组织和机构的认可,认为这是一个大学和中小学获得"双赢"的合作方式。其中的主要原因在于教师工作的实践性很强,大学主要是对学生进行理论知识教育,而较缺乏实践方面的训练,正如在游泳中才能学会游泳一样,教师培养也需要在学校的教育教学实践中进行。过去许多研究者和教师教育者都认为,教师的专业发展即是把理论知识、专家教师或者优秀教师的"特质"传递给师范生或一般教师的过程,然而"专家—新手"比较研究的结果表明,专家的知识至少有三方面的特征:专家的知识是专业化的,而且限于特定领域;专家的知识是有组织的;专家所知道的知识大部分是缄默的。这种缄默的知识难以形式化和通过他人的直接教学来获得,只能由教师本人通过实践去体验。教师专业发展学校的建立使实习教师有了以真实教师身份去参与整个教育教学过程的机会,通过"在教学中学习"、"在教学中反思"、"在实践中发展"等多种方式,体验到教学中的隐性知识,从而促进职前教师的专业发展。由于大学教师和中小学教师共同承担师范生的培养,为大学和中小学之间的相互理解和沟通架起了桥梁,有利于消除教育理论与教育实践的隔离状态。教育在本质上是实践的,大学教师对教育的理解只有在丰富的教育实践中才能获得。以往大学教师往往远离中小学教学的实际,容易陷入从理论到理论的泥潭。而大学与中小学链接,大学教师把中小学作为其研究的出发点和落脚点,有了实践性的研究资源,使教育的学术研究回到鲜活的现实中,使理论返回了思想的故里。这样,教育理论就不再是空泛概念的"文字游戏",有了它生长的土壤,使其理论真正来源于实践,继而指导实践,成为"实践的理论"。对于中小学教师来说,在与大学教师的交流过程和指导实习教师的过程中,一方面可以不断获得新的教育理念;另一方面,其自身的教育理念、教学习惯不断受到挑战和冲击,从而促使他们不断地对教育世界进行追问,对教育问题进行苦苦思索,最终使他们有可能成为真正的"反思型实践者",进而促进中小学在职教师的发展。

美国教师教育制度经历了从无到有,从封闭到开放,到今天十分强调理论与实践相结合的演变过程。在整个演变过程中,曾经碰到的社会背景、困难、挑战和问题,在我国的教师教育改革中,也有可能会碰到。因而,美国教师教育制度改革和发展中的许多经验值得我们思考和借鉴,以促进我国教师教育制度的改革和发展，促进我国教师的专业化发展。

（二）当前美国教师教育制度的改革

2012年初，美国总统奥巴马在国会发表了2012年国情咨文。这份国情咨文被视为奥巴马参选连任的“前哨宣言”和施政纲领。在教育方面，奥巴马突出强调教师的重要作用。事实上，近年来美国将加强教育作为提高竞争力的基础，将教师教育改革作为教育改革的关键，在稳定教师队伍、提高教师质量方面，采取了一系列新举措。

奥巴马自2009年入主白宫以来，将加强教育作为提高美国竞争力的基础，视教师队伍建设为教育改革成功的关键，始终关注教师教育改革。不论是2010年美国联邦教育部的《改革蓝图：初等和中等教育法重新授权》，还是2011年白宫的《美国创新战略：确保经济增长和繁荣》，不论是“力争上游计划”还是“为了创新而教育”运动，都在努力思考着如何打造可以提升教育质量的优秀教师队伍。

2012年2月15日，美国联邦教育部正式启动一项旨在提升教师专业地位的“尊重项目”。美国联邦教育部部长邓肯强调：“我们的目标是与教育家一起来重建他们的专业，并提升教师在联邦、州和地方教育政策形成过程中的参与度。我们更大的目标是使教师职业不仅是美国最重要的职业，而且是美国最受尊重的职业。”

1. 美国的“尊重项目”提出要大力提升教师职业形象

美国中小学教师，尤其是数学和科学教师短缺已经成为阻碍美国教育质量提升的一个重要因素，成为长期困扰美国教育改革的一大难题。大约三分之二的美国高中生接受的化学和物理教育，来自于非化学和物理专业或没有相关证书的教师，五年级至十二年级的数学教师中，非专业的比例达到50%，低收入社区的学生更不可能配备到专业对口的教师。此外，在未来10年中，由于大量婴儿潮一代的教师退休，美国需要培养10万名科学、技术、工程和数学学科的教师。“构筑未来竞争力所需的教师”就成为奥巴马政府教育改革的一项重要内容。

刚刚启动的“尊重项目”明确提出，美国要做更多的事情来确保教学作为专业受到高度尊重并获得支持。尽管教学是一项需要智慧的、严谨而又复杂的工作，但美国教师很少被看做专业人员。他们在获得教师资格证书前很少拥有真实的课堂教学体验，而一旦进入教师行业又得不到有效的支持、获得合适的薪酬或基于他们的成就而获得提升。更为普遍的问题是，教师发现他们所在学校的规章制度和文化并不鼓励创新，这限制了他们合作工作和承担责任。其结果是，许多美国最优秀的大学毕业生从不考虑进入教师行业，新教师中有一半人会在5年内离开学校。

因此，“尊重项目”认为，现在是“彻底变革这一职业”的时候了。“我们必须在教师录用、挑选、培养、认证、支持、提升及薪酬方面有所创新，而我们的教育学院必须更具选择性、应用性以及更为严格。”为了吸引最好的学生从事教师职业，必须大幅度提高教师和校长的潜在收入，必须创造生涯发展和晋升领导的机会，高度赞赏教室中的成功，就像赞赏管理方面的成功一样。不要仅仅把薪酬与服务年限或学位文凭相联系，薪酬还应反映出教师工作的质量和他们专业职责的范围。为了确保学生能够受益于最优秀的教师和学校领导者，薪酬还应向最需要优秀教师的学校或教师最紧缺的学科倾斜。

通过提高教师职业的薪酬和改善教师职业的社会地位，努力使教学成为与医学、法律和工程一样受到尊重的职业。因为“我们社会最重要的工作同样应该是最有价值的工作。我们更大的目标是使新一代具有不同背景的、受过良好培训、聪慧能干的人进入学校和课堂，以增加今日美国课堂中熟练教师的人数，并确保我们的学校是由优秀的团队所领导的”。

2. 美国的“尊重项目”是为了培养准教师的实战经验

为了改变美国教师在获得教师资格证书前很少拥有真实课堂教学体验的现状，改革教师教育和教师培养方式一直是学界关注的焦点，也成为历届政府给予特殊政策的领域之一，其中尤以霍姆斯小组《明日的教师》《明日的学校》和《明日的教育学院》系列报告最为出名。当年报告中提出的有关加强教学实习和临床实践的建议在奥巴马入主白宫以来也再次引起重视。

全美教师教育认证委员会牵头组建的“蓝带小组”向联邦政府提交了名为《通过临床准备改革教师教育》的报告，提出美国将通过临床型教师教育模式，促进有效教学和学生学业成绩提高。美国联邦教育部部长邓肯专门就此报告发表讲话指出，“美国教师教育需要全面的革新，而不是各自为政的家庭小作坊。‘蓝带小组’所做的工作正在帮助美国教师教育走上正轨”。

“蓝带小组”认为，教学是一种实践性专业，教师教育必须培养实践专家，应该将实践置于教师准备的中心，并提出了临床型教师教育的十大原则：

以促进学生学习为中心；临床实践培养应融入教师教育各方面；基于学

生成绩对师范生及培养项目进行动态评价；以造就一批学科知识和教学领域的专家、知识创造者、团队协作者和问题解决者为培养目标；师范生应在合作式的专业共同体中学习；临床实践指导教师队伍必须由高等教育和基础教育工作者共同组成，并经过严格的选拔、培养和抽调程序组建；指定并资助特定的临床教学实践场所；利用新技术提高教师培养效率；通过开展有效的研究、收集和使用系统数据，促进教师培养项目的可持续发展；战略伙伴关系是构建有效的临床教师培养模式的必要条件。

“蓝带小组”报告提出的“临床为本”的教师教育是20世纪80年代教师教育改革思想的延续，也是以近年来美国各州革新教师教育所取得的先期成果为基础的。例如，波士顿的“教师驻校计划”是波士顿公立学校系统和地方大学合作实施的项目。该项目将师范生安置在城市公立学校中带薪学习一年。据统计，驻校的师范生毕业3年之后留任的比例超过84%，远高于50%的平均水平，96%的校长表示愿意招聘有住校经验的师范生。

3. 美国的“尊重项目”提出用充足的经费支持来稳定教师队伍

美国公立中小学教育一方面面临着教师严重短缺的局面，另一方面又由于国家经济衰退而对学校产生不利影响。白宫报告显示，自2008年以来，由于政府预算不足，教师的工作风险加大，美国各地失去了近30万个教师岗位。

为了解决经费短缺问题，美国联邦政府通过政府预算和行政立法，从经济上为教师招聘和教师教育改革提供支持。

例如，早先美国国会通过的《美国竞争法》规定，为制定和发展2～3年的数学、科学和紧缺外语科目的硕士学位教育计划提供经费支持，其期限均为5年，而且拨款基金只能用于补充而非替代其他联邦或州级基金。该项目在2008财政年度获得总额为2.1亿美元的拨款，在其后的三个财政年度中每年都提供相同额度的拨款。面向大学毕业生的“教师服务奖学金”规定，在师资极度匮乏的学科领域或地区任教满4年的大学生，可获得相当于研究生两年学费的资助。

同时，为避免因财政经费短缺而对稳定教师队伍的影响进一步扩大，奥巴马在其就业法案中提出要投资35亿美元，专门用于支持国家和地方努力招聘并留住中小学教师。这笔教师稳定基金可以防止学校过度裁员，并有助于新创造近40万个教育工作岗位，以确保学校正常运转。

奥巴马政府还积极倡导实施教师绩效工资，以此提高优秀教师的待遇。

绩效工资制度采用多种评分标准,依照严格、透明、公平的程序衡量教师与校长的工作成效,公布教师与校长的参评结果,并依据这些评比结果作出奖励或惩罚。

(三)美国师资建设未来的趋势

刚刚公布的"尊重项目",是为了有效使用2013年财政预算中"改革教学专业"的50亿美元而启动的。这一项目具有6个关键要素,这些关键要素反映了美国师资队伍建设的未来趋势。

——吸引一流人才进入教育领域并使他们获得成功。吸引高成就和多样化的人群成为教师和教育领导者,无论他们是毕业生还是转行者,确保为他们在学校环境中获得成功做好准备。

——创造一种具有竞争力薪酬的职业生涯阶梯。在为初任者创造一种支持环境的同时,通过创造具有竞争力的薪酬和机会的职业生涯阶梯,留住并提升熟练的教师和领导者,让他们发挥更大的作用。

——成功创造各种条件。要使学校的文化氛围、时间利用、人员安排、技术使用、支持服务的部署以及学生家庭和社区的参与变得更为完善,以利于持续提高学生的学习结果。

——评价并支持教师和领导者的发展和成功。通过彰显并分享那些成功提高学生学习结果的教师的实践经验,使教师和领导者的工作更为有效;支持每一位教师在教学实践中得到持续的改进,同时解雇那些在获得支持之后仍无法提高学生学习结果的教师。

——让最优秀的教育家服务最需要他们的学生。创造这样的教育体系:能够为低收入家庭、少数民族、英语初学者、残障等最具需要的学生提供最为有效的教师和校长,能使学生获得技术、资料、社会支持、保健和营养等最为必需的资源,使每个学生获得学业成功。

——持续改进的新系统。运用拨款使学校成为一种不依赖于拨款资金而能有效运行的教育系统。

二、日本教师教育制度的改革

教师水平下降、专业能力与专业精神欠缺,一直是日本教育界头疼的问题。为了提高教师的职业能力,一场轰轰烈烈的教师教育改革正在进行,为培养合格的教师提供强有力的保障。

20世纪90年代,日本进入了经济富裕、"少子老龄化"的所谓"成熟社会”,但日本学校却出现了学生拒绝上学、欺负他人等与以往不同的“荒废”现象。教师当然也日益成为媒体关注的对象。

在当今经济高度发达、社会问题日益错综复杂的日本社会中,虽然有比较完善的教师教育和教师资格制度、竞争激烈的教师录用考试、规范化的新任教师研修制度等,但教师水平下降、专业能力与专业精神欠缺等问题依然存在。为了“实现世界最高水平的初等、中等教育”,一场以实践能力培养、学校现场处理问题能力培养为中心的教师教育改革以及以资格更新、教师评价为中心的教师制度改革正在全面展开。

(一)日本的教师教育从学科中心到实践中心

从20世纪50年代到现在的日本政府各种有关教师资质要求的审议会报告就可以发现,日本政府对教师资质的要求在不断提高,体现出鲜明的与时俱进的特点。20世纪50年代,日本政府强调通过大学的职前教育,培养具有基础教养、学科知识以及教育专业知识的教师;到20世纪80年代,增加了要求教师在职进修,不断提高专业能力的规定;从20世纪90年代开始,进一步强调了教师的实践能力、专业发展以及“说明责任”,其目的就是为了培养能够适应时代急剧变化的教师。

1997年7月,日本教育职员养成审议会第一次咨询报告重新强调了教师所需的资质,提出教师既要具备“对教师职业的热爱、自豪感”以及以此为基础的知识、技能,更应具备当今社会所需的诸如全球视野、适应社会变化以及现代教师职业所必要的能力。这是日本审议会第一次用较长的篇幅详尽描述教师应具备的资质要求。咨询报告认为,大学的教师教育目标是“培养具有使命感、有擅长领域、富有个性而且能够较好地应对教育现场课题的、有能力的教师”。

根据这一目标,日本政府对教师资格证书制度进行了一系列修改,进一步加强了有关教师职业的科目。与以往重视专业领域的学科知识相比,更重视教育教学方法以及与学生交流方法的训练。大幅度增加“教师职业课程”,注重对教师教学方法的培养,新设“教师职业意义”、“综合演习”等科目,将教育实习学分增加一倍,而大幅度减少学科科目的最低学分。

在新的教师资格证书制度下,大学的教师教育课程及教学也随之发生了很大变化。实践性、现场性成为当前日本教师培养模式的最大特点。2004年3月,日本教育大学协会提出了教师教育“样板核心课程”。在该体系中,相当于实习指导的“教育实践体验”和实际教育实习的“教育现场研究”从大学一年级就开始进行，各门课程交叉配置，递进发展，并与四年级的研究实习相联系。

现在，虽然日本的很多大学并没有遵循“样板核心课程”的义务，但是，许多教师教育大学、学院在修订教师教育课程时已经开始重视现场教育。例如，上越教育大学的教师教育课程重视学生从高中毕业到进入教师教育专业的衔接，使学生逐渐过渡到专业的、实践性学习并最终与学校教育现场衔接；兵库教育大学将实地教学贯穿于整个本科阶段：一年级的参观实习，二年级的体验实习，三年级的基本实习，四年级的应用实习；岛根大学教育学院则推出了重视“直接体验”的教师教育课程，学生从入学到毕业必须参加1 000小时的教育体验活动。

（二）日本的“教职研究生院”培养实践型高学历教师

2005年6月，日本中央教育审议会提出了“在教师培养中增加专门职研究生院的基本想法”，指出“在充实、加强本科阶段教师培养的同时，有必要在制度上重新探讨研究生阶段的教师培养和再教育问题”。

东京大学率先于2006年开设教师职业研究生院，定名为“学校教育高度化专业”。东京大学教育研究院院长、教育学家佐藤学认为，研究生水平的教师教育在西方发达国家已成为一般标准，日本已经大大落后。日本教师中取得硕士学位的比例分别为：幼儿园0.2%，小学1.4%，初中2.7%，高中24.5%。原来日本中小学教师维持着较高的水平，是因为有激烈的教师录用考试。但是，由于日本开始进入教师退休的高峰，录用考试的竞争趋缓，教师录用人数增加，再靠激烈竞争保证质量已经非常困难，所以，教师教育高学历化势在必行。佐藤学希望三分之一的课程通过案例进行实践研究。“学校教育高度化专业”由教师职业开发、教育内容开发、学校开发政策三个方向构成，分别培养教学创造和课程开发人员、各学科指导教师、实践性研究者以及教育行政职员、学校管理人员，等等。

如果说东京大学教师职业研究生院是旨在培养基础教育界精英的话，那么，爱知教育大学从2005年开始设置的六年一贯制教师培养课程（含硕士研究生两年），则更多地将重点放在了一线教师所必需的实践性教学能力培养上。该课程选拔进入本科三年级的学生进行第四年的实践性课程教育。这一课程最大的特色就是包含了丰富的大学以外的教育实践活动。作为保障，该课程运营委员会中除了19名大学教师外，还有14名来自社会各界的委员。此外，兵库教育大学还预计设立与原有的研究生院并列的专门职业课程“高度教育实践专业”。

2006年7月，日本中央教育审议会咨询报告《关于今后教师培养·资格证书制度》提出了创设以教师培养为特定目的的“专门职研究生院”，培养具有实践性教学指导能力的教师。在进行以在职教师为对象培养“学校骨干”的同时，通过从制度上保障具有实践能力教师培养的模式，更有效地实施本科阶段教师的培养。为此，日本文部科学省修改了研究生院的设置基准，确定教师教育的“专门职研究生院”的名称为“教职研究生院”。标准学习年限为两年（但是也可以设定一年以上不满两年的短期修习课程以及两年以上的长期修习课程）。学生毕业必须取得至少45个学分，并强调其中至少有10学分为在中小学等教育机构的实习。

日本教师教育向高学历发展已成为趋势，但必须注意的是，这种高学历并不是以往意义上走研究型道路的高学历，而是贴近教育现场的实践型的高学历。从这个意义上说，“教职研究生院”是强调实践性、现场性的本科教师教育课程的延伸。

（三）日本的教师资格证10年更新制是为了淘汰不合格的教师

近年来，日本教育再生会议提出了题为“以全社会之力实现教育再生”的报告书，其中有一条是“所有手段总动员，培养有魅力、值得尊敬的教师”，其重要措施之一就是实施教师资格证书更新制度。

第二次世界大战后，日本反省战前国家主义、军国主义封闭式师范教育的弊端，实施任何大学都可以培养教师的开放式教师培养制度。但是，经过半个多世纪，这种教师培养体系也产生了一些问题。现在，日本除了个别医科、齿科大学外，几乎所有的大学都有教师资格课程，每年取得教师资格的人数往往是实际需要的数倍甚至十几倍，从而产生了大量并不从事教育工作的“证书教师”。同时，在开放式培养模式下，大学无法安排大量学生实习，从而使教育实习形同虚设。教师录用考试尽管竞争激烈，但是仅通过书面考试以及一两次面试，很难对每个应聘者的资质进行全面的考查，使得一些考试成绩优良但并无从事教师职业心理准备的人，或者并不适合当教师的人进入了教师队伍。

2006年7月，日本中央教育审议会咨询报告《关于今后教师培养·资格证书制度》中指出，改革教师资格证书制度，使之成为贯穿教师整个职业生涯的、保障教师所必要的资质的证书制度，并提出了具体措施。规定教师资格证书的有效期限为10年，证书持有者必须在证书更新期限前2年内接受

30 小时的资格更新讲习，讲习内容包括事例研究、教案制作、模拟教学等，且必须是由国家认定的、由大学或教育委员会与大学合作举办的讲习，不能满足更新要求的资格证书失效。在职教师的资格证书未规定有效期限，但也有义务每 10 年接受同样的讲习，不能结业者证书失效。

出台这一措施的目的在于：首先，为了应对不断变化的社会和不断变化的教育对象，促使在职教师不断进修，克服教师职业倦怠。其次，加大排除不合格教师的力度。因为日本现行教师制度对于教师身份过分保护，对不合格教师的处理限制太多，难以将不合格教师排除出教师队伍。除上述目的之外，还隐含着另一个目的，就是试图通过资格更新，淘汰大量的持有资格证书但并不从事教师职业的"证书教师"，并通过淘汰"证书教师"间接淘汰一些大学（特别是一些私立大学）教育质量低下且乱发资格证书的教师教育课程，确保教师教育的质量及其专业性。

（四）日本的教师评价制度更多地偏向教师的实际能力

以往日本政府机关、学校，甚至企业的评价多为生成性评价，目的在于培养、提高被评价者的资质，而一般不将结果直接与待遇相联系。正如日本绝大多数企业的绝大多数岗位的员工待遇不是根据业绩，而是根据工龄、职位等"年功"来决定的。但随着 20 世纪 90 年代的经济不景气，日本企业在国际竞争中显现颓势，这种以终身雇佣、"年功"工资为特征的日本式人事管理模式不断遭到质疑甚至否定，逐渐取而代之的是与待遇相联系的成果主义、能力主义的评价。

2002 年，日本中央教育审议会指出，今后学校要通过明确责任来取得社会的信任，而支撑这种学校建设的根本在于教师。所以，在严肃对待一部分不合格教师的同时，要在相对封闭的学校组织、教师队伍中酝酿正面意义上的紧张感，通过准确评价教师的工作实绩，提高多数教师的士气和专业性，这是建设"被信任学校"的必由之路。审议会还提出了实现学校"说明责任"的具体措施，其中最重要的就是确立学校评价体系和实施新的教师评价体系。

2002 年，日本教育改革国民会议提出"建立教师努力能够得到回报的评价体制"的建议。2003 年，日本文部科学省确定到 2005 年完全实施新的人事考核制度。2012 年年初，教育再生会议再次强调"实施反映家长、学生意见的教师评价"；"对公立学校的优秀教师，在工资、晋升、津贴方面予以优待"；"明确教学能力不足教师的认定基准，对无法改善的予以清退"等，在公立学校教师中全面引入竞争机制。

东京都在2000年就已经开始实施"能力开发型"的"教职员人事考核制度"。"能力开发型"人事考核包括三个部分:其一,教师通过与校长、教头(协助校长处理学校事务,通常主管教学)面谈设定自我目标;其二,教师根据自我设定的目标对自己的教育教学成果进行自我评价的"自我申告";其三,校方对教师职务履行的成果以及执行过程的努力情况进行业绩评价。通过引进自我目标设定、"自我申告",避免了使这种评价成为单纯的上对下的单方向的评价,而力图使之成为一种学校管理层与教师双向互动的过程。同时,校长、教头等学校管理层可以对教师进行适当的指导和帮助,可以要求教师进行相应的研修和自我提高,并给予适当的待遇。东京都希望通过这种"能力开发型"的人事考核制度提高教师的资质,提高整个教师队伍的士气,实现人尽其才的人事安排,为学校组织增添活力。

东京都已经开始将这种评价结果运用于教职员的加薪、晋升、校内岗位安排以及校际调动等方面,在提高教师积极性方面取得了一定效果。但这种成果主义、能力主义的教师评价也遭到了部分教育学者、学校教师的质疑,他们认为这种教师评价会危及教师之间的合作,与日本政府提出的"由个性多样、各有擅长领域的教师构建强有力的教师团队,共同应对现代学校问题"的教师队伍建设目标是相互矛盾的。今后,整合教师评价激励机制与教师团队建设将是日本教师评价制度改革的一大课题。

第二次世界大战后,日本实施的是大学培养教师的开放式体系,但事实上,日本义务教育阶段的教师大多数还是由教师教育类大学或学院培养的。现在,日本还在不断提高教师资格证书的要求,实施教师资格更新,实际上就是为了抑制非教师教育类大学的仅仅为了取得教师资格而设置的课程,进一步实现教师教育的专业化。

日本为什么强大,其根本原因之一就是日本重视教育。日本所有的教师都是政府公务员待遇。日本为了促进校际均衡发展,在公立小学之间实行教师定期调换制度,平均每个教师约七年更换一次学校。由此可见,只有提高教师的社会地位、待遇,才能吸引更多的优秀人才从事教师这一职业,才能使国家兴旺发达。

三、德国的教师教育

德国是世界上开展教师教育较早的国家,是目前教师教育最发达和典型的国家之一,其教师教育制度十分完善,且已经从完善走向更加优化。德国人不无自豪地认为,在大约150年中,德国师范教育的发展为广大儿童接受超过国际水平的教育与教学创造了条件。

（一）德国教师教育概况

从教师培养模式上看:德国没有传统意义上的师范教育,早在20世纪80年代,就基本实现了所有教师的培养都由综合性学院或大学进行的目标。就目前德国教师的培养机构而言,主要有两种:综合性大学和教育学院。综合性大学占主导地位,教育学院作为一种独立的教育机构正在减少、消失。无论是哪一种机构皆以完全中学毕业生为入学资格,而且二者原先分别代表的学术性教师教育和师范性教师教育正走向接近,趋于统一。除此之外,艺术学院、音乐学院和新型的综合高等学校亦担负着培养教师的任务。这些学校皆属学术性大学之列。

从教师教育培养阶段和资格考试上看:分修业阶段、见习阶段、继续教育阶段三个阶段。

1. 修业阶段

此阶段以理论学习为主,必须学习两门执教学科和相关学科的教学论,同时必须学习教育科学和社会科学方面的课程,其中教育科学要占25%。另有8周的实习安排,一般放在整个学习计划的最后。近年来,在教师教育改革中,教师教育的课程设置越来越强调和重视教育科学课程与学科科学课程,希望培养出来的教师不仅能对所授知识了如指掌,而且还能更加深入地认识教育和教学规律。就修业年限而言,各州规定略有不同。大多数州的主体中学教师在高等学校的修业年限为6学期,有的州为7学期;以上大多数州的实科中学教师或者中等教育第一阶段教师在高等学校的修业年限为6学期,部分州为8学期;大多数州的完全中学教师或中等教育第二阶段教师在高等学校的修业年限至少为8学期,部分州为9学期。完成修业阶段课程后参加第一次国家资格考试。

2. 见习阶段

通过考试后,学生本人向本州或其他州文教部提交师范学校或综合性大学毕业文凭和第一次教师资格考试的全部材料,申请到有教师培训中心的学校担任实习老师。获准后,进入见习阶段。该阶段在地方师范见习机构中进行,这些机构统称为研修班。1990年后,德国政府规定各州不分学校类型,教师见习阶段期限统一为2年。课程实施形式可以分为两类:讲座和研讨班,不同的是前者学生可以选听,后者则必须出席,每个学生都要发言。

见习教师除了听课和试教外,还需进一步学习和研究理论知识。通常规定见习生每周执教5~11课时,参加18周的示范研讨课。实习教师要像普通教师一样承担一定的教学任务,还要参加集中学习,学习与教师职业有关的四方面内容:相关的教育法规和教师的法律法规;教学技能,如教学组织、教学规划、考试组织、怎样与学生家长沟通等;因材施教、因人而异的教学方法;处理特殊问题的能力。

3. 继续教育阶段

从20世纪70年代起,德国就把教师继续教育的地位与作用提高到前所未有的高度。德国各州法律都有相关的规定:在职教师必须接受"第三阶段的师资培训"。教师每年有5个工作日可以带薪脱产进修。其中,教师进修有全州集中、地区性、学校内部和学校间三种。第一种由州文化部组织,每个课程培训时间为1周左右,以学习新知识为主;第二种由区政府组织,每个课程时间为1~2天;第三种由学校组织,在校内或学校间教师互相学习,主要是提高教师的执教水平,具体形式由学校自主决定。可以看出,继续教育阶段的课程是由各州相关机构或大学提供的,主要采取逐级培训的模式。职后培训主要使在职教师能够适应社会的变化,担负起教育改革和革新的任务。

在前两个培养阶段后,都有相应的严格的国家资格考试对其学习进行评价,并作为获得教师资格的必经之路。有两次国家资格考试。

第一次国家资格考试由考试委员会负责,委员会则由大学教授、学校校长和有关考试机构的代表组成。考试内容和方式分为四项,毕业论文:一般是学术性的,内容可以在教育学、主修专业和辅修专业里选,考试委员会认可后方可参加下面的考试;笔试:时间为5小时,每位考生的题目可以不同,但都是3道题目,需要写出20~25页的答卷;口试:即试讲,时间约为80分钟,由考试委员会负责;教育实习报告:时间约为8周,大部分州规定4周在公立学校、4周在私立学校,主要是听教师讲课,看老教师如何组织教学,如何批改作业,如何管理学生等。8周过后,自己写出实习体会。第一次国家资格考试的通过率约为90%。

第二次国家资格考试的参加对象是完成教育见习的学生。在结束见习前,由所在见习学校的教师培训中心对其作出评价,且参考该校校长的意见。评价内容为见习生在见习期的学习情况,见习生的教学计划、教学技能、教学组织、考试组织等能力,见习生在教育实践中因材施教的能力等。据近年来统计,只有80%的见习教师通过第二次资格考试。通过考试后,州文教部授予其教师资格,通过试用期(一般2年,长则可达5年)后,颁发教师资格证书,学生申请教师岗位,获准后成为教师,享受公务员待遇。未通过者,可以重考一次,仍未通过者则说明其不适合教师这一职业,就不能再拿到教师资格证书。

作为高等教育的一部分,德国的教师教育评价体系也在其框架性规定下,根据自身的特点进行。1998年,德国文化教育部组建了一个由教育行政官员和学科专家为主的教师教育委员会,对当时的德国教师教育进行全面的考察和评价。

(二) 德国教师教育评价

目前,德国教师教育评价主要是对教师的评价、对教师教育机构的评价两种。

1. 对教师的评价

职前教师教育评价主要是指修业阶段和见习阶段的评价。两个阶段主要是通过两次国家教师资格考试来考察评价教师的。考试非常严格,针对大学教育阶段的第一次资格考试由考试委员会负责,通过率约为90%;针对见习阶段由见习学校负责的第二次资格考试,约有80%的见习生通过。

德国政府规定,对在职教师(中小学教师)进行四年一次的综合评价。完全中学、实科中学教师的评价者主要是学校校长,四年一次为每个教师做出翔实的考核报告,经教师本人签字后,存入州教育部门。国民小学、主体中学教师的评价以督学为主,校长参与配合。对教师的评价要客观公正,必须与教师本人见面并签字存档备查。督学的任务是到校听课,为每个教师建立一份"教师工作报告表"。内容分为两部分:一是教师分管的班级,学生情况,所承担的工作量等;二是教师的教学效果与工作态度等。教师的评定结果分为7个等级,1级最好。工作时间不长的教师一般为4~5级,能评上1级的教师较少,必须是教学效果好、科研成果突出者。

2004年年底,德国出台了首部全联邦性的教师教育标准。这部标准重新界定了教师应该承担的五大任务,同时提出完成这些任务应拥有的能力标准,并且强调在修业阶段和见习阶段共同完成对教师的这些能力的培养与培训,并以这些标准作为衡量教师教育的参考性指标。新标准提出了教师应该具备的十一大能力,这些能力又被归类为教学、教育、评价与创新四大能力领域。教学能力领域，强调教师是教与学的专业人员；教育能力领域，强调教师要从事教育工作；评价能力领域，强调教师合理而负责地从事评价与咨询活动；创新能力领域，强调教师不断提升自己的能力。

2. 对教师教育机构的评价

（1）职前教师教育机构评价。

德国具有职前教师教育评价规范，包括高等教育一般的规范和教师教育的专门规范。大多数情况下，特殊的规范应用于教师教育的某一特定阶段。评价过程一般由机构或项目内部自身进行的内部（自我）评价和由来自机构或项目以外的人员进行的外部评价两个阶段组成。1994 年以来，德国就开始实行外部评价和内部评价。内部评价是强制要求的，外部评价是推荐的。

外部评价主要由同行、评价专家等组成。主要机构是评价机构或者评价委员会，以及代表当局的独立机构。评价的标准为高等教育法规、教师教育规范和纲要与未来教师资格标准等。评价的周期一般没有硬性规定，主要根据不同的教师教育机构或项目决定评价的时间间隔。

内部评价主要由管理者、学术人员和学生参与，代表校长和理事会的评价专家以及提供学术支持的专家自愿参与。主要执行机构是评价委员会或管理部门。评价标准主要以官方文件为主，包括高等教育法规与教师教育规范和纲要，未来教师的资格标准是推荐使用的，也可参考外部评价的标准。周期大部分为一年一度，少数地方是不规则的。

（2）在职教师教育机构评价。

德国对在职教师教育机构的评价或认证的外部机构是不统一的，部分由评价机构或委员会进行，部分由代表当局的独立机构进行，部分由学校教育督导进行。对在职教师教育机构的评价或认证周期没有具体的规定，根据实际需要进行。

德国政府和州在 1999 年完成了“继续教育质量保证”工程，2001 年教育论坛也强调了继续教育需要发展、质量保证和认证。2004 年，联邦职业介绍所委托外部机构检查继续教育维持机构。由一个专家机构认证继续教育措施或课程的维持机构，继续教育的组织者也必须证明他们使用了被认可的质量保证系统。

德国的教师教育制度相当完备，具有评价少而精，且重视督学的作用；重视政府的力量，多种层次和类型的评价机构并存；具有规范的教师教育机构评价体系等优点，但同时也存在师训机构的分散独立，职前教师教育两阶段脱节的问题等。

在德国，中小学和高等教育属于州辖文教事业，有关学校的教育和教学活动的安排均依照各州制定的法律法规进行管理。各州颁布专门的法令，规定各级学校的建立、维持和发展、教师的培养和培训、学校的监督和管理等事宜。

在评价中，兼顾教师的评价和教师教育管理机构的评价。德国对教师的评价可以从考察参加第一次国家考试的教师教育专业的学生的知识和反思能力着手，对第二阶段的评价，主要是了解师范见习生的实践能力。对于教师教育管理机构的评价，就是对其运作和管理效果进行简单的分析，考察其是否具备了一个良好的教师教育机构的要素，考察其在教师教育中的作用和职能。

四、英国的教师教育

英国教师继续教育的一个显著特征就是教师继续教育包括整个教师教育都显现出极为强烈的注重教学实践的倾向。其教育理论和培训制度对我国的教师继续教育具有深远的影响。

英国十分推崇杜威的教育理论，按照杜威的理论，学习如何教学的过程可以看做持续的经验重组的过程。因此，英国十分重视教师的实践智慧和校本培训模式的推行。英国的一些培训从学校的层面上生成了“以校为本”的“内发性”培训。英国教师的继续教育之所以蓬勃开展，并显示其独特的魅力，其主要原因之一在于有一套稳定的制度和法制保障。英国教育的立法对教师继续教育开展的时间、方式、权利、义务以及经费划拨和运行机制等都有详尽的规约。例如，新任教师工作日的五分之一时间参加继续教育；工作五年以上的教师有一个学期的继续教育时间；新任主任教师必须进行转岗培训；中小学校要有五天的“教师专业发展日”等。

长期以来，英国教师的继续教育虽有国家的政策规约，但国家基本上是“只掌舵不划桨”，教师继续教育主要沿袭的是一条“内生模式”的发展道路。从 18 世纪末的“导生制”到今天的“校本培训”，教师继续教育的驱动力主要来自学校对教师素质的热切需求和教师自身的生存需要。因此，英国教师的继续教育与教师和学校的利益密切相连，重视中小学教师继续教育中的作用。英国政府把中小学作为教师继续教育的主要力量。学校也把教师的培养当成提高教学质量的重要途径和自己的分内工作，不仅有组织形式多样的校本培训，而且还为新任教师建立任职档案、配备指导教师、实施监督评价。

五、我国的教师教育

（一）我国教师教育体制的发展和变化

我国自1897年清政府在上海首创南洋公学师范院起，历经百年沧桑，在不断地变革和发展过程之中，我国逐渐形成了颇具自己特色的封闭型高等师范教育培养和培训体系。

从清末第一所师范学校建立到1922年壬戌学制颁布的20多年间，我国师范教育一直是独立建制，由国家统一办理，初高等师范教育同时并立，培养不同层次的教师。师范生的在校学习实行公费制度，就业实行服务制。

壬戌学制颁布后，受美国模式的影响，高等师范教育制度发生了一系列的变革。原独立设置的体制几乎完全让位于由大学培养师资的开放性体制。当时原有的六所高等师范院校除北京高师改为北京师范大学外，其余的五所都改为或并入大学。在此之后，一直到新中国成立前夕，围绕高师院校要不要独立建制的问题曾发生过几次大的争论，但除抗战期间为满足战时教育需要，师范学院曾一度从大学中分离出来以外，到抗战结束，大多数师范院校又基本被归并到大学当中。所以，这一时期，我国基本上是实行独立设置和非独立设置并行的高师教育体制。

新中国成立后，我国政府十分重视师范教育的发展，在1951年第一次全国师范教育会议之后，仿照苏联模式，政府对高等师范院校进行了重新调整，并提出了由政府主办、独立设置的原则。与此同时，通过颁布《关于改革学制的决定》，将各级各类师范学校的学制以法令的形式确定下来，形成了我国现行师范教育的基本制度：分高等师范学校和中等师范学校两级。其中高等师范学校可分为师范大学、师范学院、师范专科学校和教育学院等层次。经过60多年的努力，建成了世界上最大的独立定向的教师教育体系。我国的各级各类师范院校独立设置，自成体系，师范院校专门招收各类师范生进行定向培养，这些学生毕业后到学校及其他教育机构工作，从某种程度上讲，这是计划经济体制在教育中的体现。这种教师教育体制在我国基础教育师资数量和质量都不充裕的情况下有其必要性和合理性。在过去相当长的时间里，它为我国基础教育提供了数以万计的中小学教师，有力地推动了我国基础教育事业的发展。

1977年后，针对中小学教师学历普遍较低的现实，我国政府高度重视师范教育事业，高师教育进入了一个大发展的黄金时期。截至1997年，我国拥有高等师范院校232所，在校生64.25万人；有教育学院229所，及教师进修学校2 142所，在校学员共67.2万人；中等师范学校892所，在校生91.09万人。至此，一个与我国整个教育事业基本相适应的高等师范教育体系逐渐形成。该体系表现为三个层次和两大类等特点。三个层次是指：第一层次，国家教委直属的6所师范大学；第二层次，省、自治区、直辖市属高等师范院校；第三层次，地（市）属高等师范专科学校。两大类是指职前和在职两类，职前教育的承担部门主要是普通高师院校，在职进修的承担部门则主要是教育学院以及其他成人高校。

师范教育培养和培训规模的扩大，基本缓解了我国中小学教师学历偏低的问题。许多地区教师，特别是小学教师的学历基本上达到1993年颁布的《教师法》对教师提出的学历资格要求。以1995年为例，全国小学教师的学历达标率为88.9%，比5年前高出15个百分点。

然而，数量上的可喜变化，并不能掩盖体系上存在明显的缺陷。学历的达标并不意味着质量的合格；由于我国地区间教育发展的极不均衡，各地对师资的学历层次提出了不同的要求，现有高师教育层次结构不能适应新的需求变化；师范生培养实行公费制度，且就业又有保障，使一向门庭冷落的师范院校生源见好，引起了其他高校的兴趣，因而对封闭型师资培养制度提出了诘问；中等职业教育师资培养环节依然十分薄弱；此外，外部环境中市场经济体制的确立，客观上对师范教育的资源提出了优化配置的要求，如此，关于职前与在职机构、不同层次间结构的调整也日益受到人们的关注。

20世纪90年代，我国对高等师范教育制度进行变革，基本做法如下：

顺应21世纪中国教育改革和发展的走势，在体制变革上从数量、质量、结构和效益四者间关系进行统筹兼顾，根据不同地区的发展需要，适当调整层次、类别结构，重新组织师范教育资源，实行定向型与非定向型并存、职前培养与在职培训一体化的高师教育培养体制。鉴于在我国相当多的地区，小学教师学历基本达到中师毕业的标准，一些地区如上海、广东和大连早在80年代中期就进行了中师改造，如举办五年一贯制的“小教大专班”，培养专科层次的小学教师。全国许多地区都在考虑中师的“合并”与“升格”问题，由中师升格为师专。

同时,实行开放型高师教育培养体制,“师范性”与“学术性”的争论一度在学术界成为热点。正如普遍所认为的那样,高师院校的师范性和学术性不应该是完全对立的,不是“鱼和熊掌,不能兼得”,而是辩证的统一。

自20世纪90年代以来,为了构建开放的教师教育体系,全国、省、市级教育学院“合并”和“改制”风盛行。截至2008年的统计,1999年的166所省、市级教育学院中,有21所合并到高等师范院校,有10所改制为高等师范院校,有34所并入综合性地方院校。截至2011年,在省级教育学院中有5所改制为普通本科院校,11所合并入师范大学,现有仍独立存在的13所中,部分教育学院也在为改制作准备。部分教育学院合并入普通院校或改制成普通院校,虽然可以充分利用普通高校的政策优势做大做强学校,可以享受高校的办学资源和师资力量,但有的地方教师职后教育工作却没有得到加强,培训的针对性和实效性也有所削弱,显现出“机构一体化”在实施过程中的尴尬,主要体现为培训者使用和管理混乱、培训者缺乏对基础教育的系统研究、培训者简单搬用学历教育教学内容等问题。一些教育学院合并或改制后,虽然从机构上实现了一体化,但大多仍然延续传统的职前职后各负其责的分割状态,学校的工作重心仍然在职前培养上,职后培训存在大学化、学分化、理论化的倾向,不仅质量没有得到提升,反而连原有教育学院密切联系中小学等职能也逐渐丧失。部分教育学院走“合并”或“改制”道路,很大原因是为了摆脱成人高校体制的束缚,争取更优惠的政策扶持和更大的发展空间,而不是根据“教师教育一体化”的需要。

实施教师教育一体化改革是我国高等师范教育制度改革的重要方向,上海、河北、广东和青海等省、市已率先进行省(市)教育学院与师范大学合并的尝试。上海市于1998年9月将市属两所教育学院和一所幼儿师范高等专科学校并入华东师范大学。这些地区的大胆探索和尝试,为我国高师教育制度的变革提供了值得借鉴的经验。20世纪90年代以来,我国教师教育的体制和格局都发生了深刻的变化。传统的师范教育体系被打破,教师教育的层次和重心上移。在高等师范院校纷纷综合化、综合性大学纷纷办师范的同时,一大批专科与中师层次的师范学校被撤并、转型,教师教育的优质资源流失严重,师范教育面临被削弱、被淡化,甚至边缘化的倾向。

随着社会的发展,特别是经过了30多年的改革开放之后,我国已由原来的计划经济体制转变为市场经济体制,政治、经济得到了快步和稳定的发展,政治和经济的发展促进了教育的发展,同时也对教育提出了新的要求。

一方面，到2000年，我国实现了基本普及九年义务教育、基本扫除青壮年文盲，普通高中教育也加快了发展步伐。随着人口出生高峰的过去，基础教育面临的问题在一定程度上已经不是数量和规模的压力，而是质量的提高；另一方面，我国高等教育也正向大众化迈进。2002年，高等教育毛入学率已达到15%，标志着我国高等教育历史性地跨入了国际公认的大众化发展阶段，到2010年达到30%。能够上大学的人越来越多，愿意当教师的人也越来越多，对教师的需求开始跃上了从数量上追求到质量上追求的新平台，教师队伍已由数量扩张期进入质量提高期。这对教师教育制度提出了新的挑战，同时也是发展教师教育、提高教师教育质量的良好机遇。面对新情况新要求，原有独立的师范教育体系已越来越显示出其不利的一面。在一定程度上，独立性与封闭性联系了起来，限制了教师教育质量的提高，成了教师教育发展的一个瓶颈。定向培养、封闭运行限制了高等师范院校和教师教育院校功能的发挥，培养出来的教师类型单一、质量不高，且严格的教师培育计划不能敏锐地反映社会对师范教育的要求，尤其是对各种规格类型新师资的需求。况且由于综合性大学和理工院校不能参与到教师教育中去，不能发挥其自身的资源优势，更使封闭体系的师范院校产生了极大的惰性和依赖性，削弱了师范院校的进取意识和竞争能力，而且狭窄的师范性的办学思路，不仅导致师范院校的学科发展跟不上时代步伐，使教师的职前培养和在职教育相分离，也导致了有限教育资源的浪费，低水平的重复培训与培养机构办学水平倒挂等不良后果。这说明定向封闭的师范教育体制已严重影响了我国教师队伍素质的提高。从教师教育制度的改革和发展进程来看，教师教育从封闭走向开放，有利于提高教师教育质量，开放的教师教育制度能使各种类型的大学都参与到教师培养中去，可以发挥各种类型高校的作用，满足社会对不同类型教师的需要。在教育发展以及教师待遇处于正常状态的时候，鼓励和支持有条件的非师范院校积极参与教师的培养，形成既有竞争又有合作的局面，可以提高我国的教师教育水平。因而，灵活、开放的教师教育制度应是我国教师教育制度改革和发展的重要选择。

几十年来，我国师范院校的课程结构与教学内容在一定程度上存在着非教育化，培养出来的师范毕业生教育科学素养普遍较低，师范学校开设的课程与综合性大学相比，除了教育学、心理学和学科教学法之外，其余课程几乎是相同的，且三门师范性课程只占必修课总课时的5%左右，教育学科课程和教育实习合计不到总课程学时的10%。从课程结构看，没有把教育学科课程和教育实习单独列出,造成有师范教育之名,而无师范教育之实的不良后果。况且教育学科课程内容陈旧,几十年来变化不大,如《教育学》尽管版本很多,然而内容空泛,不切实际,与学校教育教学实践严重脱节,很不适应中小学教师教学的需要。其结果是有些师范院校既没能达到综合性大学的学术水平,更没能很好完成教师培养的任务。因此,我国的教师教育面临着促进教师专业化发展,由单一的学科专业向学科专业和教育专业双学科专业发展转变的任务。

综观我国教师教育的实际情况:教师教育主要依靠师范大学、师范学院和教师培训中心来进行,很少与中小学发生联系。长期以来,从事实践的教师和进行理论研究的研究者是两种不同的形象,二者的区别导致理论与实践相脱离,教育理论工作者与教育实践工作者之间形成一种"生产—消费"的单向传递关系。教育理论工作者追求和关注的是教育研究的"科学化",而非具有丰富性、经历性与完整性的教育生活,把个体的生活与职业生涯、经验知识与科学知识对立起来,因而容易使教育研究脱离教育实践的需要,形成的理论知识就难以满足师范生和在职教师成长与发展的需要。对中小学教师的培养,比较重视以"文凭达标"为核心的学科知识的系统学习,忽视在实践中提高教师的专业水平。中小学教师的角色定位在知识传授者的位置上,处于对"教育知识体系"被动接受的状态,成了教书匠,失去了主动寻求教育理论指导与批判的机制,失去了获得研究、发现、创造的机会,被动地听从管理人员、课程论专家、教科书编纂者的指导,成了应声虫、传声筒,毫无专业意义。

而前几年在"教育产业化"潮流的影响下,我国师范生免费教育、师范生服务义务以及作为其内核的教师职业志向逐渐淡化。值得欣慰的是,这种状况在国家的重视下正在被扭转。

2012 年 2 月,国务院办公厅转发了教育部、财政部、人社部和中央编办四部门《关于完善和推进师范生免费教育意见的通知》,标志着师范生免费教育进入一个新的时期。教育部同时召开会议,要求认真贯彻落实《关于完善和推进师范生免费教育意见的通知》精神,推进师范生免费教育工作迈上新台阶。要求进一步明确政策导向,科学制订免费师范生招生计划,健全免费师范生录取和退出机制,完善师范生免费教育经费保障机制,推进教师教育改革创新,确保免费师范毕业生到中小学任教,支持免费师范毕业生攻读教育硕士和专业发展。

国务院办公厅文件中提出，要逐步在全国推广师范生免费教育政策，鼓励地方选择部分师范院校实行师范生免费教育。教育部要求部属师范大学作为实施师范生免费教育试点工作的先行者，要从国家教育发展的大局出发，主动服务地方师范生免费教育，充分发挥引领示范作用，成为教师教育特色发展的表率、全面提高教师教育质量的表率、改革创新教师教育的表率、主动服务基础教育的表率。通过对口支援、教师互派、资源共享等方式，支持地方师范院校增强综合办学实力，提高教师教育质量和水平。

一个国家、民族的兴旺发达取决于教育事业——国家大计，教育为本；教育大计，教师为本。教师素质的高低、教师队伍的稳定将直接决定着教育事业的发展，从而决定着国家、民族的兴旺发达。

20 世纪 90 年代以来，我国提出并开始实施素质教育，素质教育要求有别于应试教育的课程。为了全面实施素质教育，为了更好地解决前七次课程改革遗留的课程问题，为了顺应世界课改的潮流，中国政府开始了一场广泛、全面、深入持久的课程系统改革。2001 年 2 月，国务院批准《基础教育课程改革纲要（试行）》，标志着我国基础教育课程改革全面启动。遵循“先实践，后推广”的原则，新课程于 2001 年 9 月在全国 38 个国家级实验区进行了实验，2002 年秋季实验进一步扩大到 330 个市、县。2004 年秋季，在对实验区工作进行全面评估和广泛交流的基础上，课程改革进入全面推广阶段。到 2005 年，中小学阶段各起始年级原则上都进入新课程。这次改革不是对课程内容的简单调整，不是新旧教材的替换，而是一次以课程为核心的波及整个教育领域乃至全社会的系统改革，是一场课程文化的革新，是教育观念与价值的转变，涉及课程的理念、目标、方法、管理、评价等方面。

重视中小学教师的继续教育，并通过立法的形式建立教师在职培训制度，促进教师终身学习，这已成为一种国际潮流。中小学教师继续教育是教育发展到一定历史阶段的产物，是伴随着中小学教师培养制度的不断完善和中小学师资水平的逐步提高应运而生，并随着时代的进步和教育事业的发展不断更新内容和形式的。我国新课程改革以来，教师继续教育制度与政策发生了明显的变化，在教育现代化背景下，我们明确了基于网络的教师专业成长途径，积极构建了基于网络的教师研修制度，从而促进了教师的专业成长。

（二）新课程改革前，我国中小学教师继续教育制度与相关政策

1. 20世纪90年代前，我国中小学教师的培训是“学历补偿型”的培训

在1966年到1976年的“文化大革命”中，中小学在职教师培训工作基本处于停顿状态。粉碎“四人帮”后，特别是党的十一届三中全会以后，为了尽快完成教育战线的拨乱反正，提高中小学教育教学质量，1977年8月，邓小平邀请了30多位著名科学家和教育工作者召开座谈会。会上邓小平作了《关于科学和教育工作的12点意见》的讲话，指出教育工作“要研究如何提高教师的水平”，“要加强师资培训工作”。同年10月，教育部在北京召开师资培训座谈会，会议提出要采取多种形式，提高现有教师的水平，争取三五年内，经过培训，使现有水平较低的教师绝大多数达到合格程度；要尽快建立和健全省、地、县、公社和学校的师资培训机构；高等和中等师范学校都要承担培训提高在职中小学教师的任务；各级教育行政部门和学校要做好师资培训规划。同年12月2日，教育部综合了座谈会讨论情况，向各地下发了《关于加强在职教师培训工作的意见》。自此，新时期中小学教师培训工作正式启动。有关中小学教师培训的政策法规建设步入恢复、重建和迅速发展的阶段。

为了尽快恢复和建设中小学教师培训机构，1978年4月经国务院批准，教育部发出《关于恢复或建立教育学院或教师进修学院报批手续的通知》。随后，全国大部分地方恢复或建立了教师培训机构。到1980年，全国已初步形成了省、地（市）、县、社、校在职中小学教师培训网。同时建立了一支专兼职相结合的培训师资的教师队伍，制定了各项规章制度，编写了大量教材和学习参考用书。中小学教师在职培训进入稳步发展阶段。

据相关材料统计，1980年全国有中小学教师845万人，其中高中教师达到本科学历的约占50%；初中教师达到大专学历约占10%；小学教师达到高中、中师毕业程度的约占47%。我国中小学教师队伍中新教师多、民办教师多（约占中小学教师总数的53.6%）、文化程度没有达标的多，是新中国建立以来中小学教师质量最低的时期。为了尽快提高中小学教师队伍的质量，以适应教育迅速发展的需要，当年8月教育部印发了《关于进一步加强中小学在职教师培训工作的意见》，从培训规划的制定、培训机构的建设、教学计划的统一、考核制度的建立、办学条件的改善、师训工作的领导等七个方面，对1980—1985年的中小学教师培训做了全面细致的规划和指导。确定了“力争到1985年，使现有文化业务水平较低的小学教师大多数达到中师毕

业程度，初中教师在所教学科方面多数达到师专毕业程度，高中教师在所教学科方面多数达到师范学院毕业程度”的培训工作目标，以及“教什么，学什么”，“缺什么，补什么”的培训原则。在这一政策的指导下，中小学教师培训工作呈现出蓬勃发展的良好势头。为了保证培训的顺利实施，使中小学教师培训走上规范化、法制化的轨道，又相继出台了一系列保障性的政策法规。例如为了统一教学计划，1982 年 6 月教育部颁发了《关于试行中学教师进修高等师范专科、本科教学计划的通知》，同年 8 月教育部颁发了《关于试行小学教师进修中等师范教学计划的通知》。1985 年，国家教委召开全国中小学师资工作会议，明确提出：建设一支数量足够、质量合格的中小学师资队伍的任务。在此期间，为补偿学历、提高教师的教育教学能力，作出了不懈努力。其中，根据我国不具备合格学历的教师数量较多，也曾实行考核合格证书制度，包括《教材教法考试合格证书》和《专业合格证书》，分别起到了提高教学能力和学历补偿作用。

在总结“六五”期间中小学教师在职培训工作的基础上，1986 年 2 月国家教委印发了《关于加强在职中小学教师培训工作的意见》的通知，对师资培训的任务和要求、师资培训的渠道和形式、师资培训的质量、师资培训的办学条件、师资培训工作的领导做了全面规划和要求，是“七五”期间中小学教师培训的纲领性文件。《意见》指出：“在今后五年或者更长一段时间内，师资培训工作的重点，仍是通过认真的培训，使现有不具备合格学历或不胜任教学的教师，绝大多数能够胜任教学工作，并取得考核合格证书或合格学历。”在培训渠道和形式上“广开渠道，举办多种层次、多种形式的培训”。为了落实这一目标，国家教委又相继出台了一些配套性政策法规。例如为了广开培训渠道，1986 年 7 月国家教育委员会下发《关于利用卫星电视开展中师教师招生工作的通知》，1987 年 12 月国家教委又下发了《关于省级计划单列市教育学院、教育行政学院设置本科专业的批复》。到了 1989 年年底，小学教师达到中师学历的比率上升到 71.4%，初中教师达到高师专科学历的比率上升到 41.3%，还有 30 万名左右的中小学教师取得了《专业合格证书》。广大教师的政治业务素质和教育教学能力有了不同程度的提高，改变了 10 多年前大量教师不能胜任教学工作的局面。

2. 20 世纪 90 年代前期，我国中小学教师的继续教育“学历补偿型、能力提高型”并存

1990 年，根据国际国内以及教育改革的需要，当时的国家教委在四川自

贡召开了全国中小学教师继续教育工作座谈会。会后下发纪要,指出现阶段中小学教师继续教育是指对已达到国家规定学历的教师进行以提高政治思想素质和教育教学能力为主要目标的培训。这就是当时我国中小学教师继续教育的定义。

为了贯彻自贡会议的精神,1991 年 12 月国家教委印发了《关于开展小学教师继续教育的意见》的通知。该《意见》在总结党的十一届三中全会以来中小学教师培训工作的基础上,提出了今后 10 年,在有计划地提高小学教师学历层次的同时,要大力开展小学教师继续教育,有步骤地将中小学教师培训工作的重点从学历达标转移到开展继续教育上来。从理论与实践的结合上提出,对中小学教师的要求不仅要达到学历合格,而且政治思想、师德修养、教育理论、教学艺术、工作能力等方面都要合格,深刻地阐述了小学教师继续教育的任务、指导思想、原则、内容、形式和方法。并指出继续教育要从实际出发,多渠道、多层次、多形式开展;内容要有针对性、实用性和实践性。这是我国首次以政府行为阐述中小学教师继续教育。值得注意的是,在继续教育的内容中,明确提出了基本功训练(指三字、一话、一画,即钢笔字、粉笔字、毛笔字、普通话、教学简笔画)是当时小学教师继续教育的重要内容之一,这可谓是小学教师继续教育的突破口和切入点。在继续教育的层次上,主要强调了新教师见习期培训、教师职务培训和骨干教师培训三个方面,特别强调了对有培养前途的中青年教师按教育教学骨干的要求和对现有骨干教师按更高标准进行培训,即骨干教师培训,还强调对新分配到小学任教的毕业生进行有目的、有计划的,使其尽快适应教育教学工作的培训,即新教师培训,并将这两种培训放在重要位置。这两项决策是极其重要的,这是利用以点带面、注入新鲜血液改变教师队伍状况的重大举措。另外,对中师毕业后工作数年,有一定工作经验,有培养前途的中青年教师采取提高学历层次的方法,使之通过培训、实践、再培训成长为骨干教师。为了开展好这项工作,国家教委 1993 年印发了《关于加强小学骨干教师培训工作的意见》,1994 年又印发了《关于开展小学新教师试用期培训的意见》。通过每个教师政治和业务素质的不断提高,从中成长出一批教育教学骨干,有的逐步成为小学教育教学专家。

在中学教师培训方面,由于到 1991 年年底,初中教师的达标率才 51.8%,高中教师为 47.2%,从全国来看,中学尚不具备搞教师继续教育的条件。为尽快提高中学教师的学历达标率,国家教委党组采取了加快中学教师学历培训步伐的措施，实施“三沟通”培训。即开设初中教师进修高等师范专科自学考试系列。建立函授、卫星电视教育、自学考试相沟通培训初中教师的办学模式，按照分类指导的原则，分期分批开展全员培训。这是我国教师培训工作的创新，一度时期，全国参加“三沟通”培训的教师很多，仅江苏盐城参加培训的教师就达2万多人。

1992年5月，国家教委印发了《关于加快中学教师学历培训步伐的意见》，要求建立函授、卫星电视教育、自学考试“三沟通”的培训方式，最大限度地把不具备合格学历但能参加自学的教师组织起来，按照分类指导的原则，分期分批进行培训。

1993年2月，中共中央、国务院发布了《中国教育改革和发展纲要》，明确指出振兴民族的希望在教育，振兴教育的希望在教师。要求进一步加强师资培养培训工作，到20世纪末，通过师资补充和在职培训，绝大多数中小学教师达到国家规定的合格学历标准，小学和初中教师中具有专科和本科学历者的比重逐步提高。这一纲领性文件为中小学教师培训政策法规的建设指明了方向，奠定了基础。

1993年10月31日中华人民共和国主席令第15号公布，自1994年1月1日起实施《中华人民共和国教师法》。《教师法》确立了教师的资格、聘任、培养、培训、考核等一整套法律制度，标志着我国教师队伍的建设走上了法制化、规范化的道路。《教师法》规定，参加进修或者其他方式的培训是教师享有的权利，各级教师进修学校承担培训中小学教师的任务，非师范学校应当承担培养和培训中小学教师的任务，各级人民政府教育行政部门、学校主管部门和学校应当制定教师培训规划，对教师进行多种形式的思想政治、业务培训。1995年3月18日中华人民共和国主席令第45号公布，自1995年9月1日起实行《中华人民共和国教育法》。这是我国教育发展的根本大法，它明确规定了建立和完善终身教育体系。这是中国第一次以法的形式对终身教育做了规定，这将促进社会各界对教师培训的重要性达成共识，有利于在职教师将传统的“一次性教育”观念转变成“终身教育”思想，有利于建立和完善体现终身教育思想的师资培养培训体制。《教师法》和《教育法》的颁布，为我国中小学教师培训的政策法规及保障机制建设提供了法律依据，标志着我国中小学教师继续教育政策法规及保障机制建设步入了法制化轨道。

1996年9月，第五次全国师范教育工作会议提出，“九五”期间师资培训工作要在继续完成部分教师的学历补偿教育任务的同时，及时转入面向全体教师、突出骨干，以及按需施教、注重实效的原则，确定继续教育的方案和内容，努力探索符合我国国情的继续教育的基本框架和办学模式。在这次会议上，还强调："九五"期间，对于已经取得合格学历的教师要不失时机地转移到继续教育上来，建立终身完善的继续教育体系。要在当前几年工作的基础上，大力推进中小学教师继续教育，要从小学教师扩展到中学教师，要在全国范围内逐步推广，并逐步制度化。按照如上精神，教师教育界研究的主题是，怎样通过开展中小学教师继续教育，全面提高教师的素质，使教师适应教育现代化的需要；提高教师运用电子计算机等现代教育技术手段的能力，把中小学教师继续教育推向新的阶段。大家认识到以计算机等现代教育技术为载体和突破口，切入中小学教师继续教育，实现教育思想、观念和内容的现代化。改进教师的教育、教学手段，使教学方法多样化，提高教育教学质量，促进教师从单纯教学型向教育科研型转化，有效地扩大了教学科研型教师队伍基数，是全面提高劳动者素质的重要举措，是实施科教兴国战略、与世界现代化教育接轨的重要步骤。按照如上思路，决定开展中小学教师继续教育区域性实验，采取各地上报，教育部师范司批准的方式，当时确立了44个国家级中小学教师继续教育实验区。选取区域性实验的方式，有利于推动教师继续教育工作；有利于总结带有全局性、规律性、适于面上推广的成果和经验；有利于进一步明确地方政府的职责，把继续教育作为政府行为，提到议事日程；有利于统筹管理，协调本区域师范教育工作；有利于有针对性的、在小范围内研究、探索职前、职后相沟通的师范教育体系。

（三）新课程改革以来，我国中小学教师继续教育制度与相关政策

1. 新课程改革准备期，我国中小学教师继续教育制度与政策的变化，提出"全面提升素质型"的培训

1999年1月13日，国务院批转了教育部《面向21世纪教育振兴行动计划》，为我国跨世纪教育改革和发展绘制了一幅蓝图。为了整体推进素质教育，全面提高国民素质和民族创新能力，决定实施"跨世纪素质教育工程"，要求2000年初步形成现代化基础教育课程框架和标准，改革教育内容和教学方法，推行新的评价制度，开展教师培训，启动新课程的实验。争取经过10年左右的实验，在全国推行21世纪基础教育课程教材体系。为了大力提高教师队伍素质，还启动了"跨世纪园丁工程"，要求大力提高教师队伍的整体素质，特别要加强师德建设。3年内，对现有中小学校长和专任教师进行

全员培训和继续教育,巩固和完善中小学校长岗位培训和持证上岗制度。加强中小学教师继续教育的教材建设。2010 年前后,具备条件的地区力争使小学和初中专任教师的学历分别提升到专科和本科层次,经济发达地区高中专任教师和校长中获硕士学位者应达到一定比例。要加强和改革师范教育,提高新师资的培养质量。实力较强的高校要在新师资培养及教师培训中作出贡献。重点加强中小学骨干教师队伍建设。1999 年、2000 年,在全国选培 10 万名中小学及职业学校骨干教师,开展本校教学改革试验、巡回讲学、研讨培训和接受外校教师观摩进修等活动,发挥骨干教师的带动和辐射作用。为了构建终身学习体系,充分利用现代信息技术,在原有远程教育的基础上,决定实施"现代远程教育工程",形成开放式教育网络。现代远程教育是随着现代信息技术的发展而产生的一种新型教育方式,它是构筑知识经济时代人们终身学习体系的主要手段,可以有效地发挥现有各种教育资源的优势,符合世界科技教育发展的潮流,是在我国教育资源短缺的条件下办好大教育的战略措施。建立和完善继续教育制度,适应终身学习和知识更新的需要。有条件的高等学校要开设继续教育课程,建设继续教育基地。要依托现代远程教育网络开设高质量的网络课程,组织全国一流水平的师资进行讲授,实现跨越时空的教育资源共享,向各行业的管理人员和专业人员提供多种继续教育课程。中小学教师作为教育行业的专业人员,理应借助远程教育网络,加强继续教育。

1999 年 6 月 13 日,发布了中共中央、国务院《关于深化教育改革 全面推进素质教育的决定》,提出"把提高教师实施素质教育的能力和水平作为师资培养、培训的重点。加强和改革师范教育,大力提高师资培养质量。调整师范学校的层次和布局,鼓励综合性高等学校和非师范类高等学校参与培养、培训中小学教师的工作,探索在有条件的综合性高等学校中试办师范学院。2010 年前后,具备条件的地区力争使小学和初中阶段教育的专任教师的学历分别提升到专科和本科层次,经济发达地区高中阶段教育的专任教师和校长中获硕士学位者应达到一定比例。提高高等学校教师中具有博士学位教师的比例。开展以培训全体教师为目标、骨干教师为重点的继续教育,使中小学教师的整体素质明显提高。中小学专任教师以及师范学校在校生都要接受计算机基础知识和技能培训。注意吸收企业优秀工程技术和管理人员到职业学校任教,加快建设兼有教师资格和其他专业技术职务的"双师型"教师队伍。地方各级人民政府要多渠道筹资设立骨干教师专项资金,在大中小学培养一批高水平的学科带头人和有较大影响的教书育人专家,造就一支符合时代要求、能发挥示范作用的骨干教师队伍”。

为贯彻《决定》精神,根据《中华人民共和国教育法》和《中华人民共和国教师法》,1999 年 9 月 13 日教育部发布了《中小学教师继续教育规定》。该《规定》明确提出,中小学教师继续教育,是指对取得教师资格的中小学在职教师为提高思想政治和业务素质进行的培训。参加继续教育是中小学教师的权利和义务。各级人民政府教育行政部门管理中小学教师继续教育工作,应当采取措施,依法保障中小学教师继续教育工作的实施。该《规定》还对中小学教师继续教育的内容、类别、组织管理、条件保障、考核与奖惩做了具体规定。中小学教师继续教育要以提高教师实施素质教育的能力和水平为重点。中小学教师继续教育的内容主要包括:思想政治教育和师德修养;专业知识及其更新与扩展;现代教育理论与实践;教育科学研究;教育教学技能训练和现代教育技术;现代科技与人文社会科学知识等。中小学教师继续教育的类别分为非学历教育和学历教育。非学历教育包括:新任教师培训,即为新任教师在试用期内适应教育教学工作需要而设置的培训,培训时间应不少于 120 学时;教师岗位培训,即为教师适应岗位要求而设置的培训,培训时间每五年累计不少于 240 学时;骨干教师培训,即对有培养前途的中青年教师按教育教学骨干的要求和对现有骨干教师按更高标准进行的培训。学历教育是指对具备合格学历的教师进行的提高学历层次的培训。这是我国出台的第一部较为完整的有关中小学教师继续教育的行政法规,对于此后相当长时期中小学教师的继续教育工作具有很强的指导作用。

纵观这一时期中小学教师继续教育的特点,可以归纳为:(1)培训对象全员化。参加继续教育成为每一位中小学教师的权利和义务,在职中小学教师在规定的年限内必须参加规定时数的继续教育。(2)培训层次多样化。既有非学历培训又有学历培训。非学历培训又包括新任教师培训、教师岗位培训、骨干教师培训等;学历培训又分专科和本科层次。(3)培训渠道多元化。建立函授、电大、自学考试、“三沟通”、高师自考等多种形式的培训渠道,构建了中小学教师继续教育的立交桥。(4)培训工作的重点从学历达标培训转移到开展继续教育上来,中小学教师继续教育趋于终身化。(5)中小学教师继续教育政策法规建设走向法制化、规范化。

综上所述,新的历史时期中小学教师继续教育的目标就是大力提高教师队伍的整体素质。这里所谓的教师素质,是指教师在教育教学活动中表现出来的、决定其教育教学效果、对学生身心发展素质教育有直接而显著影响的心理品质的总和。提高教师素质是一项复杂、艰巨、长期的任务。

为贯彻、落实“教育振兴行动计划”，同时将《中小学教师继续教育规定》具体落实到操作层面上，教育部师范司制订了《面向21世纪中小学教师继续教育工程方案》。这个方案的高度至少表现在：

第一，从本质特征来看，21世纪是国家的综合国力和国际竞争能力将越来越取决于教育发展、科学技术和知识创新水平的世纪。培养与现代化要求相适应的数以亿计的高素质的劳动者和数以千万计的专门人才，发挥我国巨大人力资源的优势，是时代赋予21世纪的战略任务。

第二，从基础教育看，21世纪将不断深化中小学教育教学改革，全面提高国民素质将是教师教育的根本宗旨。例如，我国基础教育课程改革的基本思路包括，改革课程过分重视智育的倾向，促进学生身心健康、和谐发展，强化学生的终身学习愿望；改革课程结构单一性，加强均衡性、综合性和选择性；改革课程内容过分严谨性，加强全面科学技术的学习；改革过分依赖教材，倡导改进教学和学习方式，使学生成为学习的主人；改革过分强调记忆性的评价体系，加强对学习过程的评价；改革国家统一管理教材的模式，加强国家、地方、学校的共同管理。把教育只定位在一个功能是不行的，只注意分数是教育界极大的误区。所有这些对21世纪在岗教师提出了新的要求。

第三，从继续教育本身看，21世纪社会的发展与进步将为中小学教师继续教育注入新的内涵。21世纪将以提高教师的整体素质为目的，以提高教师实施素质教育能力为出发点，把提高教师的思想政治素质放在首位。将从关注教师自身的需求转向关注学生的学习和成长；强调教师知识的构建与综合应用，把发展终身学习能力作为首要目标；从教师个人的发展转向教师群体的发展，并能促进学校的发展。

这个方案的难度是“工程”，这个“工程”是在塑造人的心灵，是造就一代能够实施素质教育的人类灵魂工程师的艰巨工作。实际上，把中小学教师继续教育以“工程”的形式来抓，就带来了相当大的难度。这项“工程”至少要做以下几件事情：

第一，通过“工程”，要全面贯彻落实《中小学教师继续教育规定》，把中小学教师继续教育推向法制化轨道。从知法—执法—守法到以法提高参加继续教育的自觉性。

第二，通过“工程”，优化资源配置，构建现代高效、开放的培训系统。

“跨世纪园丁工程”中指出:在未来的3~5年中,要对全国1 000多万名中小学教师进行全员培训,其中骨干教师国家级培训1万名,省级10万名,地市级100万名。

第三,通过“工程”,开发和建设现代化的远程教育网络,包括面授、函授、自学、教研、卫星广播电视和计算机网络的培训工作。

第四,通过“工程”,建设具有中国特色的继续教育课程教材新体系,包括文字教材、音频视频教材、网络教育资源。中小学教师继续教育的教材建设要体现出,从教师可持续发展的高度,把现代自然科学和人文社会科学发展的最新成果反应到课程和教材体系中来;用现代教育思想、理论、技术和新的学科知识,动态地指导教师教育教学实践;充分重视教师教学经验和实践基础,将优秀教师科研成果课程化,发展教师的主体意识和创新精神。

第五,通过“工程”,构建中小学教师继续教育评估新体系,充分体现评估的开放性、发展性和广泛参与性。

第六,通过“工程”,加强科研项目研究,探索中小学教师继续教育的规律,进而建立具有中国特色的、时代特征的中小学教师继续教育的理论框架。

这一阶段,我国中小学教师继续教育得到了长足的发展,呈现出前所未有的良好势头,但在落实中也存在着许多不足:(1)政出多门,管理不顺。不少省、市存在人事部门与教育行政部门同时管理继续教育的现象,有的重复培训,且互不沟通,致使中小学教师感到无所适从,在一定程度上挫伤了教师参加继续教育的积极性。(2)继续教育的经费得不到落实,投入明显不足。(3)继续教育的内容针对性不强,培训形式缺乏创新。中小学教师继续教育课程的设置与中小学教学存在脱节现象,培训计划过多地考虑共性而不完全适应教师任职学校的特殊需要,培训脱离各自学校的特定条件,缺乏实效性。这都成为此后继续教育工作中需着力解决的问题。

总之,把中小学教师继续教育按照“工程”来抓,这是我国的首创,是把中小学教师继续教育工作推向新阶段的重要举措。中国的中小学教师继续教育将逐步走向在全国构建并形成适应社会发展需要的,能够为基础教育服务,促进素质教育的深入发展,面向全体中小学教师的继续教育体系。到那时,就会与国际教师教育接轨,也将与世界发达国家一样,有效地开展具有针对性、实用性、全面性的继续教育,形成具有系统配套的继续教育模式,建设开放性的学习网络和有效的培训管理机制,使继续教育成为所有教师共同的意识、自觉的行动。

2. 新课程改革实验期，我国中小学教师继续教育制度与政策的变化，提出“现代远程教育型”培训

（1）根据党的十六大精神和教育事业实现新的跨越式发展的要求，为了推进教师教育改革创新，以信息化带动教师教育现代化，逐步构建开放灵活的教师终身学习体系，推进教师继续教育，全面提高教师教育质量，大幅度提升教师队伍的整体素质，促进基础教育，尤其是农村教育的发展，教育部于2003年9月5日公布了《关于实施全国教师教育网络联盟计划的指导意见》，决定实施全国教师教育网络联盟（以下简称“教师网联”）计划。

教师网联计划旨在以现代远程教育为突破口，在政府的支持和推动下，充分调动各级各类举办和支持教师教育的高等学校（机构）的积极性，整合资源，构建以师范院校和其他举办教师教育的高校为主体，以高水平大学为核心，区域教师学习与资源中心为服务支撑，社会力量积极参与，职前职后教育一体化，教师教育系统（人网）、卫星电视网（天网）与计算机互联网（地网）相融通，学校教育与现代远程教育等各种教育形式相结合，学历教育和非学历教育相沟通，系统集成，优势互补，共建共享优质教育资源，覆盖全国城乡的教师教育网络体系。

教师网联的任务是按照全面建设小康社会对高素质专业化教师队伍建设的要求，以教育信息化带动教师教育现代化，实现不同地区、不同层次的中小学教师共享优质教育资源，全面提高教师教育质量水平。大规模、高质量、高效率地开展全国中小学教师学历提升教育、非学历培训和教师资格认证课程培训，大幅度提升全国中小学教师队伍的素质。

完善相关政策，为教师网联计划的顺利实施创设制度环境。要认真贯彻落实国家有关教师培养培训和现代远程教育的一系列方针政策。要与中小学人事制度改革密切结合，完善教师资格制度，提高教师合格学历标准，建立教师资格再认证和资格考试考核制度，实施教师聘任制度；研究提升教师学历学位层次的政策措施；完善教师继续教育制度，加强继续教育学分管理，教师学历培训坚持学以致用、学用一致的原则；研究制定各种教育形式沟通、学历与非学历课程学分互认的政策措施。

教师网联计划是新的教育振兴行动计划先行启动的重要项目，是推进教师教育创新和建立教师终身学习体系的一项宏伟事业。各级教育行政部门、有关高校及相关教育机构必须高度重视，加强领导，积极支持，形成合

力，确保教师网联计划顺利实施。教育部成立了全国教师教育网络联盟工作领导协调小组，领导、协调教师网联计划实施工作。各省级教育行政部门要将教师网联计划的实施作为全面提升教师教育质量、大幅度提升教师队伍素质的一项重要措施，纳入当地教师培养培训总体规划，提供有力的支持与服务，积极组织教师参加高质量、高水平的培训。抓好区域教师学习与资源中心的建设，负责教师网联在本地办学质量的评估和监督。理顺管理体制，规范教师培训，提高培训水平。教师网联成员单位要充分认识教师网联计划的重大意义和肩负的重任，将教师网联工作作为"一把手"工程，抓紧、抓实、抓出成效。要以强烈的历史责任感和与时俱进的精神，携手合作，协同努力，开拓创新，发挥整体优势，提高办学水平，为教师教育和教育事业新的跨越式发展作出更大的贡献。

（2）为了贯彻党的十六大精神，在顺利实施《面向21世纪教育振兴行动计划》的基础上，教育部于2004年2月10日公布了《2003—2007年教育振兴行动计划》。重点推进农村教育发展与改革，加强农村教师和校长的教育培训工作。深化基础教育课程改革，构建和完善新世纪基础教育课程体系，全面实施义务教育新课程，逐步推进普通高中新课程。深化中小学教学内容和教学方法改革，积极推进校本教研制度建设，加强中小学实验教学改革和技术课程实践基地的建设，充分发挥现代教育技术的作用，实施"教育信息化建设工程"。

实施"高素质教师和管理队伍建设工程"。全面推动教师教育创新，构建开放灵活的教师教育体系。改革教师教育模式，将教师教育逐步纳入高等教育体系，构建以师范大学和其他举办教师教育的高水平大学为先导，专科、本科、研究生三个层次协调发展，职前职后教育相互沟通，学历与非学历教育并举，促进教师专业发展和终身学习的现代教师教育体系。起草《教师教育条例》，制定教师教育机构资质认证标准、课程标准和教师教育质量标准，建立教师教育质量保障制度。完善教师终身学习体系，加快提高教师和管理队伍素质。实施"全国教师教育网络联盟计划"，促进"人网"、"天网"、"地网"及其他教育资源优化整合，发挥师范大学和其他举办教师教育高等学校的优势，共建共享优质教师教育课程资源，提高教师培训的质量。组织实施以新理念、新课程、新技术和师德教育为重点的新一轮教师全员培训，组织优秀教师高层次研修和骨干教师培训，不断提高在职教师的学历、学位层次和实施素质教育的能力。强化学校管理人员培训，加快培养一大批高素质、高水平的中小学校长、高等学校管理骨干和教育行政领导，全面提高管理干部素质。将干部培训与终身教育结合起来，构建开放灵活的干部培训体系。

（3）教育部师范教育司于2004年8月16日公布了《关于支持“全国中小学教师继续教育网”开展远程中小学教师非学历培训试点工作的通知》。“全国中小学教师继续教育网”（以下简称“继教网”）是经师范教育司批准，由东北师范大学联合全国十四所省级教育学院、师范院校共同创办的面向全国中小学教师开展继续教育的大型专业网站，是全国教师教育网络联盟的专业培训网站之一。继教网自2002年12月开通以来，在远程教育基础设施、教师培训资源建设和运营管理模式创新等方面取得了较大进展，基本具备了开展现代远程教师教育的条件。为了贯彻落实《教育部2003—2007年教育振兴行动计划》中提出的“实施全国教师教育网络联盟计划，开展新一轮中小学教师全员培训”的要求，师范教育司在支持继教网在全国教师教育网络联盟计划的总体规划下，选择全国部分地区开展远程教师非学历培训的试点工作，为加快推进全国教师教育网络联盟计划、大规模开展远程教师非学历培训积累经验，探索运行机制，并请各地教育行政部门积极支持具备条件的地区本着自愿的原则，申请参加该项试点工作。教师参加继教网远程培训应纳入教师继续教育管理档案，其学时和学分记入继续教育管理手册。

（4）由全国教师网络联盟主办、东北师范大学和全国中小学教师继续教育网共同承办的“教育部远程中小学教师非学历培训项目工作会议”于2005年7月21日至23日在长春召开。在教育部的大力支持与教师网联的统一协调下，全国中小学教师继续教育网在力求创造先进的教师教育平台、整合优质资源、探索远程教育模式方面迈出了可喜的步伐，得到了教育界的认可，为此，师范教育司下发了《关于支持“全国中小学教师继续教育网”开展远程中小学教师非学历培训试点工作的通知》。利用远程教育手段开展教师培训是一个新生事物，教师远程教育的行业组织——全国教师教育网络联盟是一个新的组织，全国中小学教师继续教育网作为网联的核心成员，是在“网联”框架下，开展非学历教师培训的一个专业网站，它健康、稳定地发展，探索了一条适合中国国情的远程教师培训模式。

教育部明确要求，各级政府和教育行政部门要大力支持现代教师远程教育。实践证明，政策支持力度决定培训的进度和质量。因此，政策引领、统筹规划、全面启动教师远程培训,快速构建我国中小学教师教育新体系摆上了议事日程。

① 开展教师远程网络培训是适应教育信息化时代发展、构建终身学习体系的需要。党的十六大提出,建设全民学习、终身学习的学习型社会,从时代的高度对"加强教师队伍建设,提高教师的师德和业务水平"提出了更高、更新的要求。信息社会的到来,对社会的政治、经济及教育都带来了深刻的影响,已经引起了教育教学思想、观念、内容、方法等方面的深刻变革。2003 年 9 月,教育部启动实施"全国教师教育网络联盟计划",使全国中小学教师继续教育纳入到了网络培训的轨道,将信息技术的方法与手段广泛地应用于教师教育领域,因此,利用远程网络学习是教师终身学习的基础和时代发展的需要。

② 远程网络学习模式是教师校本培训的有效载体。校本培训是一种人们已经认可了的有效的教师培训模式,是教师专业发展的必由之路。它能有效地解决培训过程中的工学矛盾、培训经费紧张等问题。利用远程教育培训手段,可以有效地解决传统意义上培训中所存在的不足。它可以整合各方面的力量,优化资源配置,综合网络资源,以最大限度地发挥网络优势,快捷便利、有效地为中小学开展校本培训服务,实现不受时空、地域限制的自主学习。

③ 建立区域性教师学习与资源中心是保证和提高网络学习质量的基础。区域教师学习与资源中心承担着教师培训的组织、协调、指导、管理和服务等功能,是推进教师网联计划不可或缺的有机组成部分。各地要积极推进各级教师进修学校与教科研、电教、电大工作站等相关机构的资源整合与合作,优化资源配置,形成合力,构建"多功能,大服务",上挂高等教育机构、下联中小学校的区域教师学习与资源中心,形成教师网联的校外学习中心(点)和公共服务体系。

④ 建立和完善远程网络培训模式是提高教师培训质量和效益的关键。新一轮基础课程改革,在课程观念、知识结构、教学方式、实践领域等方面给全国中小学教师提出了更新、更高的要求,教师必须不断学习才能适应社会发展的需求。集中培训、以考代训、校本培训等模式综合运用,一定意义上能缓解教师培训的工学矛盾。为高水平、高起点地进行教师远程培训,应充分借助现代远程教育技术,建立"天网"、"地网"、"人网"三网合一的立体模式,以整合各种优质资源,发挥教师学习的自主性,提高教师教育培训的质量。

⑤ 建立适应网络学习的一套管理办法是提高教师素质的保障。建立区域教师学习与资源中心是网络学习的组织保证,是建立远程教育的一个行之有效的服务体系,为保证区域教师学习与资源中心建设工作的顺利进行,制定了《全国中小学教师继续教育网教师学习与资源中心申报书》,以自主申报的方式来推进区域教师学习与资源中心的建设与发展。《申报书》对继教网与教师培训机构共建教师学习与资源中心的责任与分工作了明确规定。

3. 新课程改革全面推广期,即现阶段我国中小学教师继续教育制度与政策的变化——校本研修与网络研修交互渗透的必然性和主要做法

新课程改革给教师的自身发展既提出了严峻的挑战,也提供了难得的机遇。

课程发展就是教师专业发展,没有教师发展就没有课程发展。经过自上而下的逐层推动后,新课程改革正处于自下而上的全国学校普遍参与的过程,而教师专业素质问题却日益突显,越来越成为制约改革进一步深化的"瓶颈"。党的十七大报告把"加强教师队伍建设,重点提高农村教师素质"列入教育发展的重点,促进教师专业化成长,促进学校构建学习型组织,这已成为新一轮教育改革的核心。

教师专业知识的核心成分是"学科教学知识",这种具有"实践性成分"的学识,只有在复杂情境下解决问题的职场实践中才能形成和发展。因此,传统的教师继续教育的基本手段(如外出进修、集中培训等)不仅存在着成本高、效果差、针对性弱的弊端,而且充其量只能是"破冰"。只有以"行动研究"和"反思实践"的方式,通过探讨和解决课堂教学实践问题的"校本研修",全面提高承载新课程的能力,才是促进教师专业发展最重要的途径。

国内教育界人士关于校本教研内涵的界定,主要有以下一些研究成果。

有些学者认为,校本教研一是以学校为基本单位;二是基于并为了学校的发展;三是学校有充分的自主权。

还有专家则认为,校本教研是为了满足学校和教师的发展目标和需求,由学校发起组织,主要在学校进行的一种教师在职教研的形式。

我们可以看出,以校为本的教研,是将教学研究的重心下移到学校,以课程实施过程中教师所面对的各种具体问题为对象,以教师为研究的主体,理论和专业人员共同参与。强调理论指导下的实践性研究,既注重解决实际问题,又注重经验的总结、理论的提升、规律的探索和教师的专业发展,是

保证新课程改革实验向纵深发展的新的推进策略。校本教研是基于校级教研活动的制度化规范,其基本特征是以校为本,强调围绕学校自身遇到的问题开展研究。学校是教学研究的基地,教师是教学研究的主体,促进师生共同发展是教学研究的直接目的。概括地说,校本教研就是为了改进学校的教育教学,提高学校的教育教学质量,从学校的实际出发,依托学校自身的资源优势和特色进行的教育教学研究。

校本研究是一种"以校为本"的教育教学研究,是将教科研的重心下移到学校,重点指向促进实施素质教育和教师专业化发展;校本研究又是一种基于合作、开放的教育教学研究,特别强调校际互动、合作学习和区域推进。除了提倡教师个体的"自我反思"之外,校本研究也把教师之间的"同伴互助"和"专业引领"作为其核心要素,要求建立共同愿景,实现团队学习,促进知识流动,推动教师学习型组织的建设。

至于校本培训,20 世纪 70 年代中期,作为"教师在职培训的新理念与新策略",教师校本培训最先在英、美等国产生,经过 20 多年,已为许多国家所接受和引用。20 世纪八九十年代,我国一些地区在对教师进行在职培训时,运用了这一模式。1999 年在教育部颁布的《关于实施"中小学教师继续教育工程"的意见》文件中,"校本培训"一词首次被明确提出,自此"校本培训"成为我国教师教育采用的一种新模式。

"校本培训"这一名词是一个舶来品,是理解和翻译的结果。国外对培训概念的界定和理解是很宽泛的。英国国家教育和科学部曾在 1970 年把"在职培训"界定为"教师在任教后参与的任何与其专业工作相联系的活动"。像我们国家对教师进行的专题讲座、下校指导、举办竞赛等,在他们看来都属于培训。例如,新加坡在设置教师进修课程时(每年 100 小时),除和我们相同的内容外(如学科知识、教育理论),教师学习唱歌、舞蹈、插花、瑜伽等艺术健身活动也计入课时,同时参加学校举办的经验交流(他们称为经验分享)也计入课时,不过主讲者的计时是听者时间的两倍。"培训"和"教研"两个割裂的概念所反映的问题,正是我国教师教育机构努力克服的弊端。教育界现在倡导研训一体,就是要强调培训、教研的融合,强调二者目标的一致性和工作的合作性、共生性。为此,上海结合我国的具体情况提出了"校本研修"的概念,这是借鉴国外经验、适合我国实际的一种发展和再创造。

校本研修是一种全新的教师教育的组织形式。校本研修的特点是"为了学校”、“在学校中”和“基于学校”。校本研修是推动教师专业成长的组织形式,能够通过提高教师的专业水平来发展学校,促进学校、学生和教师的可持续发展。校本研修不是教研和培训的简单相加,而是通过教学研究实现的进修,其重点是问题解决和实践反思。

综上所述,校本教研、校本培训、校本研修在实际上可能是一个意思,因此在语言表述上,三者并存的局面仍在持续。

校本教研符合国内外课程教学改革大潮的紧迫需求,是新中国建立以来学校发展成功举措的升华。校本研修活动在很大程度上打破了教师之间的相互孤立,提供了教师之间的相互学习,彼此支持,寻找新知识与新经验来改进自身的实践,提高教育教学质量的机会,是顺利推进课程改革的关键。

校本教研关注的是教师学习方式、工作方式、研究方式的变革,教研活动的有效性与针对性,意在构建新型的教研制度,形成民主、开放的教研氛围。“创建以校为本教研制度建设基地”是课程改革深入推进中的一项重要的制度建设,重在推动。

校本教研制度应该是学校教学研修活动的规范性实施与创新活动的产物,通俗地说:校本教研制度 = 规范 + 规则 + 创新。这里有两层意思,一方面,校本教研制度的编制是有一定的规范或规则的,即结合学校研修的实际,按照教师专业成长的内在本质规律;另一方面,编制的过程又是制度的创新过程,即依据教师专业发展的基本原理,在校本研修中实施创新的方法或原则,进而形成制度。

近年来,很多地区、很多学校在校本教研制度的建设方面,做了许多卓有成效的努力,对提升校本教研的有效性,唤起教师专业发展的自觉,推进课程改革都起了很好的作用。

但传统的校本研修存在时空界限、人际心理界限、资源界限,以上诸问题促使教师必须借助于现代信息载体,利用网络的超时空性、虚拟性和强大的储存功能,促进校本研修模式的更新,为教师的深度参与、合作互动、经验共享和个性化学习提供切实有效的支持。从这个意义上讲,对于中国这样一个幅员辽阔、城乡教育发展极不平衡的大国,创建一种基于网络的教师校本研修模式,成了教师教育最可行的理性选择。

随着中小学信息技术的推进,特别是农村现代远程教育工程的实施,组织全国中小学教师开展网络研修,形成“以校为本,区域联动,思想互联,资源共享”的教师学习共同体,大面积、持续地推动教师专业发展,在现有技术条件下已经有了现实可能性。就信息技术教育本身而言,作为一种新的教学手段,“整合”于传统课程似乎“走到尽头”的原因,不在于层出不穷的新技术让教师无法适应,而在于广大教师尚不足以真正领悟新技术蕴含的教育新理念,其自身的PCK与信息素养缺乏“整合”,只能停滞在少数人的示范和展示上,无法构成普遍化、常态性的教学范式,从而推动课堂教学发生本质性的变化,创造出新的教育“生产力”。教育部门花了大气力,努力为城乡每位教师配置不同形式的网络终端硬件,进一步拓展教学平台、展示平台、资源平台和管理平台的功能,在BBS、Blog、QQ、UC、Moodle等交互工具的功能上,研制和推广既能进行文本和音视频交互,又能实现多媒体投影和流媒体播放的平台软件,构建以教师个人网络研修工作室为基础、学校和区域不同层级的网络交互研修平台和自增长方式的教师研修共享资源库。狭义上的“校本教研”,拓展成了促进教师专业发展的“校本研修”。国家进一步探索了基于网络的研修课程构建与教师个性化学习的关系,探索以课例研究和案例研究为载体的网络研修模式,探索学校和区域网上教师学习型组织的实现方式;进行教师研修制度创新和研修文化重构,建立新的评价机制、激励机制和约束机制,促进教师网上研修的制度化建设,构建网络化的教师专业发展学校。

10多年来,很多学校积极构建网络信息平台,加强校本研究的校际交流,实现校本研究的整体推进。其研究对象更明确:就是教师教学工作中具体的问题和实际需求;研究主体更明确:就是教师由专家课题的执行者转为问题的研究者;研究的目标更明确:就是问题的解决和促进教师的专业化发展。校本研究的重心更贴近教学实际,研究的问题更加具体化,研究问题的个体性和差异性更强。但知识的本质,教学规律本身的特点,决定了不同切入点的问题研究,在教学工作中依然有着强大的认同性和可借鉴性。它山之石可以攻玉,校本研究需要教师之间的“同伴合作”,需要校际互动、合作学习,并实现区域整体推进。“同伴互助”是校本研究的核心要素之一。很多地方为加强校本研究的校际交流,实现校本研究的区域整体推进,建立了区域网络信息平台,实现地区教育信息互动。很多学校开展了“建校园网”、“建校园库”、“搭建信息平台”、“建设信息队伍”的工作。中小学建立各自的网站,并实现了区域内学校教育网站的全面对接,构建了全区教育信息交流平台。绝大多数教师已成功跨越了信息技术“应用”的门槛。有的学校网站上开设了校本研究频道，开展开放性的学校教研活动。校本研究频道的开设，公开了学校校本研究动态，实现了问题及研究的开放，打开了教研工作校际间的壁垒，并将问题及研究过程直观呈现，吸引教师共同参与，引导了教师的反思和行动，达到解决问题、交流思想、共同提高的目的。在学校网络校本研究中，教师的参与是自发状态的，研究多基于问题的本身，思维、方法呈散点状，学校的管理仅停留在提供和维护平台上。为加强学校校本研究的引导与管理，在解决问题的同时，实现教师问题研究方法、思维品质的飞跃，以区教研室教研员为组织者、引导者、参与者，在教师的网络研究中适时介入，对教师教学中的热点、难点问题进行再次研究，以各学科的青年骨干教师为依托，以教学案例的形式再现在课堂教学和研究的整个过程之中，使教师更深层次、更有理性地进行再研究。

有的学校构建教师研修平台，打造网络学习共同体，促进教师的专业发展。现代信息技术拉近了人与人的时空距离，使人与人远距离便捷交流成为现实，使构建网上学习共同体、促进教师专业发展成为必然趋势。举行信息技术与课程整合研讨会，交流信息技术在学校教学、教研工作中应用的成果。有些学校完成了全员教师“英特尔·未来教育”培训。有些学校积极开展学科主题学习网站的建设与研究。主题性学习网站既成了教学运用的工具，也成了教师研究的平台。有些学校建立教师博客群，实现教师思想、行动的互联。近几年，信息化社会深入百姓家的一个显著特点就是博客群的兴起，教师热衷于建立、精心经营自己的博客，也是教育信息化的一个重大成果，也引发了教师把博客作为重要资源打造学习共同体的行动。教师博客群的建立，激发了教师认真学习的热情，让更多的教师能展示自我、提高自我，让教师的人生价值更具魅力；同时也打造了教师共同学习、行动的平台。让网络技术改善师生关系，建立符合社会发展的师生文化；利用信息技术建立全新的学生学习方式，让教师在网络学习共同体中，实现更快的、个性化的、专业化的发展；利用网络资源实现教育资源的全面优化，实现区域教育更快、更好的均衡发展。有些地方将组织网络教研活动纳入教研部门的常规工作，实行网络研培学分制。将参与网络研修列入教师评价的标准，实行网上学习选修制。将生成的网络研修资源纳入常规教研成果管理，实行集中共享制。教师在资源共享的同时，也获得正确的导向。同时，对于资源原创者要给予认可和鼓励，这将激励教师参与网络研修、记录成长足迹，不断实现专业提升。

总之,网络教研给广大教师带来的是方便、快捷,在网络研修中,力求满足每位教师发展的需要,力求促进教师自主参与,力求在虚拟的平台上实现一份真实的提升。

20世纪80年代以后,教师继续教育被推向市场,学校为了获得生源和经费,教师为了远离"不合格教师"都有一种继续教育的内在诉求。在我国,教育事业是国家的事业,国家应该投资教育,也应该投资教师教育,特别是教师的继续教育。因此,教师继续教育常常在一种设计好的模式的运作下进行。国家提出学历达标的需要,教师便想方设法进行学历补偿教育;政府进行基础教育课程改革,各种围绕新课改的培训蔚然兴起。由于一是国家拨款,二是缺乏监督和竞争,三是教师和学校没有直接的内在需求,因此,我国教师继续教育虽然开展得红红火火,但是教育的实效性往往不能尽如人意,造成一些地方教师培训管理体制混乱,多头管理,低水平重复培训,乱办班、乱收费,真正需要管理的事情没有管,这种状况已经严重影响到教师培训的正常进行。为此,必须转换运行机制,由过去单纯的政府行为转变为政府主导,政府行为、学校行为、教师个人行为三结合,在强调政府责任的同时,充分利用市场机制,打破封闭,排除障碍,鼓励竞争,争取和利用全社会的优质资源培养培训教师。具体地讲,就是逐步实现由设计模式到内生模式,由政府包揽到市场竞争的转换。由于诸多原因,中小学校在教师继续教育中的重要作用一直未得到充分重视,教师任职学校的积极性和主动性受到影响。有些学校把教师教育看做是教师职业的准备以及培训机构的职责,甚至担心教师的在职学习会影响日常教学,不愿派出和组织教师进修。因此,需要制定相关政策,明确中小学校在教师教育中的义务和责任,使中小学校把教师专业的发展作为学校的主要任务之一。

总之,我们要努力达到职前职后的教育贯通,才能实现教育理论与实践的双向建构,也才能赶上世界教师教育的潮流,迈向教师教育一体化和终身化的目标。

第二节　教师教育制度的积极作用与影响

世界各国的教师教育制度都发挥了很大的积极作用,对教育、对社会进步产生了久远的影响。这里仅讲我国教师教育的积极作用与影响。

教师教育由师范教育和在职教师培训两部分组成。

一、我国教师的师范教育在历史上的积极作用与影响

（一）师范教育在中国近现代教育中发挥了排头兵作用

中国近现代教育经历了一个艰难发展的过程，在中与西的交流与碰撞中，在传统与现代的反复与纠葛中，新教育从无到有，渐成大势。五四运动之后，向西方学习成为一种潮流，各种教育理念不断传入中国，教育上出现了科学化和民主化的趋向，教育开始关注下层人民，出现了平民教育运动，并最终发展为乡村教育运动。与各种教育理念同时传入中国的是各种救国思潮，职业救国、教育救国、科学救国等被不同的人士奉为圭臬，教育救国论者把眼光放在广大破败的农村，认为乡村教育是改造中国社会的唯一路径，乡村师范教育作为乡村教育之"母机"受到重视。江苏省自1922年在全国率先设立了五所农村师范分校，以20世纪30年代晓庄实验乡村师范学校的设立为标志，江苏省乡村师范教育进入快速发展的阶段，其全新的办学理念和办学实践给江苏省乡村师范教育注入了新鲜血液，各乡村师范学校学习晓庄的办学方式和改造社会之精神，努力实施乡村改造工作，为江苏省乡村小学提供了一批合格的师资。在更高层面上，江苏省乡村师范学校还承担着改造乡村社会之责。虽然乡村师范学校只是部分改造了附近乡村，并没有达到最初改造乡村社会乃至复兴中华民族的美好愿望，但乡村师范教育的历史作用和影响是很大的。新中国建立以后，我国的师范教育蓬勃发展，走在各类教育的前面，既为基础教育培养了合格师资，又为地方培养了大批党政干部，在教育上发挥了排头兵作用。

（二）师范教育为基础教育培养了数以千万计的合格教师，没有师范教育就没有今天教育的成就

在计划经济时代，所有的中小学教师都是师范院校培养的。"文化大革命"中，师范教育同样受到冲击，中小学教师的来源成为难题。而1977年以后，师范教育为整个基础教育的振兴又发挥了主体作用。我国现有师范大学36所、师范学院60所、师范专科学校58所。师范院校作为我国教师教育的主要力量，培养的师范类毕业生占全国师范类毕业生总数的65%。在新增教师中，具有大学专科、本科学历的教师已经成为主体，而本专科师范毕业生又是其中的主体。长期以来，师范院校坚持为基础教育服务的方向，不断探索教师培养模式改革，深化课程教学改革，充分发挥教师教育的特色与

优势,不断增强学术竞争力和综合办学实力,为基础教育培养培训了大批高素质专业化教师。

二、我国在职教师培训的积极作用与影响

(一)为我国建设师德高尚、学历合格的中小学教师队伍发挥了历史作用

“文化大革命”中,师范教育受到冲击,在20世纪七八十年代,中小学教师中有数量很多的不合格教师。我国的师范院校承担了学历补偿教育,使大批在职教师取得了合格学历,为我国全面普及九年义务教育提供了师资保障。

(二)为我国中小学教师政治思想素质和教育教学能力的不断提升发挥了引领作用

教师的职业能力,除了在实际工作中获得一些外,主要通过接受培训获得。通过培训,我国大多数教师更加坚定自己的事业心,增强了责任感。新一轮国家基础教育课程改革的实施给广大教师带来了严峻的挑战和不可多得的机遇。新课程能否顺利实施,关键在于教师的素质能否适应要求。因此,关键是加深教师对新课程的理解,提高教师实施新课程的能力和水平。师范院校又承担了这历史重任。我国全体中小学教师都参加了师范院校组织的教师新课程培训,通过培训,提高了师德水准,提高了专业知识水平,深化了本学科知识,加强了对本学科基础知识和基本理论的理解,掌握了本学科的一些发展动态,了解到本学科理论与技术的新发展,提高了自身更新教学内容和改进教学方法的能力,以及教育教学基本功和学科教学或教育实践能力。教育观念得到更新。通过集中理论学习,逐步更新了教育教学观念,了解了先进的教育科学基本理论,现代教育观、学生观和学习观,在教学活动中遵循客观规律,调整自身的角色和教学方式,把素质教育贯穿到学科教学过程中去。培训中还掌握了一些现代教育技术,具备了运用计算机进行辅助教学、开展教育教学活动的能力,会制作适用学科的教学课件。教育教学理论掌握得更为系统。教师继续培训使教师队伍补了元气、添了灵气、去了骄气,焕发出无限生机。

第三节　对教师教育制度的评价

一、教师教育制度的改革与创新既应有世界眼光，跟上世界教师教育发展的步伐，又要坚持中国特色，并遵循教师教育发展的自身规律

从主要发达国家的教师教育制度可以看出，教师教育制度有一个持续的改革与创新的过程。我国十分重视教师教育工作，20 世纪 50 年代根据整个国民经济和社会发展的需要开始建立独立定向的师范教育制度。经过多年努力，建成了世界上最大的教师教育体系。我国各级各类师范院校独立设置，自成体系，师范院校专门招收各类师范生进行定向培养，这些学生毕业后到学校及其他教育机构工作，从某种程度上讲，这是计划经济体制在教育中的体现。这种教师教育体制在我国基础教育师资数量和质量都不充裕的情况下有其必要性和合理性。在过去相当长的时间里，它为我国基础教育提供了数以万计的中小学教师，有力地推动了我国基础教育事业的发展，保证了我国基础教育师资的供应。随着社会的发展，特别是经过了 30 多年的改革开放之后，我国的经济体制已由原来的计划经济体制转变为市场经济体制，政治、经济得到了快步和稳定发展，政治和经济的发展促进了教育的发展，同时也对教育提出了新的要求。一方面，到 2000 年，我国实现了基本普及九年义务教育、基本扫除青壮年文盲，普通高中教育也加快了发展步伐。随着人口出生高峰的过去，基础教育面临的问题在一定程度上已经不是数量和规模的压力，而是质量问题；另一方面，我国高等教育也正向大众化迈进。能够上大学的人越来越多，愿意当教师的人也越来越多，对教师的需求开始跃上了从数量上的追求到质量上追求的新平台，教师队伍已由数量扩张期进入质量提高期。这对教师教育制度提出了新的挑战，同时也是发展教师教育、提高教师教育质量的一个难得的机遇。面对新情况、新要求，原有独立的师范教育体系已越来越显示出其不利的一面，在一定程度上，独立性与封闭性联系了起来，限制了教师教育质量的提高，成了教师教育发展的一个瓶颈。定向培养、封闭运行限制了高等师范院校和教师教育院校功能的发挥，培养出来的教师类型单一，质量不高，且严格的教师培育

计划不能敏锐地反映社会对师范教育的要求，尤其是对各种规格类型新师资的需求。况且由于综合性大学和理工院校不能参与到教师教育中去，不能发挥其自身的资源优势，更使封闭体系的师范院校产生了极大的惰性和依赖性，削弱了师范院校的进取意识和竞争能力，使师范院校缺乏办学的活力和竞争力，尤其是缺乏自身的造血功能，而且狭窄的师范性的办学思路，不仅导致了师范院校的学科发展跟不上时代的步伐，落后于教育改革的要求，更使教师的职前培养和在职教育相分离，也导致了有限教育资源的浪费，低水平的重复培训与培养机构办学水平倒挂等不良后果。这说明定向封闭的师范教育体制已严重影响了我国教师队伍素质的提高。从世界范围的教师教育制度的改革和发展进程来看，教师教育从封闭走向开放，有利于提高教师教育质量，开放的教师教育制度能使各种类型的大学都参与到教师培养中去，可以发挥各种类型高校的作用，以满足社会对不同类型教师的需要。在开放的体制下，学生可以广泛选修课程，基础知识宽厚，学科专业知识扎实。在教育发展落后和教师待遇低的情况下，人们不愿意当教师，若采用开放式制度培养教师，基础教育师资很难得到满足，但在教育发展以及教师待遇处于正常状态的时候，鼓励和支持有条件的非师范院校积极参与教师的培养，形成既有竞争又有合作的局面，可以提高我国教师教育的水平。因而，灵活、开放的教师教育制度应是我国教师教育制度改革和发展的重要选择。

二、教师教育要从职业定向走向专业发展

在教师教育制度的改革发展中，我们可以看到，它由过去的较重视学科知识的系统掌握，进行职业定向教育，逐渐发展到现在的强调对教师进行教育专业知识的学习和研究，重视教师的专业化发展。在多数人眼中，学高为师，德高为范，只要掌握了足够的专业知识就能成为教师。正是在这种理念的影响下，我国的教师教育向来比较重视学术性而忽视师范性，重视学科知识的教育而忽视教育学科课程的教育。专业知识的教育无疑是重要的，它是成为教师的必备条件。但教师工作的对象是人，是有血有肉、有着丰富多彩内心世界的奇妙而复杂的人，教师的工作也相应地具有多样性、复杂性和创造性。因此，我们不能把教育工作简单化。事实上，对教育，我们应该赋予这样一种理念，正像医生、律师职业一样，教育活动是一种专业活动，教师职业是一个专业岗位，它要求教师不仅应具有所教学科知识，还应具有作为

教师应具备的教育教学专业知识、专业技能和专业实践能力。因而，教师并不是任何一个具有一定学识水平的人都可以从事的职业。然而，几十年来我国师范院校的课程结构与教学内容在一定程度上存在着非教育化，培养出来的师范毕业生教育科学素养普遍较低，师范学校开设的课程与综合性大学相比较，除了教育学、心理学和学科教学法之外，其余课程几乎是相同的，且三门师范性课程只占必修课总课时的5%左右，教育学科课程和教育实习合计不到总课程学时的10%。从课程结构来看，并没有把教育学科课程和教育实习单独列出，造成有师范教育之名，而无师范教育之实的不良后果。况且教育学科课程内容陈旧，几十年来变化不大，如《教育学》尽管版本很多，然而内容空泛，不切实际，与学校教育教学实践严重脱节，不能适应中小学教师教学的需要。结果是师范院校既没能达到综合性大学的学术水平，更没能完成教师培养的任务。因此，我国的教师教育面临着促进教师专业化发展，由单一的学科专业向学科专业和教育专业双学科专业发展转变的任务。

三、建构新型的教师教育制度必须加强创新教师教育机构、创新教师教育团队、创新教师教育人才培养模式等工作

1999年，中共中央、国务院《关于深化教育改革 全面推进素质教育的决定》提出，非师范院校参与教师教育活动，这作为中国教师教育制度转型的起始。现在已经过去了20多年时间。如何建构起"开放性"和"专业化"的新型教师教育制度，一直是人们探索的目标。

（一）创新教师教育机构

在中国教师教育制度的转型中，改革的重点在师范院校。在以"师范"为名的院校中，再去建立"教师教育学院"这样一类机构，多少让人感到有些"异样"。但在师范院校综合化以后，在其中重建专门的教师教育机构本来就是"顺理成章"的，问题在于建立怎样的教师教育机构，这种教师教育机构在转型以后的师范院校中如何运作并创新。在师范院校综合化以后，教师教育资源成为分散在学校各个院系中的资源。在这种状况下，教师教育资源出现分散化倾向，如果任其发展，教师教育就会被"边缘化"或"弱化"；然而，要将分散的教师教育资源归集起来，又会遭遇习惯力量的抵抗。教师教育机构创新的根本条件在于，让创建起来的教师教育机构成为开展教师教育活动的人的家园。

（二）创新教师教育团队

教师教育机构的建立，有赖于一定的教师教育资源。在所有的教师教育资源中，教师教育者最重要。教师教育不是由教师教育者孤立地开展的，而是作为一个团队的共同活动进行的。传统的师范院校存在两类人员：一类是学科与教师人才培养相关的人员，另一类是专门研究教师成长的人员。在传统的师范院校里，他们在一起开展活动，并不绝对地区分“你”、“我”。但在师范院校综合化以后，许多学科专业人员明确了自己不同于教师培养的学科专业方向。即便是以“教育”作为学科专业方向的一些人，也不一定把“培养教师”作为自己的专业方向。他们只是把“教育”作为一个学科领域，把自己的学科专业任务定位在知识的探究上。创新教师教育团队，就是要建立一个教师教育的“专业”团队。在综合化的高等院校里，这个团队把自己的专业任务明确地定位在培养教师的活动上，团队中的人员认同自己是一个“专业”的教师教育者。

（三）创新教师教育人才培养模式

在世纪之交教师教育制度转型的过程中，教师教育人才培养模式一直是人们研究的重点，也是改革的重点。教师教育人才培养模式改革的重点是，加强师范生的教育专业素养培养。师范生教育专业素养的培养面临着两对矛盾：一对是学科专业与教育专业的矛盾，另一对是学术发展与实践锻炼的矛盾。这两对矛盾主要存在于时间和空间的安排上，其解决有赖于教育专业课程的改变。本科层次人才培养模式的改革是整个教师教育人才培养模式改革的重点，因为目前基础教育对教师人才的需求，主要以本科层次人才为主。在有限的时间、空间里，使得教育专业课程在整个课程中占有应有的地位，同时真正把教育专业课程建设成为受学生欢迎的、有效益的课程，是教师教育人才培养模式改革的关键。建立新型的教师教育制度，就要创建教师教育学科。如果要在新型的教师教育制度中实现“专业化”的目标，就必须建立作为“专业化”教师教育基础的教师教育学科。教师教育学科是怎样一门学科？这需要从教师的培养与培训实践出发，也需要从教育学科出发来认识。从教师的培养与培训实践出发来认识教师教育学科，教师教育学科是研究教师专业成长的学科；从教育学科出发来认识，教师教育学科应当属于大教育学科，是大教育学科中的应用学科。教师的成长，一直是教育理论研究关注的对象，也形成了大量的理论，这些理论无疑可纳入教师教育学科建设的范畴。但是，以往的研究融合在其他学科理论中，是其他学科理论的一部分。从教师专业化教育实践出发,教师的成长是“专业”成长,需要有专门的学科来研究。研究教师的“专业”成长,应成为教师教育学科理论建设的特征。就其学科归属来看,教师教育学科应属于教育学科,但这并不是说教育学科中的已有理论与教师教育无关。教育学科理论如何运用于教师的专业成长,这就是教师教育学科的研究任务。

四、要实施教师教育制度,必须尽快制定并出台国家教师专业标准

教师专业标准是教师教育的重要指南。教师的培养培训是影响教师队伍质量的重要因素。无论是职前培养还是职后培训,基本内容是什么?重点是哪些?怎样才算是好的教师教育?这都与教师专业标准密切相关。教师教育的内容、重点,以及教师资格考试等,都应当依据教师专业标准。在专业标准的基础上各教师教育机构可以体现自己的特点。长期以来,由于缺乏教师专业标准,不同教师教育机构的教育内容差别较大,使得培养出来的教师在基本素质方面也是千差万别,部分机构的教师培养质量难以保证。从教师的职后培训来看,由于国家要求在职教师每五年要接受一定课时的培训,但对于培训什么并没有明确具体的要求。各地的培训内容也差异很大,一些地方的培训内容甚至与教师的工作没有什么关系,浪费了时间,浪费了经费,增加了教师的负担。有了教师专业标准,不仅可以规范教师教育机构的职前教育和职后培训内容,也有利于对教师教育机构的培养培训质量进行考核评价,另外,还有利于各教师教育机构在保证基本内容的基础上,突出特色,这对于提高教师的职前培养和职后培训质量意义重大。

总之,教师专业标准是教师队伍建设的基本准则,是教师专业化的重要保障,在教师队伍建设中具有基础性、先导性和全局性的作用。我国已经启动《教师专业标准》的制定工作,这是一项意义重大、影响深远的工作。我们期盼着我国幼儿园、中小学教师专业标准尽快颁布,尽快实施。

第十章 高等教育制度

第一节 高等教育制度概述

一、高等教育制度的起源

世界上的企业少有超过百年,世界上的国家(朝代)少有超过五百年,而历史近千年乃至上千年的大学却为数不少。

卡鲁因大学位于摩洛哥非斯,于859年建立。它被视为伊斯兰国家最古老的伊斯兰学校。卡鲁因大学由法蒂玛·菲赫利创建,她是商人穆罕默德·菲赫利的女儿。

爱资哈尔大学,建于972年,是开罗最古老的建筑之一,也是伊斯兰世界最古老的高等学府之一。原为爱资哈尔清真大寺,10世纪时为什叶派教育和学术研究中心;12世纪末法蒂玛王朝灭亡后,埃及统治者萨拉中止了什叶派学术传播,确立了逊尼派教义在该寺教育和研究中的统治地位,并在一位著名宗教学者的倡议下,正式改称爱资哈尔大学。

博洛尼亚大学,被尊称为大学之母,又译为波隆纳大学、博罗尼亚大学,是公认的欧洲历史最悠久的大学,坐落于意大利艾米利亚—罗马涅大区的首府博洛尼亚。尽管大学的章程最早制定于1317年,但事实上早在11世纪末在博洛尼亚就已经出现了第一个法律学院,所以大学的建立时间,在大学八百年校庆期间由乔苏埃·卡尔杜奇领导的历史委员会经过考证确定为1088年。大学的创办者是依内里奥。

巴黎大学是一所在国际上享有盛誉的综合性大学,创立于9世纪,最初附属于巴黎圣母院，1180 年法王路易七世正式授予其“大学”称号，与意大利的博洛尼亚大学并称世界最古老的大学，又被誉为“欧洲大学之母”。欧洲各主要大学的建立模式均受此二校影响。

牛津大学，建于 1168 年，享有世界声誉。它在英国社会和高等教育系统中具有极其重要的地位，有着世界性的影响。英国青年和世界上很多青年都以进牛津大学深造为荣耀。

剑桥大学，位于英格兰的剑桥镇，是英国也是全世界最顶尖的大学之一。英国许多著名的科学家、作家、政治家都来自于这所大学。剑桥大学也是诞生诺贝尔奖得主最多的高等学府，大约有 80 多名诺贝尔奖获得者曾经在此执教或学习，其中 70 多人是剑桥大学的学生。剑桥大学还是英国的名校联盟“罗素集团”和欧洲的大学联盟科英布拉集团的成员。

萨拉曼卡大学创建于 1218 年，这所国立大学是西班牙最古老的大学，也是世界上历史最悠久的几所高等学府之一。从建校起到 16 世纪末，它一直是欧洲重要的学术中心之一，与巴黎大学、牛津大学和波伦亚大学（意大利）齐名。

帕多瓦大学是欧洲最古老的大学之一，也是意大利最大的大学，建于 1222 年。它是一所州立大学，学制从 4 年（大多数学位课程）、5 年（工程、化学和生物学等）到 6 年（医学）。大学授予 36 个不同的学位。帕多瓦是座大学城，在 230 000 名居民的城镇上，有 70 000 名学生、5 000 名教职员工和研究人员工作在 200 个研究院、系、中心和实验室。

锡耶那大学建于 1240 年，是欧洲最古老的大学之一。它位于罗马和佛罗伦萨之间的意大利的中心。锡耶那大学的历史源于意大利托斯卡纳区古老的历史文化传统。托斯卡纳在中世纪时就是西方文明的摇篮，如今科技与创新更使这个地区的发展日新月异。如今，锡耶那大学致力于生物工艺学和生命科学的研究，并拥有一批实力雄厚、设施完善、先进的实验室。

1694 年，德国建立的哈勒大学，是第一所新式大学。这个新式大学的特色之一是积极吸收最新的哲学和科学研究成果，排除宗教教条，为此大胆选用了崇尚理性、善于思考和具有冒险精神的学者任教，为大学注入了新的生机，奠定了大学的高水平科研和教学的基础。哈勒大学的又一特色是提倡“教自由”和“学自由”，这就为摆脱传统的束缚和促进科学进步提供了宽松的条件。学校还在高等教育中首开民族语（德语）讲课的风气，重视现代外国语。

1737年建立的哥廷根大学更注重科学研究，设有藏书丰富的图书馆和各种研究所。上课多采用讨论、实验观察等新方法，即使对古典文化的研究也抛弃了背诵、模仿等做法。此后，其他大学也以这两所大学为榜样，进行了不同程度的改革，为19世纪柏林大学的建立和德国大学成为欧洲的最高学府，奠定了思想基础，积累了实践经验。

二、美国高等教育制度的创建与发展

美国高等教育的发展有其强劲的动力，而这个动力背后的催化剂是其不断学习国外先进的高等教育思想和模式。美国最早的哈佛学院是英国剑桥大学伊曼纽尔学院的复制品。美国独立以后，在法国启蒙哲学和民主思想的影响下，又相继按法国模式建立了纽约州立大学、弗吉尼亚大学和密歇根大学等。19世纪以来，德国的学术自由精神、教学与科研相统一的原则、研究生教育的体制以及各种教学的方式方法，为美国大学所采纳。在不断学习英、法、德高等教育的同时，美国注意结合本国实际有所创新，到20世纪初，建立了具有美国高等教育特色的模式。

目前，美国是世界上高等教育最发达的国家，有各类高校3 000多所、学生1 500万人。

美国高等教育远没有欧洲中世纪大学那样长久的历史，最早建校的哈佛大学也只是成立于1636年，至今只有370余年的历史，而在数百年的发展中，美国高等教育能够享受到今天在世界上的崇高地位，实际上是第二次世界大战之后的事情。在此之前，他们学英国，学法国，学德国，直到19世纪末20世纪初才搞出了有美国特色的大学。当然，私人资金和政府资金是其强劲发展的必不可少的动力，而善于向国外学习则是其强大动力背后的助燃剂，最终在第二次世界大战之后，一举全面超过欧洲，开始执世界高教之牛耳。

（一）英国殖民地时期的高等教育

17世纪初期，英国国内的宗教斗争非常激烈，清教徒为逃避迫害纷纷逃到国外，此后的数十年间，不少清教徒抵达当时英国的殖民地马萨诸塞，他们最关心的是自己这一代传教士谢世后，教会会不会落入不学无术的牧师手里，因此，他们热衷于兴建教会和学校，传播宗教。另外，清教徒是私有制的坚定信奉者，并且对教育有着异乎寻常的热忱。在这些清教徒中，有一些是英国剑桥大学的毕业生，他们雄心勃勃，要把“古老英国大学的传统移植到北美的荒野”。在他们的积极倡导和影响下,1636 年建立了一所学校,次年命名为剑桥(Cambridge)学院,1639 年该校更名为哈佛学院,以纪念临终前将一半家产及 400 册藏书捐给该校的牧师约翰·哈佛,这是美国历史上最早的高等教育机构。而实际上哈佛学院是英国剑桥大学伊曼纽尔学院的复制品。如“按照英格兰大学的方式”这个用语就出现在哈佛的第一个学位方案中。随后,1693 年,经过英王批准并颁发宪章,在弗吉尼亚成立了威廉与玛丽学院,这是殖民地第二所高等教育性质的机构,并且是殖民地时期九所高校中唯一由英国王室建立的学校。其后 1701 年又在康涅狄格州建立了一所学院,1718 年定名为耶鲁学院。之后,九所殖民地高校中其他六所包括后来的一些著名学府,如达特茅斯学院以及宾夕法尼亚大学、哥伦比亚大学、普林斯顿大学、布朗大学的前身等相继建立。这些学院虽然规模不大,但它们是美国高等教育的起源,它们的不断拓展,推动了美国高等教育事业的发展。

殖民地学院实施的是传统的自由教育,这在很大程度上来源于宗主国英国英格兰的高等教育传统。如前所述,哈佛学院就仿效剑桥大学的课程设置,核心是古典语言和文学,其他学院也和哈佛学院大体相同。这种高等教育以学院制、寄宿制、学校自治和着重古典人文教育为特征。进入 18 世纪后,由于受到欧洲启蒙运动的强大影响和英国非教派学院及苏格兰大学课程设置的影响,再加上殖民地商业的迅速发展,殖民地学院的课程体系开始出现了一些改革的趋向。主要表现在哈佛、耶鲁等学校开始设立数学及自然哲学课程,增长了对自然科学的兴趣;另外一些相应的实用性课程开始出现。1756 年,费城学院院长史密斯草拟了一个“自由教育计划”,这是美国高等教育史上第一个系统的不是仿效英国的、不为宗教目的服务的课程计划。虽然这个计划仅被采用了部分,却代表了一个伟大的进步,这个计划的侧重点是培养政府官员,而此前主要是为传播基督教文化和培养教士服务的。如上所述,这一变化又与英国的高等教育传统之一的苏格兰传统有着密切的关系,苏格兰传统强调的是非寄宿制、教育带有为一定的职业做准备的倾向,学校主要是由地方社会的代表所管理。

由此可见,在独立战争前,殖民地高等教育的目标从为宗教服务到逐步世俗化,其间夹杂着英国高等教育英格兰传统和苏格兰传统的相互竞争、相互渗透,给殖民地学院的发展带来了重要的影响。这一期间,美国高等教育主要是其宗主国教育的移植,还没有形成自己特色的高等教育体系。

（二）美国近代高等教育的形成与发展

美国近代高等教育的形成大致可以划分为两大阶段：从独立战争之后到南北战争结束是美国近代高等教育的发轫期，此后至第一次世界大战结束是美国近代高等教育形成和发展时期。

1. 美国近代高等教育的初创期（1776—1862）

独立战争是美国历史上的重大转折。联邦宪法将办教育的权力赋予各州。法国是承认美利坚为“一个民族”的第一个国家，在独立战争前后数十年里，法国对美国的高等教育产生了深远的影响。在纽约，出现了当时第一所体现法国理性主义哲学家意想中的机构。从 1784 年到 1787 年，纽约州立法机关着手创办一种新型的组织——一个控制和管理整个州教育事业或州内各级学校的“大学”——纽约州立大学。这个独特的大学不像巴黎大学或牛津大学那样，仅是一个办理高等教育的机构。相反，它的职权范围扩大到管理本州各级各类学校、学院和大学，这是一种由州控制的、集权的和世俗的教育制度。美国教育史学者鲍尔斯通评价道：“如果法国能够说给予纽约一种均衡的州教育制度的理想，那么纽约也可以说它已经以一种无所不包的大学组织的具体形式，作为对法国的回报。”

经过数十年的努力，至 19 世纪 20 年代以前，一些新建的院校自称为州立大学。1825 年 3 月，在美国开国元勋杰斐逊的亲自关心和参与下，弗吉尼亚大学正式开学。作为美国最早的州立大学，弗吉尼亚大学是美国少数几所受到法国高等教育影响的大学之一。它受法国影响最大的一个方面表现在大学受政府控制，而与教会脱离关系。如目前所存的州立大学中，有 8 所大学（佐治亚、北卡罗来纳、田纳西、俄亥俄、南卡罗来纳、迈阿密、马里兰大学）的校龄比弗吉尼亚大学早，但只有弗吉尼亚大学受到州政府的持续拨款。而其他学校享受州政府的拨款则最早也要到南北战争以后。杰斐逊是政教分离的极力倡导者，因此作为“校父”，他自然反对学校聘请牧师当教授，但在他本人谢世后这种状况则完全改变了。当然，杰斐逊对高等教育的兴趣，可能受到魁奈和其他法国教育家的方案的影响，与他旅居国外（主要是巴黎）的观察和研究也是分不开的。在弗吉尼亚大学开学之初只有 40 余名学生，尽管杰斐逊认为欧洲的牛津、剑桥、巴黎大学比他设计的大学建筑和校园要落后一两百年，但他还是派人到欧洲招聘教授，设立八个教授职位，包括古典语言、现代语言、数学、自然哲学、自然史、解剖学和医学、伦理学和法学，最初的 8 个教授中，只有伦理学和法学教授两人是在美国出生的。

当然学习法国高等教育的并非只有弗吉尼亚大学,密歇根大学最初也是按照法国大学模式设计的大学。之所以法国对密歇根大学的创建和早期组织能产生比较大的影响,主要原因一是归于该地区多数法国移民和他们早期的教育努力;二是归于纽约州立大学和法国尤其是拿破仑大学提供的榜样,这种榜样证明了一种集中的、世俗的和无所不包的州制度,在功能和思想上都是合乎需要的;三是归于受杰斐逊总统影响的密歇根领导人的作用。1817 年,密歇根疆域的法官伍德沃德起草了一个教育法案,他的大学蓝本就是拿破仑 10 多年前建立的帝国大学。伍德沃德设计的密歇根大学有 5 个要点:与教会脱离,由政府资助,由教授自治,重视科学教育而不是古典教育,密歇根大学是密歇根整个教育系统的基石。这所大学要负责全州的教育,包括中小学教育。大学校长有权在疆域内的郡、市建立学院、中小学、图书馆、博物馆等传播知识的系统。伍德沃德的这个计划不仅给当时的美国高等教育输入了新鲜的法国空气,而且在后来或多或少地得以实现。1835 年,密歇根召开立宪大会,起草宪法的皮尔士和克莱利都深受法国哲学家库辛《普鲁士公共教育现状报告》的影响,为密歇根重新制定了法规,其中心点就是州政府对教育的发展负有责任和义务。之后,皮尔士正式组建了密歇根大学。1852 年,对德国大学极为崇拜和敬仰的亨利 · 菲利浦 · 大班为校长,随后大班极力使密歇根大学建设成德国式的大学。他认为,法国的大学是大革命和拿破仑人为的产物,因而不易效仿。他批评英国的大学落后,糟糕透顶,是古董学院,不能适应时代的需要。大班上任后,马上在美国高教界刮起了密歇根之风,他聘请杰出的教授,扩充图书馆和实验室,建立艺术馆,招收已经拥有学士学位的学生,建议实行教师讲课的教学方式,建立科学课程,以使其和古典课程竞争。尤其是大班要求大学教师在教学之余从事研究,并带领学生参加进去。大学不仅要传播知识,而且要创造知识。就是要建立一所"结合教学与研究,提供综合教育"的学校。当然,建校初期法国中央集权思想和法国要素占优势的密歇根大学,到大班任校长时,已经很难再现法国的特征,然而,这并不能遮盖它初期受法国大学影响的历史。

2. 美国近代高等教育的形成和发展期(1862—1918)

在南北战争以后,美国社会发展的步伐加快了,整个社会的文化思想也发生了深刻的变化,要求创办研究型大学、发展研究生教育的呼声也不断高涨。同时,由于大批的捐赠资金投入到高等学校,以及大批具有博士学位的毕业生源源不断地从德国大学回国。从 1815 年到 1915 年,先后有 1 万余名青年学生在德国大学完成学业，也为美国研究型大学的发展创造了必要的财力和人力条件。其主要方法和途径有两种，一是建立以研究教育为重点的新型大学，典型是约翰·霍普金斯大学；另一个是把英国式的学院改造成德国式的大学。这就是19世纪后半叶的美国大学德国化运动，在这一运动中挺立潮头是哈佛、哥伦比亚、霍普金斯、芝加哥、密歇根大学等，现在均为世界顶尖名校。

此时期具有重大意义的是1876年约翰·霍普金斯大学的创办。该校汇集了大批在德国受过训练的优秀教师，在其最早的53名教授和讲师中，除了几个例外，绝大部分或长或短都曾在德国大学学习过，其中有13人获得德国大学博士学位。该校创办伊始就把研究生教育作为最重要的使命。约翰·霍普金斯大学董事会决定它应该完全是一所按照德国模式办学的研究生院，虽然后来也招收了本科生，但其重心始终放在研究生教育上。因此，约翰·霍普金斯大学常常被称为设在美国的柏林大学，也有人称之为“巴尔的摩的哥廷根大学”。约翰·霍普金斯大学的创立标志着美国大学时代的开始，它使大学首次把培养研究生放在第一位，使授予博士学位和开展研究生教育成为一所学院变为大学的标志，使学者第一次能够在自己的专门领域把教学与创造性的研究结合起来。约翰·霍普金斯大学的成功和榜样作用，一方面有力地促进了哈佛、耶鲁、哥伦比亚、威斯康星大学等著名的传统学院和州立大学改造为现代大学的进程；另一方面也为芝加哥大学、克拉克大学等新的研究型大学的创立开辟了道路。正是这些大学的不断学习与创新，使得美国在学习德国研究生教育过程中有着重大创新。虽然美国的研究生教育源于德国，又不同于德国，可谓青出于蓝而胜于蓝。在某种意义上，它比德国大学更好地实现了教学与科研的统一；它使研究生教育摆脱了德国教授狭小的实验室和个人研究的局限，消除了学徒制的残余和纯理论研究的偏颇，更好地服务于社会经济的发展。而此时由《莫里尔法案》推动的“赠地学院运动”也适应了美国工农业迅速发展和人口激增对高等教育的新需求，使美国现代公立大学体系开始形成。在赠地学院和州立大学迅速发展并建立了坚实基础的过程中，在这类学院和大学中形成了两种占主导地位的高等教育观念：一种是以康奈尔大学为代表的“全目标课程”或“通用课程”计划；一种是以“威斯康星思想”为代表的大学为社会服务观。正是从美国大学开始，“服务社会”成为与“教学”和“科研”并列的高等教育的三大职能之一。

如前所述，此时的美国高等教育沿着两个方向发展：一是向德国学习，建立以科学研究和研究生教育为主要任务的研究型大学；二是通过土地赠予法案，建立农工大学（或州立大学），为国家经济社会的发展服务，向大众开放，从而也开始了精英高等教育向大众高等教育过渡的时代。这两个方向的协调与撞击，产生了独具美国特色的初级学院（社区学院）。由于初级学院办学目的的综合性、所开课程的多样性，以及它所提供的教育的广泛适应性和群众性，使它成为此后美国发展最快的一类高等教育。虽说，初级学院是其整个高等教育体系中最具有美国特色的，但实际上初级学院的创立也颇受德国教育思想的影响。美国的初级学院起源于20世纪初，虽然社会需要是其诞生的根本原因，但直接原因却是来自高等教育界内部。从19世纪后半叶起，美国的一些著名大学开始将教育重点转移到研究生教育和高级职业教育，因此主张将大学本科教育分成两部分，前后各两年。前两年主要是普通教育，也就是所谓的基础课教育，应该由初级学院来承担，以减轻大学的压力。早在1851年，密歇根大学的大班校长就建议效法德国，将高中学制从四年延长到六年。大班的这一主张在几十年后得到了明尼苏达大学校长佛尔维尔、芝加哥大学校长哈珀、斯坦福大学校长乔丹等人的响应。他们建议美国的高等教育向欧洲大陆（德、法等国）学习，大学搞高精尖的学术和教育，中等学校搞普通教育和技术培训。哈珀校长在1896年首先提出"初级学院"这一概念，因此他被推为"初级学院之父"。美国的第一所初级学院——朱丽叶初级学院，就是在1901年受哈珀的影响而建立的。初级学院依靠其学费低廉，敞开式招生，所获学分可转换成大学的学分，集正规教育、职业教育、业余教育、成人教育于一身诸多优点，获得了长足的发展。有人称初级学院的蓬勃兴起为"初级学院运动"。

研究型大学、农工大学（州立大学）、初级学院这三种类型的院校构成了美国近代高等教育系统的主体，至此，美国形成了由研究生教育、本科教育、专科教育（协学士教育）构成的三级教育结构和由博士、硕士、学士、协学士构成的四级学位结构，美国近代高等教育体系得以建立起来。

19世纪，美国高等教育的办学形式、学校类型、课程设置、教育规模等方面产生了重大变化，其主要特点如下。

1. *办学形式上，以私立大学为主体，私、公兼有*

19世纪初，马萨诸塞、纽约等州曾试图把一些私立学院改建为州立大学，但这些努力都落空了。1819年，达特茅斯诉讼案强调了私立大学的合法性，鼓励了大批私立院校的建立。同时，一些州政府纷纷设立州立大学。但私立院校仍占多数，据统计，1860 年美国有高等院校 180 所，其中州立的 66 所。经过南北战争以后，这些州立大学约半数夭折。这种以私立为主的局面一直延续下来。

2. 高等院校数量大增，但规模较小

18 世纪末，美国仅有 24 所大学，1885 年上升到 300 所。但无论是传统的私立院校，还是新设立的州立大学，规模都很小。例如，1841 年密歇根大学开学时只有教授两人，学生六人。1885 年，学生数在 250 名以上的大学仅 9 所。20 世纪以后，学校规模才日渐扩大。

3. 农工学院兴起

1820 年，缅因州的加德纳职业学校为美国第一所农业学校。1862 年，林肯总统批准了《莫雷尔法》。该法规定，联邦政府按各州在国会的议员人数，以拨给每位议员三万英亩的标准向各州赠拨土地，各州应将赠地收入开办或资助农业和机械工艺学院。大多数州都将赠地收入用来创办农工学院或在原有的大学内附设农工学院。农工学院的发展开创了高等教育为工农业生产服务的方向，改变了高等教育重理论轻实际的传统。

4. 取法国、德国经验，建立学术型大学

19 世纪，大批美国人赴德留学或考察。回国后，塔潘、埃利奥特等学者竭力提倡按德国的传统办学。1876 年，霍普金斯大学建立，它以学术性研究为主，在全国首创研究生院。哈佛大学、耶鲁大学、哥伦比亚大学等都以德国为榜样，向学术型方向发展。

5. 女子进入高等院校读书

在 18 世纪之前，女子是不能进入高校的读书的。19 世纪 20 年代以后，美国出现了一批女子学院。到 19 世纪末，各大学都向女子敞开了大门，高等教育不再是男子的特权。

19 世纪，美国高教制度的建立奠定了 20 世纪高教发展的基础。但高等教育仍然是资产阶级的特权。

从美国不足 400 年的高等教育的发展历史来看，借鉴和学习他国高等教育的先进经验与自力更生不断创新相结合，推动适应本国实际的高等教育模式的发展是其最成功的经验。在这种交流与借鉴中，美国作为新兴的国家，没有长期的封建传统是其高等教育可以不断改革与创新的主要外部原因之一；国内对高等教育的需求也是其不断进步的重要促进因素，而教育家的推动可以说举足轻重，如约翰·霍普金斯大学的校长吉尔曼、哈佛大学校长艾略特诸人，造就了这些真正的享誉世界的高等学府。美国人如饥似渴地吸收他国文化和不畏艰难的精神主要反映在如此众多的出国留学的人数上。

国外学者因而将1814—1914年这100年看做是高等教育史上最令人惊异的世纪，并将这种横渡大西洋的学者的迁徙视为高等教育史上文化相互影响的最不寻常的例子之一。

哈佛大学德国语言和文学教授沃尔兹在1936年出版的《德国对美国教育和文化的影响》一书中说："今日美国学术所拥有的较高地位以及它在某些分支领域所拥有的主导地位，直接和间接归于许多在德国大学接受先进训练和吸取灵感的美国人。""这些学者开阔了学术眼界。他们代表了受过训练的力量。他们激发了热情，提高了理想。他们不断增强了成就的动力。他们在学术界支持并仍在支持美国在政治上推行的那种自由。"

美国教育史家布鲁巴克认为，19世纪中叶以后，美国高等教育的重建主要体现在两个方面，首先是试图在大学结构上形成垂直的发展，如创办侧重研究生院的约翰·霍普金斯大学；其次是有关学院的发展水平，这主要是通过拓宽课程的广度而实现的，具体而言就是引入选修制的改革。这种垂直的和水平的结构同时发展，创立了新型的美国高等教育体制，在这个过程中，交流与借鉴确实是主要的推动因素之一。

正是在不断的交流与借鉴的基础上，美国独特的高等教育体系得以不断发展和提高，为美国的发展起着独特而不可代替的作用。

在世界著名学府之林中，哈佛大学是一株不老松，探讨这所名牌大学长盛不衰之所系，是各国高等教育研究者感兴趣的一个课题。其之所以能够历久常新，与时俱进，值得我们探讨。

一是革故鼎新。初建时期的哈佛学院，其规模只相当于旧中国乡间的一所村塾，如今已发展成为规模宏大、设备先进、成就卓越、影响深远的全美学府之首，这不是上帝的恩赐，也不是自发而成，而是哈佛人艰苦创业、不断革故鼎新的结果。事实证明：新陈代谢，革故鼎新，是事物发展的普遍规律。哈佛大学从仿效英、德到独创新制，由只学固定课程到采取自由选修制、集中和分配制、普通教育制，最后形成以普通教育为基础、以集中与分配为指导的自由选修制等，无一不是革故鼎新的结果，时至今日仍未止步。这是一所学校欣欣向荣的生命力所在。

二是质量并重。哈佛学院初创时，只有教师一人，学生四名。现在，教师人数已超过两千，学生人数近两万名，数量的发展是惊人的。哈佛大学在发展中并未忽视质量的提高，坚持数量质量并重。保证教育质量，除了指导思想明确以外，比较重要的措施有两条：一是充实和完善设备，“工欲善其事，必先利其器”，哈佛大学的教学设施、实验室、图书馆、博物馆等都是世界第一流的；二是重视人的素质，教师要严选，学生要精挑。对于学生的录取，哈佛大学是相当严格的，获准入学者占申请者的10%～20%，大多数新生入学前的中学成绩为A等。由于教师阵容强，学生起点高，再加上物质设备等其他条件，才保障了哈佛大学有相当高的教育质量，在美国乃至全世界的高等学校中名列前茅。

三是教研结合。世界上著名的高等学府都已成为“两个中心”，既是教学中心，又是科研中心，哈佛大学是其中的佼佼者。事实表明，教师水平再高，也需不断进修。哈佛大学的教师都有科研任务，哈佛大学的高年级学生或成绩优异者也在学习的同时，从事一定的科研工作。哈佛大学图书馆、博物馆既是为教学、科研服务的机构，本身也从事教学和科研。哈佛大学做到了教学、科研结合，两者相互促进，相得益彰。

四是内外协作。哈佛大学内部各单位息息相通，许多学生可以交叉注册、跨系跨学科进行学习，哈佛大学又与麻省理工学院等名牌大学和有影响的科研机构通力合作。内外协作，使得哈佛大学能够最大限度地调动人力、物力，扬长避短，发挥最佳效益。

三、德国高质量的高等教育制度

当今，提高教育质量成为高等教育的核心任务，世界各国都重视提高教育质量。

例如，德国就有高等教育质量评价计划。2002年3月，德国各州文化教育部长联席会议为各州和高等教育机构制定了质量保证的未来发展要求。从长远看，考虑到所有高等教育机构和学习课程，需要有一个质量保证的整体概念，2005年9月，德国各州文化教育部长联席会议通过了一项关于教学的全面质量保证框架性思想。

（一）高等教育的管理

德国宪法规定，联邦各州对教育事业有充分的自治和自主权。各州主要负责教育立法和教育系统的管理。各州教育文化事务和科学部长制定教育、科学和艺术领域的政策方针,采取法律规定和行政规例,与国家以及州级最高权威机构合作,并且在权限内监督权威机构的工作,以及附属主体、机构和基金会的工作。1948 年成立的德国各州文化教育部长联席会议(KMK)是统一管理教育的机构,协调各州和全国的教育政策,促进各州教育的统一。

(二)高等教育的评价计划

质量评价是德国高等教育质量保证体系的主要组成部分,它和认证计划共同构筑了德国高等教育质量保证体系的大厦。

以德国各州文化教育部长联席会议建议为基础,20 世纪 90 年代中期引入了教学的评价程序,评价程序重视被评机构的优势和劣势,因此能提出更加系统性的质量保证和改善战略。评价作为高等教育机构的一般性任务,同时也被所有州的高等教育法引进。评价程序(建议 5 ~ 8 年为一个周期)包括内部自我评价和外部同行评价。1994 年开始实行内部评价和外部评价,现在 16 个州都在使用。

自我评价的领域:各系部的结构和组织,教与学目标,学习项目,学术人员和资源,学生和学习课程,教与学,人员和学生对教与学的意见,就业市场和毕业生就业形式。

外部评价是由各州的州地区评价机构网络和高等教育机构协会进行的。也存在各种国际合作组织,服务于评价措施的开发和执行。外部评价一般采取同行审查的形式,同行由来自其他高等教育机构、研究机构和商业团体的专家组成。

没有国家机构统筹评价活动,但在高等教育机构间也有各州(机构)、地区和跨地区水平(网络)的倡议。一些其他机构在单个大学或学院的要求下进行一些评价活动。

四、我国高等教育制度的创立与发展

我国的教育和高等教育如同中国的文明史一样源远流长。而现代的高等教育则西方夺了先声。11 世纪,世界第一所授予学位的大学诞生于意大利。9 个世纪以来,大学的模式不断变迁。从最初的博洛尼亚大学,到 12 世纪巴黎大学的兴起,到 14 世纪牛津大学、剑桥大学的古典主义模式,或德国洪堡 19 世纪在柏林大学的改革。再或 20 世纪,美国哈佛、耶鲁、斯坦福大学的兴盛。

我国近代高等教育的发展,始自19世纪末1895年北洋西学堂的创立,1898年戊戌变法中诞生的京师大学堂是中国高等教育的一个重要转折点。之后经过长期的发展,随着大批留学人才的回归,中国科学社等的建立,西方科学和教育思想的引入,在许多杰出的教育家如蔡元培、郭秉文、胡适之、陶行知、竺可桢、黄炎培、罗家伦、张伯苓、梅贻琦、蒋梦麟、茅以升、唐文治、任鸿隽、马寅初、吴有训、李四光、傅斯年、严济慈、汤用彤等和其他众多精英人士的努力下,到20世纪20年代才成就了如国立北京大学、国立东南大学等一批颇具水平的现代大学。

中国近代第一所大学是北洋西学堂,后来改名为北洋大学,就是今天的天津大学,于1895年10月2日创立。

中国第一所国立综合性大学是1898年成立的京师大学堂,即今天的北京大学。

中国最早的高级师范学校是1902年成立的三江师范学堂(两江师范学堂),1915年改名为南京高等师范学校,1920年改名为东南大学,1928年改名为中央大学,1949年改名为南京大学师范学院,1952年改名为南京师范学院,1983年改名为南京师范大学。

中国早期从事师范教育的学校:1897年成立的南洋公学师范院,1911年改名为南洋大学,1928年改名为交通大学。

1902年成立的京师大学堂师范馆,1908年改名为京师优级师范学堂,1912年改名为北京高等师范学校,1923年改名为北京师范大学、北平师范大学,1952改名为北京师范大学。

中国早期最重要的留学预备学校:1911年成立的清华学堂,1928年改名为清华大学。

中国最早的三所国立大学:国立北洋大学堂、国立京师大学堂、国立山西大学堂。

校史上追溯渊源最长的三所大学:

(1)太学到后来的北京大学:西汉太学,是西汉的最高学府,公元前124年创办,经历了东汉、魏晋南北朝、唐、宋、元、明各代,后来是清京师大学堂,1912年成为北京大学。

(2)国子监到后来的南京大学:汉朝的太学,公元前124年创办,到东晋太学,317年创办,经过六朝,到明代成为国子监(1381年创办),民国成为中央大学(1928年创办),1949年改名为南京大学。

(3) 千年学府的湖南大学：岳麓书院(976 年创办)，1904 年成为湖南高等学堂，1926 年成为湖南大学。

清末“中国最高学府”是：京师大学堂(1898—1912 年)。

民国早期的全国六大学区最高学府——中国早期的六所国立高等师范学校是：

南京高等师范学校(今南京大学)、武昌高等师范学校(今武汉大学)、北京高等师范学校(今北京师范大学)、广东高等师范学校(今中山大学)、成都高等师范学校(今四川大学)、沈阳高等师范学校(今东北大学)。

中国最杰出的两所现代高等军事学校：

一所是保定陆军军官学校(1912 年成立)。另一所是黄埔陆军军官学校，简称为“黄埔军校”，是 1924 年成立的。

黄埔军校的历史：

1921 年 12 月，共产国际代表马林在广西桂林会见孙中山，马林向孙中山提出“创办军官学校，建立革命军”的建议。1923 年 1 月，中国国民党第一次全国代表会议决议于广州黄埔建立军官学校。9 月，孙中山派蒋介石、张太雷、沈定一三人组成“孙逸仙博士考察团”访问苏联，学习建军经验。1924 年 1 月 24 日，孙中山组织成立的“陆军军官学校筹备委员会”任命蒋介石为筹备委员会委员长，蒋介石因故辞职，由廖仲恺代理军校筹备委员会委员长，28 日选定在广州长洲岛上的原广东陆军学堂和广东海军学校的旧址上建立军校。5 月，孙中山任命蒋介石为校长，廖仲恺为国民党党代表。随后，任李济深、邓演达为教练部正、副主任，王柏龄、叶剑英为教授部正、副主任；戴季陶(后为周恩来)、周恩来为政治部正、副主任，何应钦为总教官。此外还有熊雄、恽代英、萧楚女、聂荣臻、张秋人等共产党人担任教官及各方面负责工作。1924 年 5 月，从 1 200 名考生中正式取录学生 350 名，备取 120 名。5 月 5 日入学。6 月 16 日，举行中国国民党陆军军官学校开学典礼，孙中山到会给青年作了热情洋溢的讲话：“要从今天起，立一个志愿，一生一世，都不存在升官发财的心理，只知道做救国救民的事业。”孙中山还宣布训词：“三民主义，吾党所宗，以建民国，以进大同，咨尔多士，为民前锋，夙夜匪懈，主义是从，矢勤矢勇，必信必忠，一心一德，贯彻始终。”此训词由陈祖康谱曲，后成为国民党党歌及军官学校校歌。1925 年 2 月，军校出师东征使用的校名为中国国民党党立陆军军官学校，以排斥共产党人在校内的地位。学校在当时集中了革命军中有才能的人。1925 年 1 月 25 日，黄埔军校成立

"青年军人社",廖仲恺任社长,2 月 1 日该社刊物《青年军人》第 1 期出版。黄埔军校最初有许多从苏联来的教员,但在北伐战争期间蒋介石与中国共产党关系破裂,所以这些苏联教员离校回国。1926 年,根据国民政府中央军事委员会的决定,将原陆军军官学校扩大改组,于同年 3 月正式命名成立中央军事政治学校。国民革命军攻克武汉后,1926 年 10 月 27 日,国民党中央先决定在两湖书院旧址设政治训练班,后改办中央军事政治学校政治科,后将黄埔第五期政治科学员移往武昌就读。12 月,又决定将黄埔五期炮兵、工兵科移来武昌就读。1927 年 1 月 19 日改名为中央军事政治学校武汉分校。1927 年 3 月国民政府定都南京,后校歌被定为中华民国国歌的歌词。革命家宋绮云、抗日女英雄赵一曼、文学家谢冰莹,都是武汉分校毕业的。郭沫若曾任政治部教官等职。1927 年,第一次国共合作分裂,于是在广州、武汉和南京分别出现了三所黄埔军校。在武汉,3 月 22 日,武汉国民政府以国民党中央的名义,决定将武汉分校扩大改组为(武汉)中央军事政治学校,开展讨蒋斗争。七一五政变后,黄埔五期学员被迫毕业离校,军校整体改编为张发奎的第二方面军军官教导团(团长由第四军参谋长叶剑英兼任),成为后来广州起义的主力,武汉军校便不复存在。1927 年 9 月宁汉合流后,黄埔军校本校迁往南京。在广州,原中央军事政治学校依然开办。1928 年 5 月,由副校长李济深决定将学校改名为国民革命军军官学校,学校只剩下 718 人坚持至毕业,其余散往武汉、南京等地,称黄埔六期生。1929 年 9 月 10 日,蒋介石在南京以国民政府的名义,改学校名为国民革命军黄埔军官学校,并陆续成立潮州、洛阳、湖南、湖北、江西、广州、成都、昆明、南宁、西安、新疆等多所分校。第七期学生毕业后,1930 年 9 月,学校被要求停办,1927 年底,由蒋介石在南京自行决定成立(南京)中央军事政治学校。1928 年 3 月,以中央军事委员会的名义改名为中央陆军军官学校。新中国建立后的海军少将张学思、历史学家黄仁宇都是中央军校毕业的。抗日战争全面爆发后,1937 年 8 月日军攻陷南京,其后由南京出发,经九江、武汉、四川铜梁,至 1938 年 11 月到成都。16 个月间学校四易其地,学生长途跋涉,栉风沐雨,艰苦备尝,均能安之若素。迁校期间,因前方作战部队之需,十一期、十二期及十三期先后提前毕业,且于沿途在各地招收十四期、十五期学生。黄埔军校在抗日战争中成了培养抗日官兵的大本营。各期毕业生都一律开赴抗日前线参战。抗战胜利后,实行军校改制,于 1946 年元旦后改名为中华民国陆军军官学校,名义上国有化,隶属陆军总部,校长蒋介石改任名誉校长,由关麟徵升任校长。

1928 年，全国四大中央级国立大学——四大中山大学：广州第一中山大学（今中山大学）、武汉第二中山大学（今武汉大学）、杭州第三中山大学（今浙江大学）、南京第四中山大学（今南京大学）。

1937 年全国两大联合大学：一是西南联合大学，1937 年只有长沙临时大学在办学，1938—1946 年，北京大学、清华大学、南开大学也加入；一是西北联合大学，1937 年是西安临时大学在办学，1938—1939 年，北平大学、北平师范大学、北洋工学院、河北女子师范学院也加入。这些学校后来分别成为北京师范大学、天津大学、天津河北工业大学、西安西北大学、西北农业大学、兰州西北师范大学等。

民国最著名的几所教会大学：

首先创办了南京金陵大学、北京燕京大学、上海圣约翰大学、苏州东吴大学、广州岭南大学这五所。

到 1918 年，全国共有 15 所著名的教会大学，按其创办时间如下：

1901 年，苏州东吴大学（美）；1903 年，上海震旦大学（法）；1905 年，上海圣约翰大学（美）；1910 年，杭州之江大学（美）；1910 年，成都西华大学（美、英）；1910 年，武汉华中大学（美、英）；1911 年，南京金陵大学（美）；1914 年，福州华南女子文理学院（美）；1914 年，长沙湘雅医学院（美）；1915 年，南京金陵女子文理学院（美）；1915 年，上海沪江大学（美）；1916 年，广州岭南大学（美）；1916 年，北京燕京大学（美）；1917 年，山东齐鲁大学（美、英）；1918 年，福州协和大学（美、英）。

20 世纪 20 年代又增加了两所天主教会办的大学：1922 年创办的天津津沽大学（法）；1929 年创办的北京辅仁大学（美）。

20 世纪初，中国最杰出的两大高等学府："北大"、"南高"（源于京师大学堂的北京大学与南方最高学府南京高师）。

20 世纪 20 年代中国"大学双璧"及中国最早的两所国立综合性大学：国立东南大学、国立北京大学 。

20 世纪二三十年代"南方之强"：厦门大学。

20 世纪 30 年代"东北最高学府"：东北大学。

20 世纪 30 年代"西部第一学府"：四川大学。

民国两大誉称大学：浙江大学被称为"东方剑桥"；交通大学被称为"东方的 MIT"。

民国最著名的两所非教会私立大学：南开大学、厦门大学 。

民国时期最出色的两大工科大学：交通大学、北洋大学 。

1938—1945 年“中国国立十大学府”：中央大学、西南联合大学、浙江大学、武汉大学、交通大学、四川大学、重庆大学、西北大学、西北工学院、中山大学。

民国国立大学“五大名校”：中央大学、北京大学、清华大学、浙江大学、武汉大学。

民国时期(1928—1949 年)的“中国最高学府”是在南京的中央大学。

新中国成立后：新中国第一新型文科大学：中国人民大学(1950 年创办)。

中国科学院第一大学：中国科学技术大学(1958 年创办)。

中华少数民族最高学府：中央民族大学(1951 年创办)。

世界华侨最高学府：广州暨南大学(1906 年在南京创设暨南学堂，1927 年迁至上海为国立暨南大学，1958 年在广州重建)。

20 世纪 50 年代“全国四大工学院”：南京工学院(今东南大学)、华中工学院(今华中科技大学)、华南工学院(今华南理工大学)、大连工学院(今大连理工大学)。

新中国“大学双子星座”是北京大学、清华大学。

20 世纪八九十年代被称为“中国大学四大名旦”的是：北京大学、清华大学、南京大学、中国科技大学。

“中国大学五岳”：北京大学(京师大学堂)，即首都大学的意思；中国文化科学学术最重要的中心；称为北岳。南京大学(中央大学)，即最高学府的意思；天下文枢，中国现代科学主要发祥地与大本营；称为南岳。清华大学(清华学堂)，含义为清朝的中华学府；中国工科最高学府，中流砥柱精英工程师的摇篮；称为中岳。中国人民大学，中国人民的国家大学；中国最高文科学府，东方思想文化和社会科学中心；称为东岳。中国科技大学是中国国家科学技术大学；中国最高科技学府，西方现代科学技术研究中心；称为西岳。

现在，我国各个专业领域杰出的高等学府有：

电子航空国防科技类：(成都)电子科技大学、西安电子科技大学、国防科技大学 、西北工业大学、北京航空航天大学、南京航空航天大学、北京理工大学、南京理工大学 。

其他工程科研类：同济大学（土木建筑）、河海大学（水利）、中南大学（矿冶）、西南交通大学（交通工程 ）、北方交通大学（铁道）、北京科技大学（冶金）、中国矿业大学、中国地质大学、华东理工大学（化工）北京化工大学、东华大学（纺织）。

农林渔医药生命科学类：中国农业大学、南京农业大学、北京林业大学、中国协和医科大学、青岛海洋大学、第二军医大学、第四军医大学、中国药科大学、北京中医药大学。

师范类：北京师范大学、华东师范大学、南京师范大学、东北师范大学、华中师范大学、华南师范大学、湖南师范大学、西南师范大学、陕西师范大学。

语言艺术类：北京外国语大学、上海外国语大学、中央民族大学、中央美术学院、中国美术学院、中央戏剧学院 、上海戏剧学院 、中央音乐学院 、北京电影学院 、北京广播学院。

政法军事类：国家行政学院、国防大学、外交学院、国际关系学院、大连海事大学、中国政法大学 、西南政法大学、华东政法大学。

财经商贸类：上海财经大学 、西南财经大学 、对外经济贸易大学、中央财经大学。

中国最杰出的文科五大学府：中国人民大学、北京大学、南京大学、复旦大学、武汉大学。

中国最杰出的理科三大学府：北京大学、南京大学、中国科技大学。

中国最杰出的工科八大学府：清华大学、浙江大学、上海交通大学、西安交通大学、哈尔滨工业大学、天津大学、东南大学、华中科技大学。

新中国各个五年计划重点建设高校：北京大学、清华大学、中国人民大学、中国科技大学、哈尔滨工业大学、复旦大学、上海交通大学、西安交通大学、浙江大学、南京大学等。

21 世纪初，中国重点建设的九所大学：北京大学、清华大学、南京大学、浙江大学、复旦大学、上海交通大学、西安交通大学、中国科技大学 哈尔滨工业大学 。

我国高等护理教育：我国护理教育的历史起源于 19 世纪，曾是世界上最早开展本科护理教育的国家之一。1888 年美国人 Johnson 在福州开办第一所护士训练班。1900 年后，中国许多大中城市先后建立了教会医院，护士学校往往由医院或教会开办。1920 年，北京协和医学院与几所大学联合开设高等护理教育，开创了我国高等护理教育的先河。但是，自1951年召开第一次全国卫生大会后，护理教育将培养护士定位在中级卫生教育中，高级护士职业学校及协和等各大学医学院的护理系纷纷停办，在1966—1976年“十年动乱”期间，中等护理教育也停办，教师被遣送农村，任何人都可以当护士。此后近30年是护理高等教育的空白期，护理教育陷入停滞。直至改革开放后，部分院校才开始恢复护理的大学专科教育。

1978年党的十一届三中全会召开，我国护理教育发展历史上出现了意义深远的转折点。作为医疗卫生事业的重要组成部分，护理工作得到了国家领导的高度重视。1978年，护理界首先恢复了停办的中专护理教育，并且大力强化了中专教育。在此基础上，各地开始恢复高等护理教育。1983年，天津医科大学率先试办护理专业本科教育，至此高等护理教育正式进入发展阶段。1984年，国家卫生部、国家教委联合召开了高等护理专业教育座谈会，这次会议明确了护理高等教育的地位与重要性，并鼓励一些有实力的医学院校增设护理专业。1985年，首批7所医学院校护理本科教育招生，学制确定为5年。特别是20世纪90年代后期，随着国家高等教育扩招政策的实施，更有力地促进了我国高等护理教育的发展。高等护理教育的年招生量已经超过护理专业年招生总量的30%。北京医科大学护理专业于1992年正式开始招收护理硕士研究生，随后，相继有第二军医大学、北京协和医科大学、西安医科大学、中山医科大学、上海医科大学、湖南医科大学、上海第二医科大学等高等院校被批准获得护理硕士学位授予权。2004年，第二军医大学、中南大学护理学院开始招收护理学博士。据教育部统计，到2005年，我国已有4所学校开设了护理学博士教育，30余所学校开设了护理学硕士教育，133所学校开设了护理本科教育，近250所学校开设了护理高职教育，400余所学校开设了护理中职教育。20世纪80年代后，除学校教育以外，成人自学考试专科和本科段均开设了护理专业，加上毕业后教育和继续教育，众多护士有了继续学习、职后学习的途径。至此，护理教育从单一层次的中等护理教育逐步转为中专、大专、本科、硕士、博士等多层次的较完整的护理教育体系。

以“211工程”为代表的项目表明21世纪中国政府发展高等教育的决心。如果中国的制度能给大学以更多独立、自由、公平和少干预的宽松环境，那么，中国同样能产生像西方那样悠久卓越的大学，中国的高等教育将可以发挥更大的潜能。

第二节 高等教育制度的积极作用与影响

高等教育的产生是与经济发展相伴而生的，高等教育强国也是与经济强国相伴而生的。在整个人类社会发展的过程中，教育和高等教育在现代社会中的地位是逐步彰显的。几乎每一次大的社会转型，都会在不同程度上提升教育的地位。但是，教育，尤其是高等教育对社会的贡献，长期以来则被遮蔽在经济的阴影之下，人们只看到工业革命、技术革命等对社会的贡献，较少分析教育的潜在贡献。到了知识经济时代，人们才深刻地认识到教育，尤其是高等教育的作用，以至西方有学者说："知识经济是站在大学的肩膀上的。"这一描述深刻地揭示了高等教育的地位和作用。目前，我国已经明确提出"建设高等教育强国"的宏伟目标，但对于该命题的深刻含义，人们还有不同的认识。如果我们不能从根本上理解发展高等教育的战略意义，把握建设高等教育强国的本质与内涵，那么就难以取得成效。

从历史的视角看，经济强国与高等教育强国是相伴而生的。哪个国家有相对强大的高等教育作为后盾，哪个国家就会在较短时间内成为世界强国。例如，近代以来经济中心、科学中心和技术中心的数次转移，意大利的文艺复兴，英国的政治民主和工业革命，德国科学技术的飞速发展，美国经济强国地位的确立，日本经济的迅速崛起，无一不是以强大的高等教育作为支撑。早在19世纪中叶，就有西方学者把大学看成是人类社会发展的"动力站"。今天，大学"动力站"的作用更加明显，知识的保存、传授、应用与创新，文明的传承与进步，人才的发掘与培育，科学发现与技术更新，无不以高等教育为基础和平台。

建设高等教育强国的战略意义，可以从以下三个相关命题的分析中得到解答。

第一，高等教育强国是"自发生成"的，还是"人为形成"的，抑或是自生秩序与人为干预的结果。逻辑地看，假如高等教育强国完全是"自发生成"的，那么投身于高等教育强国的建设则是毫无意义的；如果高等教育强国是"人为形成"的，或者说是自生秩序与人为干预共同作用的结果，那我们就有必要加大对高等教育的投入。在高等教育发展史上，西方国家并没有提出高等教育强国的概念，但通过考察意大利、英国、法国、德国和美国等国家高等教育发展的过程,不难发现,这些国家的高等教育都不是纯粹自发形成的,其中都渗透着人类主体的能动选择。或许在高等教育的某一发展阶段,存在一些自发现象,尤其是在高等教育的萌生阶段,这种自发性特征比较明显。但从总体上说,高等教育主要是人类主体能动选择的结果。例如,中世纪大学很容易被误解为是自发诞生的,但事实上谁也无法否认它是社会需求刺激导向下的人类主体自觉选择的产物。中世纪欧洲社会相对稳定、教会影响的扩大、商业贸易的发展、城市的兴起、行会的产生,以及基督教世界与伊斯兰世界的文化交流,无疑都呼唤着大学尽快诞生,同时也都为欧洲中世纪大学的产生及其培养人才的目标奠定了坚实的基础。美国霍普金斯大学经常被视为高等教育"自生秩序"的经典案例,殊不知它是"德国的复制品",是德国大学学院的发展模式。这种模仿与复制正是人类主体自觉的表现。今天,体现国家意志的高等教育政策比比皆是,如欧盟国家的"博洛尼亚进程"计划,澳大利亚、新西兰的高等教育产业政策,以及日本的国立大学独立行政法人化和"卓越中心",其实都是在打造各自的高等教育强国。由此可以看出,高等教育发展过程中形成的"自觉性",其实是国家主动参与高等教育建设的必然性,同时也意味着高等教育强国的诞生需要国家的大力投入和强力推动,意味着人为建设高等教育强国的必要性。

第二,究竟是先有高等教育强国才有经济强国,还是先有经济强国才有高等教育强国。历史地看,高等教育强国与经济强国之间不存在明显的时序先后问题,两者往往紧密地交织在一起,彼此在互动中共同向前发展,很难说谁先谁后。虽然历史上各世界强国,如意大利、英国、法国、德国、美国、日本等国的崛起,无不与高等教育的兴盛有关,但发达的高等教育只是经济强国崛起的原因之一,并非唯一的动力或决定因素,经济强国崛起的背后往往还隐藏着深刻的政治、经济等原因,表现为多种原因"叠加"的结果。换言之,高等教育的兴衰与国家的兴衰经常交织在一起,高等教育的发展与国家的发展是互动的"关系共同体",是休戚相关的"命运共同体"。虽然高等教育强国与经济强国之间不存在严格对应的因果关系,但高等教育强国与经济强国之间无疑是一种共生共荣的相互依存关系。这种"双强互动"已成为经济强国最显著的特征,也逐渐作为社会发展的客观规律被人们所接受。

第三,世界科学中心转移、技术中心转移与高等教育中心转移存在怎样的关系。高等教育中心的转移会不会引发科学中心和技术中心的转移,或者说科学中心和技术中心会不会随着高等教育中心的转移而转移。在社会发展史上,许多学者用"中心转移说"对世界的经济、科学和技术转移进行研究,如果以此对高等教育中心与科学中心和技术中心转移作一对比,就会发现一个有趣的现象。如按照史学家的划分,近代以来高等教育中心转移的顺序是:意大利(1410—1530 年)→英国(1600—1750 年)→法国(1650—1830 年)→德国(1770—1830 年)→美国(1830—?)。有专家研究发现,科学中心转移的顺序是:意大利(1540—1620 年)→英国(1660—1750 年)→法国(1760—1840 年)→德国(1840—1910 年)→美国(1920—?);还有专家研究发现,世界技术中心转移的顺序是:意大利(1380—1510 年)→英国(1650—1900 年)→法国(1670—1800 年)→德国(1810—1940 年)→美国(1860—?)。当我们把上述时间表放在一起进行简单对照,不难发现这样的现象或者说是规律:一个国家往往先成为高等教育中心而后才成为科学中心和技术中心,而且科技中心的到来往往发生在高等教育的高峰期;一个国家往往先失去高等教育中心的地位之后才失去科技中心的地位。例如,从对比分析看,高等教育中心先于科学中心出现的时间分别为:意大利 130 年,英国 60 年,法国 110 年,德国 70 年,美国 90 年,平均为 92 年;高等教育中心先于技术中心出现的时间分别为:英国 50 年,法国 20 年,德国 40 年,美国 30 年,平均为 35 年。从统计数据看,意大利似乎是一个特例,即先有技术中心再有高等教育中心,这里不排除有统计技术方面的原因。同时,我们还必须看到,社会规律往往表现为一种统计性规律,存在个别特例也在情理之中,即存在个别的技术中心先于高等教育中心的现象也是可以理解的。

通过以上比较分析不难发现,高等教育强国与经济强国的总体发展脉络基本上是一致的,即世界经济强国往往是人力资源强国,世界人力资源强国又通常是高等教育强国,而世界高等教育强国一般又是科学技术强国。

当欧洲中世纪末期出现大学的时候,大学无非是神学院的变种。当欧洲步入现代之际,洪堡的改革,不仅让大学世俗化,而且埋下了职业化的种子。虽然,此时的大学依然强调人格培养和心灵的完善,但只要大学走下神坛,就势必要与社会融合,回应社会的需要。尽管大学在很长一段时间里还是文理学院当家,并没有根据社会的分工设置专业,但文理学院的毕业生毕竟都进入了社会,能在社会上找到自己的职业。毕业生固然有从事所学"专业"的,但越来越多的人从事的职业与专业没有直接的关系,他们从大学得到的只是学养和素质。

当然,随着世界现代化的进程,大学仅仅作为人格和素质教育的基地,远远不能适应社会的需要，必须在基本的文理教育之外，具备一些专业知识和技能。随着工、商、农、医和法科的兴盛，大学逐渐面目皆非，越来越像职业技术学院，专业分工越来越细，对专业知识和职业技能的要求越来越高。

对人的培养，无疑是大学的目的。大学培养的人，应该是综合发展、人格健全的人。这样的人，当然也得走向社会，走向市场，找到自己喜欢的工作，寻出一条适合自己发展的路径。所以，大学肯定会有职业化的内涵，但是，大学不是职业技术学院，不应把技术培训作为主要内容。大学的职业化成分，只是为学生日后的职业训练打基础，让他们有一个更高的起点，具有科学化做事的素质，与人合作的基本能力。在很多情况下，人在大学里学什么专业，日后未必一定从事与这个专业有关的工作，可能仅仅是满足自己对某些知识和理论的爱好。所以，凡是只能从事技术培训的大学，都应该回归本位，改成技术学院或者学校。那些连技术培训都做不好的大学，就应该撤销。

日本不仅是教育强国，而且在培养世界顶级人才方面也成绩斐然。仅在过去10年间，就有10名日本科学家获得了诺贝尔奖。为什么日本高校能够大师辈出呢？

注重培养跨学科的全才精英。日本高校普遍持有“教授治校”与“教养教育”两大办学思路。所谓“教授治校”，是将教师队伍放在学校管理的核心位置。这是日本几所著名高校保持高度专业性和学术性的一项根本保障。以东京大学为例，除管理奖学金、支援留学生等服务性部门，大学的各个院系几乎都没有专门的行政人员。每个院系的管理者就是各院系的教授和教师。在这样的管理模式下，每个院系甚至每个教师都享有高度的自治权，他们的每一项行政措施都是为教学和科研服务的。

进入21世纪以来，日本教授着手对高校进行教学改革。2000年，东京大学将一些看似联系不大的几个专业，如社会学、政治学、文化学、教育学、信息工程学等统合为“信息学环”，并打破以院系、文理为界限的授课体系，鼓励学生去选修与自身专业不相干的课程。这种措施不仅有效地拓宽了学生的视野，也造就了一批具备跨学科研究能力的教授。如今，这样的“全才精英”发展模式在日本被称为“教养教育”，成为日本各高校争相学习的教育战略。

把商业气息屏蔽在象牙塔之外。为还象牙塔一方平静，日本高校对“学术”与“技术”的区分泾渭分明。日本的“专门学校”类似于中国的高等职业学校。在日本,大学是培养学术人才的地方,并不具备将一门养家糊口的手艺教授给学生的功能。整个国家的技术人才教育几乎全部交给了“专门学校”。如果想从事与手艺相关的工作,无论是设计师、摄影师、律师,还是护工、保安、修理工,都必须进入专门学校学习,并通过相关职业资格认证。

这种教育模式将所有以就业为目的的功利化学习内容全部请出了大学,在一定程度上将铜臭味和浮躁气息屏蔽在大学墙外。日本高校认为,只有让大学回归象牙塔的纯粹性,才能保证其最大限度地发挥学术创造力。

中国改革开放以来,教育部在高等教育领域有两项重要的标志性工程,即“211 工程”和“985 工程”,教育部与财政部、发改委一起对这些学校开展了中期检查、验收和评估工作。总的来看,这两项工程的决策正确,富有前瞻性,成效显著,在国内外产生了巨大影响,目前开始进入全面收获的时期。

一是培养了一批高质量、高层次的人才,汇聚了一批国际水准的大师和学者。二是自主创新能力快速提升,产生了一批代表国家水平的重大科研成果。三是提高了高等学校的整体水平和国际竞争力,缩小了与国际一流大学的差距。

在实际工作中,确实存在一些需要改进的地方和需要努力解决的问题。当前,两项工程的规模已经稳定,现在“211 工程”是 112 所,“985 工程”是 39 所,教育部决定不再新设这两个工程的学校,开始进入了长期规划、动态管理、分段实施的阶段。同时为了更加注重学科导向,引入竞争机制,实施了“优势学科创新平台建设”,对非“985 工程”学校中的特色和优势突出的学科给予支持;实施“特色重点学科项目”对非“211 工程”学校的国家重点学科予以支持。

高等教育在社会建设中的作用应该是发挥高校的教育功能。高等教育只能在有限的范围内发挥本属于一种特定社会活动的作用和价值。与此同时,还应该看到,教育功能的发挥需要其他社会系统的配合和协同作用。

高等教育系统的不和谐也是社会中的不和谐现象的表现:一方面,我们期望高等教育和高校能够为社会建设贡献力量;另一方面,高等教育和高校中的不和谐也需要减少和消除。

高等教育中不和谐现象的产生,有以下几方面的原因。

其一,制度设计原因。高等教育发展中的结构问题、投入不均等都是由于制度设计造成的。

其二,人们认识的局限。以前对经济发展的理解就是 GDP 增长,对高等教育发展的理解就是规模增长。现在人们逐渐认识到发展不仅仅是数量的增长,还有质量、结构、效益、协调、适应等问题。以往人们认为是正确的和恰当的,现在用科学发展观的眼光看,则是不和谐的,是要努力改变的。

其三,高等教育发展水平。过去的发展表明,我国高等教育的发展方向是正确的,目前已经成为高等教育大国。但是,不能把我国高等教育发展的水平与美国等发达国家进行横向比较。我们还处在高等教育发展的初级阶段,初级阶段的主要任务是解决规模问题。规模扩大的根本目的在于满足人民不断增长的接受高等教育的需求,而并不是一些人认为的高校为了达到"做大"的目的。等这个基本的需求较大程度地满足之后,下一步的目标才是提升质量、增强综合实力。正因为如此,目前由于快速增加规模所带来的发展中的问题是正常的。从发展的眼光看,这是未来要注意避免的。等到了一个新的发展阶段,这些现象肯定终将被消除,和谐状态必将出现。

和谐社会建设的过程也是不断地协调各方利益的过程。因此,不论是高等教育和学校系统,还是其他系统,如何服务于和谐社会建设目标的关键在于如何协调各方利益。协调各方利益的主要责任者是政府,高等教育系统是一盘棋中的一只"棋子"。在和谐社会建设中,高等教育系统既是参与者,又是享用者。相应地,教育系统中的不和谐单靠教育系统自己是很难彻底解决的。

有关高等教育在社会发展中的作用的研究已有很多。事实上,在和谐社会的概念提出之前,这个问题已经有过比较充分的讨论,也取得了一些研究成果,如人力资本理论关于教育对经济增长贡献的观点;教育对社会分层和流动的影响等。但这些研究多数是通过收集数据并借助一定的数学方法进行分析的实证研究。有些研究结论曾经被国际组织和一些国家政府采纳,并作为制定教育政策的主要依据。因此,一般意义上的教育促进社会发展以及经济增长的结论似乎已成共识。但最近的研究却提出了一些耐人寻味的问题。

虽然大部分人通过高等教育可以获得交友、学习社会规章和规范等。但毫无疑问,最直接的好处仍然是经济性的,如专业知识和科技能力能带来更多的收入。这些获益对于一个国家的发展来说是必不可少的,但实际归纳起来却相当困难。虽然人们很少怀疑教育带来的好处,但测量带来的挑战却使经济学研究的结论发生了巨大的转变。20 世纪 90 年代前期,经济学家计算认为,额外的教育投资带来巨大的经济回报,但 10 年后,结论却完全不同:研究显示个体虽然能通过更多的教育赢得好处,但整个社会却很可能无法从中获得经济利益。教育社会学的许多研究都表明,教育是实现社会公平的有力手段,但这个结论今天同样需要重新思考。

人们在思考和正确衡量高等教育在和谐社会建设中的作用时,发现原来的观点已存在一定的不合理性,应该重新评估高等教育在社会发展中的作用。今天必须充分考虑高等教育发展阶段等具体的因素。现在,我国高等教育已经进入了大众化初期,相应地,在精英高等教育阶段的那些关于高等教育与经济增长之间关系的结论,以及基于这些结论的政策和发展战略也需要及时调整。

有人认为,教育在和谐社会建设中居于基础或根本地位,其理由是教育是整个社会的人才和先进生产力的"生产厂"。这样的推导似乎是正确的,却忽视了两个问题:第一,教育能不能肯定培养出所期望的人?第二,即使培养出期望的人才,他们是否就一定为和谐社会建设服务?其实,上面的这个推论只能是一种"应然"的理解,是一种教育理想。教育的结果是附着在每一个活生生的个体身上的,它与静止的物化产品不同。物化产品的特性不会随时间变化,而个体的特性却会随时间等环境因素不断发生变化。接受过高等教育的人充其量只是一个人才"毛坯",能不能最终成为人才,还需要社会环境的支持,需要在社会上、在工作中继续接受教育,这是理论上关于教育功能释放的问题。

教育的功能可以从多种角度理解:从作用的对象看,教育的功能可以分为个体功能和社会功能;从作用的方向看,可以分为正向功能和负向功能。就教育的个体功能而言,又可以表现为以下三种功能:促进个体发展的功能(包括促进个体社会化的功能和促进个体个性化的功能)、个体谋生和享用的功能以及对个体发展的负向功能。

强调高等教育在和谐社会建设中的作用,实际上是对教育的社会功能的一种追求,但社会功能的发挥必须要以本体功能为基础,要以培养的人才为中介。由此,要想发挥高等教育的社会功能,首先要发挥好其本体功能,即培养好人才。如果教育的功能都是正向功能,那么,教育理想就可以实现,问题的关键是教育有时候也不可避免地产生负向功能。教育对个体发展的负向功能将直接影响教育过程并导致非预期人才的出现。再者,即使培养的都是全面发展或者说和谐的人,如果没有合适的社会环境,受过高等教育的人不但不能释放正向功能,反而可能发挥负面作用。

由此看来，由于教育过程的复杂性和一定程度上的不可控性，因此，在判断高等教育在和谐社会建设中的作用时，将增加许多不确定性，线性的推理是不可靠的。所以，可以把高等教育的作用比喻为方鼎的一只脚，它对和谐社会的建设是必要但非充分的条件。没有不可以，但是有了不一定可以建成和谐社会。

在教育功能释放之前还有一个功能的形成和行动的过程，这依赖于国家有关教育制度的安排并体现在各国的政策设计中。教育社会功能发挥的问题和不和谐的问题最终的责任主体是政府，本体功能的发挥责任在学校。

所以，高等教育在和谐社会构建中作用的发挥是以政府的教育政策为前提的。只有建立了符合和谐社会要求的教育政策，高等教育系统才有可能发挥促进和谐社会建设的作用。

第三节　对高等教育制度的评价

一、高等教育推进了人类的发展、社会的进步

人类的发展史已经证明，高等教育可以非常深刻、持久、稳定地影响人类社会，这是与人类自身的发展规律、文化的发展规律以及人类社会的发展规律相关的。因为，人自身的发展本质上是文化的发展，文化的发展能够更加深刻地影响人类的发展与进步。而大学，正是产生文化与思想的圣地。

伴随着经济的快速发展和持续10年的高等教育扩招，我国已经成为世界高等教育大国，其标志就是我国高等学校的在校生规模已经跃居世界第一。在此背景下，我国政府又提出了建设高等教育强国的战略目标，必须充分认识建设高等教育强国的内涵、本质以及战略意义。

二、从提高国际竞争力的要求来建设高等教育强国

近年来，国际竞争力是国际上衡量国家或地区发展水平的一个新视角。自第二次世界大战以来，衡量国家或地区在世界经济地位中的标准在悄然发生变化，人们已逐渐摒弃仅以经济发展为依据的指标体系——物力评价指数，而不断彰显有利于人的发展的指标体系，如国际竞争力指数、人类发展指数、科技成就指数等。从国际竞争力视角看国家和地区的发展水平，彻

底改变了人们认识社会发展的方式,即摒弃了以国民生产总值或人均国民生产总值作为衡量某一国家或地区经济与社会发展水平的指标。这一变化过程表明,人们开始从人类发展的角度去认识社会大系统诸因素的地位、作用及其相互关系,并以此来规划社会发展的方向、速度与模式。这种观念上的变化,不仅回归了社会发展的规律和本质,突出了人的发展价值,更使人们认识到,在国家发展的问题上,需要淡化把经济增长作为追求目标来支配政府政策的倾向,强调以人为本和可持续发展在国家和国际政策中的重要意义。

基于此,加快发展高等教育成为一种"世界性"特征。虽然许多国家并没有明确提出"建设高等教育强国"的口号,但在加快发展高等教育这一点上却有惊人的相似之处。例如,欧洲国家,尤其是西欧福利国家,在高等教育发展规模长期停滞之后,自 20 世纪 90 年代以来,也进入了发展的快车道,高等教育毛入学率有了明显上升;南美及非洲国家的高等教育毛入学率在世纪之交也有了显著提升。越来越多的人认识到,发展中国家与发达国家的差距从表象来看是经济差距,其背后则是科技差距和教育差距,尤其是高等教育之间的差距。因此,人们开始把当今国家之间的经济差距归结为知识经济的差距。对于这一点,正如联合国教科文组织与世界银行在 2000 年发布的《发展中国家的高等教育:危机与出路》一文中指出的,没有更多更高质量的高等教育,发展中国家将会越来越难从全球性知识经济中受益。

教育在各种竞争力指数中的权重不断彰显,是目前国际上各种竞争力指数的一个显著特点。为了体现新的社会发展观,即从经济发展指标转向"人力发展",国内外学者在制定各种新的竞争力指标时,不约而同地把教育,尤其是高等教育放在一个显著的位置上。其体现方式就是把教育从过去仅仅是衡量社会发展的一个软指标变成一个硬指标。教育进入各种竞争力指数并开始引起人们的关注,主要体现在目前国际上公认的两个指标体系——瑞士洛桑国际管理学院发布的《国际竞争力报告》和联合国开发计划署发布的《人类发展报告》。在这两个报告中,分别提出了"国际竞争力指标体系"和"人类发展指数"两个评价标准,都把教育和高等教育摆在了一个重要位置。从这两个竞争力指标体系评价的结果,可以看出高等教育在当今社会中的作用,以及建设高等教育强国的意义。

由瑞士洛桑国际管理学院发布的国际竞争力指标体系,由 8 项要素(国家经济实力、企业管理竞争力、科技竞争力、基础设施竞争力、国民素质竞争力、国际化竞争力、政府管理竞争力、金融体系竞争力)、47个竞争方面、314项子指标构成。其中,国家经济实力、企业管理竞争力、科技竞争力为核心要素;基础设施竞争力、国民素质竞争力为基础竞争力;国际化竞争力、政府管理竞争力和金融体系竞争力为环境竞争力。国民素质(又称人力资本)竞争力包括:人口特征、劳动力特征、就业、失业、教育结构、生活质量、态度与价值7个方面。其中,教育结构下含10个指标,分别是教育体系、中等教育入学率、已获得高等学历的比例、大学教育、八年级学生的数学平均成绩、八年级学生的科学平均成绩、学生教师比(初等教育)、学生教师比(中等教育)、公共教育支出占国内生产总值的比重、文盲成人(15岁以上)、经济知识普及。不难看出,国际竞争力指数中增加了大量的教育指标。按照国际竞争力指数来评价发展水平,我国在国际上的排名已经从20世纪90年代末的40名左右上升到2007年的15名左右。

而联合国开发计划署在1990年首次发布的《人类发展报告》中,国民生产总值或人均国民生产总值的作用已经大大降低,而是采用人类发展指数来衡量一个国家在人类发展中三个方面的总体成就:第一,寿命——它的衡量尺度是预期寿命;第二,知识——以成人识字率(占三分之二权重)以及中小学和大学的综合入学率(占三分之一权重)来测算;第三,体面的生活——亦即生活水平,通常以购买力来反映,也就是将实际的人均国民生产总值调整为当地生活费用的水准(或称购买力平价)。按照人类发展指数来评价中国,自2000年以来,我国在国际上的排名在100名左右。

在2001年的《人类发展报告》中,联合国开发计划署首次采用了“技术成就指数(TAI)”评价体系来衡量各国(地区)技术革命和创新能力的综合尺度。该指数由技术创新、新技术传播、传统技术传播和人类技能四个方面构成 。2001年,72个参加评估的国家(或地区)技术成就指数平均为0.374,世界技术成就指数最高的是芬兰,为0.744。72个国家按各自技术成就指数水平可划分为四个类型:第一类为技术领先者,共有18个国家,技术成就指数在0.5以上,主要是发达国家。第二类为潜在的技术领先者,共有19个国家和地区,技术成就指数为0.35~0.49,主要是发展中国家。第三类为积极采纳者,共有26个国家,技术成就指数为0.2~0.34,均为发展中国家,中国与巴西、印度都属此类。第四类为无足轻重者,共有9个国家,技术成就指数低于0.2,均为贫困程度较深的发展中国家。

技术成就指数四项指标的得分高低在很大程度上依赖于特定经济中的

教育发展水平，尤其是高等教育发展水平及其研究能力。该报告同时发现，在技术成就指数四项指标中，人类技能的培养一项对教育的依赖程度更高。《人类发展报告》中采用两个指标来反映创造和吸收革新所需的技能：接受学校教育的平均受教育年限(15 岁及以上人口)和高等院校学生进入自然科学、数学和工程类学科的总入学率(理科大学毛入学率)。然而，联合国开发计划署也非常遗憾地指出："虽然最好是能够包括职业培训指标，但现在无法得到这些数据。"

该报告还特别分析了高等教育毛入学率对科技成就水平的重要作用。例如，报告对 1995 年的数据分析得出：高等教育入学率已达到普及的所有国家，都成为"技术领先者"；而高等教育仅达到大众化阶段的国家，没有一个国家是"技术领先者"，除了马来西亚被列为"潜在的技术领先者"外，大部分国家则处于"技术的积极采纳者"和"技术落后者"，尤其是被列为"技术落后者"的所有国家，高等教育的毛入学率都低于 15%；那些高等教育发展处于普及化阶段的国家或地区，则大部分是科技革命中的"潜在的技术领先者"；还有一些国家，像新加坡和日本，它们的高等教育毛入学率在 1995 年以前还处于 15% ~50% 之间，但它们被联合国开发计划署(2001 年)划分为"技术领先者"，这与这些国家的资源情况和产业发展模式有关。数据还显示，没有任何一个高等教育毛入学率处于 15% ~50% 的国家，其科技成就指数处于低级水平。按照技术成就指数来划分我国的发展水平，我国被列在第三档——"潜在的技术领先者"。

通过对上述两个竞争力指数评价结果的分析，可以发现，按照不同的指标体系来衡量我国的发展水平排名变化非常大。按照国民生产总值来算，2007 年我国已经达到世界第三位；按照国际竞争力来看，我国在国际上的排名在 20 位左右；按照社会进步指数来衡量，我国在国际上的排名约在 70 位；按照人类发展指数来衡量，我国在国际上的排名就会落到 100 位左右。

为什么同一个国家，排名的位置会有如此大的差异？详细对比各种指标体系就会发现，目前世界上的各种评价指数中，增加的教育指标越多，教育指标划分越细，我国的排名就越靠后。也就是说，教育指标，尤其是高等教育的指标，已经拖了我国发展的后腿，联合国公布的"技术成就指数(TAI)"就充分证明了这一点。由此不难得出结论：如果单纯用国民生产总值——即物力发展水平来评价，我国居于世界前列；如果用人类发展指数来评价，我国还处在落后水平。从这个意义上说，我国迫切需要发展教育，尤其是高等教育，需要建设高等教育强国；我国经济的可持续发展，需要高等教育和高素质人才的支撑。

从以上分析可以看出，每一个国家都有优先发展高等教育的特殊理由，我国建设高等教育强国也有独特的战略意义。我国已经拥有世界上最大规模的高等教育，可谓人力资源大国和高等教育大国，但还不是人力资源强国和高等教育强国。党的十七大报告把科技和教育摆在经济社会发展的首要位置，鲜明地提出了两大战略目标：一是优先发展教育，建设人力资源强国；二是提高自主创新能力，建设创新型国家。从内在的逻辑关系看，这两大战略目标是密切联系的，共同揭示了我国建设高等教育强国的特殊意义和目的所在——即建设创新型国家。具体而言，建设高等教育强国是加快我国现代化建设和走中国特色新型工业化道路的必然要求，是落实我国人才强国战略和增强综合国力与国际竞争力的必然要求，是建设社会主义先进文化和促进文化繁荣昌盛的必然要求，是增强自主创新能力和建设创新型国家的必然要求，是我国高等教育自身发展的必然要求。因此，我们应站在新的历史起点，努力建设高等教育强国，为建设人力资源强国和创新型国家作出新的贡献。

三、我们应加快完善中国特色现代大学制度

我国2011年颁布的《国家中长期教育改革和发展规划纲要》提出，完善中国特色现代大学制度，落实学校办学自主权，完善大学治理结构，加强大学章程建设，扩大大学与社会的合作，建立规范的外部监督机制。其政策导向符合时代要求，符合我国高等教育改革发展的实际，反映了政府、社会和大学已经就大学治理模式需要现代化转型，以及转型发展的基本方向和路径形成的高度一致的看法。相信通过各方面的共同努力，能够在未来10年确立中国特色现代大学制度的基本格局，在高等教育强国建设中迈出决定性的步伐。

现代大学制度需要适合国情，没有普适模式，没有现成模式。新中国成立60多年，特别是改革开放30多年来，与经济社会发展同步，我国高等教育取得了历史性的巨大成就，包括成功构建了完整的高层次专门人才培养体系，推进了精英教育向大众教育的转变，培养了一大批合格的社会主义事业建设者和接班人，支撑起国家的现代化进程。新的历史时期，在实现现代化发展目标，提高全民族的精神风貌和道德水平，培养具有创新精神的专门人

才等方面,高等教育担负着不可推卸的重要责任。而建立现代大学制度,是新阶段高等教育健康发展的重要基础。

现代大学制度是适应现代社会发展要求,反映大学与政府和社会关系的治理模式、制度规范和行为准则。不同的社会制度和不同的历史文化背景,对不同国家的现代大学制度有着深刻的影响。

新中国建立初期,在我国特定的历史背景和单一的公有体制下,大学处于政府附属机关的地位有一定的必然性;改革开放后,社会主义市场经济体制逐步建立,我国积极融入国际社会,改变了原有的各种关系和利益格局,大学治理模式现代化成为新阶段发展的必然要求。

从国际情况看,欧洲大陆国家主要实行的是政府集中管理的大学治理模式,大学自治受到较多约束;美洲国家主要实行的是政府分权管理的大学治理模式,大学自治受到的约束相对较少;英国和原英联邦国家,主要实行的是政府借助大量中间机构实行分散管理的大学治理模式,大学自治受到的约束往往以间接的方式体现。换言之,没有一个完全相同的、适合各国的现成模式,我们的任务是要探讨适合我国国情的现代大学制度。

现代大学制度需要中国特色,促进大学自治,促进学术自由。全面评价大学教师,除了衡量论文数量与质量,学术态度也很重要。学术态度不是指大学教师的工作态度,而是指他对学术的追求和兴趣,以及他对培养学术接班人的认识等。学术态度具体表现在三个方面:第一,大学教师在教学上要有责任心,备课要精心,讲课要以自己的学识、认真与热情掌控课堂;第二,大学教师要有自己的研究,发现、兴奋、失败和痛苦与自己的学生分享,让学生在评判自己教师的过程中得到成长;第三,大学教师必须严格遵守学术诚信,这是学术职业者必须遵守的底线。失去诚信,就无法以学术为生,以学术为业。这需要我们建立起学术职业的行风和行规。

尽管各国现代大学制度的表现形式不同,我们仍然可以归纳出若干共同的规律性特征,如政府不直接管理大学,发展相应的中间机构体系,实行大学自治和学术自由,大学自主履行教学、科研和社会服务的功能,社会利益相关者参与大学决策和主要治理环节,形成完整的内部制衡和外部监督制度,建立教师和学生的利益保障机制等。

但是,无论在哪个国家,大学都不享有完全不受约束的自由,政府总是力图保有对大学的最终控制权。政府制约大学的手段各不相同,通常包括经费导向手段,以带有目的的拨款约束大学;质量评价手段,以规范的质量评价办法约束大学;规划限制手段,以签订发展合同的方式约束大学;社会参与手段,以利益相关者身份约束大学等。更加严厉的制约手段还包括:控制大学校长任命权,控制大学理事会(校董会)批准权,控制大学教授评审权,控制大学学科设置权等。

在国际承诺方面,我国政府对联合国教科文组织 1997 年 11 月发布的《关于高等教育教学人员地位的建议》,就大学自治和学术自由问题形成的最广泛国际共识投了赞成票。《关于高等教育教学人员地位的建议》指出,只有在学术自由和高等教育机构自治的气氛中才能充分享受教育、教学和研究的权利,而且公开交流研究成果、设想及意见是高等教育的根本任务之一,能有力地保证学术工作及研究的准确性与客观性。

在国内立法方面,我国在 1998 年颁布的《高等教育法》明确指出,高等学校自批准设立之日起取得法人资格,国家依法保障高等学校科学研究、文学艺术创作和其他文化活动的自由,同时规定这些活动应当遵守法律。《高等教育法》还明确了大学拥有的 7 项办学自主权,除大学领导任命权外,基本覆盖了自主办学的各个方面,与一些发达国家相比并不逊色。

现代大学制度需要逐步完善,消除转型阵痛,实现治理变革。现代大学制度的建立和完善不是一朝一夕的事。当下为人诟病的大学行政化倾向、学术地位下降和学术自律倒退、学校发展趋同化倾向、权力制衡缺失和有效监督手段缺乏等,均是向现代大学制度转型所带来的阵痛,愈益证明了我国大学治理模式需要现代化变革。

回顾历史、展望未来,我国大学治理模式正在发生着一系列根本性的变化,包括以下几项内容:

(1) 办学自主权受到法律规范。法律制度是政府、社会、学校行为的基本准则,是大学发展的理性基础。《高等教育法》规定的大学办学自主权,包括自主制定招生方案及调节系科招生比例,自主设置和调整学科、专业,自主开展教学、科研、开发和社会服务,自主开展与境外交流和合作,自主确定内部组织机构设置和人员配备,自主管理和使用学校财产等。

(2) 中间治理机构得以建设。政府职能转移后,承担具体管理事务和政策研究的咨询机构,同一类型学校的行业协调和自律机构,以及相关监督评价机构虽已基本成型,但是尚缺乏系统规划、统筹协调,尚未形成高等教育治理的合力。

(3) 校务委员会和学术委员会普遍设立。大学实行"党委领导、行政负责、教授治学、民主管理”的治理原则，校务委员会一般是学校咨询和审议机构，围绕学校改革与发展的重大事项和重要决策开展咨询和审议。学术委员会是大学最高学术权力机构，主要职责是审议、指导、组织、评价学校和学术人员的教学科研活动。从已有的实践看，多数大学学术委员会和教授的作用发挥得并不充分，存在多个学术管理机构分散学术委员会权力的现象，更有行政管理权力过大的情况。当然，在实践中也不乏学术委员会和教授作用发挥得比较好的案例，一些大学事实上已经形成了教授委员会决定重大事务的良好机制。

（4）大学理事会和校董会职能逐步扩大。中国特色校董会或理事会的建立和发展，将打破传统的行政管理观念和封闭的办学体制，推动大学主动适应经济社会发展的需要，打破学校内部自我决策的传统方式，形成利益相关者共同讨论和决定社会公共事业发展的良好治理模式。

我国已有200多所大学相继建立了校董会或相应组织，主要有三种类型：合作型，即大学与董事单位合作，寻求更多的社会支持，包括办学资金的支持；审议型，即校董会或理事会对大学的办学方向、发展规划、学科建设、科学研究、科技开发、产业发展等展开咨询、审议、监督、指导；决策型，即民办大学和少数公办大学的校董会或理事会在校长任命和学校重大发展决策上具有决定性作用。

（5）教职工代表大会和教师参与民主管理。《工会法》《教育法》《教师法》《高等教育法》等一系列法律，均对大学教职工参与民主管理作出明确规定。从实际情况看，教职工参与民主管理的意识逐步提升，有关重大决策和学校年度报告提请教职工代表大会审议已逐步成为法定程序。同时，教职工和学生的维权意识显著增强，学校内部调解机制逐步形成，法律手段成为解决争端机制的可靠保证。

四、我国高校与世界一流大学的差距明显缩小

“九五”、“十五”期间教育领域唯一的国家重点建设工程——“211工程”实施以来取得了显著成效，为我国建设若干所世界一流大学和一批世界一流学科发挥了重要作用。经过10多年建设，“211工程”大学在人才培养、科学研究、社会服务能力等方面有了很大提高。其中，研究生培养能力提高了5倍，科研经费增长了7倍，SCI论文发表数增长了近7倍，具有博士学位的教师增加了近5倍，仪器设备总值增长了4倍，一批高水平大学与世界一

流大学的差距明显缩小。

1995年,全国高校被SCI收录的论文数总和,还不及美国哈佛大学和麻省理工学院两所学校同期被SCI收录的论文数。而2011年,我国早期设置研究生院的28所“211工程”大学,与国际公认的美国最好的61所大学(美国高校联盟AAU)的SCI论文发表和被引用次数平均值之比,从1995年的1:15.1和1:51.7,缩小到2005年的1:3.6和1:6.2。清华大学在上述两个重要指标上,已经与美国麻省理工学院十分接近。按国际可比指标SCI论文发表数统计,我国高校有40多个学科已接近国际先进水平。

10多年来,“211工程”大学共计完成投资368.26亿元,其中中央专项资金78.42亿元,主管部门配套资金60.49亿元,地方政府配套资金85亿元,学校自筹144.35亿元。在资金的使用安排上,用于重点学科建设的经费为165.41亿元、公共服务体系建设71.05亿元、师资队伍建设24.09亿元、基础设施建设107.71亿元。“九五”期间,“211工程”在99所高校中实施建设,主要安排了602个重点学科和两个全国高等教育公共服务体系建设项目。“十五”期间,“211工程”在107所大学中实施建设,主要安排了821个重点学科和3个全国高等教育公共服务体系建设项目,并加强了师资队伍建设。在科学研究方面,“211工程”大学承担了全国一半的国家自然科学基金项目和“973”项目、三分之一 的“863”项目。10年来,“211工程”大学产出了一大批具有重大影响的科研成果,获得国家自然科学奖、技术发明奖和科技进步奖一、二等奖的数量占全国的三分之一。

“211工程”的建设思路和成功经验已引起了国际高等教育界的普遍关注,越来越多的发达国家高校和研究机构纷纷与“211工程”大学建立联合科研机构,加强学术和技术合作,提升了合作、交流的深度和层次,一些国家纷纷推出了与“211工程”类似的建设高水平大学的专项计划。根据国家统计局最新数据显示,2010年,我国各种形式的高等教育在学总规模达到3 105万人,高等教育毛入学率达26.5%,比2005年增加35%。

2012年,教育部将投入8亿元提升本科教学质量与支持教学改革工程,进一步深化本科教育教学改革,提高本科教育教学质量,大力提升人才培养水平。实施专业综合改革试点项目、大学生创新创业训练计划项目以及校外实践教育基地项目等,以支持高校开展综合改革、创业训练以及校外实践。

从2007年至今,“质量工程”在全国120所高校实施国家大学生创新性实验计划，资助1.5万名学生自主立项，开展创新性试验，每个项目资助1万元。

“质量工程”大力推动高质量课程、教材建设，包括1万种高质量教材、3 000门国家级精品课程和3 000个特色专业点。资助3 000名教师和管理干部开展对口支援交流；遴选1 000个国家级教学团队；建设500个实验教学示范中心、500个人才培养模式创新实验区和500门国家级双语教学示范课程。

目前，共有194所高校参与“卓越工程师教育培养计划”，覆盖29个省（区、市），制定了1 240个本科、硕士和博士培养方案。参与高校还联合各行业的领先企业或大型企业，共建了970多个校级工程教育实践中心。

“十一五”期间，高校全面参与了国家16个重大专项的研究任务，承担了50%以上的“973计划”和重大科学研究计划项目，承担国家自然科学基金面上项目年均保持在80%以上；获得国家自然科学奖、技术发明奖、科技进步奖的数量占总数的65%；发表的SCI论文占全国总数的85%。

五、我们要研究如何培养杰出人才

著名科学家钱学森先生的“为什么我们的学校总是培养不出杰出人才”的中国教育之问，是钱老留给中华民族教育事业的宝贵创新财富。“钱学森之问”是教育发展的最高目标与中国教育具体实际相结合的自然产物。不同国家杰出人才的培养虽然都是教育发展的共同极限问题，但由于不同国家的社会结构与文化背景的差异必然会呈现出解决这一最高教育问题的不同途径。杰出人才的培养与两弹一星的研制既有区别又有相似之处。前者是教育科学与社会科学的交织问题，后者却是纯粹的科学问题。因而前者的问题需要科学方法与社会特色相结合，而后者的问题在哪个国家都是一样的科学模式。“钱学森之问”的解决途径有别于发达国家培养杰出人才的一般途径是符合中国国情的。借鉴发达国家的部分成熟经验、自我教育创新和结合中国教育特色的三位一体模式才是解决“钱学森之问”的必由之路。

发达国家培养杰出人才的途径是从小学教育自然化、中学教育鲜活化、大学教育创新化、人才成长生态化、评价机制科学化等方面开始的。我们只能借鉴适合于中国特色的发达国家的部分成功教育经验。例如，教授治学与教授治校的关系就是一个值得科学衡量的关键性教改问题。发达国家的高等教育主要就是教授治校模式。我们目前的高等教育模式只限于教授治学。教授治校的模式显然还不宜于我国目前的教育大环境，但我们现行的教授治学趋势又在某种程度上过于缺乏教育力。所以，在教授治学与教授治校之间，选择一个模糊数学意义下的平均模式似乎是一个科学的高教改革探索方案。个别大学的具有决策人事和财务事宜功能的校级教授委员会制度是这方面的一个初步探索。很多高校现行的教授委员会制度是现代大学制度改革方面的有益尝试，但还有很长的路要走。因为目前的教授委员会制度基本上还处于外观形成阶段，本质性的教育科学功效还需要花费大力气来探索与打造。

大学校长制度的教育科学化也是需要真正思考的一个重要方面，更是与解决"钱学森之问"有本质的联系。众所周知，取得新中国教育 60 年整体成就的主要原因就是因为在高等学校坚持了党委领导下的正确办学制度。另一方面，在教育发展的过程中出现的一些负面问题主要还是由于一些校长个人的素质与责任感欠缺所致，甚至还出现了一些大学校长把大学当成了自己的大学，自己想如何办学就如何办学的荒唐现象。大学校长的确需要办学权力，但必须是在科学办学轨道上的驾驭权力。如果大学校长制度能使大学校长按照科学办学时其权力就能有效呈现，而一旦按照自己随心所欲办学时其权力就无能为力的话，这就是一个科学的大学校长制度。所以，在党委领导的前提下，大学校长制度若能完成教育科学化的改革，那么就会为解决"钱学森之问"打下一个重要的基础。完善的教授委员会制度与科学的大学校长制度的有机结合也许是现代大学制度正确发展的主要前进动力。

有效利用现有高等教育资源的"教育兵力布阵"问题也是解决"钱学森之问"不可或缺的一个基本问题。国家教育部门的教育敬业精神、教育重视程度和教育实施功绩是有目共睹的事实。在此基础上，一幅有效的"教育兵力运用图"会对杰出人才的培养起到积极作用。良好的教育政策在贯彻落实时经常会出现"落实误差"的教育管理现象。我们必须尽量减少"落实误差"，减少"落实误差"的一个基本方法就是先绘制出高等教育整体层面上的"教育兵力运用图"并直接落到实处。按照教育的最大可能成才原则、无标签原则和公平原则，培养杰出人才是与先贴人才标签和缩小人才候选范围的做法相矛盾的。培养杰出人才需要先有整体的先进教育模式，然后所有高等学校全局应用。如果事先只认定几所大学可以培养杰出人才，进而让这些大学自己试验培养人才的方式的话，那就会变成心意虽好但效果定差的教育无为了。

解决“钱学森之问”也需要考虑教育家培养和先进师范大学建设这样的问题。教育家的内涵首先需要定义。教育家与杰出人才的教育科学联系是伯乐与千里马的一种现代教育升华关系。没有先进的师范大学为教育发展研究制定成熟的科学教育模式，教育的问题就会总是澄不清和理不顺，更不可能深层次地理解教育家与杰出人才的形成机理。先进师范大学的建设应该是目前师范教育最迫切的工作。先进师范大学的基本特征之一就是所有的教师在专业研究与教育研究中两手同时过硬。尽管我们已经拥有一些很好的师范大学，但目前中国教育改革步入深水区而使得很多教育问题没有现成答案的基本原因之一，就是目前我们还没有一所先进的师范大学。

30 多年前，我国高等教育毛入学率仅是 1%，2011 年则是 24%。在规模迅速扩大的同时，给高等教育的质量带来挑战。著名科学家钱学森提出“为什么我们的大学培养不出杰出人才”，这个问题代表了社会对当代中国大学的期待。

实际上，如何提高高等教育质量，不仅是中国大学面临的问题，也是全球大学共同的挑战。从 20 世纪 60 年代的美国开始，全球所有的国家都大幅度提高了高等教育入学率，随之而来的就是提高质量问题。2009 年，世界高等教育大会在联合国教科文组织总部巴黎召开，来自联合国教科文组织会员国的教育部长、国际组织代表以及大学和科研机构的学者都认为，扩大入学给高等教育质量带来了挑战，质量保障是当前高等教育最关键的问题，提高大学教育质量，不仅要求建立质量保障体系和评价模式，而且要求促进大学内部质量和文化的发展。

新中国成立后，中国摒弃了原有的高等教育传统，照搬了苏联专业教育的高等教育模式，并延续至今。由于学科的专业化和分化，不同学科之间缺乏沟通，各个学科所从事的研究、所开设的课程，甚至同一学科的不同分支所从事的研究、所开的课程与其他学科或者其他分支之间似乎没有关系，因此学生学到的无非是一些支离破碎的知识。人类作为整体所建立的知识体系反而成为把人们从知识上，甚至在观念和行为上隔离开来的栅栏。这种专业教育模式和教育内容为学生提供某一学科的专业训练，使学生在毕业之后能够从事相应的专业研究，或者谋得相应的职业，成为社会生产大机器中的一个零件。这种专业化的教育客观上相当于西方教育中的职业教育。

即使到现在,我国大学教育的主要导向仍然是专业和就业。这可能也是我国高等教育整体上处于西方国家职业教育的层次,没有高水平大学教育的原因所在。

与我国的专业教育模式不同,通识教育是美国大学本科教育自 19 世纪后期以来的又一重要传统,美国几乎所有的大学都有详尽的通识教育计划。以哈佛大学为例,1978 年,哈佛大学发动了“学术界平静的革命”,文理学院的教授以 182 票对 65 票通过决议,用“基础课程”代替原先的“普通课程”。所谓基础课程,就是“综合传统独立学科中的基本内容,以向所有学生提供共同知识背景为目的的一种课程设置”。基础课程由六大类十个领域组成,分别是“文学和艺术”(其中分 ABC 三个领域),“科学”(其中分 AB 两个领域),“历史”(其中分 AB 两个领域),“社会分析”,“外国文化”和“道德理性”。所有的文理科学生都必须从这十个领域中选修八个领域的课程,并在大学前两年内修完(主要是前三学期)。

为了确保通识教育能够达到预期的目标,担任通识教育课程教学任务的教师必须是教授或高级讲师,教学效果经评估必须达到优良。通识教育课程涉及自然科学、社会科学、历史、文化等多个方面,通过高水平教师的讲授,使学生在进入大学专业课程学习之前,就可以对人类文明在各个领域的成果有一个概括性的认识和体验。所以,他们专业课程的学习是建立在人类文明成果这个坚实的大平台之上的,这为他们继续学习某一专业的课程奠定了多学科的、良好的基础,也为其以后的工作或研究提供了一个非常有价值的平台。

通识教育使高等教育站在人类文明进步的“巨人”肩膀上,直接聆听知名教授对某些领域的深刻体会与理解,站到文明与发展的前沿,他们每迈出一步可能就是创新。

而我们的高等教育,担任公共课程教学的教师往往是在学校里不受重视和水平也值得怀疑的一些人。把整个公共课教育置于可有可无的地位,而专业课则一统天下。这就不用奇怪了,我国高等教育培养出来的人,缺乏大的科学与文化知识背景,狭窄的专业教育把他们塑造成了没有思想的“机器”。中国的高等教育应真正尊重教育的基本规律,应能真正站到“巨人”的肩膀上。

1995 年以来,世界银行组织有关专家开始重新定义和衡量世界及各国的财富,提出了绿色国民经济核算体系来衡量国民财富。在绿色国民经济体系中,国家财富包括生产性资源、自然资本和人力资源。发达国家与发展中国家在绿色国民经济构成方面,最显著的差别是,发展中国家人力资源所占的比例远远小于发达国家。

发展的决定因素是人,人力资源是社会发展的最重要的资源,而教育是培育和发展人力资源的主要途径。我们说教育决定社会的成败一点也不为过。美国卡内基小组的研究表明,美国的经济实力有 50% 是从它的教育制度获得的。拥有世界一流的高等教育,美国才能拥有大量的自主知识产权、影响深远的杰出学者和强大的知识经济,才能成为科技强国。教育的差别对中美两国各自发展的影响都是十分巨大的。我国要想实现由人口大国向人力资源大国的转变,必须充分发挥教育的重要作用。只有教育才能为未来社会提供良好的发展平台、强大的人力资源后盾和知识资本创新的基础。

六、我们应改进评估工作

教育评估能引导教育的发展,改进教师、学生、学校的行为。对学生和教师进行全面科学的评估是教育管理成败的决定性环节。从小学到中学到大学,教育是一个完整的系统,都要以人为本,协调发展。教育的根本目的是培养人才,因此我们应该更加注重品德和人格的教育和养成,而品格教育更加要求注重细节。美国学校注重对学生各方面素质的全面评估,注重学生的特长,对我们改变过于依赖考试分数的评估制度很有启发。而在美国高校,教师的评估则是把专家、校长和学生的评估有机结合起来。学生评价教师有一套表格。表格的发放、收取和统计都有严格的规定,同时学生的作业和笔记都作为评价教师的重要参考内容,相对于我们目前大多数高校的教学评估,他们的评价更加注重实效。

优秀的大学意味着优秀的工作。在一定意义上说,各国的高考都是最大规模的人才选拔。因此,高校的人才选拔标准和培养目标对社会的全面协调可持续发展有全局性的意义。对中国教育界来说,如何对道德、品格、能力、素质等不易考察的方面进行准确、有效的评估,既依赖于教育制度的改革和完善,更依赖于整个社会的诚信和道德建设,仰赖科学发展观在整个中国教育过程中具体有效的贯彻落实。

第十一章

教育经费制度

第一节 教育经费制度概述

教育是公益性的社会事业，办教育需要国家、地方政府的经费投入。当今世界，让青少年接受公平的义务教育已成为教育发展的主流，许多国家都把义务教育视为国家统筹的事务。例如美国，州政府采取的水平补助、基本补助，使得不论学区的贫穷和富裕，都可以得到大致相同的生均教育费，目前州级政府承担的教育经费已经超过学区承担的比例。近些年，美国政府还采取了一系列措施，将义务教育的权限上移，呈现出一种中央化的趋势。法国中央财政把义务教育教师工资直接划拨到教师的个人账户上，从而承担了70%以上的义务教育经费。德国州一级政府承担了75%份额的义务教育经费，并且也是以承担教师工资的方式予以实现的。日本中央财政负担了全部义务教育半数以上的经费，包括教师工资、学生补助和奖励、学校基本建设经费、设备设施图书经费等，此外还承担了全部的教科书经费。

教育的发展离不开资金，而制度完备、运行良好的财务系统更是快速良性发展的保障。不少国家在高等教育大众化的过程中，也在不断探索如何解决高校规模扩大与经费紧张的矛盾，它们积累的经验和面临的困境或许能从不同的侧面给我们带来启发。

一、美国高校经费的来源

美国高校的经费来源包括政府资助、学费收入、学校创收、社会捐赠等。对于公立大学和私立大学来说，各种经费渠道所占比重不同，但不管哪类学校，借债都是其重要的资金来源，且债务几乎与上述各个渠道都有密切的联系。

（一）美国的大学不仅贷款还发行债券

1. 美国高校的债务来源主要有两个，贷款债务和债券债务

美国高校贷款始于20世纪30年代。罗斯福担任美国总统期间，出于振兴国家经济的总体目标，首次允许高校向联邦政府公共工程管理局贷款进行校园建设。到20世纪70年代，美国高校贷款活动逐步趋向完善。这一时期，美国高校贷款源于振兴经济的整体需求和高等教育规模的迅速扩张。贷款的主体是美国联邦政府而不是商业银行或地方政府。贷款期限及利率极为优厚，一般长达50年，平均年利率仅为3%，远远低于各个时期的商业贷款利率。

20世纪70年代末以后，随着高校贷款规模的不断扩大以及美国经济建设重心的转移，联邦政府对于整个高等教育基本建设的资助力度不断减弱，高校贷款热潮衰退。这一阶段贷款的主体逐步由联邦政府转移到商业性贷款机构或地方政府。贷款方式由政府提供直接贷款转为由高校向商业银行贷款，政府为其提供担保或保险，一旦高校不能如期偿还贷款，由政府负责向商业银行偿还贷款本金和利息，或由投保的保险公司负责赔付。在担保或保险贷款中，政府根据各项目的实际情况提供一定比例的利息补贴，贷款利率由过去政府规定的低利率转为市场利率。

除贷款外，20世纪90年代初，在美国政府的鼓励下，美国各大高校纷纷开始通过发行债券来进行融资。发行债券的主要目的之一就是为了偿还已有的债务。由于高校发行的债券风险相对较小，社会效益大，较容易为民众所接受，因此发行债券的数量和规模迅速扩大，目前债券债务已经逐步成为高校债务的主要组成部分。

美国高校发行的债券有两种形式，普通债券和免税债券。债券偿还期分中长期和长期两种。中长期债券的还贷期一般为25～30年，利息为5%～6%。而长期债券的还贷期要长得多，利率也要稍高一些。例如，耶鲁大学于1996年发行的"跨世纪债券"，其还贷期就长达100年。债券在发行过程、计算方式以及管理等诸多方面均比银行贷款要复杂得多，但由于其具有筹资规模大、筹资成本低、资金使用方便、债务面大且分散等优点，使这种债务融资方式受到越来越多高校的青睐。

2. 美国政府多项措施防风险

无论是对于高校的贷款债务还是债券债务，美国均有相应的较为成熟

的管理和风险防范措施。

高校贷款有法可依。早在1965年,美国《高等教育法》就对高校贷款的条件、年限、利率、贷款在各州之间的分配、贷款配套资金、贷款豁免以及接受补助和申请贷款的实施类型等方面作出了比较详尽的规定和限制。其后的几十年间,这部法律总能够根据经济形势与高等教育发展的实际情况,及时对高校贷款的有关问题作出修正和补充,使高校贷款工作始终有法可依。

美国法律规定,高校贷款只可用于图书馆、教室、实验室,用于教学、研究和科研教学管理的相关建筑和设备,以及这些建筑和设备的建设、日常使用、维护等。除此之外,为学生和教职员工提供医疗服务的学校医院、医务室及其他相关医疗设施设备的建设、日常使用、维护和保持所需资金也可申请贷款。公立大学和私立非营利性大学都可以申请贷款。但是,申请的贷款金额最多不能超过建设项目所需资金总额的80%。这就意味着,申请贷款的高校至少要有20%以上的自有建设资金才可以申请贷款。同一所高校再一次申请贷款的时间距离上一次必须相隔5年以上。这些措施均有效地限制了高校的非理性扩张。

(1) 提前还贷可享优惠。自20世纪80年代中期开始,为了尽快缓解财政压力,美国政府采用了多种措施鼓励高校提前还贷。其中最为有效的就是提前还贷折扣优惠。里根任美国总统期间,就向高校提供了高达45%的还贷折扣,即高校只要在规定的时限以前还贷,就可以只偿还原先贷款的45%。正是这一举措,使美国高校的还贷拖欠率迅速下降到3.5%。

(2) 借助市场规范力量。随着高校贷款的提供方式由政府提供直接贷款向政府提供担保或保险贷款的转变,政府对于高校贷款债务的管理除上述措施外,一个明显的变化就是更多地借助市场以及中介机构的作用。政府首先委托或授权相应的担保机构为高校向商业银行贷款做担保,这个机构可以是政府的下属,也可以是政府参股或赞助的机构,可以是营利性机构,也可以是非营利性机构。一旦高校不能全部或部分偿还贷款,银行就会将相应的债务转给这个担保机构并得到赔偿。担保机构接下来负责向高校催缴债务,如果可以在规定的时期内促使高校偿还贷款,则担保机构可以从中获得一定比例作为奖励。

对于高校发行债券的监管,主要借助市场手段加以规范。美国的高校非常重视自身的信用建设,会定期主动向权威的、专业的信用等级评价机构申请评级,如果评出的等级较好,其债券的发行就会很顺畅,如果等级不高或下降,则会在很大程度上影响其债券的发行,使社会对其偿债能力产生怀疑。

(3) 政府为高校作担保。美国高校的层次差别很大。对于那些众所周知的、财力雄厚并易获得大量捐款的高校来说,顺利发行债券不成问题。但是,对于那些债券评级较低且财政状况不佳的高校来说,通过发行债券筹集发展所急需的资金就会面临障碍。政府会为一些社会影响力不够大、债券评级较低或者学校财政状况不佳,但又急需通过债券发行进行融资的高校提供担保或保险,以降低投资者的投资风险,吸引投资者购买债券。

对于实在无力偿还贷款的高校,必须向联邦教育部提供一份详细证明材料和申请,以证明其需要偿还贷款的数额已占到其年度预算的25%以上,严重威胁学校的生存,经相关专家评估后认为情况属实,则由教育部部长批准,可免除该高校全部或部分贷款余额。对于商业性贷款,如果担保机构向高校催缴债务失败,也由政府承担全部债务。在这里,政府除了继续通过立法来对高校贷款债务进行宏观管理外,还承担着最后债务人的角色。

(二) 美国高校既开源节流又十分注重信誉

除了政府和市场中介机构从外部对高校债务问题进行有效的干预与控制外,美国各高校也非常注意在内部加强管理和防范。

完善高校财务管理体系,设计相应的评估指标,严格控制债务风险。一所高校的财务状况在很大程度上决定着该校的综合实力以及在激烈的市场竞争中的优劣地位。因此,美国高校非常重视学校的财务管理工作,而构建一个以自我评价为中心的高校财务评价指标体系则是学校财务管理工作的一项重要内容。鉴于债务问题的重要性,在美国高校的财务评价指标体系中,专门有一类是关于学校信贷价值的评价指标,以便学校能够有效地自我控制债务风险。

1. 美国高校信贷价值评价指标

美国高校信贷评价指标中有下列重要内容,这些评价指标也值得我们研究借鉴。

一是资产负债率,即学校债务总额与学校资产总额之比。美国高校对这一比例的要求严格控制在10%以下。

二是可用资金余额与固定资产债务之比。这个指标说明,决定一所学校财务实力的最基本因素是要有足够的资金,以便有能力偿还到期的债务。这一指标的比例为1∶1或更大时,便说明学校有足够的流动资金来满足负债的需要。如果该比例低于1:1,则说明学校无足够的流动资金来支付债务,学校将面临财务上的困难。

三是固定资产净投资与固定资产债务之比。这一指标主要用来测量学校流动资金的潜在来源。当上一项指标比例低于1:1时,这一指标便显得更为重要。

四是可用资金余额与总支出和强制性转让资金之比。该指标是测量学校财政实力与学校规模适应性的重要手段。总的说来,可用资金余额的增长至少要与学校规模的增长相适应,否则,学校财务状况将会恶化。如果比值为负值,则表明财务出现了赤字,这是学校财务出现严重问题的标志。

五是可用资金与总负债之比。高校可用资金必须至少是其总负债的两倍以上,因此这一指标的最低比例应为2:1。

六是债务还本付息额与非限制性流动资金收入之比。这一指标的比值越高,说明学校需要用于偿还债务的资金越多,学校的债务压力就越大。

美国是由专业人士结合学校内外部情况来制订具有可操作性的债务战略发展计划,及时根据政府政策或市场变化调整学校债务。除了设计相应的财务评估指标以控制债务风险外,美国高校还成立了由具有专门资质的人员组成的机构或聘请权威的社会中介机构为学校制订债务能力分析报告和债务战略发展计划。例如,业内权威穆迪投资服务公司在2003年分析科罗拉多大学波尔得分校的债务情况得出的结论是,截至6月30日,波尔得分校有待偿还的长期债务总计2.14亿美元,当前债务的总资金到2013年将下降到1.31亿美元,如果没有新的债务增加,学校的偿债能力比率到2004年为4.1%,到2013年将下降到2.0%。2005年学校可新增2.07亿美元的债务,保持低于7%的偿债能力比率。如果没有新的借贷计划,到2013年,债务将增加到4.11亿美元。

2. 美国高校根据资本市场的变化调整债务

美国高校还善于及时根据资本市场的变化调整其债券债务发行方案。以往美国高校为了吸引更多的买者,往往发行可调整利率债券。但在2007年至2008年,美国可调整利率债券市场中的债券利率大幅增加。伴随着支付利息的飙升,许多公立和私立大学所支付的债券利息超出他们预算的两三倍,这无疑大大增加了高校的债务负担,因此波士顿大学、斯坦福大学和锡拉丘兹大学率先调整其数亿美元的债务,将可变利率转换为固定利率,并将利率固定在3%~4%之间,其他许多大学也纷纷效仿。

3. 积极拓展筹资渠道,开展学校经营,以缓解学校债务压力

美国高校的善于经营闻名于世,各高校通过积极开展各种经营活动,拓宽资金来源渠道,缓解了高校的债务压力。其中最为人们熟悉的手段有三个。第一,社会捐赠。社会捐赠历来是美国高校重要的收入来源,此项收入一般占到高校总经费的5% ~10%。哈佛大学在20世纪90年代初学校财务出现困难时,发起了大规模的社会筹款运动,5年间共向17.4万个机构和个人筹款26亿美元,平均每笔捐款13 000美元。第二,社会服务收入。美国高校积极利用自身在学术、科研、医疗等方面的优势开展各种社会服务并销售相关产品。此项收入一般占到高校总经费的5% ~8%。第三,基金运作及相关投资收入。近年来,美国一些名校成功地进行着基金运作,使其成为高校新的收入增长点。例如,斯坦福大学在2003年的基金规模就达到了100亿美元,投资收入在其总收入中占到20%。在2006—2007财政年度,哈佛大学更创下了捐赠基金增长23%、市值达410亿美元的最高纪录。

二、日本的教育经费投入情况

日本在第二次世界大战之后,对教育政策作出重大调整。在教育体制政策上,调整了教育结构,大力发展职业技术教育,建立了高等专门学校(相当于中国的中专)和短期大学,为日本的经济发展培养了大批中等和高等技术人才。

在教育经费政策上,日本在经费十分困难的情况下,不断加大对教育的投入,从而保证了有比较充足的经费去发展教育。在教师政策上,非常重视教师队伍的建设。在对教师要求方面,强调教师应该掌握较深的专业知识,具备较强的教育能力,要进一步落实教师资格证书制度;在教师待遇方面,日本特别重视提高教师的工资,教师的工资比一般公务员的工资要高。在教育质量政策上,日本站在21世纪全球化发展的高度,提出培训具有国际视野的新型人才,在课程标准和结构上不断进行调整,以适应培养这种新型人才的需要。

最新材料表明,现在,日本的公立校经费主要是国家、地方和地方债、捐资三大部分。而义务教育阶段,国家、都道府县和市町村三级拨款占95%以上,国家补助不少于25%;到高中非义务教育阶段则都道府县和市町村拨款占93.1%,而国家补助仅占0.9%;说明国家补助的重点在义务教育阶段。由于日本国家经济实力雄厚,学校经费较充裕,因此学校校长用不着为经费

不足而大伤脑筋。对国立初中,学校的经费主要由文部省下拨,学校仍感国拨不足时,可通过特有的“家长会”捐款形式补偿,因此办校经费并不困难。

三、我国教育经费的投入情况

财政性教育经费占国内生产总值(GDP)的百分比,是国际公认考核各国教育投入的主要指标,这是由国家的能力及国家考虑对教育支出的优先程度来决定的。教育经费占 GDP 的比重,世界平均水平为 4.9%,发达国家为 5.1%,欠发达国家为 4.1%。我国把这个比例定为 4%,只达到欠发达国家的水平,这与我国的国际地位极不相称。

建设人力资源强国离不开教育经费投入的有力支持。2011 年,中共中央、国务院印发的《国家中长期教育改革和发展规划纲要(2010—2020年)》,专章论述了未来 10 年教育经费的保障问题,再次将国家财政性教育经费支出占 GDP 的比例达到 4% 写入教育发展目标。4% 是一个牵动国人,特别是教育工作者神经的一个数字,目标如何落实则几乎成了中国教育界和社会公众的一个情结。

4% 是基于国际标准和我国国情提出的,具有科学性和前瞻性。1983 年,在邓小平的直接指示下,中央政治局下达任务,要研究政府教育经费在国内生产总值中占多大比例比较合适。随即,一个由十多位资深教育经济专家组成的课题组成立了。专家们选择了 39 个对象国进行比较研究,历时两年得出结论:按照邓小平提出的 2000 年中国人均 GDP 达到 800 ~ 1 000 美元标准和当时的实际汇率计算,到 2000 年中国政府教育支出占 GDP 的比例应该是 3.87%。经过上下反复研究,许多部门共商,中央政治局研究决定,提出国家财政性教育经费支出占国内生产总值的比例到 2000 年末达到 4%,并将这一决定写入了 1993 年的《中国教育改革和发展纲要》。这就是在中国教育史乃至在中国公共财政决策史上都非常著名而有广泛争议的教育经费占 GDP 的 4% 的由来。

作出教育经费占 GDP 的 4% 的决策并不容易,因为一直到 1992 年,中国的国内生产总值不过区区 2.6 万亿元人民币,以当时的汇率计算,不到2 900 亿美元,和当时世界 500 强企业中前 10 强一年的总营业额差不多。按当时的人均 GDP 来算,不到 2 100 元人民币,这些钱既要维持老百姓的吃饭问题,又要解决经济建设和国防保障问题,提出要从中切出 4% 给教育,确实需要前瞻的战略眼光和集体共识。

实现教育经费占 GDP 的 4% 的目标,就更不容易。事实上,自从作出庄严承诺的那一天起,4% 的目标始终受到党和国家的高度重视与关注。1995 年《中华人民共和国教育法》以法律的形式明确提出要保证“三个增长”,即各级人民政府教育财政拨款的增长应当高于财政经常性收入的增长,并使按在校生人数平均的教育费用逐步增长,保证教师工资和学生人均公用经费逐步增长。

2006 年,全国人大审议通过《国民经济和社会发展第十一个五年规划纲要》提出,保证财政性教育经费的增长幅度明显高于财政性经常收入的增长幅度,逐步使财政性教育经费占国内生产总值的比例达到 4%。

党的十六届六中全会通过的《中共中央关于构建社会主义和谐社会若干重大问题的决定》,4% 是该《决定》中唯一一个数字性的工作目标。

正是因为存在这样的目标,我国的教育经费绝对值一直保持逐年较快增长,财政性教育经费占 GDP 的比例总体持续增长。在 4% 目标提出的次年即 1994 年,国家财政性教育经费绝对增加额由前一年的 139 亿元猛增到 307 亿元。2008 年,全国财政性教育经费总量达 10 450 亿元,是 1993 年的 12 倍多。

正是因为有了这样的增长,我们才有底气完成教育发展的几件大事并提出新的目标:我们对农村学生实行“两免一补”,进而实现了城乡义务教育全面免费;我们用 10 年时间使高等教育入学率从 5% 左右提高到 23%,并提出到 2020 年达到 40%;我们提出教师工资不低于公务员水平,并启动教师绩效工资改革;我们承诺让每一个孩子不仅有学上,还要上好学,宣布我国要从人力资源大国走向人力资源强国。

不过,我们也应看到,1993 年颁布的《中国教育改革和发展纲要》提出,在本世纪末财政性教育经费要占到 GDP 的 4%。可这个比例却在“八五”期间严重下滑。1995 年滑到谷底,只有 2.41%。“九五”期间这个比例缓慢爬坡,到 2000 年年底爬到 2.87%,每年增长不到 0.1 个百分点。2002 年曾一度达到 3.32%,但 2005 年又下降到 2.82%。

1995 年,我国财政收入占 GDP 总量的 10.86%,目前已经上升到 20% 左右,然而教育投入的比例不升反降。尽管我国的教育经费也持续 10 年保持两位数的增长,但始终没有达到 GDP 的 4%。

达不到 4% 的目标,有部分原因是因为地方政府对教育投入不够,与中央教育经费不配套。要达到 4% 的目标,必须要有基本制度作保证,在制度中明确地方政府的责任,按照标准,各级政府同时要在主观上努力,不断加大对教育的投入,这样才能确保实现4%的教育投入。

教育经费百分比下降的原因是中央政府安排了资金,而地方政府教育投入不够,各级政府职责不明确。

国家非常重视教育,中央政府加大了投入力度,但仍达不到4%的目标。我国没有"教育投资法",没有规定地方政府对各类教育的投资标准,使教育投入无法可依,完全看地方领导人的觉悟和对教育重视的程度。

那么,我国的教育经费投入为什么达不到4%呢?

首先,地方政府官员"重政绩形象、轻教育"的思想在作祟。俗话说,"十年树木,百年树人"。教育投入是一项长期工程,很难在短期内见效。而一些地方政府官员的任职期也就三五年,在这短短的几年内,对教育的投入很难收到立竿见影的效果,而这势必影响到一些官员的政绩和升迁。在这种情况下,为了个人利益,他们宁愿把资金投到基础建设等政绩工程、形象工程上,而不愿投到教育上。

其次,我国目前缺少对"教育投入"的相关监督机制。政府资金往哪个地方投、投多投少,往往是由地方政府的主要领导决定的,一些监督部门、监督机制基本上形同虚设。所以,近年来,很多地方政府把资金投入到政府办公楼的建设中,而且建得豪华气派,有的贫困县甚至不惜举债建设。此外,一些教育部门官员借出国考察学习之名、行公款旅游之实的现象也不鲜见。

最后,我国目前还缺少对"教育投入不足"的问责追究机制。我们经常看到一些官员因为安全、腐败等问题而受到警告、撤职等处分,但很少看到有官员因对教育投入不足而被追究责任。而地方政府官员不必因对教育投入不足承担相应的风险和责任,这在一定程度上放任了地方政府削减教育投入,甚至挪用中央下拨的教育经费。

百年大计,教育为本。因此,要想达到财政性教育经费占GDP的4%的目标,我国就必须制定相应的制度,在制度中明确地方政府的责任,对教育经费投入不足的地方,还要追究相关主要领导的责任。只有这样,我国教育经费达到GDP的4%的目标才不会遥遥无期。

教育经费投入不足,制约了我国教育事业的发展。义务教育经费这几年虽有较大增长,但目前还是低水平的。"十二五"期间需努力增加教育经费总量,不仅要大力增加财政性教育经费,而且还要积极鼓励社会资金投入教育。"十一五"前四年(2006—2009年),全国教育经费总投入达52 937亿元，其中财政性教育经费总投入达 37 285 亿元，占经费总投入的 70.43%。2009 年，全国教育经费达 16 502 亿元（2005 年为 8 419 亿元），财政性教育经费达 12 231 亿元（2005 年为 5 161 亿元），财政性教育经费占 GDP 的比例从 2005 年的 2.82% 提高到 3.59%。当然，教育经费的较快增长，为教育改革发展提供了有力支持。“十一五”期间，我国实现了城乡免费义务教育，并将农村义务教育全面纳入公共财政保障范围，惠及全国 1.6 亿名学生。2009 年，我国小学学龄儿童净入学率达 99.4%，初中阶段毛入学率达 99%。高等教育大众化水平进一步提高，高等教育毛入学率从 2005 年的 21% 提高到 2009 年的 24.2%，高校在校生总规模达 2 979 万人，位居世界第一。职业教育取得突破性进展，2009 年中职在校生近 2 200 万名、高职在校生 1 280 万名，分别占高中阶段和高等教育总规模的“半壁江山”。教育公平迈出重大步伐，建立健全了国家教育资助体系，中等职业教育、高等教育建立奖助学金制度。五年来，我国教育改革发展取得了显著成就，实现了由人口大国到人力资源大国的历史性转变，为促进我国经济社会的发展起到了十分重要的作用。

尽管我国教育经费有了很大增长，但相对于教育事业发展的实际需求，教育投入仍然不足。一是当前我国教育经费投入和国际相比处于较低水平。2008 年，我国人均教育经费为 160 美元，不到 2006 年世界人均教育经费 400 美元的一半，不到经济合作组织国家人均 1 800 美元的十分之一。财政性教育经费占 GDP 的比例，2004 年世界平均为 4.7%，我国 2009 年仅为 3.59%。二是《教育规划纲要》提出的财政性教育经费 2012 年达到 GDP 的 4% 的目标仅能满足基本需求。有关部门根据《教育规划纲要》确定的“十二五”期间教育发展目标，测算出 2012 年我国教育经费总需求为 27 123 亿元，财政性教育经费需求为 20 222 亿元，财政性教育经费需求占 GDP 的比例应达到 4.41%，高于 4%。三是政府财力与教育责任不匹配。1994 年分税制改革后，各级政府的教育事权划分格局并没有随财力结构的变化作根本性调整，一些财力薄弱的县级政府无力承担法律规定的教育责任。《教育法》有关教育经费的要求在一些地区落实得不好。2002—2008 年七年间全国预算内教育经费有四年增幅低于财政经常性收入增幅，2004—2008 年分别有 11 个、11 个、12 个、2 个、4 个省份预算内教育经费增长低于财政经常性收入增长。另外，有不少地区没有足额征收教育费附加。四是社会资金投入教育的水平偏低。2008 年，我国非财政性教育经费占教育总经费的 27.9%，但其中学杂费等收入占23.2%，社会捐赠仅占0.7%，民办教育投入只占0.5%。社会投入教育的水平偏低，与政策鼓励不够有直接关系。

义务教育经费这几年虽有较大增长，但目前还是低水平的。全国许多学校校舍紧张，普通初中大班额比例偏高。相当数量的中小学教学设备达不到国家规定的基本标准。近年来，高中阶段教育发展速度较快，但因无明确的经费投入分担机制，许多地方的政府投入只够基本保障教职工工资，2008年全国普高、中职预算内投入的比例仅分别为52.3%、55.8%。高等教育在连年扩招和办学要求不断提高的双重压力下，原有办学条件已难以满足需要。一些地方高校由于生均拨款标准低，运转困难。公办高中、中等职业学校、高等学校负债现象比较严重。

"十二五"期间加大教育经费投入，对于"实现更高水平的普及教育、形成惠及全民的公平教育、提供更加丰富的优质教育"，将起到至关重要的作用。努力增加教育经费总量，不仅要大力增加财政性教育经费，还要积极鼓励社会资金投入教育。

据国家统计，2010年全国GDP为401 202亿元，国家财政性教育经费占GDP的比例为3.66%，比上年的3.59%增加了0.07个百分点。2010年，全国教育经费执行情况监测结果表明，政府教育投入总量继续增加，国家财政性教育经费占GDP的比例以及公共财政预算教育经费占公共财政支出的比例均比上年有所增加。

2012年实现4%是保障"十二五"期间教育经费投入的核心问题。实现4%，必须实际增加财政性教育经费的投入，防止用扩大目前财政预算内教育经费计算范围的办法来实现。不然不仅会影响到教育经费的实际增长，还会动摇教育界乃至整个社会对国家发展教育事业的信心。

我国至今未能实现4%的目标，与财政收入占GDP的比例不高有关。其实，世界上有些国家财政支出占GDP的比例与我国相当，甚至低于我国，但其财政教育经费支出占GDP的比例高于我国。同时，我国财政收入只统计预算内收入，长期以来不包括地方财政出让土地收入和社保收入。如果将预算外收入纳入，则财政收入占GDP的比例将有很大提高，有专家研究认为约达30%。因此，尽管在2012年实现4%涉及诸多因素，情况复杂，有一定难度，但必须确保如期按时完成，不能失信于民。

首先，各级政府要继续加大财政性教育经费投入，优先保证教育事业发展 。财政性经费是我国教育经费总投入的主体，保证教育投入是公共财政的重要职能，各级政府首先要依法承担责任。

一是继续加大中央财政对教育的投入，解决地方政府财力与教育事权不匹配的问题。在现行财政制度下，需要建立规范的财政转移支付制度，优化转移支付结构，加大一般性转移支付，进一步规范专项转移支付，建立财力与事权相匹配的教育财政体制，保证各级政府财政性教育经费稳定增长。还应进一步加大中央财政对教育的投入，合理分配公共教育经费，突出重点领域和薄弱环节，向农村地区、经济欠发达地区倾斜。

二是建立激励和考核机制，调动地方政府投入教育的积极性。建议国务院有关部门加强对各地考核，建立激励约束机制，促使各级地方政府调整财政支出结构，加大教育投入。要求各地严格执行教育经费预算、决算向同级人民代表大会或其常委会报告制度，落实《教育法》的有关规定。要建立对地方政府教育经费投入的监督制约机制，将预算内教育经费占财政支出的比例作为考核省级政府对教育投入强度的指标。

三是拓宽财政性教育经费来源渠道，提高财政性教育经费占 GDP 的比例。应督促尚未开征地方教育费附加的省份尽快开征。2009 年，全国已有 22 个省份开征地方教育费附加，共征收 178.44 亿元。应在政府土地出让金收入中划出一定比例用于教育，如用于中小学校舍安全工程、农村教师周转房建设等方面。还应适当增加彩票公益金对教育的投入或发行教育彩票，增加政府预算外资金对教育的投入。

其次，要进一步制定优惠政策，调动全社会投入教育的积极性。

在加大财政性教育经费投入的同时，还必须立足于社会主义初级阶段的基本国情，建立社会捐赠、出资教育的激励机制，扩大教育经费总量。

一是对社会捐赠教育应当给予更加优惠的税收政策。建议参照国际通行做法，对企业捐赠、投入教育的支出超过企业年度利润总额 12% 的部分，准予在五年内从当年应纳税所得额中扣除。

二是大力支持民办教育发展。民办教育是教育事业发展的重要增长点。我们不能一方面苦于教育经费缺乏充足的来源，另一方面又对社会资金准入教育的门槛抬得过高。建议尽快清理并纠正对民办教育的各种不合理政策，积极制定促进民办教育发展的优惠政策，扩大社会资金进入教育的途径，并适当放宽民办学校的收费限制，吸引社会资金投入民办教育。

三是完善非义务教育阶段的成本分担制度。在非义务教育阶段实行成本分担，是很多国家的做法。国务院要求各级各类学校的学费、住宿费标准在2012年前基本保持稳定。建议在2012年后进一步完善非义务教育阶段学生成本分担机制，根据办学成本、政府拨款、物价水平等因素，合理调整非义务教育阶段学校收费标准，建立学费正常调整机制和成本补偿机制，同时逐步健全学生资助、奖励体系。

再次，加强教育经费管理，切实提高使用效益 。

管好用好教育经费与增加投入同样重要。目前，一些部门和学校在教育经费的使用管理方面存在着"重投入轻产出"、"重分配轻管理"、"重数量轻效益"等现象，经费管理比较粗放，资源配置标准和支出定额标准体系尚未建立。建议全面推进教育经费精细化管理，坚持开源、节流并重的原则，一手抓增加投入，一手抓管理使用。

一是建立科学的教育财政预算机制。教育、财政部门应尽快编制各级各类公办学校基本办学标准、生均经费标准、生均拨款标准，为编制学校预算和教育预算提供科学的依据。

二是完善经费统计体系。只有建立统一、科学的统计口径，及时准确地掌握各地区各学校师生员工的实际数量，才能全面准确地反映财政性教育经费投入水平。

三是坚持勤俭办教育的方针，合理确定教育事业发展规模，杜绝豪华办学，减少不切实际的达标评比，防范和化解财务风险。

四是注重资金使用绩效评价，逐步探索建立绩效预算，加强教育经费的跟踪问效，发挥教育投入的最大效益。

五是通过教育体制改革和学校布局调整，提高教育经费使用效益。

为确保实现目标，《教育规划纲要》提出的加大政府教育投入的各项措施如下：

一要优化财政支出结构，统筹政府各项收入，将教育列为财政支出的重点领域予以优先保障，提高教育拨款占财政支出的比例。

二要严格按照《教育法》等法律法规规定，不仅年初预算，而且预算执行中的超收入分配都要体现法定增长要求，保证教育财政拨款增长明显高于财政经常性收入增长，并使按在校学生人数平均的教育费用逐步增长，保证教师工资和学生人均公用经费逐步增长。

三要按增值税、营业税、消费税的3%足额征收教育费附加，并依法开征地方教育费附加。

四要立足加强教育薄弱环节和关键领域，通过实施一批重大教育项目增加教育投入。

教育部近年也强调,在加大政府教育投入的同时,要进一步严格教育经费使用管理,确保管好、用好教育资金。做到:建立科学化、精细化预算管理机制,科学编制预算,提高预算执行效率;加强学校财务制度建设,完善经费使用内部稽核和内部控制制度;加强经费使用监督,强化重大项目和经费使用全过程审计;建立经费使用绩效评价制度,加强经费使用考评,提高经费使用效益。

我国教育体制改革领导小组办公室在2012年成立落实4%工作办公室。这个办公室配合有关部门,指导各地落实国务院出台的各项投入政策,切实保障教育经费按法定增长,不断提高财政教育支出占公共财政支出的比重,确保国家财政性教育经费支出占GDP的比例达到4%。加大学前教育投入,进一步提高义务教育经费保障水平。推动制定职业学校生均财政拨款标准。提高高校生均拨款水平。统筹做好高校和普通高中化解债务工作。

2011年,国务院制定加大财政教育投入的意见,出台统一内外资企业和个人教育费附加、全面开征地方教育费附加、从土地出让收益中按比例计提教育资金等政策,召开全国电视电话会议,对落实4%作出全面部署。各地通过多种措施,加大教育投入力度。据教育部统计,2011年1月至11月,全国公共财政预算安排的教育支出达12 332亿元,比2010年同期增长了25.8%。2011年,中央财政教育支出预计达3 254.9亿元,比2010年增长27.8%。财政教育投入的不断增加,为教育事业科学发展提供了强有力的支持和保障。

第二节　教育经费制度的积极作用与影响

美国学者弗兰德·柯伯恩认为,教育经费政策、课程政策、学生政策、教师政策、教育管理政策是一个国家教育改革与发展的基本的教育政策。

教育经费政策所要解决的是谁出钱,出多少钱,为什么出钱的问题;课程政策所要解决的是教什么的问题;学生政策所要解决的是向谁教的问题;教师政策所要解决的是由谁教的问题;教育管理政策所要解决的是由谁管的问题。

我们认为,教育质量政策、教育体制政策、教育经费政策、教师政策这四大政策是一个国家教育改革与发展必需的基本的教育政策。教育质量政策所要解决的是人才培养的质量标准问题。

对教育的投入就是对国家、对民族未来的投入,是最有价值的投入,是最有战略意义的投入。

一、教育经费的投入保障了基本办学条件和教师待遇

各类学校的标准化建设都取得了显著的成绩。校园建设、操场、现代化信息技术教育设施、教学仪器设备、图书馆、音体美器材、学生生活服务设施等发生了巨大的变化。同时,教育经费的投入提高了教师的工资福利待遇。

二、教育经费的投入完善了国家助学体系

我国开始建立健全学前教育资助制度。实施了农村义务教育学生营养改善计划和家庭经济困难寄宿生生活补助政策,建立并不断完善了中等职业教育国家助学金政策和免学费政策,建立了普通高中国家助学金政策,建立了普通高校国家资助政策,建立并完善了研究生资助政策体系,进一步完善国家助学贷款机制,加强了对资助政策落实情况和资金使用情况的监督和检查,保证了每一个孩子不因家庭经济困难而失学。

三、教育经费的投入促进了教育公平,切实保障广大人民群众接受教育的权利

教育经费的投入加快发展了农村教育。以连片特困地区为重点,集中实施了一批教育民生工程。制订实施了《教育扶贫工程实施方案》。积极改善农村和贫困地区的办学条件,实施了中西部地区农村学前教育推进工程,实施农村义务教育薄弱学校改造计划。巩固了义务教育普及成果。加快发展了面向农村的职业教育,以农村转移劳动力、城镇就业困难人员为重点,加强了职业技能培训。推动对中职学生给予生活费、交通费等特殊补贴。加强了涉农技能型人才培养培训工作。开展国家级农村职业教育和成人教育示范县(市、区)创建活动。实施边远贫困地区、边疆民族地区和革命老区人才支持计划教师专项计划。推动组织发达地区教师到农村服务。实施了边远艰苦地区农村学校教师周转宿舍建设项目。探索建立了农村教师特殊津贴制度。

教育经费的投入加强了民族教育。大力加强了学校民族团结教育。进一步加大教育援藏、援疆工作力度,办好了内地西藏班、新疆高中班和西藏、新疆中职班。抓好了民族地区教育基础薄弱县普通高中建设项目。加大了民族地区技能型、应用型人才培养力度。适当扩大了高校少数民族预科班规模。国家实施了少数民族高层次骨干人才培养计划,国家启动了少数民族高端人才计划,稳妥推进了双语教育,加大了教育对口支援的力度。

教育经费的投入,关心和支持了特殊教育。普通学校接受残疾学生随班就读的政策得到落实,启动了"基本普及残疾儿童少年九年义务教育攻坚计划",推进了特殊教育学校建设工程,推进了"医教结合"试点,加强了特殊教育师资培养培训基地建设。

第三节　对教育经费制度的评价

一、教育经费的投入与使用

20 世纪 80 年代以来,整个中国教育的发展高歌猛进,我们创造了穷国办大教育的奇迹,我们在世界上用最少的教育投入解决了大部分人的读书问题。但是另外一方面,我们在教育快速推进的时候,在教育规模迅速膨胀的时候,相对来说走的是一条效率优先的道路,我们很多公共教育政策都是走效率优先的道路,而忽略了教育公平。比如,为什么有血色校车。对于农村学校,我们说取消,一夜之间就取消了。农村学校不仅是学校,而且是农村文化的中心,还是文化生态的根本,所以不能小看那些农村学校,它们在维系农村文化的根起了很重要的作用。所以我们在重视教育公平时应该把更多的目光投向西部,关注农村,但是总体而言,农村和城市教育的差别还很大。

我国的教育经费,东部和西部最大的差距相近 10 倍。农村和城市还有很大的差距,不仅仅是在硬件上,更在软件上,在教师的质量上。农村教师的水平与城市教师相比,还有很大差距。在城里,薄弱学校和优质学校之间也有很大的差距。就是在北京,很多巷子里还有一些相对薄弱的学校。所以择校热始终是社会矛盾的一个焦点。我们还关注到务工人员子女读书仍面临很大的问题,特别是非户籍人口。北京非户籍人群曾经到教育部上访,有无数孩子在北京读书，他们不能正常地上高中，更不能正常地参加高考。再如留守儿童，很多父母到城里打工，孩子还在农村，他们没有办法进行亲子交流和得到关爱。再比如特殊学校，还有很多低层群体的孩子得不到良好的教育。还有寒门再难出贵子，很多高校在学额的分配上还是向大城市倾斜，农村的比例越来越小，包括农业大学，真正来自于农村的孩子也少得可怜。所以新时代应该是个更加公平的时代，一个更加关注西部和农村的时代，一个更加关注低层人群的时代，一个更加关注留守儿童、更加关注外来务工子女、更加关注特殊人群的时代，这就需要全社会在学校资源配置上应该雪中送炭，而不是锦上添花。

近年来，我国对城乡教育的投入力度不断加大，然而各级各类教育发展仍然受到经费投入的限制。据统计，与其他国家相比，我国教育经费投入占GDP的比重明显低于发达国家的教育投入水平，也低于很多发展中国家的水平。事实上，要真正解决我国教育经费投入的相关问题，满足各级各类教育发展的资金需求，实现4%目标只是基本的要求。除了如何获得更多的教育资金，完善教育投入机制，还涉及如何合理分配教育资金，用好教育资金，也即如何“分钱”、“用钱”等环节。

近年来，尽管我国教育投入增长比较快，但是财政性教育投入中各级政府投入的比例不尽合理，尤其是中西部县级政府在义务教育投入方面的责任比较重。因此，在财政性教育经费投入方面，如何为中西部县级财政减负增效，如何加大中央和省级财政的投入力度以及增强统筹能力，就成为实现4%的国家战略目标的切入点。当前，应明确中央、省、市、县各级财政分担教育经费责任的比例或者划清事项责任。例如在比例方面，能否提高中央政府对教育投入的比重，降低中西部县级政府对教育投入的比重；在事项方面、在基建经费方面，可否考虑以省级统筹为主、地方为辅？如果采取有效的激励和监管措施，那么财政性教育经费支出占GDP的4%的目标就不难达到。

就社会性教育经费投入而言，尽管改革开放以来在鼓励社会办学方面取得了很大成就，但是社会性教育经费投入在总的教育经费投入中所占的比重依然偏低，发展社会性办学的空间依然很大。首先，鼓励更多的资金投入教育。2010年，《国务院关于鼓励和引导民间投资健康发展的若干意见》中明确提出，“支持民间资本兴办高等学校、中小学校、幼儿园、职业教育等各类教育和社会培训机构”，这是一个良好的开端，但更重要的是要把政策落到实处。鼓励更多的资金投入教育不仅仅是放开准入的问题，还必须为社会办学提供良好的发展环境。例如，在用地、专业设置、教师社会保障、申请科研基金等方面为民办学校提供与公立学校一样的“国民待遇”，促进教育资源在公办和民办学校之间合理流动。

完善“分钱”机制，将有限的资金用在最需要的地方，这在当前注重教育公平和教育均衡的背景下，显得更为重要。目前，我国教育经费支出在各级各类教育之间、在同一教育层次各个教育机构之间、在不同地区之间存在不均衡现象，差异比较大，从而导致教育资源配置不合理，影响了教育的持续、健康发展。

教育经费的拨付和配置，应当统筹考虑，以促进教育事业发展和教育公平为价值准绳。中央政府的教育经费主要着眼于促进教育事业在全国的均衡发展，省级政府的教育经费主要着眼于省域范围内的均衡发展。在义务教育阶段，要尽量扩大教育经费投入的受惠面，就当前情况而言，义务教育投入要向农村、中西部、少数民族地区倾斜，促进教育投入的均等化。总的来说，就是要通过不懈的努力，优化教育经费投入的结构，促进各省、市、自治区之间或省域内生均教育经费、生均公用经费相对均等化，改变目前差距过大的现状。在非义务教育方面，要通过加强教育经费投入促进发展，提高质量。就当前而言，要进一步巩固职业教育基础，大力发展高等教育。在支持对象上，还要加大对民办学校的财政性支持力度，促进民办教育的健康发展。

当前，教育经费的使用总体较为粗放，一些学校热衷于数量式扩张，注重高楼等硬件的建设，教育经费用于提高教育质量、激励拔尖创新人才成长、鼓励研究等方面的比重相对偏低。另外，财政性教育经费预算、拨付管理等方面也存在一些亟待改善的问题。

加强教育经费的微观管理是充分发挥教育经费整体效益的基础。

一方面，学校是教育经费的需求方、使用方。要通过改进各级教育机构的管理结构，编制年度预算，促进教育机构资金需求的合理化、精细化，矫正一些教育机构不合理的资金需求。

另一方面，政府作为教育资金的主要供给方，要对教育资金的使用加强预算管理，加强审计和监管，加强一些学校的负债管理与化解工作，确保资金合理有效使用。

在保证教育机构正常运转的同时，还应当对教育机构进行适当的引导。

例如，改变近年来一些学校热衷于圈地、建高楼的倾向，适当降低教育资金用于基建经费的比重，加大助学资金的比重，提高激励学术研究的资金比重。在资金使用的导向方面，应由支持教育机构以数量扩张为重点转为支持教育机构以教育质量提高为重点。

在经费紧张的情况下，学校领导人还要有发展的眼光。

剑桥大学在维修几百年前建的一幢老房子时，发现其橡木房梁已经严重损坏，不能再用。如今到哪里去找如此粗大的橡木房梁，这可难坏了维修人员。过了几天有人发现，在学校附近有一片橡树林，完全可以用来维修老房子。经过了解才知道，原来该房子的设计师在建房时就想到了几百年之后的维修问题，特意种下了这片橡树林。300 年后，橡树林果然派上了用场。这件事情让人感慨万千，该设计师真有远见，剑桥大学真有福气！

20 世纪 50 年代初，厦门大学要建一个大礼堂，当时学校的在校生只有千人左右，设计人员按照略高于在校生数的标准，设计了一座千余个座位的礼堂。陈嘉庚先生看了说太小，要重新设计。设计人员拿出了第二方案，座位数为 2 000 个左右。陈嘉庚先生看了还是不满意，要求再重新设计。设计人员不知该怎么办，就随意设计了一座 4 500 多个座位的礼堂，拿给陈嘉庚先生看。这时陈嘉庚先生说，这还差不多，就照此建造吧。当时许多人都不理解，认为陈嘉庚先生是不是老糊涂了，设计如此大的礼堂太超前，乃至浪费了。可是陈嘉庚先生依旧坚持自己的意见，他认为厦门大学迟早会成为一所万人大学。今天回过头来看，陈嘉庚先生的设计理念与剑桥大学的设计师有异曲同工之处，体现的都是一种办学者的远见。

真正能够体现一所大学办学者远见的，并不仅仅是大学的建筑，更重要的是一所大学发展的人才、学科与专业等重大问题的决策。

世界上的一些一流大学，之所以被誉为“常青藤”，除了大学本身的性质使然，还在于大学的办学者，以有远见的眼光和措施，在大学的发展过程中，赋予大学超前的战略构想和制度安排。一所优秀大学的背后，一定有一批具有远见的办学者，才会有那些能够体现远见的建筑、大师、专业和学科。剑桥大学之所以成为世界一流大学，厦门大学之所以被称为“南方之强”，都因为有了无数有远见的办学者的贡献。

每一所大学在发展过程中都会面临若干重大的发展机遇，但有的大学把握住了，有的则失去了。在现实生活中，不知有多少大学在回顾自己走过的路程时，会有许多“错失良机”乃至“遗憾”的回忆。办学者的远见实际上就是在相同的时代和背景条件下，能够作出在未来若干年后体现出英明性的决策。

在今天的市场经济条件下，能够体现大学远见的举措，似乎越来越少了。问题的症结就在于对大学规律的理解还有问题。大学容不得太多的功利主义，大学的所有活动都需要从长计议，需要具有远见的眼光。如果一所大学找不到若干个令人津津乐道的具有远见的故事，那么，这所大学的发展一定不会太好。

我们并不期待今天的大学能够像300年前的剑桥大学或60年前的厦门大学那样，给后人留下一份永远受益的财富和惊喜，但至少应该多一些恩泽后人的远见，少一些鼠目寸光的败笔和遗憾，此乃学校之幸事。

二、解决中国教育经费不足的对策

（一）多管齐下增加教育经费总量

在不断提高国家财政投入的前提下，采取各种措施鼓励社会力量积极参与对教育经费的投入，从而提高教育经费投入的总量

国家财政应按照《教育法》的要求逐步提高教育经费投入的比例。当今世界各国都把教育放在十分重要的地位，20世纪90年代以来，各国公共教育经费的增长速度都高于GDP的增长速度，占GDP的比例逐步提高。中国中央财政应建立以财政拨款为主，其他渠道筹措教育经费为辅的体制，逐步增加对教育的投入，保证国家办的学校教育经费的稳定来源。确保《教育法》中规定的"三个增长"，即"各级人民政府教育财政拨款的增长应当高于财政经常性收入的增长，并使按在校学生人数平均的教育费用逐步增长，保证教师工资和学生人均公用经费逐步增长"。

（二）积极拓展其他筹资渠道

在目前中国财力相对有限的条件下，要想大幅度增加对教育的投入，仅仅依靠国家的财力显然是不够的，还必须积极开拓其他筹资渠道，包括个人、集体、企业单位对各级各类教育机构予以资金或实物的捐赠与赠予等。

（1）鼓励学校创收。应鼓励学校在完成国家指令性教育、科研任务的前提下，可以充分利用学校现有的办学优势，大力开办各类自主收费的成人教育和职业培训，增加学校教育收入。

（2）广泛吸收社会资金，走校企联合办学的道路。国家可以采取一系列优惠政策，如对办学投资所得收益免征企业所得税和个人所得税，来鼓励和

支持企业事业单位、科研机构以及个人与高等院校联合办学，创办私立大学和民办高校、职校，从而在一定程度上解决中国教育经费相对短缺的问题。

（3）强化对城乡教育费附加的征收。城乡教育费附加是发展基础教育、扩大地方教育经费的一种税收。为了确保城乡教育费附加足额到位，其征收必须实行直收直缴，严格实行收支两条线，征、管、用一条龙，避免漏征、漏交和挪作他用，对不按期完成征收任务的应从财政中扣除，直接划入预算外资金专户。

（4）发行教育彩票。考虑到当前国家教育投入财力不足而财政压力又很大的背景，再加上彩票市场在中国所具备的巨大潜力。中国可以借鉴国外发达国家通过教育彩票筹集教育经费的经验，发行专门的教育彩票来筹集建立专项教育投资基金。

（三）调整教育负担结构，合理分担公共教育经费

中国各地经济发展不平衡，经济不发达地区，尤其是老、少、边、贫地区义务教育的发展受到当地经济和财政水平的严重制约，造成教育经费不足。为了解决这一问题，国家应加大对经济落后地区为主要对象的教育经费转移支付的力度，平衡地方教育财政开支，缩小各级教育投入水平的明显差距，保证义务教育制度的真正落实。

三、科学合理地调整教育经费分配结构

（一）优先发展初、中等教育

根据国外发展教育的历史经验，加强基础教育对于国民经济的发展具有非常重要的意义。一般来说，教育经费的分配是与该国经济、教育发展水平相适应的。经济、教育发展水平较低的国家，应以发展义务教育（一般是指初等教育和中等教育的初中阶段）为中心，随着经济的发展，逐步转向发展中等和高等教育。目前，由于我国经济发展处于起步阶段，对教育的投入必将十分有限，国家应该将这有限的教育经费重点向义务教育倾斜，提高义务教育在总教育经费中的比例和生均教育经费水平，从而达到普及基础教育和义务教育的目的，巩固义务教育成果，进而为发展中等教育和高等教育奠定基础。

（二）合理安排高等教育中各学科的结构比例

学科结构反映了一个国家的经济社会发展、劳动力分工、产业结构等，集中体现了社会对人才的种类、规格、知识、能力、素质等各个方面的要求。

我国加入世贸组织后，产业结构调整步伐的加快，对高校的学科专业建设也提出了新的要求。因此，各高等院校应根据自己的实际情况和社会经济发展的需要，将有限的教育经费投入优先发展的学科和专业，使培养的学生更能适应社会的需要，提高办学效益。

(三) 提高有限教育经费的使用效率

(1) 尽快推进学校后勤社会化的改革。由于在推进学校后勤社会化时，必然考虑到社会承受力。所以，为了顺利推进这项工作，国家可以通过先拨付一定数量的扶持基金，专门用于启动高校后勤产业化工作，等条件成熟的时候采取一系列诸如减免所得税、部分营业税等税收优惠措施，推进学校后勤逐步走向社会化，最终实现学校后勤的彻底分离。

(2) 合理配置教育资源，减少本来就已十分有限的教育资源的浪费。

一是合理规划和布局各级各类学校的结构和规模，减少因结构和规模不当而造成的教学资源浪费；二是对学校内部教学设施进行统一规划，统筹配置，改变目前按院系、按层次重复设置和购买的状况，提高使用效率；三是合理安排教师工作，适当提高教师的周课时量，减少富余人员，降低师生比。

2012 年 3 月 5 日，国务院总理温家宝向十一届全国人大五次会议作政府工作报告时提出，2012 年中央财政已按全国财政性教育经费支出占 GDP 的 4% 编制预算，地方财政也要相应安排，确保实现这一目标。这意味着该目标自 1993 年提出以来我国有望首次实现这一承诺。

4%，不仅仅是投入数字的达标，更饱含着浓厚的教育深情，对于教育发展，教育投入就应该依法办事、舍得投入，将教育发展放到和经济发展、经济工作同等重要，甚至更重要的位置，才能引发社会各阶层、团体、公众对教育的重视，进而改善教育质量，提升教育水平。

在 1985 年的全国教育工作会议上，邓小平作了题为《把教育工作认真抓起来》的著名讲话，要求各级党委和政府切实认真地抓教育，把中央教育改革的决定落到实处。他尖锐地指出：近几年来，从中央到地方，到农村党支部，有越来越多的同志，懂得知识和人才的重要，懂得教育的重要。这是我们党的一大进步。另一方面，还有相当一部分同志，包括一些高级干部，对于发展和改革教育的必要性，认识不足，缺乏紧迫感，或者口头上承认教育重要，到了解决实际问题时又变得不那么重要了。我们不是已经实现了全党全国工作重点的转移吗？这个重点，本来就应当包括教育。一个地区，一个部门，如果只抓经济，不抓教育，那里的工作重点就是没有转移好，或者说转移得不完全。忽视教育的领导者，是缺乏远见的、不成熟的领导者，就领导不了现代化建设。各级领导要像抓好经济工作那样抓好教育工作。

应该看到，虽然这些年教育发展取得了很大成就，但在不少地方，教育投入意识还不够强，择校费、乱收费之所以肆无忌惮，一个重要原因就是地方政府的财政投入意识还不够强。特别是教育投入和经济投入、社会投入发生冲突的时候，很多人还是更看重经济，而忽略了教育投入，结果，基层教育就将这些教育投入责任转移到了群众身上。这违背了国家的教育政策，更降低了教育公信力，严重影响了教育的和谐发展、可持续发展。

对教育经费投入产出效果的研究形成的共识是，基础教育投入对民众素质和收入的改善程度是远超高等教育的。而我国的教育经费投入存在重高等教育、轻基础教育的问题。造成这一现象的原因，在于高等教育投入很容易看到实实在在的产出，如专利、论文数量，而基础教育的成效短期内较难显现出来。对于这一问题，需要政府切切实实转变观念，确立基础教育优先发展的目标，加大对基础教育经费投入的比重。

第十二章

现代高考制度

第一节　现代高考制度概述

1949 年以前,高等学校单独招生。中国各所大学招生考试的时间由学校决定,不是同时举行,学生可以根据自己的实力和时间安排去不同的大学进行多次高考。

一、新中国成立后我国高校招生历程

1950 年,同一地区高校联合招生。

1951 年,以全国大行政区范围统一招生。

1952 年,开始全国统一招生。

1966 年,“文化大革命”一开始,就取消了高考,我国高等学校停止招生。

1971 年,高等学校逐步举办试办班,恢复招生。招收的新生初中毕业即可,但须经过两年以上劳动锻炼,废除招生考试,改为“自愿报名,群众推荐,领导批准,学校复审”。工农兵大学生由此出现。原因是,直到 1971 年,大学才重新正式开始招生,主要问题是在经历了这样一场动乱后如何招生。由于当时的国家领导人坚决反对高考,中国又恢复了唐朝以前的推荐制度。大学新生直接从工人、农民和士兵中推荐产生,而不是通过高考。报名者必须当过三年以上工人、农民或士兵。这就是“工农兵大学生”的由来。进入 70 年代,根据毛泽东“大学还是要办的,但学制要缩短”(这段话后来被称为“七二一指示”)的指示,大部分高校开始陆续正式恢复招收新生。不过招收新生的办法有了本质的变化,这就是取消了全国统一高考,直接从工人、农

民(主要是插队或回乡知青,也有少数劳动模范)、解放军或生产建设兵团中,选拔优秀的青年,直接进入大学学习。但不久,走后门兴起,选拔优秀青年的工作受到严重干扰,选拔成了形式。在1970年,只有不到1%的中国人受过高等教育,而大学的录取名额在中国许多地方不到适龄青年的千分之一。在一些地方和单位,推荐过程由于裙带关系而腐败变质。70年代,百分之七十通过推荐上大学的学生是干部子女或者有政治背景的。他们在进入大学之前的文化程度参差不齐,有六六届高中毕业生,也有小学文化程度的。他们的所谓任务是:上大学,管理大学,用毛泽东思想改造大学。学制缩短到两年到三年。教材、教学教法都按照"教育要革命"的思想进行了重大变动。从1971年开始正式招生,到1976年结束,1977年后又恢复高考。这些大学生后来被统称为"工农兵学员"。据不完全统计:从1966年"文化大革命"开始时大学停止招生,到1977年恢复高考,全国各高等院校共招收94万名基于推荐制的"工农兵学员"。

1977年8月4日至8日,刚刚复出的邓小平主持召开了科学和教育工作座谈会,邀请了30多位著名科学家和教育工作者参加。8月6日下午,会议讨论的重点转移到高校招生这个热点问题。在此之前,当时的教育部以"来不及改变"为由,决定仍然维持"文革"中推荐上大学的办法,并刚刚将方案送出上报中央。这引起了与会者的反对,纷纷揭露这种办法的弊病,并主张立即恢复高考,建议如果时间来不及可推迟当年招生时间。这些意见得到邓小平的支持,他要求教育部立即把报送中央的报告追回来。邓小平的明快果断,当即赢得了全场热烈的掌声。

同年10月12日,国务院正式宣布当年立即恢复高考。1977年10月21号,中国各大媒介公布了恢复高考的消息,并透露了本年度的高考,高考将于一个月后在全国范围内进行。与过去的惯例不同,1977年的高考不是在夏天,而是在冬天举行的,有570多万人参加了考试。虽然按当时的办学条件只录取了不到30万人,却激励了成千上万的人重新拿起书本,加入到求学大军中去。高考制度的恢复,使中国的人才培养重新步入了健康发展的轨道。

1977年恢复高考制度,不仅改变了几代人的命运,尤为重要的是为我国在新时期及其后的发展和腾飞奠定了良好的基础。这是邓小平在教育界拨乱反正的伟大创举,因此,1977年恢复高考制度不仅具有深远的历史意义,而且具有重大的现实意义。

1977年8月13日至9月25日，当年第二次高校招生座谈会举行，确定高考招生办法。(1)劳动知识青年和应届高中毕业生都可以报名;(2)具有高中毕业的文化程度才可以报名，而且必须通过大学入学考试;(3)政治审查主要看本人表现，破除唯“成分论”;(4)德智体全面考核，择优录取。

1977年10月12日，国务院批转教育部《关于1977年高等学校招生工作的意见》，正式恢复高等学校招生统一考试的制度。1977年冬天，中国570万名考生走进了曾被关闭了十余年的高考考场。当年全国大专院校录取新生27.3万人，录取率4.7%;1978年，610万人报考，录取40.2万人。77级学生春天入学，78级学生秋天入学，两次招生仅相隔半年。1977年冬和1978年夏的中国，迎来了世界历史上规模最大的考试，报考总人数达到1 160万人。

1977年11月3日，教育部、中国科学院联合发出《关于1977年招收研究生的通知》。“文化大革命”期间长期中断的招收培养研究生的工作从此开始恢复。1979年，高等学校单独招生培养研究生。

1983年，教育部正式提出“定向招生，定向分配”的方法。规定在中央部门或国防科工委系统所属的某些院校，按一定比例实行面向农村或农场、牧场、矿区、油田等艰苦行业的定向招生。

1985年，教育部规定：可以从参加统一高考的考生中招收少数国家计划外的自费生。一向由国家“统包”的招生制度，变成了不收费的国家计划招生和收费的国家调节招生同时并存的“双轨制”。同年，从美国引进标准化考试，并于当年首先在广东省进行了英语、数学两科的试点。

1985年以后，高考改革的总体趋势向减少高考科目方向发展。先是将理科7门、文科6门各减为“3+2”共5门，上海则实行“3+1”方案。同年，国家教委决定在北京大学等43所高等学校进行招收保送生的试点。

1989年8月，国家教委决定逐步在全国推行标准化考试。

1996年，中国高等教育试行并轨招生，高校学费开始增加。后续几年中，高校学费年增长幅度达30%，甚至50%。2000年，一直由国家“全包”的师范专业也实行收费，招生并轨改革完成。

1997年，普通高校招生并轨改革。

1999年，扩大高校招生规模，并揭开了新一轮高考改革的序幕。教育部开始推行“3+X”科目考试方案。广东省率先开始在高考科目设置和考试内容上进行改革。目前，全国大多省、区、市均实行“3+X”方案。

2000 年,北京、上海、安徽进行了春季招生的改革。2001 年,北京、上海、安徽和内蒙古自治区继续进行了此项改革。

2001 年,教育部出台新政策,允许 25 周岁以上公民参加高考,彻底放开高校招生的年龄限制。

2001 年,江苏省 3 所高校率先实行了自主招生的试点工作。截至 2007 年,全国已有 53 所高等院校开始自主招生。

2002 年,普通高校招生工作历史性地第一次全面实现了网上录取,全国网上录取新生率达 85%。

2003 年,北京大学、清华大学等 22 所高校被赋予拥有招生计划的 5% 的自主招生权。2006 年,自主招生的高校扩大到 53 所。同年,教育部允许香港地区高校在内地自主招生。实施了 20 多年的 7 月高考制度终于迎来变革,高考时间提前 1 个月,将过去的 7 月的 7 日、8 日、9 日固定安排改为在每年 6 月的 7 日、8 日(个别省份考试时间有所延长,如江苏、广东多一天考试),高考告别了酷暑。

2007 年,山东省、宁夏回族自治区、广东省、海南省 4 省、区作为全国高中新课程改革的首批实验区,迎来了课程改革后的第一次高考。2007 年 3 月 5 日,在十届全国人大五次会议上的政府工作报告中指出,教育部直属师范大学实行师范生免费教育。师范生免费教育又重返大学校园。

2008 年四川大地震,四川地震重灾区的高考向后推迟约一个月,并且取消外语科听力考试。江苏省开始实行新课程高考方案。

2009 年,天津市、辽宁省、安徽省、浙江省、福建省等 5 省、市开始实行新课程高考方案。

2010 年,江苏省高考恢复文理考生分开录取,分开划线。北京市、吉林省、陕西省、湖南省、黑龙江省等 5 省、市开始实行新课程高考方案。广东省取消“3 + X”方案,改为“语数英 + 文/理综合”,考试时间缩短至 6 月 7 日、8 日两天。

我国的高考将打破“一考定终身”。教育部已于 2012 年 2 月确定了高考改革方案,部分科目将实行一年多考,减轻学生的高考压力。此次高考改革的内容包括:(1)实施把普通本科和高等职业教育入学考试分开的人才选拔方式;(2)完善高中学业考试和综合素质评价,引导学生学好各门课程,克服文理偏科现象;(3)部分科目实行一年多考,减轻学生的高考压力;(4)完善高考招生名额分配办法,清理规范升学加分政策,维护考试招生公平公正;(5)加快建立多渠道升学和学习立交桥,为学生成长成才提供多次选拔机会。

2010年7月印发的被称为“中国未来10年教育蓝图”的《教育规划纲要》,就已将“探索有的科目一年多次考试的办法,探索实行社会化考试”写入其中。从2010年7月起,全国各地的随迁子女家长先后提议“取消中、高考户籍限制”。他们发起的《取消高考户籍限制呼吁书》签名活动,已经征集到超过9万个签名。2012年3月1日,全国众多随迁子女家长发布了致全国人大代表、全国政协委员的公开信,要求代表委员在两会上关注教育公平问题,推动“取消高考户籍限制”政策尽快落实。

公开信指出,当前全国已有2.6亿流动人口,其背后是5 800万名留守儿童和2 700万名随迁子女。“异地高考”问题一日得不到解决,就会有数千万名孩子面临失去良好教育的困境,会有数千万个家庭遭遇分隔两地的痛楚。2012年两会开幕前,已经有东北师范大学党委书记盛连喜等17名人大代表和政协委员回复家长,表示关注此事,并将在两会提出议案提案。列席全国政协十一届五次会议开幕会的教育部长袁贵仁接受媒体采访时透露,异地高考改革方案将在10个月内出台,现在已经进入最后冲刺阶段。

此前,山东省已在全国率先突破高考户籍限制,从2014年起将允许非户籍考生在山东参加高考。对此,教育部主要负责人表示,教育部酝酿中的异地高考改革方案与山东出台的政策思路上一致。从2011年1月起,教育部就在各省、市展开方案调研、对接和征求意见的工作,现在已经到了最后一个时期,很快就会出台。

教育部主要负责人表示:我们鼓励各省、市结合实际,尽快推出异地高考方案,有些省、市确实存在难度的,教育部将具体协调。同时,异地高考也不意味着完全放开,而是存在“条件准入”:一方面要考虑城市的承载能力,另一方面也需要家长满足在当地工作等条件。方案公布时间则用不了10个月。

2011年7月,国家教育体制改革领导小组办公室负责人在教育部新闻发布会上透露了解决思路:符合条件的随迁子女已经在城市完成义务教育阶段和高中阶段学习,那么他们就有权利在所在城市参加高考。

2011年8月,温家宝总理表示:“要逐步健全随迁子女义务教育公共财政保障机制,由输入地政府负责;抓紧研究制定随迁子女接受义务教育后,在输入地参加升学考试的办法。”

2011年10月24日，15位法律教育学者曾联署致信国务院总理，再次呼吁“废除高考户籍限制”。

2011年10月29日，随迁子女家长发布《异地高考“民间方案”》，建议各省、区、市以学籍取代户籍作为高考报名的依据，允许非户籍居民子女在经常居住地参加高考。

2012年2月，教育部在2012年工作重点中表示，今年将着手制定随迁子女升学考试办法。

2012年年初，北京100多名家长来到教育部信访办，递交了他们收集的数万个全国家长签名，希望教育部能早日促进异地高考，放开高考的户籍限制。这一年多来，每个月他们都自发来到教育部和各地的教委，询问该项工作的进展。

2012年2月，山东省在全国率先推出了凡在该省高中段有完整学习经历的非户籍考生可以就地参加高考的新政，“异地高考”就此从山东省破冰。《山东省普通高校考试招生制度改革实施意见》中明确，从2014年起，只要高中全部在山东省就读，外省考生可以在山东省参加高考并参加录取。消息一出立即引起议论无数，其中大部分拍手赞同。有人认为，放开高考户籍限制，这是社会进步的一个象征，在现代社会任何地域歧视都可以看做是一种不公平，希望这是一个开端，能在全国全面推开。

二、成人高等教育考试

我国成人高等教育考试也是高等教育考试的重要组成部分，它是以其丰富的内涵和独特的功能与普通高等教育协调发展，成为整个高等教育体系中不可或缺的重要组成部分。

到2011年，全国成人高校已为社会培养并输送了2 000多万名本专科毕业生，他们分布在各行各业，为经济快速提升和社会和谐发展起到了重要的助推作用。随着社会经济和教育环境的深刻变化，特别是各类开放式教育迅速崛起和高等职业教育不断扩招，成人高等教育既面临着诸多机遇，也经受着一系列前所未有的挑战，而成教招生考试改革呈现出价值取向多元化的特点，需要我们深入分析并科学把握，以确保成人高等教育事业持续、健康、稳定地发展。

一是以人为本的目标取向。经济社会的发展和人的全面发展相比，经济的发展只是手段，而人的全面发展才是最终的目的。成人高校招生考试正是适应人的继续教育和终身教育之需求而诞生的一种教育模式,从产生之日起,成人高校招生考试就服务于人的发展,并为人的继续教育和终身学习搭建平台。在成人高校招生领域里,以人为本就是要把招生对象的利益始终放在中心地位。考生利益无小事,如何为成人考生提供细致入微的周到服务,实现成人考生利益的最大化,是成人高校招生考试改革需要解决的核心问题。正是基于这样的思考,成教招生改革始终坚持以人为本的目标取向,针对考生低龄化的趋势,逐步取消了年龄和工龄限制;除医学类专业只能招收已经取得卫生类执业资格的人员并停止招收非在职人员外,其他专业对报考对象的要求不断放宽。这种政策上的调整和改革,既有利于发挥成人高等教育的优势,又充分体现了对成人考生的人文关怀。

二是服务社会的功能取向。成人高校促进社会发展是通过培养人才、发展科学和直接为当地社会的需要服务三个方面实现的。成人高校的招生工作以服务社会、适应社会发展的需要为立足点,随着社会经济的发展、教育环境的变化而改进和完善。成人高校招生工作主要是通过招生计划管理和招生专业的设置来与社会的实际需求相适应,招生计划编制过程中应进行充分的社会调研,根据成人高考群体的数量、学历层次、专业需求等信息进行研究分析,充分考虑到市场需求的多样性和复杂性来编制计划。招生专业的目录设置要适应高校学科和专业的发展,适应社会新行业对专业人才的需求。成教招生改革体现服务社会的功能取向,就是要坚持以社会需求为导向,在考试科目的设置上,把不同专业的差别化考试转变为按报考学历层次区分的统考;在招生专业安排上,把能招什么专业就招什么专业转变为社会需要什么专业就尽量设置和招收什么专业,使得成人高等教育专业设置与社会需求的契合度更高;在招生计划管理上,把统一编制招生计划转变为分省分专业编制计划,使得招生计划安排更加科学合理,更具有针对性和可操作性。

三是公正平等的过程取向。教育公平是指公民接受教育的权利平等和接受教育的机会均等。我国由于城乡二元结构、历史原因和政策原因等导致目前教育不公平现象十分突出,且已成为影响教育和谐的关键。而成人高校招生考试作为一种选拔方式,首先就要体现起点和过程的公平。一般来说,成人考生往往是在脱离学校教育一段时间后参加成人高考的,相比之下,农村的成人考生处于选拔考试更加不利的境地,如果忽视成人考生与普通考生的不同,忽视成人考生实际存在的城乡差别,势必造成对成人考生的不公平。考虑到各省、市、自治区经济、文化及教育发展状况的差异性，我国成人高校招生计划实行了国家教育部、省教育厅二级管理而以省管为主的原则，省级教育部门可因地制宜安排招生计划和设置地方急需的招生专业。此外，边疆、山区、牧区和少数民族聚居地区的少数民族考生可享受加分投档的照顾政策。公正平等的过程取向在适应经济社会发展和推进教育改革的进程中，可以缓解教育供需矛盾，促进教育和谐。

四是注重实用的绩效取向。当下，推进素质教育的呼声一浪高过一浪，尽管迄今为止尚无可以完全替代考试的选拔手段，但与普通高考相比，成人高考的应试色彩和竞争压力似乎明显减轻，使得招生考试改革除了考量考生相应的应知应会知识点外，有可能朝着更加注重实用、更加贴近实际的方向进行探索和尝试。一方面，成人考生要接受高一级的学历教育，必须通过学业水平等方面的基本素质选拔测试；另一方面，成人考生毕竟不同于普通适龄高考学生，他们中的相当一部分是因岗位和职业需求而走上高考之路的，这就要求选拔测试无论在形式上还是在内容上都有别于普通高考，以便最大限度地体现成人的特点和职业需求。事实上，我国现阶段成教招生考试已经从原来单纯的学业水平测试转向以技能考核、水平测试和资格认定为主要标志的考试，不仅丰富了成教学生选拔的手段，而且拓宽了成人接受高等教育的渠道和途径，充分体现了贴近成人、贴近实际、贴近生活的价值取向。

五是国际视野的路径取向。我国成教招生从 1986 年开始实行全国统考以来，考试改革一直持续不断，大致可以分为三个阶段，即统考最初几年的治理与整顿阶段、中间的改革与调整阶段以及从 2004 年至今的逐步走出困境且平稳发展阶段。成教招生考试改革的路径，一个明显的特征就是既继承传统又与时俱进，既借鉴普通招生考试的成功经验又学习国外招生考试的有益做法，体现了考试改革在路径取向上的国际视野。首先，充分遵循市场经济规律，把人才需求导向调整为以满足社会对成人的高等教育入学需求为出发点；其次，逐步改变整齐划一的入学标准，探索满足个人多样化学习和发展需求的新路径；再次，试行注册入学、一年两次或多次组织入学考试，为考生提供更多的选择机会；最后，把学业水平测试与特殊才能考核有机结合起来，适当提高非学业水平在选拔成绩中的权重，激发考生报考成人高校的积极性。

第二节 现代高考制度的积极作用与影响

现代高考制度的积极作用很明显,就是选拔人才,是保证大学教育质量的第一关。

30 多年前,第一个当面向邓小平建议恢复高考制度的,是一位敢于说真话的知识分子,这就是武汉大学教授、中国科学院院士查全性。查全性,祖籍安徽,1925 年 4 月出生在江苏南京,1950 年毕业于武汉大学化学系,由于学业优秀,被留校任教。现为武汉大学教授、博士生导师,著名电化学专家。当年正是查全性第一个当面向邓小平建议恢复高考制度的,查全性大胆谏言,使刚刚复出且对恢复高考早有考虑的邓小平一锤定音:恢复高考!于是,受尽摧残的中国教育送走了寒冬,迎来了明媚的春天。

刚刚复出的邓小平主持召开科学和教育工作座谈会,邓小平在会上指出,招生是保证大学教育质量的第一关,它的作用,就像工厂原材料的检验一样,不合格的原材料,就不可能生产出合格的产品。当前新生的质量没有保证,部分原因是因为中小学的教育质量不高,而主要矛盾还是招生制度。大学不是没有合格的人才可以招收,而是现行制度招不到合格的人才。如果我们改进招生制度,每年从 600 多万名高中毕业生和大量的知识青年、青年工人、农民中招收 20 多万名合格的大学生是完全可能的。现行招生制度的弊端首先是埋没人才,一些热爱科学、热爱文化、有前途的青年选不上来,一些不想读书、文化程度又不高的人反而占据了招生名额。

高考是目前大家都能接受的选拔人才的方式,是指挥棒。

高考的指挥棒作用对天下芸芸众生,尤其是学生、家长和教师提出了相当高的要求。适应性是第一要求。要充分适应高考的方方面面,包括高考之变、高考的内容等。要时刻以高考为航标,不断修正自己努力的方向,尤其是当年参加高考的学生,更是睁大了眼睛,密切注意。那些高考的内容即便是十分没有意思、没有兴趣,因为高考,也不得不去啃、去消磨时间。不适应的后果就是被高考淘汰,前途不可预测!本来有些内容是了解的级别,可因为那一年的高考偶然考到了,也就变成了重点,重点的学习就不一样了,要反复反复地练习,变着花样地练习,宁可多记一万,不可放过一个。但高考的内容毕竟有限,为了高分,为了高考成绩,只能大面积撒网,这样,高中三年的知识几乎都浓缩在高一高二完成,高三,仅仅是为了高考的复习而存在。所以,只要是为了考大学,就必须全面掌握高考范围的知识,要死记硬背熟得不能再熟。

高考的社会价值难以取代。金榜题名、功成名就……高考的成功意味着阳光灿烂的生活。因为高考成功,个人高兴,家庭高兴,生活变得更和谐。并且,根深蒂固的考取"功名"的意识还是深深地扎根在广大老百姓的头脑中。

第三节　对现代高考制度的评价

一、高考必须长期存在

古今中外,只要有教育,就有考试。高考作为一种非常重要而权威的考试是不可能马上消失的。关键是考什么?怎么考?现在高考试题的变化是非常大的,能力立意已经成为高考命题的一个最基本原则,而能力的培养需要教学方式的改变。说高考是指挥棒肯定不错,但是教学者也要会看指挥棒。就像司机看着警察的手势开车,不合格的警察肯定会导致交通的混乱。但是一个不会看手势的司机一样会导致交通的混乱。

高考指挥棒如何转动,历来是人们关注的焦点。这个指挥棒所指的方向,是万千学子殚精竭虑、奋不顾身的所向之处。在中国,高考的功能并非仅仅为高等教育甄选人才,更发挥着促进社会流动和平衡社会公平的功能。因此,高考这根指挥棒转动起来沉重异常,挥舞起来绝非轻松。

关于高考制度,近年来的争论越来越激烈,大多关注于高考制度的一些弊病上。但是,一味否定高考制度,是有失公允的。世界上没有绝对的公平,不可否认高考制度本身和在操作过程中产生了一些问题,但也要看到高考制度在当下的中国是有其存在的价值和必要的。我们要做的是对其完善,而不是全部否定。

二、高考制度最大的弊病在于省际的不公平

河南和山东的考生比北京、上海等发达地区的考生付出的多得多。在河南考上大专的分数在北京就可以考上重点大学,同时对于相对落后的西

部地区来说,由于国家照顾政策及考生较少,也比中部省份容易考上大学。最苦的就数河南等中部省份的考生。但不要忘记,历史上,朝廷录取状元、进士也严格按照地域分异来录取,这也是相对的另外一种公平。

我们要做的是尽量缩小地域差异的悬殊,同时大力发展中部等地区的高等教育资源。

2012 年 2 月,教育部在 2012 年工作重点中表示,今年将着手制定随迁子女升学考试办法。

在高中校长和教育研究者看来,推出这项政策有着更为便利的原因:山东历年高考门槛较高,其高考分数线在全国不是最高的也肯定在前几名,所以有意愿在山东参加高考的外省籍考生肯定不会很多,这有利于工作的开展。

随迁子女在大城市参加高考不会侵犯本地人的利益。许多大城市的发展都是以全国的发展为基础的,所以,应当以平等作为前提,依据理性改变现有体制。户籍不仅不应成为高考的限制,也不应成为人们生活与职业生涯上任何一种自主选择的限制。而依据在某地的连续学籍而非户籍来确定一个学生是否有在某地高考的权利,或许是一种更合理的选择,也是社会损耗最小的选择,并且是可行的选择。

随迁子女异地高考的最新进展,这是民意所向。要接纳非本省籍学生参加高考,难度主要有两个方面:一是外地务工人员数量大,需要接纳的随迁子女人数多;二是如何平衡当地居民的利益,处理好这个涉及孩子受教育权的问题。

异地高考推行的难度在北京、上海等地相对较大,主要是因为这些城市公众受教育权利的差距较大。而目前解决非京、沪籍随迁子女升学问题的焦点已经不在于教育主管部门,而在于两地户籍管理部门和北京、上海两地的政府。

如果整个社会城乡之间不存在不均衡、不平等的问题,务工人员随迁子女在哪里高考就不会成为问题,在随迁地高考也不会成为问题。而现实的状况是,教育资源在分布上是不均衡的。一旦取消户籍限制将会发生,“高考人口”向大城市和录取分数线低的地区大量迁移。所以,解决随迁子女异地高考的方案,可分为大方案和小方案。

大方案就是要在高考机会存在不平等的城乡、不同地区间缩小差距,在全国范围内提高高考面上的公平程度,不能让北京、上海的考生升入高校的机会与河南、山东、安徽的考生升入高校的机会存在明显的差距，要采取切实可行的措施将它们现有的差距尽可能缩小；小方案，则是要考虑到某一城市外来务工人员的客观需求，为这些人的子女在就读地高考提供切实的方便。对于小方案的决策，从现有的行政体系实际情况看，不应是全国一刀切，而应该在给出全国性基本原则的基础上，由各地根据自己的实际情况制订方案，不能让随迁一代被户籍绊倒。

我国各地在2012年年底前会出台有关允许异地高考的时间表。但有人提出，异地高考要附有准入条件，而且不能影响北京、上海当地考生的权益。

其实，所谓异地高考，本身就是一个歪曲性概念。考生家长在迁入地就业、纳税，考生在当地上学，在当地参加高考顺理成章。说他们异地高考，暗示他们应当回原籍高考。但如果他们回原籍高考，必然要与父母两地分居，那才是真正的异地高考。允许随迁子女就地参加高考，实际上是正视家长在迁入地就业、纳税，考生在当地入学就读的现实。允许异地高考，的确会影响到迁入地高考的录取率，但这种影响是以不承认考生有权在安家地参加高考为前提的，是将新居民与老居民人为区别对待的结果。考生早就成新市民了，但政策仍不承认他们的市民身份。要推动异地高考，首先应从身份观念上扫清改革障碍。当前，全国有2.6亿流动人口，其中相当部分人口在迁入地长期就业，成为新城市人。他们没有当地户口，但他们是政府税收的一线创造者，甚至是个税纳税人，理应有权享受政府提供的公共产品与服务，包括子女受教育的权利。根据户籍对新老居民作区别对待，除了方便政府，并没有其他合理性，是不公正的。如果不向新居民提供公共产品和服务，政府是不是应当把他们所纳税款退还呢？如果打破新老居民之间的户籍界限，对他们一视同仁，则所谓随迁考生影响北京、上海当地考生的权益就是一个伪命题。新北京人、新上海人本来就是北京人、上海人，当地考生的权益内含新居民的权益，不应该有谁影响了谁的问题。居民的权益是用全体居民的税收投资产出的，其中有新老居民的共同付出，不应该由老居民专有专用，凡出资者都有权分享。按照有些人的逻辑，似乎存在一种只有本地居民的城市，又有一种只有本地居民配享的权益。以京、沪为例，如果移民都回归原籍，北京和上海作为现代都市还能正常运转下去吗？不能，更不要说发展与繁荣，所谓本地居民专有的权益也成了无源之水、无本之木。如果说京、沪居民有什么权益，理应由新老居民共同分享。但有关部门担心，一旦放开京、沪高考户籍限制，就会影响京、沪本地考生的利益，从而影响社会稳定。且不说京、沪考生的利益不应排斥新居民的利益,就算不让新居民在当地高考,社会就稳定了?让新居民在当地高考,他们不过是享受了他们应有的权利,根本谈不上损害了谁或影响了谁。事实上,不让新居民在迁入地高考,让他们远离父母,结果就产生了2 700万名留守儿童,这才是社会不稳定之源,只不过人们视而不见罢了。当然,让新居民在迁入地参加高考,会影响当地高考录取率,国家适当增加当地录取指标是应当的。但这只是一个技术问题,不应成为拖延出台有关异地高考政策的借口。

三、高考制度必须改革、不断完善

关于一考定终身,这样的模式确实存在弊端,一张试卷,对考生真实水平的检测不能达到很公正。一次考试有很多的偶然性和不确定因素,直接影响了这次考试的发挥。因此,建议学习美国的高考制度,一年中多增加几次高考,取其中最高成绩或平均成绩,这样也许更加合理。

关于高考招生录取过程中的腐败问题。其实,高考中的腐败现象相对于其他各个领域里的腐败现象,还是很少的。高考保证了基本的公平竞争。假如没有高考,其他任何形式的录取方式都会比高考产生的腐败多得多。

高考制度多少替应试教育背了黑锅。似乎我们应试就是应付高考才造成的。其实,这是一种假象。任何教育都要有一种检验教学成果的办法,这就是考试,因此,不论考试形式如何变化,唯一不变的是考试存在的客观性。高考的方式可以变化。比如,多一些开放性的问题,不要搞什么标准答案,多考学生真正实用的、对考生终身受益的知识等。这就是高考的内容和形式一定要改变,但高考的存在是不容置疑的。

四、高考制度的改革必须谨慎

2008年,江南某省进入新高考试验区。作为教育大省,该省的高考一直在变化中摸索前行,甚至有媒体归纳出该省的高考“十年换了5个方案”。如此高频率的变换,在该省设计新高考方案时也未能幸免。

与首轮试验省、市的高考方案相比,该省方案的复杂程度有过之而无不及。该方案强化了学业水平测试成绩在高考中的比重,2008年该省高考统考科目只有3门,即语文、数学、外语,总分480分。同时,学生在高二时进行政治、历史、地理、物理、化学、生物6门科目的学业水平测试,其中选修测试科目2门,必修测试科目4门。选修测试科目由考生在历史、物理中选择1

门,在政治、地理、化学、生物4门中选择1门。学业水平测试分ABCD四个等级,4门必修科目必须达到C级以上才能参加高考,2门选修科目必须达到B级以上才能报考本科,要录取到重点本科,等级要求则更高。

将学业水平测试成绩与高考录取挂钩,是该省方案的一大特点。大部分省、市将会考成绩作为高考录取的参考,而该省的做法是直接将学业水平测试成绩与报考本科、专科的资格挂钩。把原来的选拔规则由一条线变成了两条线,选拔方式更模糊,引起的问题也更多。

事实也印证了这一点。当年的该省高考报名出现了前所未有的文理倒挂的局面,许多优秀考生因为选修科目得C而无缘本科。省会城市的文科状元因为选测之一政治未达到A+,与自己最喜爱的北京大学失之交臂,因为北京大学招生限定条件是先要求两个选修科目A+,再划定投档线。当年该省高考结束后,爆发了几次考生和家长上访的群体事件,在考生、家长、学校的一片抱怨声中,2009年1月,该省公布2009年高考方案将有微调,这已是该省新高考方案的第三次调整。

高考改革是一项极其复杂的系统工程,关系到千家万户的利益,它不仅是一个考试问题、教育问题,而且与公平、稳定等有很大关系。如果改动太多、太快,会给中学教学带来不小的影响,吃亏的主要是学生和家长。高考研究者和决策者一定要保持清醒的头脑,既不能因难度大而裹足不前,也不能迫于舆论压力盲目地为改革而改革。

第十三章

高等教育自学考试制度和远程教育制度

第一节 高等教育自学考试制度、远程教育制度概述

一、高等教育自学考试制度概况

我国建立高等教育自学考试制度始于1981年。20世纪80年代初，随着我国经济建设步伐的加快，社会需要大批专门人才，群众要求学习的愿望十分强烈，已有的高等教育形式难以满足社会的需求。在邓小平提出的改革开放方针的指引下，教育部着手组织研究建立高等教育自学考试制度。1980年10月，北京市政府作出"关于建立高等教育自学考试制度的决定"。1981年1月13日，国务院批转下发了教育部制定的《高等教育自学考试试行办法》，并决定在北京、上海、天津三市试行。以后参加试点的省份逐年增加，到1985年全国各省、自治区、直辖市都开展了高等教育自学考试的试点。1999年1月1日起实施的《中华人民共和国高等教育法》第二十一条明确规定："国家实行高等教育自学考试制度，经考试合格的，发给相应的学历证书或者其他学业证书。"以法律的形式规定了高等教育自学考试制度的性质，以及它在我国高等教育基本制度中的重要地位。自学考试已成为落实《宪法》关于"鼓励自学成才"、落实《教育法》关于公民"依法享有平等的受教育机会"等条款的有力措施，成为终身教育的有效途径。

高等教育自学考试以其严格的质量和良好的声誉得到了社会的普遍关注，影响波及海外，已成为我国规模最大的开放的高等教育形式，与普通高

等教育、成人高等教育一起成为我国高等教育不可或缺的一项基本制度。

高等教育自学考试是对自学者进行以学历（专科、本科）教育为主的高等教育国家考试，是以个人自学、社会助学和国家考试相结合的高等教育形式。

高等教育自学考试的任务是通过国家考试促进广泛的个人自学和社会助学活动，推进在职专业教育和大学后继续教育，造就和选拔德才兼备的专门人才，提高全民族的思想道德、科学文化素质，适应社会主义现代化建设的需要。

中华人民共和国公民不受性别、年龄、民族、种族和已受教育程度的限制，均可依照国家有关规定参加高等教育自学考试。

全国高等教育自学考试指导委员会（简称全国考委）是全国高等教育自学考试工作的领导机构，负责全国高等教育自学考试工作。全国考委委员是由教育部、发改委、中组部、中宣部、财政部、劳动部、人事部等部门的负责人，军队和有关人民团体的负责人，部分高等学校的校（院）长、专家、学者组成。

教育部高等教育自学考试办公室是教育部设立的自学考试工作管理机构，该机构同时作为全国考委的日常办事机构。

高等教育自学考试专业委员会：全国考委根据工作需要设立若干专业委员会或专家小组，负责拟订专业考试计划和课程自学考试大纲，参与编写和推荐适合自学的高等教育教材，对本专业考试工作进行业务指导和质量评估。各专业委员会或专家小组由本专业水平较高的专家、学者组成。

全国教育考试暨自学考试研究委员会：由国内有关教育行政、教育学、教育测量学、教育统计学、考试管理等方面的专家、学者组成，是自学考试政策、业务研究的咨询机构。

各省（自治区、直辖市）、地（市）设有高等教育自学考试委员会，在当地人民政府领导和上一级高等教育自学考试委员会指导下进行工作。各级教育行政部门设立高等教育自学考试办公室，管理自学考试日常工作。

主考学校由省考委遴选专业师资力量较强的全日制普通高等学校担任。主考学校在高等教育自学考试工作上接受省考委的领导，参与评卷、助学活动，负责推荐专家参与自学考试工作，负责有关实践性学习环节的考核，在毕业证书上副署。北京大学等501所全日制普通高等学校承担了高等教育自学考试主考学校的任务。

自学考试开考专业是根据经济建设和社会发展的需要,人才需求的科学预测和开考条件的实际可能设置。各本科、专科学历层次的要求在总体上与普通高等教育同学历层次的水平相一致。

专业考试计划作为国家学历考试的总体设计蓝图,由各专业委员会按照严格的组织程序论证,确定开考专业的指导思想、培养目标、基本要求、学历层次、规格、课程设置、课程学分数、实践环节考核要求,推荐教材和参考书目。专业考试计划是实施国家考试的标准性、法规性文件,是个人制订自学计划、助学单位制订辅导计划的主要依据。

参加自学考试的自考生既可以自学的方式完成学业,也可根据需要和可能,选择各种方式的面授、函授、广播、电视、音像等方式接受指导和帮助。

各类教育机构、企事业单位、社会团体及个人举办的社会助学活动遍及全国各地,受到自考生的欢迎。助学活动对于帮助自考生克服学习中的困难,完成教育过程,达到培养目标发挥着重要的作用。自学和社会助学的基本内容是考试机构颁发的课程考试大纲,指定、推荐的教材和参考书。高等院校、出版机构、社会助学组织针对自学者的实际,还编写了习题、练习和用于实践环节训练的录像。

全国考办已制定数百门课程考试大纲,组织编写了数百种教材。

助学机构还以网络方式为考生提供考试、自学辅导和就业等服务。一个用多种形式为自考生提供全方位服务的体系正在形成中。

自学考试每年两次在全国考委规定的同一时间进行考试。报考人员可在当地开考的专业范围内自愿选择专业报名参考。

自学考试采用施考分科、学分累计的方式逐步完成学业。按照专业考试计划的要求,分课程进行考试,课程考试合格者按规定计算学分。不及格者可参加下一次该课程的考试。考完专业考试计划规定的全部课程并取得合格成绩,完成毕业论文或其他教学实践任务,思想品德鉴定合格者准予毕业,取得相应的毕业证书。国家承认其学历。

高等教育自学考试毕业证书有:中专毕业证书、专科毕业证书、本科毕业证书。符合学位条件的高等教育自学考试本科毕业人员,由有学位授予权的主考学校依照有关规定,授予学士学位。

二、远程教育制度概况

远程教育即遥距教育,又称远距教学。远程教育,是指使用电视及互联网等传播媒体的教学模式，它突破了时空的界线，有别于传统需要安坐于课室的教学模式。使用这种教学模式的学生，通常是业余进修者。由于不需要到特定地点上课，因此可以随时随地上课。学生亦可以通过电视广播、互联网、辅导专线、课研社、面授（函授）等多种不同渠道互助学习。

狭义的远程教育是指由特定的教育组织机构，综合应用一定社会时期的技术，收集、设计、开发和利用各种教育资源，建构教育环境，并基于一定社会时期的技术、教育资源和教育环境为学生提供教育服务，以及出于教学和社会化的目的进而为学生组织一些集体会议交流活动（以传统面对面方式或者以现代电子方式进行），以帮助和促进学生远程学习为目的的所有实践活动的总称。在所有活动中，教师是以教育资源的形式或学习帮促者的身份与学生保持一种准永久性分离的状态；而学生与教育组织机构（教师）或学生与学生之间将通过建立双向或多向通信机制保持即时会话。在中国，现代远程教育有时也称网络教育，多数从事高等教育的现代远程教育机构为普通高校的网络教育学院或现代远程教育学院。

网络教育是现代信息技术应用于教育后产生的新概念，即运用网络远程技术与环境开展的教育，在教育部已出台的某些文件中，也称现代远程教育为网络教育。

中国国内举办网络学历教育的多为国内著名公办大学。

国家教育部承认高等网络教育学历证书，自 1999 年以来，教育部批准 68 所普通高等学校和中央广播电视大学开展现代远程教育试点工作，允许上述 68 所试点高校在校内开展网络教学工作的基础上，通过现代通信网络，开展学历教育和非学历教育。对达到本、专科毕业要求的学生，由学校按照国家有关规定颁发高等教育学历证书，学历证书电子注册后，国家予以承认。

广义的远程教育是学生与教师、学生与教育组织之间主要采取多种媒体方式进行系统教学和通信联系的教育形式，是将课程传送给校园外的一处或多处学生的教育。现代远程教育则是指通过音频、视频（直播或录像）以及包括实时和非实时在内的计算机技术把课程传送到校园外的教育。现代远程教育是随着现代信息技术的发展而产生的一种新型教育方式。计算机技术、多媒体技术、通信技术的发展，特别是因特网的迅猛发展，使远程教育的手段有了质的飞跃，成为高新技术条件下的远程教育。现代远程教育是以现代远程教育手段为主，兼容面授、函授和自学等传统教学形式，多种媒体优化组合的教育方式。

现代远程教育可以有效地发挥远程教育的特点，是一种相对于面授教育、师生分离、非面对面组织的教学活动，它是一种跨学校、跨地区的教育体制和教学模式。它的特点是：学生与教师分离；采用特定的传输系统和传播媒体进行教学；信息的传输方式多种多样；学习的场所和形式灵活多变。与面授教育相比，远距离教育的优势在于它可以突破时空的限制；提供更多的学习机会，扩大教学规模，提高教学质量，降低教学的成本。基于远程教育的特点和优势，许多有识之士已经认识到发展远程教育的重要意义和广阔前景。

远程教育由于信息传送方式和手段不同，其发展经历了三个阶段，第一，以邮件传输的纸介质为主的函授教育阶段；第二，以广播电视、录音录像为主的广播电视教学阶段；第三，通过计算机、多媒体与远程通信技术相结合的网上远程教育阶段。随着电视、电话、计算机、互联网的逐步普及，网上远程教育离我们已越来越近，对处于大城市的我们来说它已经来到了我们身边。

目前，参加网校学习的人员正在逐步增多，按学习的目标不同分为学历学位、职业培训、网上充电等三种类型，学习方式主要分为集体开班和个体学习两种。另一方面，在互联网上各种各样的网校到处可见，有正规大学开办的经过国家教委认可其学历的攻读本科、研究生课程的网校；有全国知名重点中学在网上办的针对高考辅导的以应试教育为主的网校；还有一些商业网站针对网上充电者举办的一些职业技术培训的网校等。北京大学商学网是北京大学管理类远程教育的教学执行机构，属第一类。

远程教育的组织模式可以分为：个体化学习模式和集体学习模式，也即个别学习和班组学习两种模式。两者最重要的差异在于：班组集体教学方式是建立在同步通信基础上的，教师和学生必须进行实时交流。而个别化学习方式是建立在非同步通信基础上的，在学生的家庭里创造学习环境，学生可以在适合的时间进行学习。两种学习模式在本质上与教育资源的传输和发送模式有关。

对学习者的要求方面，远程教育的特点决定了远程学习以自学为主，学生的大部分学习时间与教师、同学是分离的，没有教室，更没有课堂的氛围。这些特点会使许多刚刚开始远程学习的学生不可避免地遇到一些困难或有些不习惯。因此，远程学习要求学习者首先应具备两方面的能力。

始终保持自发的学习动力。参加远程学习的学生绝大部分是成人，他们的学习动机各式各样，但不外乎提高学历、增加技能、在职充电、扩展职业范围等。他们一般具有较强的学习动机，较明确的学习目的，但是在以后长达几年的学习过程中能否保持由此产生的学习动力是决定其学习成败的关键。

始终保持主动探索的精神。成人学生应该有能力自己确定在学习上投入多少时间，制订自己的学习计划，选择并逐渐适应一种学习方法。学会学习已成为21世纪教育的四大支柱之一；对于远程学习者来说，这同样具有非常重大的意义。在具体的学习过程中，面对一个问题，积极的学习者不会只接受一个答案，或是等待教师告诉你该持什么观点或立场；也不会只局限于到某本书或教材的某章某节中去寻找答案。积极的学习者会主动尝试多种解决方法，有自己的想法，经过主动探索后决定自己要做什么，该怎么做。北京大学商学网鼓励学生在学习过程中主动探索，主动思考，努力理解自己所学的东西，而不是死记硬背，被动接纳。

此外，随着信息化社会、学习化社会的形成和知识经济时代的来临，教育正在经历深刻的变革。参加远程教育的学习，应变革自己的学习观念和认识。

虽然面授时间少了，自主学习的要求高了，但通过这种新的学习形式，可以提高自己的学习能力。

在信息化社会中，人们生活、工作环境的变化越来越快，需要面对不断出现的新知识、新技术。一次性的学校教育，越来越不能满足个人终身的社会需要。只有不断学习，才能跟上生活、工作的节奏。

现代远程教育为所有求学者提供了平等的学习机会，使接受高等教育不再是少数人的权利，而是个体生存的基本条件；教育资源、教育对象、教育时空的广泛性，为大众的终身学习提供了可能。

接受教育不仅是学习知识，还要学会学习，为以后继续学习培养良好的学习习惯，掌握必要的学习技能。学会利用现代信息技术进行自主学习，对今后不断获取知识和提高教育层次将是非常有益的。

在远程教育中，网络等媒体提供给学习者学习机会的同时，学习者也应学会适应网络学习方式。学习者应做到：掌握网络学习的基本技能；激发潜在的学习动机（奥苏贝尔提出的认知内驱力，自我提高内驱力的主导作用）；学会调整自己的学习情感（在网络学习中常常有孤独感，学习者应在这个开放的平台中主动参与讨论，交流知识和经验等）；提高自己的元认知技能（元认知就是对认知过程的积极计划、监控、调节的技能，从而提高学习效率）。另外，网络系统也应为学习者提供适应性学习支持。根据学习者不同的学习背景、知识基础、学习风格、学习能力等个体差异建立学习者模型，利用人工智能技术进行推理，为学习者提供个性化的学习内容，从而提高系统对远程学习者的适应性。这样达到远程学习中学习者与系统的双向适应机制，使远程学习向更成熟的方向迈进。

在网上可以获得的教学信息如下：

网上教学信息，主要包括教学组织管理信息、课程信息、教学动态、辅导信息、BBS（公告板）和其他教务管理信息。

教学组织管理信息包括教学计划、专业教学实施方案、课程教学设计方案、课程介绍及各种教学过程中的通知、通告等，主要用于对教学过程的总体指导，教学的组织管理安排等。

课程信息、教学动态辅导信息是指按照教学进度的要求，及时提供给学生的有针对性的导学信息，包括各章节教学内容的重点、难点讲解提示，同步的作业与测验题和解析等。

BBS 讨论主要是专题性研讨、学习疑难反馈、个性问题解答等，通过讨论了解学生学习中的实际困难，以改进学校的教学工作。

其他教务信息还包括班级活动，网校活动的通知，学生学习、生活动态介绍等。

我国现代远程教育的现状是，目前，高等远程教育得到了跨越式的发展，取得了前所未有的成绩，然而快速的发展也引发了一些问题。试点院校多达 68 所，规模迅速扩大。1998 年，教育部正式批准清华大学、北京邮电大学、浙江大学和湖南大学为国家现代远程教育第一批试点院校；2000 年，现代远程教育试点院校的数量猛增至 31 所；2001 年，教育部批准的开展远程教育的院校已达 68 所。

国家教育部承认高等网络教育学历证书，自 1999 年以来，教育部批准 68 所普通高等学校和中央广播电视大学开展现代远程教育试点工作，允许上述 68 所试点高校在校内开展网络教学工作的基础上，通过现代通信网络，开展学历教育和非学历教育。对达到本、专科毕业要求的学生，由学校按照国家有关规定颁发高等教育学历证书，学历证书电子注册后，国家予以承认。

教学管理自动化,计算机网络的教学管理平台具有自动管理和远程互动处理功能,被应用于网络教育的教学管理中。远程学生的咨询、报名、交费、选课、查询、学籍管理、作业与考试管理等,都可以通过网络远程交互的方式完成。

远程教育的发展历史:

远程教育在中国的发展经历了三代:

第一代是函授教育,这一方式为我国培养了许多人才,但是函授教育具有较大的局限性。

第二代是20世纪80年代兴起的广播电视教育,我国这一远程教育方式和中央电视大学在世界上享有盛名。

20世纪90年代,随着信息和网络技术的发展,产生了以信息和网络技术为基础的第三代远程教育 。

1994年年底,在当时国家教委的主持下,中国教育和科研计算机网(CERNET)示范工程由清华大学等10所高校共同承建。这是国内第一个采用TCP/IP协议的公共计算机网。

1996年,清华大学王大中校长率先提出发展现代远程教育;1997年,湖南大学首先与湖南电信合作,建成网上大学。清华大学则在1998年推出了网上研究生进修课程。

1998年9月,教育部正式批准清华大学、北京邮电大学、浙江大学和湖南大学为国家现代远程教育第一批试点院校。

1999年,教育部制定了《关于发展现代远程教育的意见》;9月,“CERNET高速主干网建设项目”立项,目标是在2000年12月前完成CERNET高速主干网的建设,满足我国现代远程教育需求。

2000年7月,教育部颁布了《教育网站和网校暂行管理办法》;同时将现代远程教育试点院校扩大到31所,并颁布了《关于支持若干所高等学校建设网络教育学院开展现代远程教育试点工作的几点意见》。根据这个文件,31所试点院校具有很大的自主权,如可以自己制定招生标准并决定招收多少学生,可以开设专业目录之外的专业,有权发放国家承认的学历文凭等。

2000年7月31日,31所试点高校在北京成立了高等学校现代远程教育协作组,以加强试点高校间的交流与合作,促进教育资源的建设与共享。

2001年7月,教育部继续扩大现代远程教育学院的试点范围,从原有38所院校扩至目前的68所。

第二节　高等教育自学考试制度、远程教育制度的积极作用与影响

近年来，围绕终身教育体系和学习型社会建设的要求，教育部积极发展现代远程教育，引导高校在继续教育的发展模式、服务模式、管理模式和培训模式上进行创新实践探索，取得了一系列显著成果。

据介绍，自 1999 年以来，教育部分批共批准 68 所试点高校和中央广播电视大学开展现代远程教育试点工作，通过在全国城乡设立的上万个学习中心和教学点，将高等继续教育资源输送到广大农村、西部地区、社区、行业、企业、部队和残疾人等特殊群体。目前，"一村一名大学生计划"通过面向农村和乡镇招收网络教育学员，已培养毕业生 9.3 万人，为广大农村培养了一批"留得住、用得上"的技术和管理人才。

近年来，随着人民群众对接受优质教育需求的不断提升，教育部一直在推进优质教育资源的建设和共享，迄今已建设 320 门网络课程和 209 门国家级网络教育精品课程。在整合部分高校和社会的优质数字化学习资源的基础上，2012 年还将实施高校数字化学习资源免费开放计划，积极推进普通高校的部分优质学习资源向全社会开放。

据统计，截至 2010 年，全国共有 1 500 多所普通高校开展了成人本专科教育（函授、夜大、脱产班），在读学生 536 万人，毕业生 197.3 万人。开展现代远程教育的 68 所试点高校和中央广播电视大学的本、专科在校生有 453.1 万人，毕业生 110.6 万人。

据悉，30 多年来，有近 4 000 万人接受本、专科学历继续教育，其中，自学考试 1 000 多万人，广播电视大学 900 多万人，函授教育、夜大学和高校网络教育 2 000 多万人。近年来，各行业开展非学历职工教育培训每年超过 9 000万人次，参加城乡社区教育培训的每年上亿人次。

试点院校允许社会资金的参与，可以自主招生、自主确定招生规模、自主选择开办专业、自主设置地方办学点、自定收费标准等，远程教育的学生颁发国家承认的普通大学学历证书。这些因素极大地刺激和加速了远程教育规模的扩张。目前，试点高校已建成 2 000 多个校外学习中心，地域分布基本覆盖全国各地；已开设的学历教育包括研究生、专科起点攻读本科和普

通专科等各个层次，专业数量达到上百个。目前，通过远程教育学习的学员已经超过130万人。

由此可见，在短短的几年时间里，我国的高等远程教育从无到有、从起步到繁荣，发展速度十分惊人，取得了前所未有的成就。

教学质量是远程教育的生存之本。

现代远程教育在我国刚刚起步，又是超常规跨越式地发展，所以出现了一些质量问题。目前，远程教育基本上有如下几种教学模式：一种是与现有教学模式完全相同的课堂教学模式，一种是面授和网络教学相结合的模式；另一种是师生在时空上分离、完全通过网络或多媒体光盘授课的模式。师生在时空上完全分离的教学实际上并不是完整意义上的网络教育，而是网络自学。

为了尽快提高网络教育的教学质量，教育部将2003年定为“远程教育质量保证体系建设年”。教育部有关领导已经明确指出，教学质量已成为现代远程教育前进的最大障碍，认为应该逐步建立校外远程教育公共服务体系，规范管理，加强资源共享和质量控制，这正是目前网络学院建设非常缺乏的一个体系和质量标准。教育部已经在着手制定网络教育的办学教学标准，提高办学门槛，加大对各高校网络学院的质量检查，如组织专家对网络学院的专业、课程进行认证，对师资、教学设施、多媒体课件建设以及设立的校外教学点进行评价，定期抽查网络学院学生的培养质量，对无法达标的网络学院取消办学资格等。

“宽进”必须“严出”，试点院校高等远程教育的招生条件非常宽松，此之谓“宽进”；只有通过考试才能保证远程教育的质量，才能保证学历文凭的“含金量”，此之谓“严出”。为了规范远程教育的教学和考试工作，国家教育部委托奥鹏远程教育中心承担湖南大学远程教育各教学点的2002学年至2003学年第二学期期末考试监考工作。这是国家首次利用远程教育服务体系开展考试。此次考试考纪很严，使作弊者无机可乘，大大维护了远程教育的严肃性。

对文凭“含金量”从质疑到逐步接受。由远程教育获得的文凭是否有足够的“含金量”，是大多数学员最关心的问题。据中国人民大学网络教育研究中心的统计，有76%的学生选择“网上人大”的原因是看中其所授予的中国人民大学文凭。

远程教育参考平台，中国统一教育网是国内规模最大、内容最全、运营质量最好的远程教育综合服务平台。特色的服务和周到的管理系统，帮助家长以及学员解除后顾之忧。

远程教育平台在全国范围内陆续兴起，然而真正有含金量的平台，目前在国内仍然少之又少。中国远程教育网是中国领先的互联网技术和 IT 教育公司，在互联网服务、图书出版、人才培养方面，中国远程教育网始终保持业界的领先地位。中国远程教育网的远程教育模式得到了国家教育部门的认可和推广，让每个人随时随地享受教育是中国远程教育网不懈努力和追求的目标。

远程教育的特色和优势。

资源利用最大化，各种教育资源库通过网络跨越了空间距离的限制，使学校的教育成为可以超出校园向更广泛的地区辐射的开放式教育。学校可以充分发挥自己的学科优势和教育资源优势，把最优秀的教师、最好的教学成果通过网络传播到四面八方。

学习行为自主化，网络技术应用于远程教育，其显著特征是：任何人、任何时间、任何地点、从任何章节开始、学习任何课程。网络教育便捷、灵活的"五个任何"，在学习模式上最直接体现了主动学习的特点，充分满足了现代教育和终身教育的需求。

学习形式交互化，教师与学生、学生与学生之间，通过网络进行全方位的交流，拉近了教师与学生的心理距离，增加了教师与学生的交流机会和范围。并且通过计算机对学生提问类型、人数、次数等进行的统计分析使教师了解学生在学习中遇到的疑点、难点和主要问题，更加有针对性地指导学生学习。

教学形式个性化，在线教育中，运用计算机网络所特有的信息数据库管理技术和双向交互功能，一方面，系统对每个网络学员的个性资料、学习过程和阶段情况等可以实现完整的系统跟踪记录，另一方面，教学和学习服务系统可根据系统记录的个人资料，针对不同学员提出个性化的学习建议。网络教育为个性化教学提供了有效的实现途径。

教学管理自动化，计算机网络的教学管理平台具有自动管理和远程互动处理功能，被应用于网络教育的教学管理中。远程学生的咨询、报名、交费、选课、查询、学籍管理、作业与考试管理等，都可以通过网络远程交互的方式完成。

远程教育也有弊端，人们对网络媒体的狂热追捧和理论研究的表面化，使远程教育忽视了社会文化变迁的步伐。全球化、知识爆炸、即时通信、电子化正在联手颠覆我们的工作和学习方式，旧模式在迅速隐退，新模式在迅速形成。对此,远程教育大多视而不见,教学内容、教学方法、评价方式大致沿袭传统校园的做法。以教材为例,大部分高校网络教育的文本教材直接使用校园教材,有的甚至搬用自学考试的教材。就此而言,网络教育显然还没有找到自己统一的逻辑结构,还是利用媒体在克隆、复制校园教育。这种忽视教育对象群体文化特征和社会文化转型期变化的克隆与复制,正好将网络教育的弱点在传统教育面前暴露无遗,也使得网络教育在教育的新旧价值、新旧传统之间游移不定,成为"边缘化"的角色。

远程教育一个最大的优点在于广泛性,同时这也是它的弊端、一个软肋。远程教育的对象"泛"化,没有个别性的针对,只对一群体的关注,在具体的教学中,缺乏情景性的教学。所谓情境性教学,是指在教育教学活动中,每一次教育教学都是基于具体的情景,离开了当时的情景,教学也就失去了意义。说到底,当下的远程教育忽视了教学之中的情感因素,不关注讲授者与接受者的情感,在这种流水线形式的教学中,以机械化的教育代替了心灵转向的教育。远程教育虽然可以通过屏幕面对面交谈,但是个人的情感把握很难做到细微。屏幕下,每个人的动作不能太大,而且对人的察言观色需要长久性,一堂授课,只能留下粗略的印象,不能较好地根据每个人的变化而设计与更改教学程序。更重要的是,情感本身就是教育的一个方面,尤其是中小学教育,学生的道德、价值只能在与人交流互动中完成。每一次对教师教授的课程,学生点滴地积累着教师的言行举止,也深深地体会到教师个人的品格,以及自我在给教师的反馈中的满足。这是远程教育中所缺失的。正如杜威说的:"科学和技术都不是非人格的宇宙的力量。它们只能在人类欲望、预见、目的和努力的媒介中起着作用。"远程教育再怎么强大,倘若忽视人的需要,忽视教育情景中人的情感,这种教育也就失去了教育教学的根基,因此在未来这种方式并不会取代学校教育,而且也不是一种主流的有效学习的途径。但是社会的发展又不能失去远程教育,而且远程教育的进程还会形成一种趋势,成为接受知识的教育教学不可替代的一种途径。

如今,每年我国的成人和网络教育本、专科在籍学生近千万名,很多人因此改变了命运。高等教育自学考试制度建立30周年时,国家教育部在北京举行了纪念大会。这种改变无数国人生活轨迹的教育形式,引起了社会的广泛关注。

成人教育圆了千万人的"大学梦"。从普通高校到成人高校、广播电视大学系统、高等教育自学考试系统,改革开放以来,我国的高等学历教育与服务体系日趋完善。

据教育部统计,2009 年,我国举办继续教育的普通高校约 1 500 所、成人高校 384 所、民办高等教育机构 812 个。作为全世界最大规模的开放性大学,中央电大开放教育建立基层学习中心 3 000 多个,自学考试系统包括 566 个主考高等学校和 1 330 余个助学组织。

曾几何时,上大学还是很多国人的梦想。随着继续教育的发展,通过函授、夜大学、脱产班、广播电视大学、自学考试等多种形式,上千万名干部、职工和各类社会成员接受了中等和高等学历教育,圆了心中的大学梦。

高等教育自学考试是中国特色社会主义教育制度的一项创举,是构建终身教育体系的重要力量。

江苏至 2011 年已有 1 900 万名考生通过自学考试成长成才。

30 年来,我国各类高等学历继续教育毕业生总数达 3 798 万人,2010 年成人和网络教育本、专科在籍学生 989 万人,参加自学考试 965 万人次,有力地推动了高等教育大众化进程。

自 1999 年以来,国家"现代远程教育工程"的实施大大推进了继续教育信息化步伐。目前,我国远程继续教育基本完成了从函授、广播电视到互联网的跨越,为广大社会成员提供了更多选择和更为便捷的学习方式。

移动学习方兴未艾,在广播电视、互联网、电信、卫星等多网融合的技术环境下,全国 68 所现代远程教育试点高校已建设国家级网络教育精品课程 209 门,参与校内共享课程 8 200 余门、校际共享课程 5 900 余门。

新中国建立初期,继续教育的主要任务是满足社会成员接受补偿性教育的需求。随着经济社会的发展,人们对终身学习的需求日益高涨。提升社会成员的职业能力,成为继续教育的新任务。

2005 年至 2010 年,专业技术人才知识更新"653 工程"重点培训了现代农业、现代制造等领域 300 万名中高级专业技术人才。

2010 年,教育部、财政部启动实施了中小学教师国家级培训计划,中央财政安排专项经费 5.5 亿元,当年培训中小学教师 115 万人,其中农村教师 110 万名。

统计表明,全国企业职工培训规模年均超过 9 000 万人次,面向农村的农民中专和农民技校培训总规模超过 11 亿人次。

现在,继续教育从主要面向高考落榜生,转变为面向从业人员、全体社会成员;发展重点从注重知识传授,转变为注重职业能力开发;类型从以学历教育为主，转变为学历教育、非学历教育多样化发展；学习方式则从以脱产面授为主，转变为以业余学习、远程学习为主。

从岗位技能培训，到学历补偿教育，再到社区教育，人人皆学、时时能学、处处可学的终身学习理想正在变为现实。

第三节　对高等教育自学考试制度、远程教育制度的评价

30 多年前，根据邓小平指示创建的高等教育自学考试制度，作为改革开放的产物，是教育改革的重大举措。自学考试以考促学、教考分离，为有志青年开通了自学成才的光明之路。经过多年努力，我国继续教育的规模不断壮大，体系逐步健全，多元化办学格局基本形成，为数以亿计的社会成员提供了学历补偿、技能培训和文化教育，有力地促进了劳动者素质和国民科学文化素养的提高，对国家现代化建设发挥了重要的支撑作用。

在我国教育资源相对不足的情况下，继续教育已成为实现人的全面发展的重要途径、跨进学习型社会的重要支柱、建设创新型国家的客观要求、传承与创新人类文明的重要动力。

首先，全社会必须增强责任感、紧迫感，明确目标任务，强化政府统筹，发挥学校作用，动员各方参与，推进继续教育实现更大发展。

要科学把握规律，牢固树立终身学习、人人成才、多样化人才和全面发展的观念，不断满足社会成员多样化的继续教育需求。

要抓住重点，分类推进，大力发展面向社区、农村、中西部和少数民族地区的继续教育，加强经济社会发展重点领域紧缺专门人才的继续教育，统筹好学历、非学历的继续教育。扩大优质资源开放共享，大力发展现代远程教育，努力建好开放大学，充分发挥大众传媒的继续教育功能。

要优化学科专业布局。创新培养模式和教学方法，加强教师队伍建设，全面提高继续教育质量。要进一步健全体制机制，完善财税、金融和激励、监管等措施，为继续教育持续健康发展提供有力保障。

要贯彻落实全国教育工作会议精神和教育规划纲要，构建灵活开放的终身教育体系，促进各类优质资源的开放共享，推动继续教育体制机制的改革创新。

其次，继续教育作为我国现代国民教育体系和终身教育体系的重要组

成部分，不仅提高国民素质，满足国家发展和百姓自身发展的需求，而且缓解了社会成员普遍增长的教育需求与教育资源相对不足的矛盾，促进教育公平和民生改善，为我国社会主义现代化建设作出重要贡献，创造自己的特色、体系、模式和可持续发展机制。

目前，继续教育有基础、有资源、有载体、有需求，但总体上还不能适应经济社会发展和广大社会成员多样化的学习需求，继续教育改革和发展的任务十分繁重。因此，要准确把握继续教育面临的新形势，充分认识加快发展继续教育的重要性和迫切性。《教育规划纲要》把继续教育列为现代国民教育体系和终身教育体系的重要组成部分，加快发展继续教育，是建设学习型社会、促进教育公平、持续开发人力资源、满足人民群众日益增长的多样化教育需求、促进和谐社会建设的重要途径，对于全面建设小康社会、提高综合国力、建设人力资源强国具有十分重要的战略意义。

当前，继续教育改革和发展要在六个方面站在新起点上开拓工作。一是要在新起点上提高教育服务转变经济发展方式的能力；二是要在新起点上满足社会成员多样化学习的需求；三是要在新起点上构建终身教育体系、推进学习型社会建设；四是要在新起点上利用信息技术发展继续教育；五是要在新起点上建立优质教育资源共享开放体制机制；六是要在新起点上建立完善继续教育体制机制和制度建设。

根据《教育规划纲要》的战略部署，当前和今后一段时期，继续教育需要重点完成六个方面的任务：第一，要进一步明确继续教育发展的战略目标、任务和保障措施，出台继续教育专题规划，统筹规划。第二，要加强分类指导，大力发展各种形式，特别是职业导向的非学历继续教育，稳步发展学历继续教育，广泛开展城乡社区教育，加快推进学习型组织建设，全面提高社会成员的能力和素质。第三，要推进开放办学，充分发挥各类教育资源的优势参与继续教育，大力推进各级各类学校开放办学，充分利用现代信息技术手段开展继续教育，统筹开发和整合各类社会教育资源，推进优质教学资源建设与共享。第四，要创新人才培养模式，建立继续教育质量标准和质量监管体系，加强继续教育教师和管理人员队伍建设，不断提高人才培养的质量和水平。第五，要建立健全继续教育国家政策、制度，探索建立继续教育成果认证、学分积累和转换制度，搭建灵活开放的终身学习“立交桥”。第六，要建立健全继续教育统筹协调的管理体制和激励机制，建立多渠道筹措经费的体制与机制，加快继续教育和终身学习的法制建设。

第十四章 现代学校制度

第一节 现代学校制度的特性

我国教育部早在《2003—2007 年教育振兴行动计划》中就提出要深化学校内部管理体制改革，探索建立现代学校制度。现代学校制度究竟是怎样的制度，与以往的学校制度又有什么区别，目前许多学者对此进行了深入的探讨与研究。

事实上，现代学校制度除了具有时代性，较全面地反映社会现实的需要和与时俱进的精神外，还必须具有人本性、民主性、科学性、开放性、发展性和生态性等六个基本特性。

一、人本性

当今时代，以人为本已经成为我们考虑、处理和解决现实社会问题的首要原则和出发点，社会发展必然要以人为本，社会发展的终极目标应是为了满足人的各种需要，全面提升人的生活质量，偏离这一方向的任何发展都不能称为真正的发展。因此，我们在设计和实施现代学校制度时，理应把以人为本作为首要的而且是最根本的原则，并作为我们发现、界定、思考与解决学校教育问题的立足点和出发点。

对"人"及"人性"问题的研究是一个比较久远的话题，自古以来，许多哲学家、思想家、文学家都曾对此进行广泛深入的探讨。马克思从现实的人与社会关系的角度，把人看做是各种社会关系的总和，给我们认识人的本质奠定了思想基础。从 20 世纪 40—50 年代开始，又有一些学者对这个问题重新展开了探讨,形成了各种人本主义理论流派。人本主义理论把实现人的幸福和快乐作为最大的追求,强调人的整体性和复杂性,要求促进人格的发展和实现人的潜能,这就为我们提供了另一种思想观点。但人本主义所指的"人本"在当今时代已发生了较大的变异。当今有关人的理论研究,例如教育人类学对人提供了最新的解释。

人及人的教育需求是教育的重要基础。人为了自身延续和文化传承的需要发明了教育,人也因此能与动物区别开来,这个观点为历史上大多数教育家所认可和接受。美国教育家杜威曾说:教育的意义的本身就在于改变人性,以形成那些异于朴质的人性的思维、情感、欲望和信仰的新方式。俄罗斯教育家乌申斯基提出:人是教育的对象。当代教育人类学家则更鲜明地指出:人是需要教育的动物。这些观点都指明,学校是因为人的教育需要而出现与存在的,学校工作是藉由各种有效的教育途径、方式和手段来促进和实现人的发展为目的。因此,现代学校制度不能抛开和脱离人的教育需要,应从如何满足人的教育需要,从如何通过制度安排、提供更多的优质教育资源,来满足人的教育需求,最终提高人的生活质量和促进人的发展,这是现代学校制度的最重要的价值所在。

现代学校制度所指的"人",应包括全部的有教育需要且与学校利益相关的人群,主要是学生、教师和校长,此外,还有家长与家庭所在的社区成员,其他与学校工作直接或间接相关的人。这里的"人",不仅是指群体的人,而且还包括个体的人。20 世纪 50 年代以来,国内外教育管理学取得了一些共识:学校不再是一个封闭的系统,而是一个非常复杂的社会系统,这个系统包括学生、教师、家长、社区成员诸多人的要素,因此,不能像管理工厂生产线一样管理和经营学校,也不能像对待冷冰冰的机械产品一样对待那些有生命活力、有情感需要、有思想的、有发展潜能的学生及有关人群。从这个意义上说,学校制度的设计和实施应从以往只重视静物,转向对人的关注,思考如何促进人的发展。许多国家包括国内许多地区的教育改革措施都在为实现这个目标而努力。

从人本性的角度看,现代学校制度的设计和实施,第一,保证学生和教师的生命权,具体而言,就是要确保生命安全,防止学生的身体和生命受到损害。学生的身体受到侵害,会给学校教育制造障碍;学生生命受到威胁甚至丧失,更会使学校和各种教育制度黯然失色。因此,在现代学校制度中,应把尊重生命和确保生命安全放在最重要的位置,把对学生生命安全和学校安全管理的规定纳入其中,学校也应制订相应的校园安全管理计划。第二,现代学校制度的设计和实施要满足人的多元需求,如情感、兴趣、意志、欲望、价值选择等。第三,现代学校制度及其实施要充分反映个体的差异性,个体差异不仅表现在年龄、性别、文化程度、职业上,还表现在态度、习惯、信仰、需要、观念等方面。第四,现代学校制度的实施要促进人的发展。教育人类学家指出,人,尤其是儿童具有"明天性"。虽然今天学校教育还要以传授过去积累的系统知识与技能为主,但更要着眼于学生未来发展的需要,培养学生终身学习的能力。

二、民主性

现代学校制度的民主性首先体现在全体学校成员具有的理念。目前,对民主有不同的理解。民主的本意是指人民的权力或人民当家做主。美国教育家杜威曾在《民主主义与教育》中把民主视为现代社会生活的标志,具体而言,民主不仅是一种政府的形式,也是一种联合生活的方式,是一种共同交流经验的方式。后来,他的追随者作了更为具体的解释。在他们看来,民主首先是指由人民统治,由人民掌握绝对权力,直接地或通过代议制间接地行使权力的政府。第二,民主是指与以上结构类似的社会或州的政府。第三,民主是指社会平等的信念或实践。第四,民主是指强调个人价值或个性的统一的一种生活方式。这些观点在后来欧美教育的研究和实践中得到了很好的反映。例如,基于以上民主的理念和观点,20 世纪 40 年代以后,在美国学校中,大力推行教师和学生民主管理学校的措施,不仅大大改变了学校组织的本质和学校管理的结构,改变了教师和学校管理者之间关系的类型和性质,而且改善了教师与学生之间的关系。这些做法逐渐成为美国学校管理制度的基本内容。

对我们来说,学校民主应是民主观念在学校实践中的具体体现,它包括三层内涵:第一,学校民主是一种有效的学校管理方式,这种方式强调尊重、信任与接纳,民主参与,交流、沟通与合作,公平竞争,共同分享成果等。第二,学校民主是一种学校成员的生活方式,在这种生活方式中,学校成员在相互尊重、互相合作、体谅宽容和公平竞争的基础上处理他们之间的社会关系。第三,学校民主具有其特殊的道德意义。许多教育家曾指出,民主问题是体现个人尊严与价值的道德问题,因此,民主的学校可以通过互相尊重、互相容忍、授受关系、总结经验等,来实现个人的尊严与价值,培养个性。我们认为,学校民主体现在课堂教学中,体现在师生交往中,体现在有组织的学校活动中,体现在学校管理决策的过程中,体现在学校与社区、家庭以及其他成员的沟通与合作中。

现代学校制度要把实现学校民主作为其重要使命。从学校民主的理念出发,设计和制定一整套学校的民主管理制度,确保所有学校成员的基本民主权利,如知情权、表达权、参与权、表决权等,学生、教师、家长和其他成员有权表达自己的感情,有权反映他们的观点和意见,有权获得有关的知识和信息,有权参与学校的决策过程。校长对此负有重大的责任,校长有责任制定和实施学校民主管理的政策和制度,并不断提高自身的领导素质和技能,以在学校中实施民主领导。在设计和实施现代学校制度时,对此应予以高度重视,可以通过制定相关的规定,将民主参与的观点和做法纳入学校管理的制度体系当中,凡是与教师、学生、家长等学校成员有关的而且有能力处理的事情,应交由他们自己去决定并负起相应的责任。最近,德国教育部提出,要从家长、学生、学校大会、教师大会四个方面来构建学校民主的框架,这个新的改革动向可供我们在设计现代学校制度和实施学校民主管理时参考借鉴。

实现学校民主管理需要一定的方法和技术。采取民主管理的方法和技术不仅可以让学校作出更好的决策,而且能促进学校成员的成长和发展。根据学校成员参与的程度来区分,民主管理的方法和技术主要有会议讨论、征询意见、民主集中制、合议制、教师参与、家长参与等。其中,如何召开各种会议需要认真研究和设计。

此外,学校还要预防过度民主和民主缺失两种倾向。过度民主不顾学校的具体实情,追求所谓的完全平等,其结果不仅会造成学校权力界限模糊,甚至权力结构和指挥混乱,而且会造成学校管理机构臃肿。同时,在学校中,民主缺失的情况也非常严重。不少校长“独揽大权”,把学校看做是神圣不可侵犯的私人领地,从主观上排斥他人参与学校管理。这两种倾向都要采取有效措施予以避免。

三、科学性

现代学校制度的科学性首先体现在制度要素的合理性上。一般来说,制度要素可以从成员、工作、权力三个维度来分析,这种方法适用于对现代学校制度的分析。从成员维度来看,现代学校制度应涉及学生、教师、校长、家长和社区成员等,需制定相关的制度。从工作维度来看,坚持以教学中心为出发点,可以把现代学校制度分为内核性制度与外辅性制度两大类。前者主要是教学管理制度,包括学生的学习、课堂教学及其考试评价制度、教研制度等;后者主要是为了辅助和促进教学工作的制度,如学校会议制度、校产管理制度、后勤保障制度。从权力维度来看,现代学校制度要按照决策、执行、监督三权分离来构建学校权力结构,分别明确规定各自的职责、权力范围。

科学性也体现在具体制度之间的完善性上。现代学校制度的框架体系是由各种指导学校工作的教育法律法规和规章制度构成的,我们可以参照类型学的方法对所有具体的规章制度进行分类,这些法律法规和规章制度之间应相互联系,不能相互矛盾。学校规章制度制定的内容,要注意与其他制度的相互关系,避免冲突和遗漏。同时要注意规章制度在批准和发布程序上与其他规章制度的统一性,防止规章制度的审议、批准、发布程序发生错误和政出多门。一般而言,学校规章制度有些由学校校长办公会议和行政会议通过即可,有些规章制度事关学校的整体发展和教师的切身利益,则需递交教职工代表大会审议通过才行;讨论通过的规章均应由校长签发,以确保权威性和严肃性。

科学性还要体现在制度文本的规范性上。现代学校制度需要用一定的文本表现出来。文本写作有特定的要求,要做到形式规范,文字明确具体,表述简明扼要,体例保持统一性。可采用序言、主体、附则式,也可以采用总则、分则、附则式或条目式。每项规章制度都应有具体的执行部门和违规监督部门。如有的学校在制定管理规章制度时,只有执行部门,没有违规监督部门,虽然制定了制度,却因不规范,造成没有检查、没有落实,形同虚设。

四、开放性

现代学校制度的开放性首先应按照开放系统的组织结构来设计。学校开放系统涉及校外关系和校内关系两个方面。就外部关系而言,现代学校制度要着重处理好学校与政府、社区、家庭之间的关系。就内部关系而言,现代学校制度要充分考虑学校组织内部各种关系的交流、沟通与合作,如校长与教师的关系、教师与学生的关系、教师与教师的关系、教学人员与行政教辅人员的关系等。这些都需要在学校章程和有关规章制度中作出明确规定。其次,现代学校制度的开放性还体现在教育资源获取和共享方面。各种教育资源是达成学校目标和完成学校管理的基础。对学校而言，除了人作为最重要的资源外，具体的物资、办学经费、管理信息等也非常重要。目前，从总量上看，学校资源依然是紧缺资源，经费投入不足，师资整体素质和质量尚待提高等。因此，更有必要加强有限资源的合理配置、交流共享。再次，现代学校制度的开放性还应体现在学校评估机制上。我们要把制定新的学校评估体系作为现代学校制度的重要内容，可以尝试引入各种因素来评价学校。我们比较赞同将社区、家长作为学校评估的主体，来改变只由教育行政部门评估的单一性。教育行政部门要建立和公开学校综合质量"排行榜"，让家长知晓学校的升学率、就业率、教学质量、学生发展等反映学校综合质量的信息，推动学校之间的竞争。

在构建学校与政府、社区和家庭的新型关系方面，从我国现实出发，可以分两步来实施：

第一步可以先行探讨学校与社区、家庭的关系，建立学校与社区、家庭之间的互动机制。早在20世纪60年代，欧美国家就已经开始探讨学校与社区、家庭之间的关系，已经形成比较成熟的制度关系。例如，规定学校必须向社区成员和家长提供完整、准确的信息，介绍学校的需求和活动，并制定反映公众利益和要求的教育政策、教学计划；同时，学校要把家长和学生看成是伙伴，要重视家长的合理意见和建议。学校和家长都要在这种制度环境中实现发展。近年来，许多亚洲国家和地区也在积极摸索如何构建学校与社区、家庭的良好关系。2003年7月，我国香港特别行政区立法会通过《2002年教育（修订）条例》，明确规定家长、教师和校友代表可以参与校政，并把此规定视为学校管理民主化的重要举措。台湾地区也正在准备修订有关教育法律，鼓励家长参与学校决策和日常事务；成立刚一年的台湾地区家长团体联盟也十分积极，提出要制定《家长参与教育法》，来建构家长全面参与教育的机制。从总体上看，建立良性的学校与社区、家庭关系，关键在于如何有效引导家长和社区成员积极参与学校管理，而不是放任让他们来干扰和妨碍学校的工作。2011年，宁波市海曙区广济中心小学成立了校、年级、班级层级的教育议事会，积极引导家长参与学校管理事务，探索学校与社区、家庭沟通的模式。

第二步是在建立学校与社区、家庭互动机制的基础上，探讨学校与政府之间的关系，其主要内容是政府要真正转变对学校的管理职能，彻底改变直接行政指挥的做法，减少学校对教育行政部门的依附性。有学者指出，从公共服务的角度来看，政府不是教育服务的生产者，而是提供者，这种认识对重新设计政府的教育职能有积极意义。此外，要扩大学校的办学自主权，让学校成为经营管理学校的主体，形成学校法人治理结构。近年来，美国的新学校设计运动特别强调要赋予学校行动的能力，即学校执行某种教育理念和教改计划的主动性、自觉性，这是教育改革获得成功的前提和基础。在设计和实施现代学校制度时，我们可以在学校的法人地位，校长的责任、权力与录用，教师的招募、使用，学校经费的筹措，如何增强学校的内部活力等方面深入探索。

五、发展性

所谓发展，就是某一领域或某一事物的积极的、向上的变化，或某一方面困难的克服、问题的解决等。对学校来说，发展意味着学校规模的扩大、学生数量的增长、教学质量的提升、学校成员的成长、办学总体水平的提高，等等。发展性应该成为检验和评估现代学校制度有效性的标准。

学校发展的内涵非常丰富，可以从个体和组织两个层面来分析。

就个体层面来说，现代学校制度除了要促进学生的发展之外，还要促进教师的专业发展、校长的成长与发展、家长的发展和社区成员的发展。学生的发展是主体的发展，包括生命安全的确保、身体的成长、个性和良好道德品质的形成、学业的进步和成功、终身学习和创造能力的提高等。教师的专业发展表现在专业知识和专业技能的增长、教学经验的积累、教学临床能力的增强、教育观念的更新等。校长的专业成长包含校长领导水平和领导能力的不断提高。家长教育观念的改变、教育孩子方式的改善、营造民主型的家庭环境，甚至成为教育行家等，都可视为家长发展的特征。此外，社区成员也要在现代学校制度的框架和营造的环境中得到发展，成为学校的合作伙伴。

就组织层面而言，现代学校制度要促成学校的发展、家庭的发展和社区的发展。学校发展成果表现为学生的进步与变化、教师的专业发展、学校声誉的提高。有学者指出，学校发展的关键应该在理想目标与现实条件之间寻找机会，努力创造学校教育发展的时空；核心应该是实现“以人为本”的教育，学校应当把教师和学生的利益放在第一位；学校的责任是在人的主体性多样化发展的行为中实现社会主流价值的追求，同时在促进学生的发展中要始终关注学生的有效学习。

六、生态性

现代学校制度要最终构筑学校的生态环境，或称之为学校组织气氛。国外有学者曾对学校的整体环境作了描述，认为学校组织环境由生态、环境、社会系统、文化四个方面组成。生态是指学校的物质因素，主要有学校规模、建筑设计、设备设施等硬件条件，还包括用于开展活动所使用的各种技术和装备等；环境是指学校社会组织方面的特征；社会系统特指组织结构和管理结构，包括学校是怎么组织的，决定是怎么做出的，由谁做出的，人们之间的交流模式、有什么样的工作团体等。文化则指代表组织成员特征的价值观、信仰、准则和思维方式。

构筑教育生态可以从两个视角来分析：第一，从学校的活动边界来看，学校以学生为中心，围绕着这个中心来考虑学校的活动和制度设计。学校管理的宗旨应当是实现学生的差异性和个性化的发展。学生的现状决定了学校发展必须整合其集体的知识资源以服务于学生的多元化要求，学校制度的有效性应体现在学生的个性化发展上。第二，从学校的必备功能来说，现代学校应该是学园、家园、乐园和花园。根据学校所持的办学理念，实施现代学校制度的学校应该有多种表现形态，如人本型学校、学习型学校、发展型学校等。

早在20世纪60年代末，国外就有学者提出，建设“人本型学校”。其基本特征：人本型学校就像教育性社区，学生在其中有合作的互动与经验学习；从心理学及社会学的观点而非狭隘的道德教条来了解学生的学习及行为；自律取代严格的教师控制。持人本型控制意识的教师有助于民主气氛的产生；不拘泥于层级与规则，师生之间能进行双向沟通、学生的自我决策增加等。

所谓学习型学校，就是在新知识、新技能、新观点等方面比别人学得更快的学校。当今社会，没有一所学校能够靠吃老本或靠拥有独门绝巧而在竞争中取得优势地位。当学校自以为拥有某项独门绝巧并以为别人不知道时，实际上这一点自以为是的优势已被别人通过更快速的学习超越了。

关于发展型学校的定义还不明确。我们建议，创建发展型学校可着重考虑以下要素，如办学理念、管理机制及其运行、课程与教学、对学生的认识、教师的专业发展、学校的建筑与文化环境、学校的政策支持、学校的智力支持、学校财政的运行、学校的发展策略、学校与社区的关系、学校信息化及智能化程度等。

目前,尽管有些地区、个别学校出现了现代学校制度的雏形,这些制度中包含了一些现代学校制度的要素,但从总体上看,有关现代学校制度的讨论还在继续,现代学校制度也有待建立。

随着国家民主法治化的推进和社会主义市场经济体制的不断完善,建立现代学校制度,促进教育发展,保证教育公平,成为我国教育体制改革的重点。深化学校内部管理体制改革,完善学校法人制度,探索建立现代学校制度,其目的在于增强学校自我约束、自我完善、自我发展的能力,使学校面向社会和市场,依法自主办学,主动满足社会经济发展和人民群众对教育的需求。

第二节　现代学校制度建设的基本要求

建立现代学校制度是一项系统而复杂的工程,既要有科学的理论做指导,又要有具体的制度设计作保障,需要重点解决好关键环节。

一、应明确现代学校制度的价值定位,坚持教育的公益性原则

现代学校制度本质上是教育制度,而不是经济制度或法律制度,其主导价值追求应当体现以人为本的理念和现代教育观的要求,促进学生全面发展和学校的可持续发展。现代学校制度应凸显教育的主体性,凸显教育的公共性和公益性。

教育是现代国家最重要的公共事业,但教育的本质是培养人的社会活动,通过对个体传递社会生产和生活经验,促进个体身心发展,实现个体的社会化,同时使社会得以延续和发展。教育的价值基础决定了应当通过公共选择机制而不是市场机制来实现它的功能。学校的教育活动从根本上说不是为了谋求经济利益,而是为了造福他人、社会乃至整个人类,是从文化、精神、体质诸方面开发人的潜能,为人类社会生存和发展提供基础。为此,公益性成为现代教育区别于以往任何一种教育的根本特征。

在世界贸易组织(WTO)多边贸易谈判中的教育服务贸易,一般认为是教育商品属性或教育产业化的重要标志。这是一个非常敏感的问题,各国对于教育的可贸易性一直存有较大的争议。2003 年 11 月,由经合组织与挪

威教育部共同举办的第二届教育服务贸易论坛，开始使用跨境教育提供的概念以替代教育服务贸易，随后被普遍接受，表明了世界各国对教育作为公益性事业而不是一般商业性服务贸易的认识。

总之，无论是公立学校还是民办学校，都必须坚持教育的公益性原则，现代学校制度不能照搬现代公司制度，必须防止教育产业化和学校企业化的倾向。

二、应理顺政府与学校的关系，创新政府管理职能与方式

建立现代学校制度的核心在于确立学校的办学主体地位，前提是理清三大关系：学校与政府的关系，学校与社会（市场）的关系，学校与教师、学生的关系。其中，最关键的是学校与政府的关系。政府是公共教育服务的主要提供者，同时又是公共教育服务的管理者和监督者。必须解决好政府集举办者、管理者和监督者于一身的问题，使政府的学校举办权与教育管理权、教育监督权适当分离，学校成为面向社会依法自主办学的主体，增强学校办学的自主性和自律性，不断提高教育质量和人才培养水平。

政府教育主管部门的主要职能是运用立法、拨款、评估、政策指导、执法监督等手段对学校教育活动进行宏观管理，促进教育公平，保证学校正确的办学方向，规范学校的办学行为，维护学校以及教师和学生的合法权益。政府的主要责任在于宏观指导和依法监督。这既是政府职能转变的要求，也是建立现代学校制度的需要。

同时，应当充分尊重学校教育活动的自主性和专业性，发挥教育专家和社会各界人士的参与作用，通过教育中介组织开展教育决策咨询、评估、监督等活动，创新教育行政管理机制，使政府决策、专家咨询与民众意愿相结合，促进教育管理的科学化和民主化，体现现代教育价值的多元化，构建和谐的教育环境。

三、应建立现代学校法人治理结构，实现学校民主管理

现代学校法人治理结构，是指学校作为独立的办学机构和法人单位，在举办者、管理者和教师、学生以及社区等主体之间，建立的有关学校设立和运行等方面的权责关系以及相应的管理制度。在学校法人治理结构中，不同主体或机构依据相应的职权，各司其职、各负其责、相互配合，以保障学校的正常运转。

现代学校法人治理结构的关键在于合理划分学校的举办权、管理权、监督权,遵循举办权与管理权适当分离、行政权与学术权适当分离、决策权与执行权以及监督权适当分离的原则。在学校的法人治理结构中,作为举办者的出资人(政府、社会组织或个人),依法组建学校理(董)事会,学校理(董)事会作为学校最高决策机构,享有学校重大事项的决定权、学校法人财产的支配权,以及学校校长的聘用、解雇权;校长对理(董)事会负责,作为理(董)事会决策的执行者,在其职权范围内独立负责管理学校的行政事务;学术委员会等学术机构独立行使学术权;教代会等机构依法行使民主管理和监督权。

现代学校制度要求增强学校管理的民主性,形成校本管理和民主管理的制度基础。在理顺学校内部管理关系的同时,要积极引导社会组织、公民个人参与学校的办学活动。现代学校要明确自己的社会角色和责任,主动寻求社会的支持、参与和监督,定期向师生、家长以及社会报告学校的办学情况,听取意见和建议,依法接受教育评估和财务资产审计,并将结果向社会公开,使学校真正形成“自主办学、自我约束、民主管理、社会监督”的机制。

四、推进依法治校,为现代学校制度提供法治保障

近年来,随着教育体制改革的不断深化,教育领域内的利益、矛盾更加凸显,加之教育法制尚不健全,无论是公办还是民办学校办学过程中的违法、违规行为不断出现。比如,未经批准擅自办学、虚假招生广告、滥发文凭、乱收费,以及招生、财务、基建等领域的贪污腐败问题,等等。要规范学校的办学行为,维护正常的教育教学秩序,就必须依法治校。

依法治校是贯彻依法治国方略的必然要求,也是依法治国的有机组成部分。要实现学校教育管理法治化,必然要有健全的教育法律体系作为依据。在我国教育法治领域,已经形成了《教育法》《教师法》《义务教育法》《高等教育法》《职业教育法》《民办教育促进法》以及大量教育法规和规章构成的教育法律体系。依法治校是现代学校制度的重要标志,其本质是在学校管理中体现法治精神,遵守教育法律,在学校内形成一种良好的法律秩序。具体来说,依法治校就是要淡化“人治”的成分,强调法律在学校管理中的权威,要求学校在建立规章制度、日常运作管理、有关纠纷解决等方面均应遵循法治的原则,维护学校和师生的合法权益。

第三节　现代学校制度建设的路径

现代学校是一个办学主体、一个独立的法人组织。我们要在现代学校制度的建设过程中主动谋求发展，使一大批学校成为各具特点的、真正的优质教育资源，并在自主发展的过程中培育出一大批优秀的校长和教师。

现代学校制度建设的路径体现在以下四个方面。

一、战略思考与创意设计

（一）现代学校制度建设要学会做规划、做方案

“精明的人解决问题，有天才的人预见问题”，根据预见作出决定通常被称为“战略规划”。对于一个真正的办学主体、法人组织来说，现代学校制度对它的首要要求是看清自己的发展目标是什么，达到发展目标的路径又是什么。因此，现代学校的第一个管理职责就是要制定本校在一定时期内的发展规划，通过考察本地区当前学校教育发展的状况和未来发展的趋势，确立一个时期内本校事业发展的主要目标，并制定实现那些目标的战略与策略。

制定发展规划的重要之处并非仅在一个文本的形成，更重要的是因为这是一个“过程”——即一个组织对未来的展望，通过一系列讨论与活动，达成一致的意见，从而在所有组织成员之间建立起行动的方向的过程。因此，制定发展规划是现代学校经过一定的程序，为解决学校发展问题，达成学校发展目标，实施学校与师生共同利益的行动方案。或者说，是对学校发展的规模、目标、速度以及实现的步骤、措施所拟订的一种比较全面、长远的计划。它不应该是一种例行公事或应上级要求而作，也不同于一般的具体工作计划，而应该是一种能够引领学校持续发展的系统思维的产物。从这个意义上说，制定战略规划不是现代学校的一项任务，而是现代学校运行中定期进行的一种程序。

（二）学校发展需要设计，发展设计在于创意

现代社会的许多领域都讲设计，大到城市规划设计、各种社会系统设计；小到工业产品设计、各类建筑工程设计；艺术活动中有设计，科学研究更要设计，但唯独教育，这个也有较高知识含量的领域长期以来却没有或少有

设计意识,无论是政府还是学校都普遍缺乏学校发展设计的思想准备、理论准备和技术准备。因此,发展规划中必须引入设计意识。

设计讲究的是目标的明确性、构想的全面性、实施的策略性、操作的程序性以及效果的可测性,同时设计更讲究"创意",更需要新的"IDEA"。一个设计有了创意,它就获得了新的灵魂,它就会充满生机与活力。而且有的时候新的"IDEA"、新的创意就在我们日常进行着的教育与管理活动之中,就在我们周而复始发生着的师生行为之中。只是它需要我们的慧眼去辨识,需要我们的激情去体验,更需要我们的智慧去创造、去设计。

二、建立学校法人治理结构

在具有独立法人资格的现代学校中,民办学校与社会法人承办的公办学校一般都应建立学校董事会,在不是由社会法人承办的公办学校中,实行现代学校制度就需要建立一个学校的理事会,并由这个理事会来承担办学责任。董事会的建立应根据《民办教育促进法》的要求设立,并承担相应的责任,其中比较关键的是如何通过制度设计在学校法人与举办者企业法人之间设立一道"保护式屏障",保护学校与师生不至于因为企业运行中的风险而造成学校办学的动荡。

公办学校建立理事会必须抓住几个关键点:

(1) 应经教代会公决,选举产生学校理事会成员,在校内形成一个利益共同体和责任共同体。

(2) 理事会的成员结构应多元组成。可由学校代表、家长代表、社区代表和教育界知名人士或社会知名人士共同组成。必要时可以用教代会、家长委员会、社区委员会联席会议的形式共同协商产生理事会。

(3) 理事会必须有自己的章程,并按章程行使职权。

(4) 理事会的主要职责是决定学校发展的战略规划、经费投入、校长任免、预决算和办学效益评估等学校发展的重大事项。

无论是董事会还是理事会都是学校的决策机构,由董事会或理事会聘任校长,实行董事会或理事会领导下的校长负责制。同时,学校应配有以校长为首的校内运转执行机构以及以教代会、家委会、社区委员会为主体的监督反馈系统,形成民主决策的机制与系统自我调整机制。

在现代学校中,师生员工要成为自己的主人,学校理事会—校长—党组织—管理层—教工组织—家长、社区组织等共同组成一个命运共同体,利益共享，风险共担，在校长带领下掌握自己的命运。

对于现代学校内部的运行，现代学校制度的基本原理是共通的，即董事会(理事会)与校长的关系是掌舵与划桨的关系，校长与学校职能部门的关系也同样是掌舵与划桨的关系。学校内部的组织机构—岗位设置—职责制度—工作程序—自评调整机制都应根据这一基本原则予以设计与实践。

校长是现代学校的 CEO，他的任务是通过建构（价值、信仰、目标、途径）—建立(共同愿景)—带领(员工行动下再建构)……使学校得以持续发展；通过校内分权使学校成员都成为有使命感的组织成员而不是雇佣者；通过必要的制度建设，使学校形成“依法治理”、高效运行的组织。

三、树立顾客意识，建立后果负责机制

戴维·奥斯本曾批评说：“大多数美国政府都是顾客盲。”虽然政府是为公民服务而存在，但政府和大多数的公办机构(包括公办学校)却不知道它们的顾客是谁。原因很简单，因为大多数公众服务机构不是从顾客那里获得资金的。例如，公办学校从财政部门获得大部分资金，而且由于就近对口入学，“顾客”(学生与家长)对学校所提供的服务几乎没有选择的余地。于是，公办学校就会忽视学生，心安理得地、几十年不变地提供“标牌不明”的教育，同一规格的教育服务。相反，教育行政部门、财政部门却成了他们的“顾客”，因为那是学校获得资金的地方，他们必须使之满意，于是公办学校竭尽全力向教育局长负责而不是向学生负责。

当前，随着我国社会主义市场经济的确立，情况正在发生改变，学校的生存状态已在一定程度上开始与“顾客”(家长)的满意程度有关，而且这种后果负责机制在现代学校制度建设中将得到进一步发展。当政府把各种资源交到真正的“顾客”(学生与家长)手里，让他们来选择服务提供者；当学校必须通过“顾客”的选择才能得到资金，即学校得到的资金投入与它吸引到的生源有关时，学校一定会有进一步改善教育服务的更大动机与动力。

“后果负责机制”在学校内部也同样需要建立，内部建立后果负责机制首先要求学校把传统“官本位”的、已经习以为常的组织系统关系颠倒过来：对于一所现代学校来说，顾客(学生)是最重要的人；直接为顾客(学生)服务的人(教师)位居其次；而管理部门则是为学生和教师服务的，他们的工作业绩如何，要看“顾客”的满意度。

四、社区、家长参与和监督

社区与家长是现代学校办学的一大资源，现代学校不应自我封闭，使那些愿意提供帮助的人没有什么机会，而通过家长委员会、社区委员会以及有家长代表和社区代表参加的理事会共同来管理学校、发展学校是一个很好的途径。

引入社区、家长的参与和监督，学校必须主动，首要的是实行校务公开，学校应定期向师生、社区、家长报告学校发展规划和教育改革计划的实施情况；同时“阳光收费”，并接受财务审计和资产效益评估；定期接受全面评估。

香港地区“直资学校”的一些做法值得我们借鉴：在香港地区，直资学校必须每年向学生家长派发“学校章程”。教育署规定“学校章程”至少需包括以下各项资料：学校的理想、使命、目标和管理方法，包括任何对达致目标的进度评估：学校开办的班级结构；详细介绍学校的课程，包括教学语言，并说明拟加入哪些新项目；过去三年内，学生在公开考试中取得的成绩摘要；学校提供的课外活动；学校学费连同减免学费和奖学金计划的详情，以及下年度的财政预算等，由全体家长和社会来监督直资学校的运行与发展。香港地区有的直资学校就是由于没有兑现当初的承诺而遭到了家长的投诉。

在香港地区，直资学校必须每五年接受一次全面评估，评估将包括“按规审查”和“质素评核”。“按规审查”是通过视学和查阅账目等途径，查核学校是否违反加入直资计划的规定。“质素评核”则是安排由校外机构评估学校的整体表现，包括管理与组织、教与学、给予学生的支援和校风、学业及学业以外的表现。评估的结果将关系到学校能否继续参加“直资计划”。

第四节　现代学校的校长

我们正处在计划经济向市场经济的转型期，社会转型的特征就是一切都要变化，校长在一所学校里领导着变化的发生，而每一个变化的发生都是一次利益的调整，因此转型期内的校长自然就在风口浪尖上。经济、社会有转型，而教育文化的转型相对滞后，因此，这就促使校长既要当好传统的守护神，又要吹响面向未来的号角。

校长的角色标高有以下两条。

一、校长既是思想家又是实践家

校长领导一所学校,主要是教育思想理念上的领导,现在讲自主办学,就是要求每一所学校办出特点,特点主要不是生源、师资、校舍的特点,而是办学思想理念的特点;实践上,也许更困难一些,要克服各种旧有的习惯、方法、模式谈何容易,一些改革中出现的矛盾问题都需要解决,而且改革毕竟要让一部分人的既得利益受损,要协调好发展与稳定的关系。

二、校长既是教育家又是企业家

校长成为教育教学专家是不容置疑的,学校与工厂不同,服装厂厂长可以不会做衣服,而校长对教育教学问题不知所云则是不允许的。也许校长在学校中赢得威望的主要理由在于他的专业水平。现在的学校,哪怕是公办学校都面对市场了,甚至已在市场中接受市场规则的考验,校长不得不学会经营学校,如同企业家经营企业一样,得开发市场,最大限度地占有市场份额,要进行广告、策划、公关赢得市场信誉。企业要建设企业文化,学校要建设学校文化,学校文化不同于校园文化,学校文化建设的目的是形成社会公认的学校形象。要形成质量与服务意识并在此基础上构建不同于原有意义上的学校管理体系,要充分调动外部(上级部门、社区、税务、环卫、食品、水电煤等)和内部资源,维护学校利益,为学校发展筹措资金,改造学校管理机构,降低运作成本,实现利益最大化。

今天的校长角色比以往任何时候都需要复合型人才来担任,现在时代文化多元的客观环境的折射要求校长角色复合,单纯的思想家、实践家、教育家、企业家可能都难以成为一流的校长,靠教而优则仕这一法则出任校长的人不一定能当好校长。

现代校长必须做好三件事:战略选择,制度安排,文化塑造。

(一) 战略选择

以前学校管理中是不讲战略的,这是因为学校在高度集权的掌控下,政府既是学校的主办者、投资者,又是学校的主管者,政府既可以决定学校开办或停办拆并,又可以决定学校如何来办。校长是政府的代理人或传声筒。现在之所以讲战略,是因为这一切都在变化,在向一个方向过渡,就是政府开办学校,制定政策依法提供服务,校长依法自主办学。什么叫自主办学,自主办学首先就是确定学校发展的方向和步骤。如何体现自主,只有选择才能体现自主,因此,校长就要学会从原来的完全听命于教育主管部门转变为与政府部门平等的法律主体并依法选择自己学校的发展战略。学校现在还没有去行政化,但不管学校行政级别多高,千万不要认为学校可以与教育局平起平坐。

做战略选择之前,必须同意一个假设,即学校是可以发展的,有发展才会需要发展战略。什么是发展,发展就是增值,学校资产包括无形资产经过有效经营后增加了价值,教育不以营利为目的,因此学校的增值主要是无形资产的增值;也就是说衡量一所学校是否发展的标准就看这所学校在市场上、在老百姓心目中的地位、口碑、声誉是否提高了。怎么判断地位、声誉提高了呢?只要看要进这所学校就读的孩子是否增加。

发展就是要增值,可增值是需要能量的,学校增值的能量哪里来?一从学校外部来,二从内部产生,所以校长任务加重了,既要做社会活动家调动外部资源,又要学会解放教师和学生,让他们把能量尽可能多地释放出来。

什么发展才是好的发展?可持续发展就是最好的发展,也就是每年都有发展,不能停顿,不能校长换一下就不发展了。可持续发展与不可持续发展的区别在于,可持续发展是先有良好的结构才去发展,发展的时候是让好的结构自然生长,不可持续的发展是线性的不是结构性的。学生读书,知识能力基础性结构不好,光靠做成千上万道题、开夜车不睡觉没用,学力还是不发展的,量变不必然引发质变。学校可持续发展首先是学校结构的调整,所以战略选择之后必然要制度安排作为配套。

持续发展是怎么产生的?自己不会产生,必须依靠变革,也就是说,发展将永远伴随着变革。可是变革需要两个前提,一是导向,二是动力。在学校中,学校文化是变革的导向,所以学校必须重视文化塑造。教育变革的困难之处在于缺少持续动力,学校教育理应超前于现时代,却往往滞后,教育成为一个最受批评的部门。

我们的教育之所以走入怪圈,是因为缺乏人道主义传统,缺少对人的终极关怀,我们有太多的政治哲学却没有对教育起作用的关于人的哲学,这就使教育过程中的目的与手段不一致。当我们用不人道的方式惩罚、训诫学生的时候,却伪善地说,这是为你好。当我们一边口中念念有词以学生为本时,一边却以学校利益为本,以升学率为本,以创收为本。产生这些问题的根子在于学校制度,这种制度能控制和笼罩学校,将教师和学生处于被控制的地位。处于这种地位的教师和学生,仅仅是学校的工具和手段,不能成为学校变革的主体。因此建立一所现代学校，不是看它有多少现代化的设备，也不是看它有多少藐视现代的科研课题，而是现代的学校制度。

（二）制度安排

好的制度可以保证学校的运行不以校长的变换以及管理的随意性为转移。我们不能因为对校长寄予过高的期望，而放松制度建设。校长的重要任务就是搞好制度建设。制度比校长个人对于学校的发展更重要。好的制度可以使教育教学活动能够稳定而有效地开展下去。校长遴选与制度建设之间是对立统一的关系。

首先，制度建设是所有复杂组织领导人的使命。对于简单组织与复杂组织而言，其领导者的使命不是完全相同的。从社会系统视角看，组织领导者的作用不在技术层面，而在价值层面，后者是指领导者要确立一个组织的价值观和信念体系，并带领组织成员去努力实现这个价值和信念。

其次，学校是一个复杂组织。学校组织由于其目标的模糊性、技术的不确定性、人员的流动性等特点，是比企业复杂程度更高的组织形式。再加上学术工作的创造性等因素，更增强了其复杂程度。另外，学校是一个制度化的组织，学校运作的成效不是通过几个简单的效率指标就能体现出来的，而是在较大程度上体现在与合法性制度的匹配上。例如，大学，重要的不是在包括科研成果在内的硬指标上，达到国外优秀大学已经达到的水平，而是要建立被国际学术同行认可的学术制度。

再次，制度是维系学校组织运行的关键所在。以大学为例，在崇尚学术自由的大学中，学者被赋予开展学术活动的自主性和独立性。在这种情况下，大学靠什么来保证其运行的秩序和效率呢？显然，大学组织需要建立一定的制度。制度是个体和组织决策时所遵循的基本准则，这个准则既可以是成文的规定，也可以是不成文的规定。与企业、军队、机关等其他组织相比，大学制度的特殊性表现在，主要不是靠成文的“规则”发挥作用，而是通过不成文的“规范”和“文化认知”发挥作用的。当前，中国大学存在的许多问题，从表面上看是效率低下所致，实质上是由于制度缺失引起的。由于制度的缺失及其他原因，中国大学具有“评价导向型组织”或者说“资源依赖型组织”的特点，它们的行为方式不是追求学术目标，而是尽力去满足外部机构为设点、评奖、升级、拨款而设定的标准，甚至不择手段地利用社会资本争取资源。当学术标准与非学术标准发生冲突时，往往是非学术标准在大学选择行为中占了上风。大学制度缺失带来的另外一个不利结果是，组织间的不当竞争，造成难以形成超越大学组织的学术共同体。在没有形成学术共同体及其行为准则的情况下，一个国家即使有再大的经费投入也难以孤立地建设少数高水平的大学。

大学需要制度，制度给其行为选择的定力，这个定力就体现在办学思想及其行为准则上。如果政府不再将升格、设点、课题项目、办学经费、基建等作为考核校长业绩的考量，如果在追求学术价值的过程中，校长有勇气和魄力说服大家放弃眼前的利益，大学就有了一种不同于以往的行为准则和定力。因此，建立学术制度和形成纯正的学术风气，是大学校长应承担的历史使命。

建立现代学校制度有两个追求：一是由权威治校向依法治校进步再向教师治校进步；二是由金字塔形向扁平化进步。

依法治校就是学校的一切工作照章办理。依法治校不是为了约束教职工，而是要依法限制校长的权力，限制教师在学生面前的权力泛化，限制了权力就保障了权利，将危险的权力控制在一定程序和一定范围之内，就是在时间和空间两个方面限制权力，使之发挥必要的作用，因此是个进步。

更好的治校方式是教师治校，因为教师要为自己的教育教学负责，必须由他们在决定学校事务中发挥更大的作用。这是一个教育梦想。如果有那么一天，学校变革中的许多问题将会有效解决。

我们应追求管理的扁平化，现在学校的管理基本上是科层制的，也就是金字塔形，最上是校长，然后是教师、职工，然后是学生，学生在底层。指令从上到下，效率很高；而学习与工作却是由下对上负责，即学生为教师读书，教师为领导教书，学生为了让教师满意看教师的脸色，教师要让领导满意看领导的脸色，而校长可能为了让教育局领导满意。这样的管理结构，价值观容易出问题，当领导的要求与学生的需求发生冲突时，教师站在谁的立场上好。因此，我们设想一种管理结构是扁平的同心圆，圆心是学生，一切为学生，外围是教师，再外是后勤职工，最外是领导。同心圆是真正体现服务的，学生是最终服务对象，那么学生就要给教师打满意度，后勤人员及干部为教师服务，那么教师就要给干部和后勤人员打满意度，这是天经地义的事。在这样的制度下，师生关系、干群关系一定会逐渐调整到平等和谐的状态。

（三）文化塑造

一所学校的成功是建立在三大基石之上的。这三大基石是：领导层的能力；员工的能力；学校文化的培养能力并使之最大化。校长应该成为学校文化的领导者,肩负着一个富有挑战性的全新任务。

学校文化本身没有高下之分,一所学校的文化就是由这所学校的历史积淀而成的。在计划经济体制下,千校一面,自主办学的意识比较淡薄,因此,学校文化一度中断。在现在的办学条件下,如果校长只注意战略选择与制度安排,不注意学校文化的梳理、调整、积淀、引导,那么,学校照样可以没有文化,或者校长的决策与学校固有的文化相冲突,或者不能保持学校文化价值观的一致性,那么,学校就不会可持续发展,如果漠视学校文化的巨大作用,不能驾驭学校文化,可能这个校长不一定称职。我们认识学校文化,并且以校长本身的文化积淀去塑造学校文化,首先要对现代社会的文化特征有一个正确的领悟,让现代学校有现代文化的因子。塑造学校文化要抓住价值观这个牛鼻子,要追求求新求变的现代文化的价值观。在这一文化特征影响感染下的员工,一旦具备了创造性的特质,就会成为学校进步发展的最有价值的财产。

学校文化中的价值观必须要被学校全体员工接受,方能发挥其巨大效用,而且,全体员工了解并拥护学校的价值观,从最底层的清洁工,到普通教师,到各级主管至最高领导无一例外。只有共同价值观潜移默化,深入人心,学校中所有人都以此为行动准绳,才能形成文化合力,从而致力于价值观的实现。

要建设学校文化有几件事一定要做。

1. 让自己胜任学校文化领导者的工作

首先用智慧统帅知识,要爱读书,这是一个文人的本分。要涉猎文学、艺术、历史、哲学、宗教、经济学、社会学、心理学、企业管理,什么好书都读。要将观察到的各种教育问题和现象作为思索的材料,追问所任职的学校每一个行为背后的目的及其意义。在工作中要十分理性,坚持独立思考,不要人云亦云,试着用自己的语言表达自己的思想,充分享受思索与创造的乐趣。对校长而言,富有智慧,形成真正独立的富有时代特征的教育理想是校长的基本素质。

2. 要用理想激活学校

教育变革中可能并不缺少实用的工具、技术和金钱,但如果缺少了一把把理想的火焰,不能激发人们心底里渴望变革的动机、勇气和力量,那么教育变革将难以进行。一个不关注自我幸福的教师也不会关注学生的幸福。校长应让每个员工在工作中感觉到幸福作为自己的目标。校长让教师参与到学校振兴过程中来，尊重并感激他们的劳动，尽力让他们发挥自己的潜能，并相信他们能做好，这所学校的教师就很幸福，因为他们理解了工作的意义并享受创造性工作的乐趣。

3. 信守学校教育理想，加速形成共同价值观

校长应信守学校理想，将为每个学生创造美好未来作为学校的共同价值观，并将共同价值观作为学校文化的核心。这一价值观反映如下内容：教育与服务的对象是每一个学生；教育服务的目的是创造学生未来的美好人生；教育服务的方式是人性化的；在为教育服务时，校长应抱着良好的期待，坚信学生的未来是美好的。价值观被每名员工内化需要一个过程，应用多种方法加速内化过程。要不断地灌输、提高员工对价值观的认同度。

4. 充分借助各类文化载体，共创学校文化个性

学校文化是长期演进、积淀的结果。各类文化载体的活动充实了学校文化，并使学校文化富于个性。学校文化应是现代的、人性的、开放的，虽默默无言，却蕴涵无限生机与活力。放手发动员工共创学校文化个性。采取的方式主要是重视员工非正式群体的作用，支持各类民间社团的活动。

5. 关注员工的幸福，关注学生的幸福

文化管理的全部着眼点在人，人的灵魂，人的情感，人的需求，人的潜能以及人与人的协调，只有解放教师，才能最终解放学生；只有体验幸福的人，才会去关怀他人的幸福。教师的幸福主要来自三个方面：

一是物质条件。待遇、奖金增加，办公条件改善，人的第一需要首先要满足。

二是促进人际和谐。学校文化是紧紧围绕着人们如何共处、如何实现自我而建立的。妨碍教师人生幸福的最大障碍是不良人际关系，干群关系、同事关系、师生关系的恶化都在剥夺教师的幸福感。因此，要非常重视良好人际沟通方面的学习，对如何改善人际沟通要提建议。

三是鼓励冒尖。人的生命价值和潜能是在创造性劳动中施展的。倡导每个人都成为唯一的，反对平庸，要求教师在为学校增值而努力的过程中提升自己的个人价值，要精心记录每位教师的兴趣爱好和专长，一有机会便给他们一展身手的机会。有事做，而且做着自己喜爱的工作，这就是一种幸福。

第十五章

教育制度的价值与创新

第一节　教育制度的特殊性及价值

中国现阶段教育制度的基本问题：在现实政治体制和社会制度中，如何建立政府与学校的正确关系；在市场化的社会环境中，如何确立政府与市场在发展教育上的不同定位和功能；在利益多元化的格局中，如何建立、平衡中央与地方管理教育的权限和关系，促进教育的地方化；改善学术与政治的关系，促进学术民主和学术自由，以保障学术研究的高水平和创造性；在各级各类教育中，建立以人为本的管理制度。

中国的政治文明、社会进步、可持续发展都有赖于先进的、真正能够兴国的教育。面向21世纪的中国教育需要新的教育哲学和教育理想，改革需要奠定清晰的价值和目标，从而创新教育制度。

一、中国教育的基本价值

按照科学发展观的要求，与建设市场经济体制和发展民主政治的社会现代化方向相一致，中国教育的基本价值应当包括以下几个方面。

（一）教育的普及性

现代教育的历史，就是不断普及和扩大教育的历史，通过更大程度地实现教育机会均等，从而提高民族素质，满足经济增长和社会发展对教育的需求，增进和扩大社会民主。面对激烈的国际竞争和旺盛的教育需求，特别需要弘扬中华民族重教兴学的精神和民间办学的优秀传统，进一步开放教育，解放教育生产力。这也是穷国办大教育的一条必由之路。同时，需要发展信息时代以通信技术和网络为主的各种新的教育方式和途径，在终身教育的视野中，构建学习型社会的教育制度。

（二）教育的公平性

现代教育不仅是经济建设的“发动机”、科技发展的“加速器”，也是社会的“稳定器”和“平衡器”。在建设和谐社会的进程中，促进社会公平和教育公平不仅是一种理想，也是一个现实的发展目标。当前特别值得重视的是导致教育不公平的制度性原因。需要通过有效的公共政策，促进义务教育均衡发展，努力缩小而非人为扩大客观存在的各种教育差距和社会差距。

（三）教育的民主性

在我国的现实中，教育的民主性在很大程度上意味着重建教育的公共性。它意味着要通过制度创新，分散和下放管理权力，促进办学体制的灵活性和多样化，使教育重新成为全社会共同参与的生机盎然的事业。在教育多元化、社会化、地方化的格局中，重建教育在社会生活中的主体性。与此同时，需要确立学术自由、学术自治、师生平等、社会参与等价值观；确立知识分子的学术权力和在教育、科研中的中心地位；建立科学化、民主化的教育决策体制和机制；建立学校与家长、与社区紧密联系的参与机制。

（四）教育的人文性

现代教育具有人力资源开发和人的发展相辅相成的两翼，必须在教育的功利和非功利的两种价值之间保持恰当的平衡，重视教育树人育人、文化传递、社会整合等非功利价值，防止经济主义、科学主义、能力主义、急功近利的短期行为对教育的戕害，防止教育的失衡和异化。

确立以人为中心、以人为本的教育价值，是指与学科中心、考试中心的价值相反，围绕青少年成长的实际需要而进行的民主的教育、活的教育、有用的教育，以培养具有良好素质的现代社会的合格公民；同时，使各级学校成为社会和社区的文化中心，使教育成为社会文明和道德的灯塔，成为文化传承和繁荣的源泉。

（五）教育的实用性

长期以来，在我国学校教育的现实中，理论与实践、学校与社会、学生与社会生活相脱离的弊端特别严重。因而，造就一种实用性、适用性的教育仍然是必要的追求。教育应能适应社会发展和经济生活的需要，满足青少年成长的实际需要，能够切实改善人的生存处境和提高生活质量。这样的教育必然是因地制宜的、灵活的和多样化的，它有赖于教育管理体制的地方化，以及使学校真正拥有办学的自主权。

具体的教育制度改革，包括教育行政制度改革，高等学校管理体制改革，公共教育财政制度的建立，基础教育管理体制改革，现代学校制度的建立，考试、评价和用人制度改革，决策科学化、民主化和社会参与制度的建立等许多方面。其中最重要、最核心的是教育行政制度改革。教育行政制度改革需要汲取有限政府、依法行政等行政体制改革的原则，落实《行政许可法》和其他法律法规，改革高度集中、大一统的教育管理体制，使教育主管部门的行政职能从管理型、计划型向指导型、服务型转变。通过政府教育管理权的下放，落实学校办学自主权，以恢复教育的活力、创造力和多元化，实现学校的自主性、学校管理的民主化。

研究教育制度是为了搞好制度的传承和创新，从而更好地建设教育生态，为国家、为民族、为人类的进步培养人才。

二、破解难题，尊重教育制度的特殊性

我国正处在大发展、大变革的战略机遇期，在新的历史起点上向前迈进。教育作为一个民族的根本事业，寄托着亿万家庭对美好生活的期盼，承载着建成全面小康、基本实现现代化的神圣使命。前进的道路上不会平坦无阻，教育的进一步发展尚有许多难题需要破解，我们仍然面临着各种困难与风险的考验，贯彻实施教育规划纲要、建设人力资源强国任重而道远。

当前最突出的教育问题，表现为如何处理政府与市场的关系，如何确定和规范政府在市场经济环境中的功能、教育责任，奠定教育公共政策的基本价值。

21 世纪是一个创新的世纪，创新的动力源于教育，创新的教育需要制度的创新。教育制度创新，必须充分尊重教育制度的特殊性，并要求与教育中其他因素的作用有机地结合起来。

教育制度是一个国家各种教育机构和教育规范系统的总和。它可以分为三个层次：一是教育的根本制度，主要是指国家的教育方针；二是教育的基本制度，包括教育体制、学制和各种教育政策、法律与法规等；三是教育的具体制度，是指各种具体的教育行为规范、办事程序和运作机制，如教学管理制度、考试制度、评价制度等。教育制度与其他制度一样，是特定思想观念的具体化，既与人们的风俗习惯密切相连，又受国家法律制度的影响。

教育制度有其特殊性，集中表现在以下几方面。

第一,作用对象特殊。经济制度既作用于人也作用于物,但在生产过程中,人自身与货币一样是资本,是人力资本,服从于物的生产需要。因而,经济制度主要作用的对象是"物"。而教育是人自身生产的过程,意味着人精神的深刻变革。在教育过程中,精神只有以精神来点化,智慧只有以智慧来启迪,物质资源只有通过人的因素才能发挥作用。因此,教育制度主要作用的对象是人。

第二,作用方式特殊。经济制度主要作用的对象是物,反映绩效的周期较短,作用的结果相对是可计量的,因而,其作用往往是刚性的、标准化的。但教育制度主要作用的对象是教育过程中的人,反映绩效的周期较长,作用结果主要表现在人精神状态的变化,很难被计量,因而,其作用往往是弹性的、个性化的。

第三,作用结果特殊。如果说经济制度在于引导人们提高资源利用率,追求投入最小,产出最大。那么,教育制度不仅仅要引导人们合理消费物质资源,更重要的是引导教育过程中人与人更好地相互作用,将年轻一代带进更完整的精神世界中,使他们在一个更丰富的精神世界中成长。如果仅仅像理解经济制度一样来理解教育制度,在教育过程中必然会见物不见人。

教育制度的特殊性内在地规定了制度创新的基本指向和根本目的,即主要应从人的角度而不是从物的角度理解教育制度创新。教育是人性的事业,人是教育的永恒主题。对人而言,其生命力只有在创造中才能焕发,创造是生命存在的本质方式。因此,创新教育制度,最核心的就是要通过教育和制度的作用,呵护人类弥足珍贵的创新本能,并促其健康成长。

具体地说,创新教育制度的根本价值和意义体现在以下几方面。

首先,要从根本上改变教师职业外在的被动状况,将教师职业与教师自身生命的价值联系起来,使教师职业成为创造性的职业,充分激发教师的创新能力。

其次,要培养、激发未来一代的创新精神和创新能力,使学生充满信心、勇于开拓、持续发展,成为具有完满精神的创新型人才。

再次,要提高教育资源的利用率,为发挥、培养师生的创新能力创造良好的环境。

第二节　教育制度的创新动力和过程

教育是事业,其意义在于奉献;教育是科学,其价值在于求真;教育是艺术,其生命在于创新。

在一个时期内,教育面临的热点、重点、难点问题是教育制度创新的起点与动力源。

教育制度不可能也不必都是新的。只有当教育发展出现了新的热点、重点、难点问题,现有的制度体系已经不足以解决新问题时,创新教育制度才是需要的,也才是可能的。创新教育制度的过程,就是根据解决教育热点、重点、难点问题的需要,用新制度代替旧制度的过程。创新教育制度,必须充分重视教育热点、重点、难点问题的作用。

教育热点、重点、难点问题,就是教育目的与教育现实能力之间的差距,相对可以分为两类,一类指向教育与社会其他子系统关系的矛盾,可称为教育的外部问题;一类指向教育系统内部自身的矛盾,可称为教育的内部问题。一般而言,政府主要为解决教育外部问题而进行制度创新,学校及广大师生主要为解决教育内部问题而进行制度创新。但无论哪类主体,始终围绕教育热点、重点、难点问题进行制度创新。

一、教育问题的作用

(一)教育问题具有认识的导向作用,为教育制度创新奠定坚实的价值基础

制度作为办事规程和行为规则,以思想观念为基础。创新的教育制度就是创新的教育思想观念的具体化。思想观念不可能都是"新"的,它具有历史延续性。问题能够引导我们更深刻地理解现有的理论,突破已有思想观念的束缚。理解教育理论,更重要的是,问题还能引导我们更深刻地把握教育发展的方向,保持教育思想观念的先进性。问题在教育发展中具有综合的提示作用,今天的问题揭示出明天教育发展的方向。只有问题,才能产生创新的思想观念。

(二)问题具有内在的动力作用,推进教育制度创新

教育制度创新有两种推动力量,一是外在的动力,一是精神内在的动

力。为了教育外在功用,我们可能创新制度。但促使人类创新的持久动力不是外在的,而是来自精神内部。人类无数次的创新事实表明:创新,主要是为了满足精神自身的需要,除此之外,往往只是副产品。问题,能够引发人类的好奇,能够最大限度地调动人自身的精神力量。研究问题需要科学精神,科学精神由研究问题来养成。创新教育制度的过程虽然与科学研究的过程不完全一样,但仍需要研究,没有研究就没有创新。

(三) 问题是教育制度发挥作用的重要中介

制度在教育实践中并不是独立发生作用的,而是与其他因素共同发生作用的。那么,制度怎样与其他因素结合共同发生作用呢?这需要一系列的中介。问题是其中重要的中介之一。实践的过程,可以理解为发现问题并解决问题的过程。问题,是实践向前延伸的生长点。在这个生长点上,它聚合了实践过程中的各种要素,并将这些要素按问题的要求形成相应的结构。另外,在实践中,问题与制度常常形成某种对应关系,问题明确了制度发生作用的条件与范围,也正是问题将一定的制度不断强化为人们的思想与行为。

教育问题,或近或远都是人自身的问题。围绕着教育问题的制度创新,都是人精神的自我扬弃,是生命潜能的培育与挖掘,是人生境界的超越与提升。因此,为解决教育问题而进行的教育制度创新必须坚守一种基本的立场,要守护住教育发展精神的"根"。这就是"教育以人为本"的信念。这种信念,为教育制度创新指明了探索的方向,提供了基本的判断标准,奠定了坚实的价值基础。

教育制度创新的过程,简单地说,就是教育实践主体根据教育发展的问题,提出创新的教育制度,促使教育实践持续发展的过程。

教育的社会性决定了教育制度创新主体的多元性。一般而言,教育制度创新的主体可以分为三类:政府、学校及社会个体(主要是指教师和学生)。政府通常代表社会;学校代表自身组织;教师和学生代表个体。教育制度创新的过程,正是三者追求各自利益最大化又相互作用的过程。因而,任何一类主体在制度创新中都具有不可代替的作用。教育制度创新需要发挥多元主体的积极作用。

1. 政府在教育制度创新过程中发挥着主导作用,但政府的主导作用正在发生深刻的变化

首先,地方政府在制度创新中的作用日益加强。随着计划经济体制向

市场经济体制的过渡,中央政府逐步由对地方政府的直接全面控制转向宏观调控;而地方政府也逐渐由中央政府的执行者转向对地方社会发展,包括教育发展,承担越来越直接、越来越重要的责任,地方政府拥有的物质基础也越来越雄厚,享有的政策空间也越来越大。因此,教育制度创新将由中央政府主导型逐步转向中间扩散型,即地方政府将在制度创新中扮演越来越重要的角色,甚至发挥主导作用。

其次,不管是中央政府还是地方政府,其作用范围、作用方式都在变化。今后,政府必然从教育的许多领域中淡出,或让位于市场,或让位于学校自主,转向间接的宏观的调控。其主要作用在于维护教育公平,为教育发展创造良好的法制环境及其他必要的条件,促使市场对教育的合理作用及教育的自主发展。

再次,政府在制度创新中存在一定的局限。政府习惯于从政治或经济的角度考虑问题,在一定程度上会像安排政治制度或经济制度一样安排教育制度,从而破坏教育的内在独特性;政府常常为了处理当下的社会问题,追求眼前的利益而牺牲长远的利益,因而,教育制度安排也以追求短期的实用效益为主;政府因为教育的准公共产品而缺乏对教育成本的合理计算,造成教育资源不同程度的浪费。这些局限不是政府自身能够克服的,需要发挥政府以外的其他制度创新主体的作用。

2. 学校及广大师生是制度创新中的重要主体

学校及广大师生创新教育制度有自身的特点。一是直接性。他们是教育活动最主要的承担者,是教育最具体的实践者,他们能够灵活地利用教育的有利条件,形成教育发展中的局部优势。二是制约性。创新制度深受政府的制约,政府的政策空间规定了他们的活动空间,政府的资源供给限定了他们对资源的支配。三是中介性。政府任何的制度安排,如果不能为他们所接受,或者得不到他们的支持,那么,任何制度都不可能真正地影响教育的实践进程,也不可能发挥真实的作用。学校及师生在制度创新中的积极作用应予以充分肯定。

二、教育制度发挥作用的条件与边界

教育制度作用的大小,不仅受制度自身性质的影响,而且也受与之结合的其他因素的影响。要让一种制度发挥应有的作用,必然要对其他因素提出一定的要求,这就是我们所说的教育制度的作用条件。但不管具备怎样的条件，制度的作用总是有限的，教育的发展不但要发挥制度的积极作用，而且也要发挥其他因素的作用。制度作用的有限性就是我们所说的教育制度的作用边界。制度作用的条件意识和边界意识，促使我们合理地期待创新制度所能发挥的作用。

（一）教育制度作用的条件

1. 制度成本与获得收益的比率是关键的现实条件

所谓教育制度成本，是指建立新的教育制度过程中所有的人力、物力和财力的支出与流失。具体地说，制度成本表现为三种形态：制度的必要成本、制度转轨的无序成本和制度空隙的腐败成本。制度收益是指通过推行新制度而获得的实际效益。

能否以及在多大程度上发挥制度的作用，深受制度成本与获得收益比率的影响。要发挥创新制度的作用，首先要求能够支付必要的成本。否则，制度创新不可能启动。但制度成本并不是一个定量，它由制度自身的完善程度、管理水平的高低及社会法制的完善程度等因素综合决定。在制度成本中，制度转轨的无序成本和制度空隙的腐败成本具有很大的弹性空间，只有降低这两种成本，才能更好地发挥制度创新的作用。而制度创新的收益也不是无限的。在经济制度变迁中，同一轨迹上制度变迁的边际效益先增后减。这是否适用于教育制度变迁有待进一步研究，但它表明制度变迁及边际效益的变化，进而要求根据这种变化考虑制度创新的作用。

2. 依法治教是不可缺少的重要支持

依法治教，即将教育过程中个体与组织、组织与组织、个体与个体的权利义务关系建立在理性基础上，并以法律的形式确定下来，从而维护不同个体或不同组织在教育发展中条件的平等性，保证其发展所需要的基本条件。同时，明确各方应该承担的责任。

任何制度规则最终须由政府来推行，创新的制度只有以适当的方式得到法律的准许才可能执行。发挥制度创新的作用，需明确教育各方的权利与义务，需理性精神的支持。依法治教，不仅能为创新的制度发挥作用提供基本条件，还能为它提供精神的支持。依法治教本身固有的理性精神能够引入一种文明的秩序意识，即关于解决冲突的基本价值和基本程序。当前，许多制度执行不了，其重要原因就在于缺乏理性精神和法治意识的支持。

3. 尊重习惯、改造习惯是必要的社会心理条件

习惯是人们在生活中反复出现、不断强化的某种观念和行为方式。它

时常表现为普遍的社会心理。习惯与制度关系密切,有的学者甚至把制度归于习惯。有人认为,制度实际上就是个人或社会对有关的某些关系或某些作用的一般思维习惯,今天的制度也就是当前公认的生活方式。也有学者指出,一种制度意味着一种思维方式或某种广为流行的、经久不衰的行动,制度植根于人群的习惯或风俗。

创新的教育制度要发挥作用,必须尊重人们的习惯。习惯不一定合理,但深入人心,得到大家普遍的认同,有着广泛的影响。我们尊重习惯,并不意味着对习惯的顺从和迁就,制度创新总是伴随着对习惯的改造,没有对习惯的改造就无所谓创新。事实上,只有创新的制度自身变为新的习惯时,才能得到习惯的最大支持,也才能发挥出创新制度的最大作用。

(二) 教育制度作用的边界

1. 制度创新不能代替价值创新

制度是一种规范,是多种可能中的一种选择。尽管生活需要制度,但在价值上,制度是无根的。因为无论给出怎样的制度,都可以给出与之不同,甚至是相反的制度。世界上没有一种制度是完美无缺的,不同的制度之间总是存在一定的互补性,因此,制度并不是自足的。制度不是价值,只是价值的载体,只是指示某种价值的符号,制度总以一定的价值为基础。强调制度在价值上的无根性,并不因此而否认制度的重要性。但是,制度在价值上的无根性充分说明了制度创新不能代替价值创新。价值创新是源,制度创新是流,只有价值的创新才能支撑制度的创新。蔡元培先生当北京大学校长时,北京大学之所以能够提出教授治校和学生自治等一整套新的教育管理制度,其根源就在以蔡元培先生为核心的一批先进思想家进行的思想创新。

制度与价值对教育有着不同的影响。教育何为?教育就是要促使人精神的"新生"。价值对教育而言是内在的,它能直接引导教育的发展;而制度则是外在的,它只是为教育发展创造某种条件。学分制只是为学生自由个性的发展创造某种条件。因此,对教育而言,制度创新是需要的,但更重要的是价值创新。

2. 制度创新不能规范教育发展中的偶然因素

教育发展不是自然的运动过程,它有规律,但这种规律不是自然界的必然规律,而是社会规律。自然科学以"真实不真实"的标准说明存在;人文社会科学以"有无意义"的标准说明存在。"真实"、"不真实"的存在是自然的存在;"有无意义"的存在才是人的存在。"意义"是人的文化创造活动和文化交流的产物。与人的文化创造相联系,"意义"是人的有目的、有意识的生命创造活动,体现了人的生存方式;与人的文化交往相联系,"意义"建立起人与自然、人与社会、人与人之间的关系。偶然的世界是可能的世界。只有在可能的世界中,人创造的自由才是真实的;机械的、严格的必然性是对人的自由的否定,是对人创造的扼杀。因此,作为人自身生产的教育必然包含两类因素:一类是稳定的,可计划的;另一类是不稳定的、偶然的,不可计划的。对教育而言,偶然的因素不是可有可无的,它有着独特的作用,甚至发挥着主要的作用。教育制度为人们提供了处理教育中各种基本关系的基本要求;创新教育制度意味着这种处理方式的更加合理化。但它只能规范教育中可计划的部分。如果把教育全部归入可计划的世界,像设计机械一样设计教育,那么,必然的结果是教育中精神之花的凋谢甚至死亡。教育的发展,不但要合理规范可计划的必然世界,而且更要用心领悟不可规范的偶然世界。

第三节　我国教育制度创新的走向

一、教育事业是党的事业的重要组成部分

中国共产党自成立之日起,就把重视和发展教育,满足人民大众受教育的需求,保障人民大众受教育的权利写在党的旗帜上,把提高最广大人民群众的教育水平和中华民族的科学文化素质作为崇高的奋斗目标。中国共产党为国家独立、民族解放和人民富裕英勇奋斗,是为了将一个文化教育十分落后的旧中国改变为文明先进的现代化教育强国。

在党的领导下,我国的教育事业取得了一系列伟大的成就。

我们党把不断提高人民群众的科学文化素质作为立党之基,引领先进文化的前进方向。从民族的、科学的、大众的新教育的提出,到成功地将半殖民地半封建社会的旧教育改造为沿着社会主义方向前进的人民教育;从尊重知识、尊重人才,到坚持把发展教育事业放在突出的战略地位;从确立教育在现代化建设中的基础性、先导性、全局性地位,大力实施科教兴国战略,到开辟中国特色社会主义教育发展道路,把一个充满生机与活力的教育

带入新世纪;从以科学发展观统领教育事业,作出优先发展教育、建设人力资源强国的重大战略部署,到开创我国教育改革发展的新局面。重视和发展人民教育事业始终贯穿于中国共产党的伟大实践中。

在领导中国革命、建设和改革开放,不断推进人民教育事业发展的过程中,我们党创造性地把马克思主义普遍原理与中国教育实际紧密结合,积极探索和解决中国教育的现实问题,不断总结人民群众丰富的教育实践经验,走出了一条中国特色的教育发展道路,形成了一系列具有鲜明中国特色的教育思想、理论和路线、方针、政策,并升华、凝练为毛泽东教育思想和中国特色社会主义教育理论体系。这些思想和理论深刻影响了中国教育发展的历史进程,成为指导人民教育事业的理论旗帜。这是中国共产党人对马克思主义教育理论的丰富和发展,也是人类教育发展史上极其珍贵的思想成果。

我们党领导教育事业不断探索、开拓创新,人民教育事业从无到有、从小到大,取得巨大成就。今天,我们在拥有13亿人口的发展中大国建成了世界上最大规模的教育体系,实现了基本普及九年义务教育的世纪梦想,完成了高等教育大众化的历史跨越,真正保障亿万人民群众受教育的权利。城乡免费义务教育全面实现,职业教育突破性发展,教育公平迈出重大步伐,教育质量稳步提高,实现了从人口大国向人力资源大国的转变。我国教育的历史性跨越发展,极大地提高了全民族素质,为我国社会主义现代化建设和中华民族伟大复兴作出了不可磨灭的重大贡献。

中国共产党领导教育事业的辉煌历程启示我们:人民教育事业与党的事业密不可分,坚持党对教育事业的领导,是中国教育发展的根本保证。

二、优先发展教育是我国近30年来始终坚持的战略思路,也是党和国家一项长期的战略决策和战略选择

改革开放以来,无论是把教育作为“一个民族最根本的事业”,还是“百年大计,教育为本”,抑或“教育是民族振兴的基石”,无一不是在强调教育的基础性和先导性作用,无一不是在强调教育的全局性和战略性地位。今天,人们已深刻地认识到:知识越来越成为提高一个国家综合国力和国际竞争力的决定性因素,人力资源越来越成为推动一个国家经济社会发展的战略性资源,创新性人才越来越成为一个国家未来发展和伟大复兴的不竭动力,而所有这一切都源于发达的教育。正是从这个意义上说,我们必须坚定不

移地实施科教兴国战略和人才强国战略，切实把教育摆在优先发展的战略地位，积极推动教育事业全面协调可持续发展，努力把我国建设成为人力资源强国，为全面建设小康社会、实现中华民族的伟大复兴提供强有力的人力资源保证。

在新的形势下，我们应始终明确，教育的终极目标是促进人的发展、改善人的生活品质。任何教育的出发点都应当立足于人。真正的教育是人的教育，不仅指向人的未来生活，而且更应关注人的当下。

三、教育制度创新关系到民族的伟大复兴、国家的未来，关系到千家万户的教育利益，关系到千秋万代

制度创新必须力求完美。当然，制度创新的方案无论多么周密、智慧多么高超，总会引起一些非议：既得利益者会用优势话语权阻碍创新，媒体公众会带着挑剔的目光审视创新，一些人甚至还会以乌托邦思维苛求创新。对于创新者来说，认真听取民意，又不为流言所动，既要有智慧与审慎，更要有勇气与担当。

标志着 30 多年来以开放为先导的改革进入了新的历史阶段。从“摸着石头过河”到“改革顶层设计”，所触及的矛盾越深，涉及的利益就越复杂，碰到的阻力也就越大。用一句通俗的话来讲，容易的都改得差不多了，剩下的全是难啃的“硬骨头”，不能回避也无法回避。

面对全新的改革任务，当以“不畏浮云遮望眼”的宽广视野，以无私无畏的责任担当，去推进教育制度创新，从而推进人类、社会的进步。

2011 年，教育部完成了对西藏、青海、甘肃、四川四个省区的“两基”国检，标志着我国全面实现了“两基”目标。这是我国教育发展史、中华民族发展史上的重要里程碑。实现全面普及目标后，义务教育的重点任务要转向均衡发展。2011 年，按照“一省一案”模式，教育部与 27 个省(区、市)和新疆生产建设兵团，签署了义务教育均衡发展备忘录，构建起中央和地方政府协同推进的机制，明确了义务教育均衡发展的时间表、路线图、任务书。

(1) 在考试招生制度方面，国家改革高考政策，促进教育的公平。及时研究高考改革的重大问题并制定改革新方案，研究出台进城务工人员随迁子女接受义务教育后在当地升学政策，规范高校自主选拔录取试点改革，指导高校试点学院和条件成熟的中外合作办学机构探索改革人才招录与选拔方式。随着我国经济社会的发展，人口流动将是大的趋势。目前，教育部正

在组织人员研究制定非户籍考生参加高考的政策。山东作为沿海发达省份,在全国率先出台了 2014 年开始允许非户籍考生就地参加高考的政策。高校考试招生制度改革关系到广大考生和家长的切身利益,关系到教育事业的健康发展和社会的和谐稳定。因此,必须坚持有利于高校科学选拔人才,有利于推进实施素质教育,有利于高校依法行使自主权的原则,稳步推进高校考试招生制度改革。

(2) 在建设现代学校制度方面,以加强高校章程、学校教职工代表大会和中小学家长委员会建设为抓手,完善民主管理与监督机制,让教师、学生、家长和社会共同参与到学校的管理和发展中来。

(3) 在支持民办教育发展方面,尽快出台进一步促进民办教育发展的政策和措施,清理并纠正对民办学校的各类歧视政策,鼓励和引导社会资本进入各级各类教育领域,支持民办学校创新体制机制和育人模式,为民办教育发展创造良好的政策环境。

(4) 在教师队伍建设方面,系统构建教师专业标准。以幼儿园教师专业标准、小学教师专业标准和中学教师专业标准来规范教师队伍建设。《教师教育课程标准(试行)》进一步完善。严格执行教师准入标准。建立"国标、省考、县聘、校用"教师准入和管理制度,出台教师资格考试指导意见和定期注册试行办法。完善吸引优秀人才长期从教制度。继续做好首届免费师范毕业生就业工作,教育部正在研究制定《关于完善和推进师范生免费教育的意见》。将统一中小学教师职务系列,扩大在中小学设立正高级职务的改革试点。师德规范进一步细化。中小学教师职业道德规范、高等学校教师职业道德规范、高等学校学风建设都有创新的措施。全国教育人才发展有中长期规划,并出台新政策。

(5) 在完善教育督导制度方面,国家将出台教育督导条例,建立健全督导结果公告制度和限期整改制度。

(6) 在教育经费投入方面,尽快健全落实 4% 目标的政策框架。严格落实教育经费法定增长要求。各级政府年初预算和预算执行中的超收部分安排体现法定增长要求,不断提高财政教育支出占公共财政支出的比重,提高预算内基建投资用于教育的比重。拓宽财政性教育经费来源渠道。出台统一内外资企业和个人教育费附加制度,全面开征地方教育费附加,从土地出让收益中按比例计提教育资金等一系列政策,形成了教育投入的分解落实机制。配合财政部门,参照分类核定各省财政教育支出目标比例的做法,初步测算和核定省域范围内各市、县财政教育支出目标比例,形成分解落实机制。提出加强管理、提高效益的总要求。全面推进科学化、精细化管理,加强经费使用监管,不断提高经费使用效益。

(7) 在改革人才培养体制、深化校企合作、推进协同创新等方面,也将取得新的突破。

总之,在我国教育制度创新的道路上,必须要大胆前行,有所突破,做好以下工作:

有序启动教育体制改革试点 。按照国家统一部署,有序推进教育体制改革。国家发布了《高等学校章程制定暂行办法》《学校教职工代表大会规定》等文件。改革试点全部启动。各地各校承担的几百项改革试点项目都制订了实施方案,明确改革的目标、措施、配套政策、保障条件及实施进度。以开放促改革。积极引进国外优质教育资源,全面实施《留学中国计划》,扩大来华留学规模。不断扩大孔子学院、中小学孔子课堂的规模。

转变政府教育管理职能方面,进一步简政放权,加强省级政府的教育统筹权,落实和扩大学校办学自主权。把该放开的放开后,也要把该管好的坚决管好。

制定和完善各级各类学校教育的基本标准,做到用标准保障投入、用标准加强对政府和学校的问责。

建立健全政策调整机制。建立动态调整机制。对那些措施不实、保障不力、群众不满意,特别是方向不对头的,及时调整。对教育改革中的一些重大问题和共性问题,要充分发挥国家教育体制改革领导小组的平台作用,群策群力研究推进,建立完善促进发展的科学体制,不断优化教育事业科学发展的制度环境。

进一步重视总结推广经验。要加强对好做法、好案例的总结推广工作,试点成功的要扩大覆盖面,发挥成功经验的示范作用。对具有普遍意义的好经验,要及时上升为政策和措施。

进一步处理好改革、发展、稳定的关系。改革是发展的动力,稳定是发展的前提。改革涉及各方面利益,要把工作做得更细一些。在推进改革的过程中,要统筹协调,充分论证,确保扎实有效。要积极主动地做好教育政策的宣传工作,拓宽听取广大师生和社会各方面意见和建议的渠道,做好教育热点问题的解疑释惑工作和社会舆论的引导工作,为教育改革发展营造良好的社会环境和氛围。

主要参考文献

1. 联合国教科文组织教育丛书. 全球教育发展的历史轨迹——国际教育大会60年建议书. 赵中建主译. 北京:教育科学出版社,1999.

2. 孙培青. 中国教育史. 上海:华东师范大学出版社,2009.

3. 联合国开发计划署. 2001年人类发展报告. 北京:中国财政经济出版社,2001.

4. 贺国庆. 近代欧洲对美国教育的影响. 石家庄:河北大学出版社,2000.

5. 中国高等教育. 2000年至2011年各期.

6. 教育科学研究. 2000年至2011年各期.

7. 李岚清教育访谈录. 北京:人民教育出版社,2003.

8. 陈玉琨等. 90年代美国的基础教育. 桂林:广西师范大学出版社,1998.

9. 教师新概念——教师教育理论与实践. 王建平等译. 北京:中国轻工业出版社,2002.

后记

第八次基础教育课程改革实施后，我参与主编了《基础教育课程改革百问》《高中课程改革的若干问题》《跨出国门看教育》三本书，并由苏州大学出版社出版，作为新课程教师培训的教材在使用。《基础教育课程改革百问》在2005年被教育部评为全国教师教育推荐使用课程资源。2005年，我主笔编写了《区域性教师培训的设计与实施》一书，并在贵阳召开的全国教师培训年会上交流。

怀着对人民教育事业的忠诚与热爱，我经常关注教育热点，研究思考教育问题，不时有点感悟。

于是，从2005年开始，我以"教育生态研究丛书"为总揽，研究教育问题，陆续编写了三本书。2006年，出版了《经典教育案例与评析》，2011年再版40万字的修订本。2008年，出版了29万字的《筚路蓝缕启山林——著名教育家业绩及思想述评》。这两本书都是在一个大的层面上对教育现象和教育思想进行研究。《经典教育案例与评析》研究的对象主要是教育上发生的典型事例，《筚路蓝缕启山林——著名教育家业绩及思想述评》研究的对象主要是教育发展史上作出杰出贡献的人。本书是"教育生态研究丛书"的第三本，研究的对象是古今中外的重大的教育制度。历时9年，终于完成了丛书的编写任务。9年时间，从不惑到知天命，现大步奔向耳顺，不追求名与利，编写几本书，纯粹是对教育的忠诚与热爱。

司马迁在《报任安书》里说，他撰述太史公书的目的是"欲以究天人之际，通古今之变"。"究天人之际"，就是追求认识天人的关系。天人之际，即天和人的关系，是战国秦汉时代士大夫所追求认识的一个大问题。"通古今之变"，就是认识历史古今发展变化的轨迹。我受其启发，本书以《通古今教育之变》为题，好像有点不知天高地厚，恰是为了研究认识教育制度古今发展变化的轨迹、规律。

在编写本书的过程中，参考、借鉴、引用了不少专家、学者的研究成果，得到很多同行的帮助，在此表示衷心的感谢。特别要感谢苏州大学出版社许周鹣主任十多年来的支持、帮助、指导和鼓励，特别要感谢盐城市教育局、盐城高等师范学校各位领导、各位同事的支持、指导和鼓励。

由于本人水平有限，书中的缺点和不足肯定不少，恳切希望学者、专家、广大中小学教师和师范院校的学生批评指正。

编　者

2012 年 3 月 28 日